神奈川県足柄上郡大井町
中屋敷遺跡発掘調査報告書
南西関東における初期弥生時代遺跡の調査

昭和女子大学人間文化学部歴史文化学科
　中屋敷遺跡発掘調査団

六一書房

巻首図版 1

中屋敷遺跡　遠景（中央ブルーシート部分が北調査区）（東から）

北調査Ⅱ区　第8～11号土坑（東から）

巻首図版 2

北調査Ⅱ区　第4・5号土坑（北から）

北調査Ⅱ区　第9号土坑焼土・炭化物出土状況（北東から）

巻首図版 3

北調査区　土坑出土土器

北調査Ⅱ区　第5・9号土坑出土土器

巻首図版 4

北調査Ⅱ区　第10号土坑出土遺物

北調査Ⅱ区　第4・5号土坑出土土製品

刊行にあたって

　多年にわたり発掘調査を実施してきた、神奈川県足柄上郡大井町中屋敷遺跡の報告書が刊行されることとなった。まことに喜ばしいかぎりである。

　また、昭和女子大学文学部日本文化史学科（平成15年度からは、学部・学科名が人間文化学部歴史文化学科へと変更された）が創設されて、15周年を一昨年迎えることができた。創設に関わった者の一人として、このことも大変喜ばしいことであった。

　日本文化史学科が創設されて間もないころ、本学科教員が中心となって、大井町町史の編さんに関わることとなった。これも、本学が大井町に東明学林という研修宿泊施設を建設・運営してきたことからの縁でもあった。

　そうした大井町史編さん事業の過程において、戦前、土偶形容器が出土したことで知られる、大井町山田に所在する中屋敷遺跡を発掘調査する計画が持ち上がったのである。

　さいわい、土地所有者である小宮　操さんご一家の了解をいただくことができたので、本学科の教員と学生で組織する調査団が編成され、平成11（1999）年から平成16（2004）年まで、6次にわたって毎年発掘調査を実施することができた。

　調査が進展するにつれ、遺跡からは、初期弥生時代の遺構・遺物が多数検出されるようになり、あらためて本遺跡の重要性が認識されることになったといえよう。

　ここに本報告書の刊行喜ぶとともに、長期にわたって発掘調査、整理、研究、さらに報告書作成に尽力された本学科の小泉玲子准教授・山本暉久教授をはじめとする関係諸氏に感謝の意を表したい。

　いささかの思い出を込めて発刊のことばとしたが、本報告書の発刊を通じて、南西関東を中心とした地域での初期弥生文化成立期の様相を探る研究に寄与することができれば幸いである。

平成20（2008）年3月

早稲田大学名誉教授
元・昭和女子大学教授

櫻　井　清　彦

例　言

1. 本書は、神奈川県足柄上郡大井町山田645に所在する中屋敷遺跡（大井町№1）の第1～6次調査の発掘調査報告書である。

2. 発掘調査は、昭和女子大学歴史文化学科（平成15（2003）年日本文化史学科を改称）の事業として取り組み、同教職員・考古学研究会学生・有志によって構成された中屋敷遺跡調査団が行った。

3. 発掘調査日程は下記の通りである。

    第1次調査　平成11（1999）年7月26日～8月4日、第2次調査　平成12（2000）年7月26日～8月7日、第3次調査　平成13（2001）年7月26日～8月8日、第4次調査　平成14（2002）年7月26日～8月6日、第5次調査　平成15（2003）年8月2日～8月14日、第6次調査　平成16（2004）年3月13日～3月24日

4. 本報告書の編集は主に小泉玲子・佐々木由香・吉田泰子・石井寛子・領家玲美・早勢加菜・江川真澄・岩井良栄・大野節子・石川真理子・大塚泰穂が行い、各文末に執筆担当を記した。出土品の基礎整理作業は各調査年度に発掘調査担当者によって行ったが、本報告に向けての本格的な整理作業は、中屋敷遺跡整理調査団が平成18（2006）年3月から平成20（2008）年3月まで実施した。本報告の整理作業の担当は、遺構は江川・半田素子・鈴木由貴子・舘まりこ・領家、縄文土器は領家・岩井、弥生土器は谷口肇・石井・半田・岩井・大野・石川、石器は早勢・吉田、陶磁器は舘・半田・江川を中心に実施した。動植物遺体の整理および土壌洗浄は佐々木の指導のもと相馬千明・諸井美香・小泉が実施した。また大沼香織・中村有香・今井明子・多崎美沙・岡野佐知子・中野弥生の協力を得た。

5. 遺物写真と第4～6次調査の遺構写真については山本暉久が担当した。その他の遺構写真は、第2次調査佐々木・舘、第3次調査今井・藤井恵が主に担当した。

6. 発掘調査および出土品整理において、次の調査・自然科学分析を委託・依頼した。

    植物遺体・年代測定　　　（株）パレオ・ラボ
    石器実測　　　　　　　　（有）アルケーリサーチ
    動物遺体　　　　　　　　樋泉岳二、藤田尚
    地下探査　　　　　　　　テラ・インフォメーション・エンジニアリング

7. 発掘調査および出土品整理にあたっては、次の諸氏・諸機関のご指導、ご協力を賜った。記して謝意を表したい。（五十音順・敬称略）

    秋本雅彦　阿部泰之　天野賢一　新井達哉　安藤広道　五十嵐睦　飯田寧　伊丹徹　市川正史　井上賢　上本信二　大坂拓　大井町教育委員会　大井町役場企画部　大山正雄　大島慎一　小川直裕　恩田勇　加藤勝仁　金子弓絵　神奈川県教育委員会　（財）かながわ考古学財団　木村吉行　倉石広太　小林謙一　齋藤潤花　設楽博己　昭和女子大学学園本部・東明学林・教育支援センター・生活環境学科　鈴木正博　諏訪間順　田尾正敏　高橋満　滝沢龍太　千葉敏朗　勅使河原彰　東村山市教育委員会　長岡文紀　中沢道彦　中島将太　中村賢太郎　中村耕作　根岸洋　（株）パレオ・ラボ　守屋豊人　弓明義　横井奏　吉田政行　渡辺広勝

8. 第2次～5次調査は私学助成財団「特色ある教育研究の推進（申請者　小泉）」、第4次～6次整理作業は同「文部科学省私立大学教育研究高度化推進特別補助（申請者　小泉）」として採択を受けている。平成17（2005）年7月には昭和女子大学文化史学会第15回大会「中屋敷遺跡の調査成果」を実施した。平成18（2006）年10月31日から同11月5日まで、調査地である神奈川県足柄上郡大井町において大井町教育委員会主催の「古代おおい物語―中屋敷遺跡・金子台遺跡」展が開催され、町民に中屋敷遺跡の調査成果が公開された。

9. 調査成果の概要は『昭和女子大学文化史研究』ほかで公表されているが、本書を正式報告とする。

凡　例

本書の遺構・遺物挿図の指示は次の通りである。

遺構

①遺構名　遺構番号は、調査時のものを整理し、以下のように変更した。本書ではこの名称に統一する。

新名称	旧名称	（調査次）	位　置
第1号土坑	2号土坑	（第2次調査）	北調査Ⅱ区　第2トレンチc区
第2号土坑	12号土坑	（第4次調査）	北調査Ⅰ区　第3トレンチa区
第3号土坑	13号土坑	（同　　上）	北調査Ⅰ区　第3トレンチa・b区
第4号土坑	15号土坑	（第5次調査）	北調査Ⅱ区　第4トレンチ
第5号土坑	16号土坑	（同　　上）	北調査Ⅱ区　第4トレンチ
第6号土坑	18号土坑	（第6次調査）	北調査Ⅱ区　第5トレンチa区
第7号土坑	19号土坑	（同　　上）	北調査Ⅱ区　第5トレンチa区
第8号土坑	21号土坑	（同　　上）	北調査Ⅱ区　第5トレンチb区
第9号土坑	22号土坑	（同　　上）	北調査Ⅱ区　第5トレンチb区
第10号土坑	23号土坑	（同　　上）	北調査Ⅱ区　第5トレンチb区
第11号土坑	24号土坑	（同　　上）	北調査Ⅱ区　第5トレンチb区
第12号土坑	3号土坑	（第2次調査）	南調査区　第1トレンチb区
第13号土坑	1号土坑	（第1次調査）	南調査区　テストピット1
第14号土坑	5号土坑	（第2次調査）	南調査区　第1トレンチa区
第15号土坑	11号土坑	（第3次調査）	北調査Ⅱ区　第2トレンチc区
第16号土坑	17号土坑	（第5次調査）	北調査Ⅱ区　第4トレンチ
第17号土坑	25号土坑	（第6次調査）	北調査Ⅱ区　第5トレンチb区

②標高　遺構実測図の水糸高は、海抜高度（m）をさす。

③方位　遺構実測図中の方位は、その都度示す。なお、記載のない場合は上を北とする。

④縮尺　遺構実測図の縮尺はその都度挿図中に示したが、原則として次の通りである。

　　　　土坑：1/20　トレンチ図：1/40または1/80　遺構平面図・遺物分布図：1/80

⑤遺物　遺構図版中におけるドットは、●土器、○土製品、△石器、□骨、■炭化材である。

遺物

①縮尺　縄文土器：1/3　　弥生土器：1/4　　弥生土器片・拓影：1/3

　　　　石器：4/5もしくは1/3　　土製品：1/2　　陶磁器：1/3

②遺物挿図中のスクリーントーンによる指示は以下の通りである。

③色調　弥生土器説明中および観察表中の色調の記述については以下の通りである。

中屋敷遺跡調査団組織

第1次調査団（1999年）

顧　　　問　櫻井清彦（昭和女子大学生活機構研究科教授）

団　　　長　スチュアートヘンリ（昭和女子大学生活機構研究科教授）

副 団 長　杉山博久（大井町史編集委員）

指　　　導　山本博也（昭和女子大学生活機構研究科教授）　御堂島正（神奈川県教育委員会　昭和女子大学日本文化史学科非常勤講師）

調 査 主 任　小泉玲子（昭女子大学日本文化史学科講師）

調 査 員　佐々木由香（昭和女子大学生活機構研究科）

調査補助員　舘まりこ　竹田純子　今井明子　藤井恵　山口和泉　石井寛子　大島美和子　鈴木由貴子　安孫子千穂　後藤麻衣子　東嶋啓子　中村有香（昭和女子大学日本文化史学科）

第2次調査団（2000年）

顧　　　問　櫻井清彦

団　　　長　スチュアートヘンリ

指　　　導　山本博也　御堂島正

調 査 主 任　小泉玲子

調 査 員　佐々木由香　舘まりこ（昭和女子大学生活機構研究科）

調査員補助　今井明子　藤井恵　石井寛子　領家玲美（昭和女子大学日本文化史学科）

調査補助員　山口和泉　江川真澄　大沼香織　川島明希子　佐々木瑞穂　鈴木由貴子　田村知子　中山淳子　平塚智子　平山美千代　渕岡希美　松井清香　峯尾愛美　山本佑美　吉澤瑞恵　和栗聡子　安孫子千穂　後藤麻衣子　早勢加菜　望月聖子（昭和女子大学日本文化史学科）　多崎美沙（昭和女子大学短期大学部国語国文学科）

第3次調査団（2001年）

顧　　　問　櫻井清彦（昭和女子大学特任教授）

団　　　長　スチュアートヘンリ

指　　　導　吉成薫（昭和女子大学日本文化史学科助教授）　山本暉久（神奈川県教育委員会）　御堂島正（鎌倉市教育委員会）

調 査 主 任　小泉玲子（昭和女子大学日本文化史学科助教授）

調 査 員　佐々木由香　舘まりこ　今井明子　藤井恵（昭和女子大学生活機構研究科）

調査員補助　石井寛子　領家玲美（昭和女子大学日本文化史学科）

調査補助員　櫻井弥生　鈴木由貴子　瀬戸口由紀　多崎美沙　江川真澄　大沼香織　田村知子　早勢加菜　峯尾愛美　布施沙織　古沢佑季子（昭和女子大学日本文化史学科）

第4次調査団（2002年）

顧　　　問　櫻井清彦　山本博也（昭和女子大学生活機構研究科教授）

団　　　長　山本暉久（昭和女子大学生活機構研究科教授）

指　　　導	菊池誠一（昭和女子大学日本文化史学科助教授）　御堂島正　佐々木由香（(株)パレオ・ラボ）
参　　　与	舘まりこ（昭和女子大学OG）
調 査 主 任	小泉玲子
調 査 員	石井寛子　領家玲美　今井明子　藤井恵（昭和女子大学生活機構研究科）
調査員補助	鈴木由貴子　櫻井弥生　瀬戸口由紀　多崎美沙　平山美千代（昭和女子大学日本文化史学科）
調査補助員	江川真澄　大沼香織　田村知子　早勢加菜　野口明日香　布施沙織　渡辺英里子　岡野佐知子　竹村朋子　中野弥生　吉田泰子（昭和女子大学日本文化史学科）

第5次調査団（2003年）

顧　　　問	櫻井清彦　山本博也
団　　　長	山本暉久
指　　　導	御堂島正
参　　　与	今井明子　佐々木由香　多崎美沙　藤井恵　舘まりこ（昭和女子大学OG）
調 査 主 任	小泉玲子
調 査 員	石井寛子　領家玲美　鈴木由貴子　半田素子（昭和女子大学生活機構研究科）
調査補助員	飯塚智子　江川真澄　大沼香織　早勢加菜　加科貴絵　川島明希子　北村智子　布施沙織　岡野佐知子　竹村朋子　中野弥生　吉田泰子　中川玲子（昭和女子大学歴史文化学科）　小池利春　磯部裕史（國學院大學史学科）

第6次調査団（2004年）

団　　　長	山本暉久
指　　　導	御堂島正（神奈川県教育委員会）
参　　　与	佐々木由香　舘まりこ　今井明子　領家玲美　多崎美沙（昭和女子大学OG）
調 査 主 任	小泉玲子
調 査 員	石井寛子　鈴木由貴子　江川真澄　早勢加菜（昭和女子大学生活機構研究科）
調査員補助	中野弥生　吉田泰子　岡野佐知子（昭和女子大学歴史文化学科）
調査補助員	岩井良栄（昭和女子大学歴史文化学科）　小池利春　磯部裕史　石船康晴（國學院大學史学科）

本報告整理調査団（2006〜2008年）

団　　　長	山本暉久
指　　　導	谷口肇（神奈川県教育委員会）
調 査 主 任	小泉玲子
調 査 員	石井寛子（昭和女子大学歴史文化学科助手）　佐々木由香　舘まりこ　中村有香　今井明子　藤井恵　領家玲美　鈴木由貴子　半田素子　多崎美沙　江川真澄　早勢加菜　大沼香織　岡野佐知子　中野弥生（昭和女子大学OG）吉田泰子（昭和女子大学生活機構研究科）
調査補助員	岩井良栄　大野節子　石川真理子　大塚泰穂　横尾恵　相馬千明　諸井美香（昭和女子大学歴史文化学科）

目　次

第1章　遺跡概要
第1節　地理的環境 ……………………………………………………………（多崎）　1
第2節　歴史的環境
（1）周辺の遺跡 ……………………………………………………………（今井）　5
（2）西相模の弥生時代の遺跡 ……………………………………………（今井）　5
（3）調査小史 ………………………………………………………………（今井）　6

第2章　調査経緯
第1節　調査に至るいきさつ …………………………………………………（小泉）　9
第2節　調査区と遺構名称 ……………………………………………………（小泉）　10
第3節　調査経緯
（1）第1次～6次調査 ……………………………………………………（竹田・小泉）　12
（2）遺物整理と分析、報告書の作成 ……………………………………（小泉）　15
（3）周辺探査・踏査 ………………………………………………………（佐々木）　18

第3章　基本層序 ……………………………………………………………………（佐々木）　22

第4章　調査区および遺構と遺物
第1節　北調査区
（1）テストピット …………………………………………………（佐々木・江川・領家・早勢）　25
（2）トレンチ ……………………………………………………（佐々木・江川・領家・早勢・鈴木）　28
第2節　南調査区
（1）テストピット …………………………………………………（舘・佐々木・領家・早勢）　35
（2）トレンチ ………………………………………………………（舘・佐々木・領家・早勢）　35
第3節　遺構
（1）土坑 ……………………………………………………………（江川・佐々木・半田）　38
（2）ピット …………………………………………………………（江川・佐々木）　53
（3）畝状遺構 ………………………………………………………（江川・佐々木）　53
（4）道状遺構・溝状遺構 …………………………………………（江川・佐々木）　54
第4節　遺物
（1）縄文土器 ………………………………………………………（領家）　56
（2）弥生土器 ………………………………………………………（谷口・石井）　61
（3）石器 ……………………………………………………………（早勢）　95

（4）土製品 ……………………………………………………………………（石井）111
　　（5）陶磁器（その他の中近世遺物）………………………………………（舘）113
　　（6）動植物遺体 ……………………………………………………（新山・佐々木）117
　第5節　周辺踏査表面採集遺物 ……………………………………………（佐々木）122

第5章　自然科学分析
　第1節　－1　放射性炭素年代測定 …………………（パレオ・ラボAMS年代測定グループ）124
　　　　　－2　土器付着物およびアワ胚乳の^{14}C年代測定
　　　　　　　　………………………………………………………………（小林ほか）131
　第2節　－1　第2・3号土坑から出土した炭化材の樹種同定 ……………（佐々木）136
　　　　　－2　第9号土坑出土炭化材の樹種同定 ……………………（パレオ・ラボ　植田）141
　第3節　土坑から出土した炭化種実同定 ………………………………（パレオ・ラボ　新山）145
　第4節　植物珪酸体分析 …………………………………………………（パレオ・ラボ　鈴木）148
　第5節　黒曜石の産地推定 ………………………………………………（パレオ・ラボ　竹原）154
　第6節　中屋敷遺跡から採集された動物遺体の概要 ………………………（樋泉）159

第6章　調査の成果
　第1節　中屋敷遺跡の弥生土器について ……………………………………（谷口）164
　第2節　中屋敷遺跡出土土偶形容器について ………………………………（石井）175
　第3節　中屋敷遺跡の植物利用 ……………………………………………（佐々木）179
　第4節　中屋敷遺跡の位置づけ ………………………………………………（山本）182

総　　括 ………………………………………………………………………………（小泉）185
おわりに ………………………………………………………………………………（小泉）190

付　編

　第1節　昭和女子大学文化史学会第15回大会記録
　　1　会次第 ……………………………………………………………………（吉田）192
　　2　設楽博己氏講演記録 …………………………………………………（吉田ほか）193
　　3　パネルディスカッション記録 ………………………………………（吉田ほか）201
　第2節　「古代おおい物語－中屋敷遺跡・金子台遺跡の成果」展報告 …………（小泉）208

「やしきちゃん」ペーパークラフト …………………………………………………作・まりこ

図 版 目 次

巻首図版1　中屋敷遺跡　遠景（東から）
　　　　　　北調査Ⅱ区　第8～11号土坑（東から）

巻首図版2　北調査Ⅱ区　第4・5号土坑（北から）
　　　　　　北調査Ⅱ区　第9号土坑焼土・炭化物出土状況（北東から）

巻首図版3　北調査区　土坑出土土器
　　　　　　北調査Ⅱ区　第5・9号土坑出土土器

巻首図版4　北調査Ⅱ区　第10号土坑出土遺物
　　　　　　北調査Ⅱ区　第4・5号土坑出土土製品

図版1　南調査区　第1トレンチ設定状況（第2次調査）（東から）
　　　　南調査区　第1トレンチ全景（第2次調査）（東から）

図版2　北調査Ⅱ区　第2トレンチ第1号土坑遺物出土状況（第2次調査）（東から）
　　　　北調査Ⅱ区　第2トレンチ第1号土坑（第2次調査）（東から）

図版3　北調査Ⅱ区　第2トレンチ第1号土坑（第3次調査）（東から）
　　　　北調査Ⅱ区　第2トレンチ第15号土坑（第3次調査）（東から）

図版4　北調査Ⅱ区　第2トレンチ全景（第3次調査）（北から）
　　　　北調査Ⅱ区　第2トレンチa区畝状遺構検出状況（第3次調査）（北から）

図版5　北調査Ⅱ区　第2トレンチc区掘削状況（第2次調査）（南から）
　　　　北調査Ⅱ区　第2トレンチc区北側西壁土層堆積状況（第2次調査）

図版6　南調査区　第1トレンチ調査風景（第4次調査）
　　　　北調査Ⅰ区　第3トレンチa区全景（第4次調査）（西から）

図版7　北調査Ⅰ区　第3トレンチ第2号土坑遺物出土状況（第4次調査）（南から）
　　　　北調査Ⅰ区　第3トレンチ第2号土坑土器出土状況（第4次調査）

図版8　北調査Ⅰ区　第3トレンチ第2・3号土坑（第4次調査）（南から）
　　　　北調査Ⅰ区　第3トレンチ第2号土坑（第4次調査）（南から）

図版9　北調査Ⅱ区　第4トレンチ全景（第5次調査）（東から）
　　　　北調査Ⅱ区　第4トレンチ第4・5号土坑検出状況（第5次調査）（東から）

図版10　北調査Ⅱ区　第4トレンチ第4号土坑（第5次調査）（南から）
　　　　北調査Ⅱ区　第4トレンチ第5号土坑遺物出土状況（第5次調査）（南から）

図版11　北調査Ⅱ区　第4トレンチ第5号土坑遺物出土状況［1］（第5次調査）
　　　　北調査Ⅱ区　第4トレンチ第5号土坑遺物出土状況［2］（第5次調査）

図版12　北調査Ⅱ区　第4トレンチ第5号土坑遺物出土状況［3］（第5次調査）
　　　　北調査Ⅱ区　第4トレンチ第5号土坑土層堆積状況（第5次調査）（西から）

図版13　北調査Ⅱ区　第4トレンチ第5号土坑底面遺物出土状況（第5次調査）（北から）
　　　　北調査Ⅱ区　第4トレンチ第4・5号土坑（第5次調査）（北から）

図版14　北調査Ⅱ区　第4トレンチ全景（第5次調査）（西から）
　　　　北調査Ⅰ区　第3トレンチb区全景（第6次調査）（西から）

図版15　北調査Ⅱ区　調査風景（第6次調査）（南西から）
　　　　北調査Ⅱ区　第5トレンチa区全景（第6次調査）（南から）

図版16　北調査Ⅱ区　第5トレンチ第6号土坑遺物出土状況（第6次調査）（西から）
　　　　北調査Ⅱ区　第5トレンチ第6号土坑底面遺物出土状況（第6次調査）（西から）
図版17　北調査Ⅱ区　第5トレンチ第7号土坑土層堆積状況（第6次調査）（西から）
　　　　北調査Ⅱ区　第5トレンチ第7号土坑遺物出土状況（第6次調査）（西から）
図版18　北調査Ⅱ区　第5トレンチ第7号土坑（第6次調査）（西から）
　　　　北調査Ⅱ区　第5トレンチa区全景（第6次調査）（南から）
図版19　北調査Ⅱ区　第5トレンチb区全景（第6次調査）（南西から）
　　　　北調査Ⅱ区　第5トレンチ調査風景（第6次調査）
図版20　北調査Ⅱ区　第5トレンチ第8号土坑土層堆積状況（第6次調査）（南西から）
　　　　北調査Ⅱ区　第5トレンチ第8号土坑遺物出土状況（第6次調査）
図版21　北調査Ⅱ区　第5トレンチ第8号土坑（第6次調査）（南西から）
　　　　北調査Ⅱ区　第5トレンチ第9号土坑遺物出土状況（第6次調査）（北東から）
図版22　北調査Ⅱ区　第5トレンチ第9号土坑遺物出土状況（第6次調査）（北から）
　　　　北調査Ⅱ区　第5トレンチ第9号土坑遺物出土状況［シカ歯］（第6次調査）
図版23　北調査Ⅱ区　第5トレンチ第9号土坑焼土・炭化物出土状況（第6次調査）
　　　　北調査Ⅱ区　第5トレンチ第9号土坑焼土・炭化物出土状況（第6次調査）
図版24　北調査Ⅱ区　第5トレンチ第9号土坑下面焼土・炭化物堆積状況（第6次調査）
　　　　北調査Ⅱ区　第5トレンチ第9号土坑下面土層堆積状況（第6次調査）（北から）
図版25　北調査Ⅱ区　第5トレンチ第8〜10号土坑（第6次調査）（南西から）

　　　　北調査Ⅱ区　第5トレンチ第10号土坑遺物出土状況（第6次調査）
図版26　北調査Ⅱ区　第5トレンチ第11号土坑遺物出土状況（第6次調査）
　　　　北調査Ⅱ区　第5トレンチ第11号土坑土層堆積状況（第6次調査）（南から）
図版27　北調査Ⅱ区　第5トレンチ第11号土坑（第6次調査）（南から）
　　　　北調査Ⅱ区　第5トレンチb区全景（東から）
図版28　縄文土器（1）
図版29　縄文土器（2）
図版30　北調査区　第1〜5号土坑出土土器
図版31　北調査区　第5号土坑出土土器
図版32　北調査区　第5・6号土坑出土土器
図版33　北調査区　第7・8号土坑出土土器
図版34　北調査区　第9号土坑出土土器（1）
図版35　北調査区　第9号土坑出土土器（2）
図版36　北調査区　第9号土坑出土土器（3）・第10号土坑出土遺物・第11号土坑出土土器（1）
図版37　北調査区　第11号土坑出土土器（2）・南調査区　第12・13号土坑出土土器・北調査区　土坑間接合土器
図版38　北調査区　第1・5・6・8号土坑出土土器・第9号土坑出土土器（1）
図版39　北調査区　第9号土坑出土土器（2）・第10・11号土坑出土土器
図版40　土坑間接合土器
　　　　北調査区　第4・5号土坑出土土製品
図版41　遺構外出土土器
　　　　北調査区　第1・2・4・5・7〜11号土坑出土石器
図版42　第5・8・12号土坑・遺構外出土石器
　　　　北調査区　第7号土坑・遺構外出土石器
図版43　陶磁器・土製品・石製品（中屋敷遺跡出土遺物（1〜42）・中屋敷遺跡周辺採集遺物（43〜51））
図版44　土坑出土動物遺体

挿 図 目 次

- 図1　遺跡位置図
- 図2　神奈川県西部の地形区分
- 図3　遺跡周辺の地形東西断面概念図
- 図4　中屋敷遺跡周辺の遺跡
- 図5　西相模の弥生時代の遺跡
- 図6　調査範囲および土偶形容器出土地点
- 図7　調査区見取り図および調査地点名
- 図8　北調査区調査区名称
- 図9　南調査区調査区名称
- 図10　調査風景（1）
- 図11　調査風景（2）
- 図12　調査風景（3）
- 図13　調査風景（4）
- 図14　整理作業風景
- 図15　発掘調査参加者
- 図16　地下探査結果
- 図17　中屋敷遺跡周辺の踏査を行った遺跡の分布
- 図18　各調査地点の土層柱状図
- 図19　TP1・2・4平面図および土層断面図
- 図20　TP3・5平面図および土層断面図
- 図21　北調査Ⅱ区第2トレンチa・b区平面図および土層断面図
- 図22　北調査Ⅱ区第2トレンチc区平面図および土層断面図
- 図23　北調査Ⅰ区第3トレンチ（上）・北調査Ⅱ区第4トレンチ（下）平面図および土層断面図
- 図24　北調査Ⅱ区第5トレンチ平面図および土層断面図
- 図25　南調査区第1トレンチ・TP1平面図および土層断面図
- 図26　北調査Ⅰ・Ⅱ区遺構位置図
- 図27　第1・2号土坑平面・土層断面・遺物出土状況図
- 図28　第3・4号土坑平面・土層断面・遺物出土状況図
- 図29　第5号土坑平面・土層断面・遺物出土状況図
- 図30　第6号土坑平面・土層断面・遺物出土状況図
- 図31　第7・8号土坑平面・土層断面・遺物出土状況図
- 図32　第9号土坑平面・土層断面・遺物出土状況図
- 図33　第10号土坑平面・土層断面・遺物出土状況図
- 図34　第11号土坑平面・土層断面・遺物出土状況図
- 図35　第12・14・15土坑・第1号ピット平面・土層断面・遺物出土状況図
- 図36　遺構間土器接合状況
- 図37　北調査Ⅱ区第2トレンチa・b区畝状遺構・道状遺構・溝状遺構平面図および土層断面図
- 図38　縄文時代遺構外出土土器（1）
- 図39　縄文時代遺構外出土土器（2）
- 図40　第1号土坑出土土器
- 図41　第2号土坑出土土器
- 図42　第3号土坑出土土器
- 図43　第4号土坑出土土器
- 図44　第5号土坑出土土器（1）
- 図45　第5号土坑出土土器（2）
- 図46　第6号土坑出土土器
- 図47　第7号土坑出土土器
- 図48　第8号土坑出土土器
- 図49　第9号土坑出土土器（1）
- 図50　第9号土坑出土土器（2）
- 図51　第10号土坑出土土器
- 図52　第11号土坑出土土器（1）
- 図53　第11号土坑出土土器（2）
- 図54　第12号土坑出土土器
- 図55　第13号土坑出土土器
- 図56　土坑間接合土器
- 図57　遺構外出土土器
- 図58　遺構内出土石器石材比率
- 図59　第1・2・4号土坑出土石器
- 図60　第5号土坑出土石器
- 図61　第7号土坑出土石器
- 図62　第8号土坑出土石器
- 図63　第9・10号土坑出土石器
- 図64　第11・12号土坑出土石器
- 図65　遺構外出土石器
- 図66　第4号土坑出土土製品
- 図67　第5号土坑出土土製品
- 図68　遺構外出土陶磁器・土製品・石製品

図69	第9号土坑から出土した炭化種実	図84	第9号土坑出土炭化材組織の走査型電子顕微鏡写真（2）
図70	土壌洗浄の方法（1）		
図71	土壌洗浄の方法（2）	図85	出土した炭化種実
図72	周辺踏査表面採集遺物	図86	第8・11号土坑の土層断面図
図73	種実遺体の測定試料	図87	第9号土坑の土層断面図
図74	暦年較正曲線	図88	中屋敷遺跡の植物珪酸体分布図
図75	暦年較正年代の一覧	図89	中屋敷遺跡の植物珪酸体
図76	暦年較正年代（1）	図90	黒曜石産地推定判別図（1）
図77	暦年較正年代（2）	図91	黒曜石産地推定判別図（2）
図78	中屋敷遺跡出土土器炭化物および炭化アワの状態	図92	中屋敷遺跡出土土器の構成
図79	中屋敷遺跡出土試料の較正年代確率密度分布	図93	中屋敷遺跡出土土器を中心とした西相模初期弥生土器編年図
図80	走査型電子顕微鏡での作業風景	図94	土偶形容器出土主要遺跡分布図
図81	第2・3号土坑出土炭化材組織の走査型電子顕微鏡写真	図95	中屋敷遺跡出土土偶形容器および出土地点
図82	木材の構造	図96	設楽博己氏講演資料（1）
図83	第9号土坑出土炭化材組織の走査型電子顕微鏡写真（1）	図97	設楽博己氏講演資料（2）

表　目　次

表1	遺構外出土縄文土器観察表	表17	測定試料および処理
表2	弥生土器観察表	表18	放射性炭素年代測定および暦年較正の結果
表3	遺構内出土黒曜石石器組成表	表19	年代測定用試料一覧
表4	第2号土坑出土石器組成表	表20	試料の重量と炭素量
表5	第5号土坑出土石器組成表	表21	測定結果と暦年較正年代
表6	第7号土坑出土石器組成表	表22	同定された樹種
表7	第8号土坑出土石器組成表	表23	第9号土坑出土炭化材樹種同定結果
表8	第9号土坑出土石器組成表	表24	炭化種実出土一覧表
表9	第11号土坑出土石器組成表	表25	試料1g当たりの機動細胞珪酸体個数
表10	遺構外出土石器組成表	表26	黒曜石原産地（東日本）の判別群名称
表11	石器観察表	表27	測定遺物および測定結果
表12	土製品観察表	表28	中屋敷遺跡から採集された動物遺体
表13	炭化種実出土一覧表	表29	種実遺体出土一覧表
表14	周辺遺跡出土土器	表30	土坑の概要
表15	中屋敷相和小学校前地点表採遺物	付表	中屋敷遺跡から採集された動物遺体の同定結果の詳細
表16	金子台東側斜面地点表採遺物		

第1章 遺跡概要

第1節 地理的環境

　中屋敷遺跡は、神奈川県西部の足柄上郡大井町山田に所在し、相模湾西部に面する西湘海岸から直線距離で約7.5kmに位置する（図1）。

　本遺跡の所在する足柄上郡大井町は、酒匂川左岸に広がる足柄平野の東部に位置し、足柄平野と丹沢山地の間の低地・台地・丘陵から形成されている。「大井町史別編自然」によると、大井町は面積14.41km、人口約1.7万人と小規模な町ではあるが、豊かな自然環境に恵まれた地域である。また大井町内には、酒匂川から引かれている農業用水路が数本存在し、農業の盛んな町でもある。自然環境で特徴的とも言えるのが、国府津・松田断層の活断層である。日本の中でもっとも地殻変動の激しい地域とも言われる大井町の北東部には、足柄平野と大磯丘陵を境に北西から南東方向に全長20km以上の大規模な活断層が走っている。これが、国府津・松田断層である。

　その国府津・松田断層に沿うようにして延びているのが「金子台」と呼ばれる台地である。足柄平野との比高差が約80mの金子台は、かつて足柄平野の一部であったが、約6万年前の地殻変動によって東側が隆起し大磯丘陵が持ち上がったことで、平野から切り離されて現在のような台地となった。地質調査の結果からも、地殻変動の起きる以前は、現在とはかなり異なった地形であったことが考えられている（大井町市史編さん委員会 2001）。

　中屋敷遺跡と金子台の西側に広がる足柄平野は、富士山麓および丹沢山地西部に水源を持つ酒匂川と、中屋敷遺跡の西部を流れる丹沢山地の東部から流れる川音川が形成した沖積扇状地である。この平野には自然堤防帯や三角州帯は見られず、平野すべてが扇状地に覆われた扇状地性平野であることが特徴的である。中屋敷遺跡の大まかな自然地理的立地としては、大磯丘陵の西端部、丹沢山地の南部に位置している（図2）。

　中屋敷遺跡の東側にあたる大磯丘陵は、東西約15km、南北約10kmの隆起地魂とも言われており（大井町市史編さん委員会 2001）、周囲を断層によって区切られ、また激しい隆起運動の結果、現在のような丘陵地形が形成された。この大磯丘陵と金子台の間を南北に延びる地溝状の低地に中屋敷遺跡が立地する山田集落が位置する。山田集落が位置する低地は、地殻変動の際に陥没して形成された。足柄平野との比高差は約50m、金子台地との比高差は約30mである。この低地内には、金子台地の東斜面の裾から流れ出した菊川およびその支流によって起伏地が形成されている（図3）。

　本遺跡は、山田集落を北から区分した内の中山田にあたり、菊川の上流左岸、標高90〜97mの微高地に立地する（大井町市史編さん委員会 2001）。菊川は、小川のように小規模な川ではあるが、湧水が水源の一つであり、湧水が多く点在するこの地域を象徴する川である。菊川周辺は水の豊かさを反映して水田や畑が多く見られる。

　本遺跡の地形は、遺跡内でも1934（昭和9）年に土偶形容器が出土した地点（本調査では土偶形容器出土地点隣接地を南調査区としている）と土坑群が検出された北調査区間は直線距離にして約80m、比高差は約6mあり、起伏の激しい地形と言える。現在本遺跡内で一番高い場所が土坑群の検出された北調査区であり、本遺跡全体の地形をみると頂上付近は、平坦ではあるが小山のような様相である。現在では土坑群の検出された北調査区は平坦になっているが、調査の結果から近年の耕作などにより宝永年間に堆積した黒灰色スコリア層（本調査では2層としている）下の土層はたびたび削平されたことが明

—1—

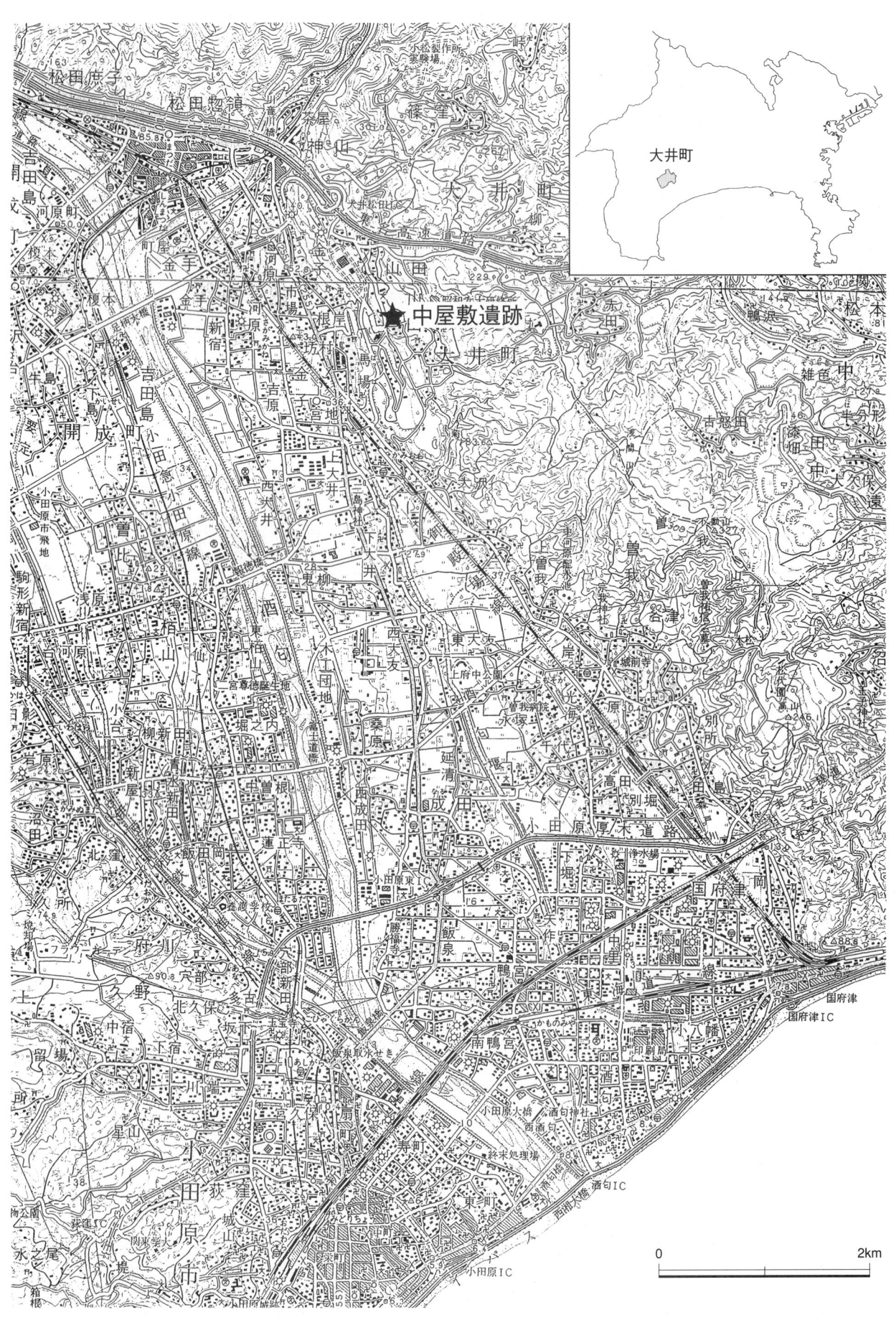

図1　遺跡位置図（1/50,000 国土地理院）

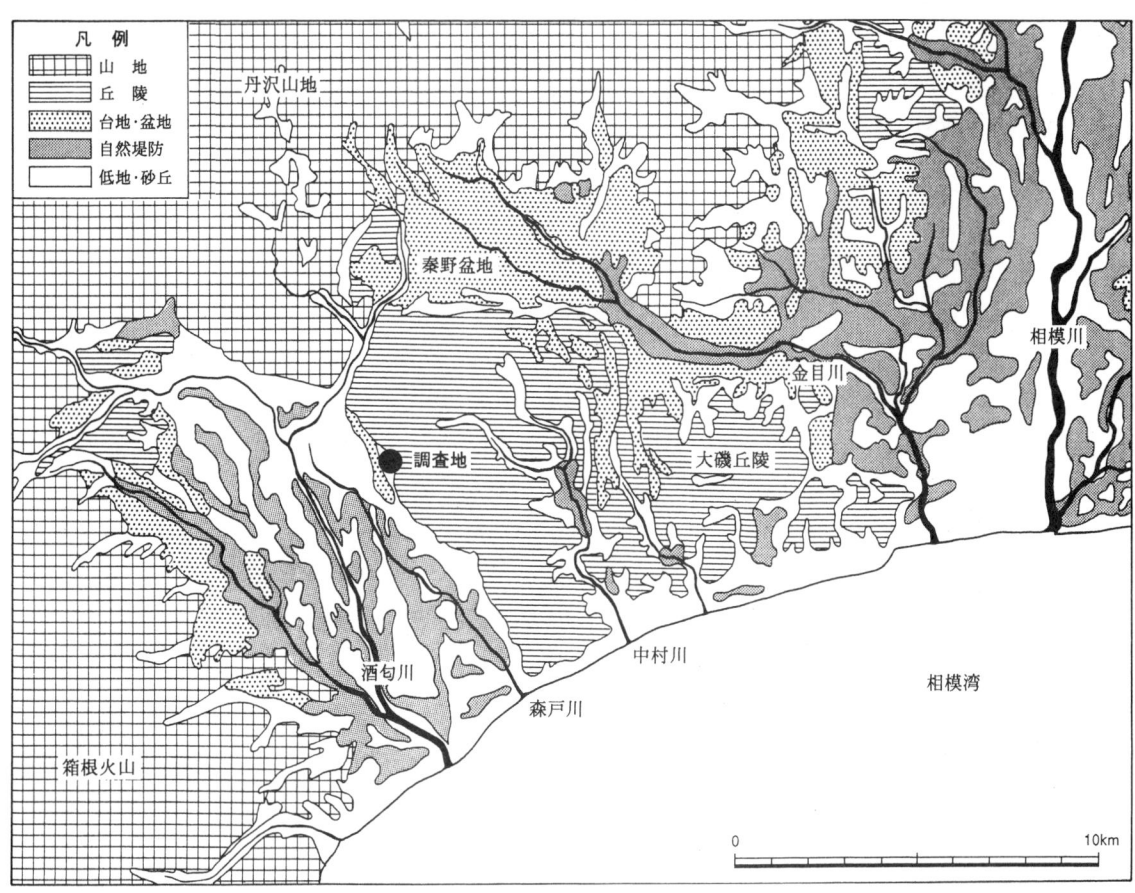

図2 神奈川県西部の地形区分（1/200,000）（西川・天野1997一部改変）

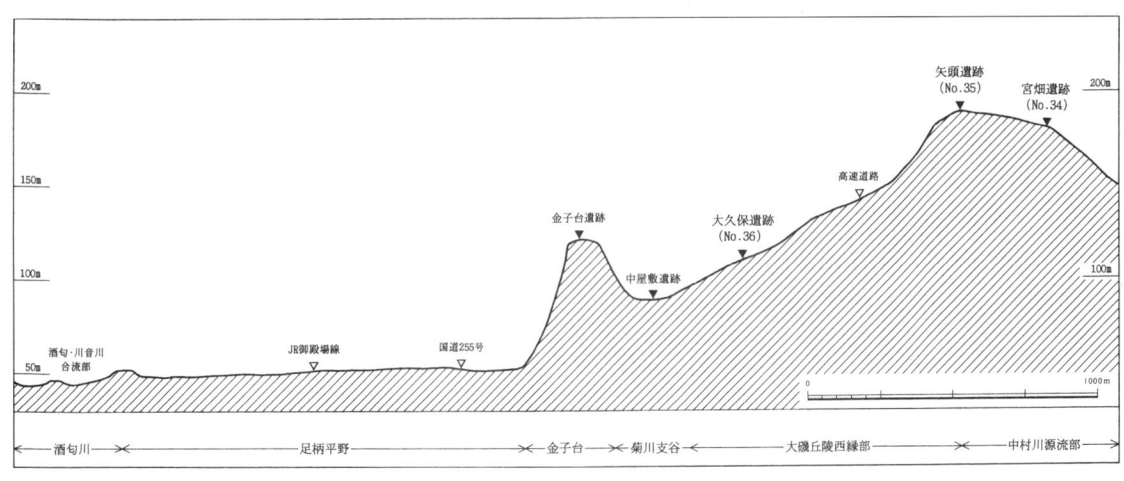

図3 遺跡周辺の地形東西断面概念図（水平1/25,000、垂直1/4,000）

らかになったことから、旧地形は現在よりも小高い山のようになっていたことが推定される。
　現在の遺跡内は、宅地のほか、野菜や果物などの作物が植えられ、畑として利用されている。本遺跡周辺は、水が豊富で水田も多く広がっている。　　　　　　　　　　　　　　　　　（多崎）

参考文献

西川修一他　1997　「第1節　地理的環境」『宮畑・矢頭・大久保遺跡』　財団法人かながわ考古学財団

大井町史市史編さん委員会　2001　「第1編　大井町の自然環境」『大井町史　通史編』　大井町市

大井町史市史編さん委員会　2001　「大井町の地形・地質と地下水」『大井町史　別編　自然』　大井町市

今井明子他　2001　「神奈川県足柄上郡大井町中屋敷遺跡第3次調査報告書（2001年度）」『昭和女子大学文化史研究』6号　昭和女子大学文化史学会

第2節　歴史的環境

（1）周辺の遺跡[1]

　大井町付近における遺跡調査例は、近年まで開発があまり行われていなかったため、多いとは言えない。

　石野瑛の発掘調査・巡検：大井町での考古学的発掘調査の嚆矢となったのは、中屋敷遺跡（図4－1）の発見である。後述するように1934（昭和9）年に、同遺跡により土偶形容器が発見され、石野瑛氏が発掘したことは、従来知られていなかった大井町付近の遺物散布地、包含層などの調査のきっかけとなった。石野氏は中屋敷遺跡発掘後、遺跡の周辺も巡検し、旧小字油地では鎌倉時代の甕を見つけ、同獅子窪には地震のため天井・羨門が壊れた横穴墓を確認している（石野1935）。石野氏はまた、地元在住の加藤誠夫氏が昭和初期に山田村（現大井町字山田）内から採集した主に金子台遺跡出土品と考えられるコレクションを実見し、それに触発されて1938（昭和13）年には後に「金子台遺跡C地点」と呼称される山田村芭蕉を発掘調査し、「敷石」を発見した。

　縄文時代：縄文時代以前の調査例は、現在のところほとんどない。縄文時代については、本地域初の大規模な発掘調査となった1962（昭和37）年の金子台遺跡「D地点」の発掘調査が挙げられる（図4－2）。これは、第一生命保険相互会社の本社建物建設に先立って実施されたものであるが、縄文時代後期～晩期の多数の配石遺構、土壙墓などを検出し、多大な成果を挙げている。また、1973（昭和48）年同社の体育館建設に伴い、「E地点」の発掘調査が実施され、配石遺構や敷石住居跡などが調査されている（神沢1966・赤星1967・神沢1968・赤星1974など）。現在、金子台遺跡の遺物の一部は昭和女子大学歴史文化学科に保管されている。

　1992・1993（平成2・3）年には東名自動車道路改築事業に伴い、宮畑（No.34）遺跡（図4－3）、矢頭（No.35）遺跡（図4－4）、大久保（No.36）遺跡（図4－5）が調査された（西川1997）。矢頭（No.35）遺跡では、縄文時代前期（諸磯b式期）の遺物が出土し、浮島式・北白川下層式・大歳山式土器など異系等土器を共伴しており編年研究の重要な位置を占めている。また、縄文時代の住居跡が地震により地割れになって検出された。

　弥生時代：中屋敷遺跡が比定される時代である。矢頭（No.35）遺跡は、中屋敷遺跡の北東約1kmに位置している。緩斜面が続く尾根の頂上のやや平坦な部分に立地しており、本遺跡を考える上でも重要な遺跡である。東名高速道路の拡幅工事に伴う発掘調査によって縄文時代晩期終末から弥生時代初頭の炉址が1基発見され、土器片が出土している（西川・天野1997）。

　古墳時代以降（その他の遺跡）：古墳時代以降の遺跡については、発掘調査が行われていない。文献上には、金子台には狐塚古墳があるとされている（吉田ほか1989、大塚1994）。また、先述したように、石野氏は巡検において天井・羨門が壊れた横穴墓を確認し、鎌倉時代の甕を発見しているが、詳細は不明である。その他に、中世の館跡の篠窪遺跡（図4－6）、近世の屋敷跡の網島屋敷跡（図4－15）も確認されているが、どちらも詳細は不明である。

（2）西相模の弥生時代の遺跡[2]

　ここで、中屋敷遺跡との関係で重要と考えられる弥生時代前期の遺跡について、酒匂川流域を中心に見ていく（図5）。弥生時代前期に比定される遺跡としては、堂山遺跡（図5－2）、怒田上原遺跡（図5－3）、諏訪の前遺跡（図5－4）、矢頭遺跡（図5－5）、平沢同明遺跡（図5－6）、山王前川遺跡

（図5－7）などがある。

　酒匂川上流域には、支流河川間の台地上や、小河川縁辺部に弥生時代前期の遺跡が立地する。弥生時代前期から中期前葉に比定される土器が出土した堂山遺跡、縄文時代晩期終末から弥生時代中期前葉にかけての土坑が数基と焼土址が検出された怒田上原遺跡がある。酒匂川下流域には、低地を臨む台地縁辺部に縄文時代終末から弥生時代前期前葉までと、中期中葉にかけて継続したと考えられる諏訪の前遺跡があり、丘陵の緩斜面地には縄文時代終末から弥生時代初頭の土器が出土した矢頭（No35）遺跡がある。また、上流域では全く見られなかった弥生時代中期中葉の須和田期式の遺跡で、集落遺跡の中里遺跡（図5－8）がある。弥生時代前期には小河川の台地縁辺部に立地していた遺跡が、中里遺跡の時期、すなわち中期中葉になると沖積地の中の微高地に立地しているなど、遺跡の性格と立地に変化がみられる。

　なお、弥生時代前期初頭から、中里遺跡出現直前期まで継続したと考えられる遺跡として、金目川右岸ではあるが、平沢同明遺跡がある（谷口　1991，1993）。

（3）調査小史

　中屋敷遺跡の調査の歴史は、1934年に山田村（現大井町）在住の小宮柳太郎氏が自宅入口通路拡幅工事の際、土偶を偶然発見したことに始まる。土偶が発見された地点は、村道より同氏宅に約3m入った私道で、道路に向かって右側の畑地であり、地表下1.2mを掘り下げたところから、うつ伏せの状態で発見されたと言われている（石野　1935）。顔面に刺青状の沈線が施され、胸部に乳房を施した半身像である。頭頂に開口部を持ち、胴部以下が膨らむ形で、底面は扁平で楕円形を呈する。土偶の内部は空洞になっていることから、「土偶形容器」とも呼ばれている。この発見が諸新聞に一斉に報じられると、県から出張を命ぜられた石野瑛氏は土偶を確認し、発掘調査を行った結果、土偶出土地点付近の地表下1.2m、径1mの範囲で人骨粉と土偶の内部からも人骨粉を確認した。また、その側で、磨消工字文の壺形土器が出土したと伝えられている（石野　1935）。

　この土偶形容器は1939・40（昭和14・15）年に甲野勇氏により、『人類学雑誌』の「土偶形容器」に関する考察の中で詳細に紹介され、時代については土偶を縄文時代最終末期の弥生的色彩を持っているとし、用途については容器内に骨粉と歯を伴っていたことから、蔵骨器と推察された（甲野　1939，1940）。

　1958（昭和33）年には吉田格氏によって「土偶形容器の年代及び遺跡の性格の調査」を目的として、土偶発見隣接地点が調査された。調査地点は土偶発掘地点の約1坪と小宮氏宅西側道路近くの二ヵ所である。出土した遺物は、半截竹管による平行沈線を施された縄文時代前期の土器片と、内外面に貝殻条痕文の施された弥生時代初頭の土器片が少量であった。このことから中屋敷遺跡の年代は、縄文時代前期に比定される土器以外は縄文時代晩期終末直後であり、所謂「水神平式」に見られる弥生時代前期の特徴を持っているとされた（吉田　1958）。

　その後、発掘調査はしばらく行われることがなかったが、昭和女子大学日本文化史学科（現歴史文化学科）は大井町より委託を受け、大井町史の編纂作業に取り組む中で編集委員長の櫻井清彦教授と、編集委員の杉山博久氏の間で中屋敷遺跡の重要性が認識された。そこで、1999（平成11）年に日本文化史学科は考古学研究会を主体とし、教員・大学院生および学部生を中心とした中屋敷遺跡調査団を組織し、以後2004年までに6次に渡る調査を行った[3]。

（今井）

註
（1）本節は、西川修一　1997　「第1編、第2節　歴史的環境」『宮畑（No.34）遺跡　矢頭（No.35）遺跡　大久保（No.36）遺跡』かながわ考古学財団調査報告25　かながわ考古学財団と佐々木由香・小泉玲子　2000　「神奈川県足柄上郡大井町中屋敷遺跡第1次調査報告」『昭和女子大学文化史研究』4号　昭和女子大学文化史学会を元に作成した。

（2）弥生時代の時期区分や、西相模の弥生時代の遺跡の照会については谷口肇氏にご指導いただいた。

（3）第1次～第6次調査の成果は以下の概報・報告による。

　佐々木由香・小泉玲子　2000　「神奈川県足柄上郡大井町中屋敷遺跡第1次調査報告」『昭和女子大学文化史研究』4号　昭和女子大学文化史学会

　舘まりこ・佐々木由香・小泉玲子　2001　「神奈川県足柄上郡大井町中屋敷遺跡第2次調査報告」『昭和女子大学文化史研究』5号　昭和女子大学文化史学会

　今井明子・藤井恵・舘まりこ・佐々木由香・小泉玲子　2002　「神奈川県足柄上郡大井町中屋敷遺跡第3次調査報告」『昭和女子大学文化史研究』6号　昭和女子大学文化史学会

　石井寛子・領家玲美・小泉玲子　2003　「神奈川県足柄上郡大井町中屋敷遺跡第4次調査報告」『昭和女子大学文化史研究』7号　昭和女子大学文化史学会

　鈴木由貴子・半田素子・石井寛子・早勢加菜・小泉玲子　2004「神奈川県足柄上郡大井町中屋敷遺跡第5次調査報告」『昭和女子大学文化史研究』8号　昭和女子大学文化史学会

　早勢加菜・江川真澄・中野弥生・吉田泰子・磯部裕史・小泉玲子　2005　「神奈川県足柄上郡大井町中屋敷遺跡第6次調査報告」『昭和女子大学文化史研究』9号　昭和女子大学文化史学会

　山本暉久・小泉玲子　2004　「南関東における初期弥生遺跡の研究－中屋敷遺跡の成果について」『日本考古学協会第70回総会研究発表要旨』

参考文献

赤星直忠　1967　「神奈川県足柄上郡金子台遺跡」『日本考古学年報』15　日本考古学協会

赤星直忠　1974　『神奈川県金子台遺跡』横須賀考古学会研究報告3　横須賀考古学会

赤星直忠　1979　『神奈川県史』資料編20考古資料　神奈川県

石野　瑛　1935　「足柄上郡山田村遺蹟と出土の土器」『武相叢書　考古収録』第2　武相考古

石野　瑛　1939　「相模国山田村芭蕉住居と金田村金子台遺跡」『神奈川県史跡名勝天然記念物調査報告書』第7集　神奈川県

神沢勇一　1968　「神奈川県足柄上郡金子台遺跡」『日本考古学年報』16　日本考古学協会

甲野　勇　1939　「容器的特徴を有する特殊土器」『人類学雑誌』54－12

甲野　勇　1940　「土偶形容器に関する一二の考察」『人類学雑誌』55－1

谷口　肇　1991　「神奈川「宮ノ台」以前」『古代』92号　早稲田考古学会

谷口　肇　1993　「弥生文化形成期における相模の役割「縄文時代晩期終末期」の現状と課題」『古代』第95号　早稲田大学考古学会

吉田　格　1958　「神奈川県中屋敷遺跡－所謂土偶形容器発掘遺跡の考察－」『銅鐸』立正大学考古学会

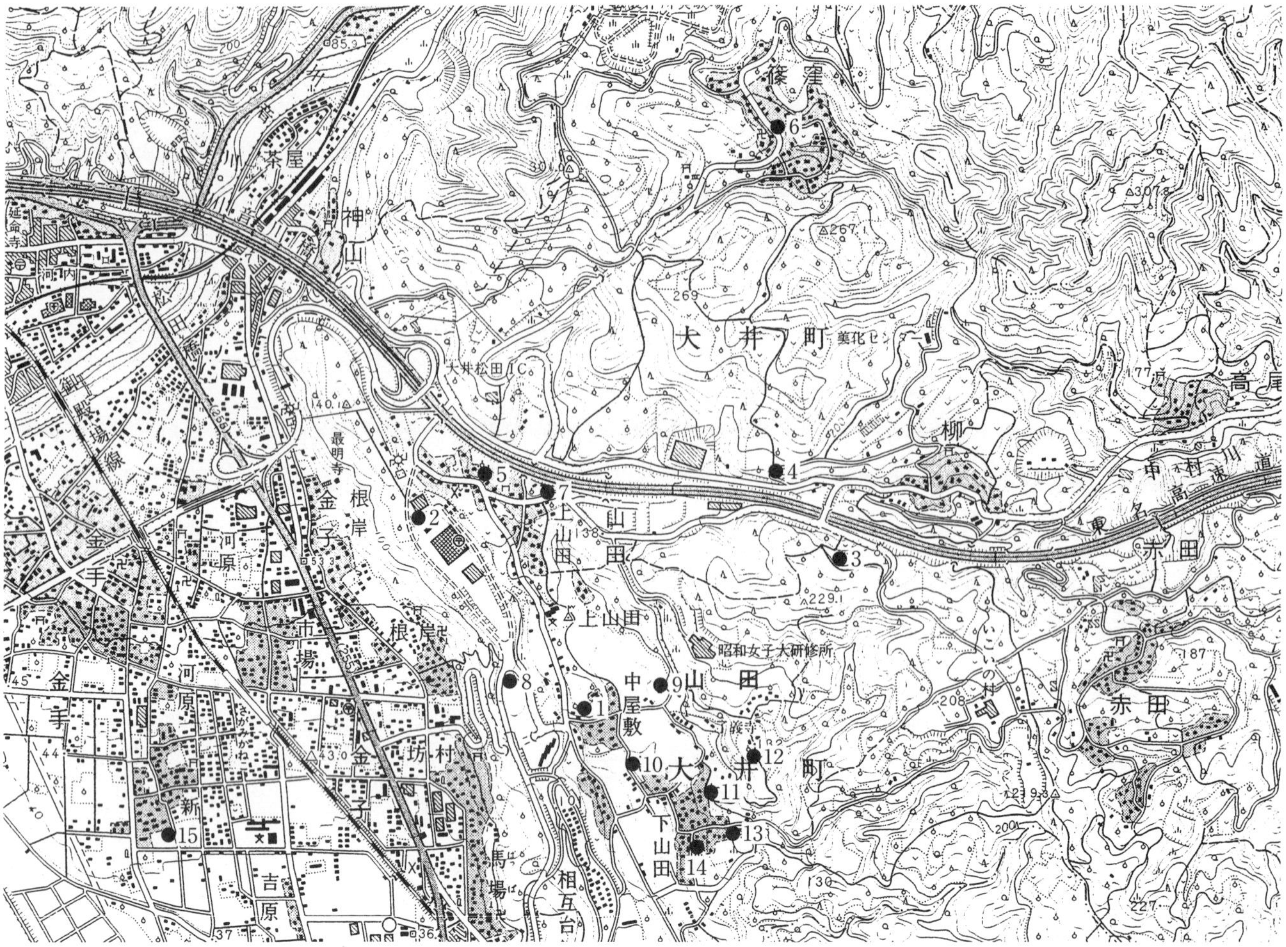

1　中屋敷遺跡　2　金子台遺跡　3　宮畑（No.34）遺跡　4　矢頭（No.35）遺跡　5　大久保（No.36）遺跡
6　篠窪遺跡　7　遺物散布地　8　遺物散布地　9　遺物散布地　10　天神社境内遺跡　11　遺物散布地
12　獅子久保遺跡　13　遺物散布地　14　遺物散布地　15　綱島屋敷跡

図4　中屋敷遺跡周辺の遺跡（1/2,500 国土地理院）

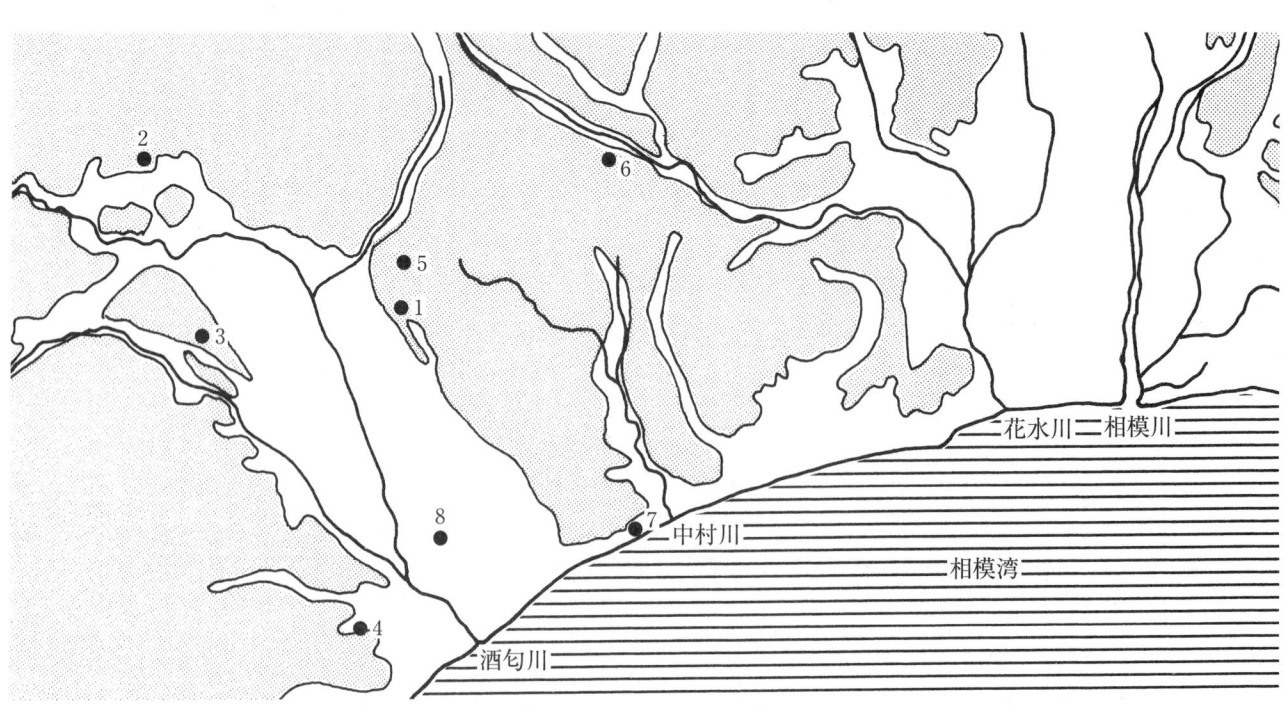

1　中屋敷遺跡　2　堂山遺跡　3　怒田上原遺跡　4　諏訪の前遺跡　5　矢頭遺跡　6　平沢同明遺跡
7　山王前川遺跡　8　中里遺跡

図5　西相模の弥生時代の遺跡

第2章 調査経緯

第1節 調査に至るいきさつ

　中屋敷遺跡の存在する神奈川県足柄上郡大井町には、昭和女子大学の研修施設「東明学林」がある。1977（昭和52）年にこの施設が建設されて以来、町と大学の関わりは深く今日に至っている。このような関係から本学日本文化史学科（現歴史文化学科）は、1993（平成5）年、大井町から町史編纂の委託を受けることとなった。後藤淑教授（当時）を委員長として、歴史・地理・民俗・考古学の部門で事業が開始された。考古部門は、櫻井清彦教授（当時）が担当し、小田原市の杉山博久氏とともに編纂にあたった。櫻井清彦は1996（平成8）年に委員長を引き継いでいる。櫻井と杉山は作業を進める上で土偶形容器の発見地点の地権者であり、資料を管理保管している小宮操氏のもとを何度か訪れている。櫻井と杉山は、中屋敷遺跡の重要性を認識すると共に遺跡の性格や年代をより明らかにするための精査の必要性も痛感するに至った。幸い地権者も調査に前向きな考えであることが分かり、発掘調査実施へ向けて具体的な話し合いが開始された。結果、1999（平成11）年から2004（平成16）年にかけて6次にわたる調査が実現することとなった。

　1999（平成11）年、調査地の現状把握と地権者に発掘許可を得るため杉山と小泉・舘（昭和女子大学）で中屋敷遺跡を訪れ、地権者の小宮氏に調査の目的・方法について説明したところ快諾に至った。そこで、同日小宮氏立会いのもと第1次調査のテストピットの位置を選定した。その後、櫻井清彦を調査団長、杉山博久を副団長として日本文化史学科教員・学生による中屋敷遺跡調査団を組織した。文化財保護法第57条第1項（現92条）に基づき発掘調査届けを提出、発掘調査への取り組みが開始された。（小泉）

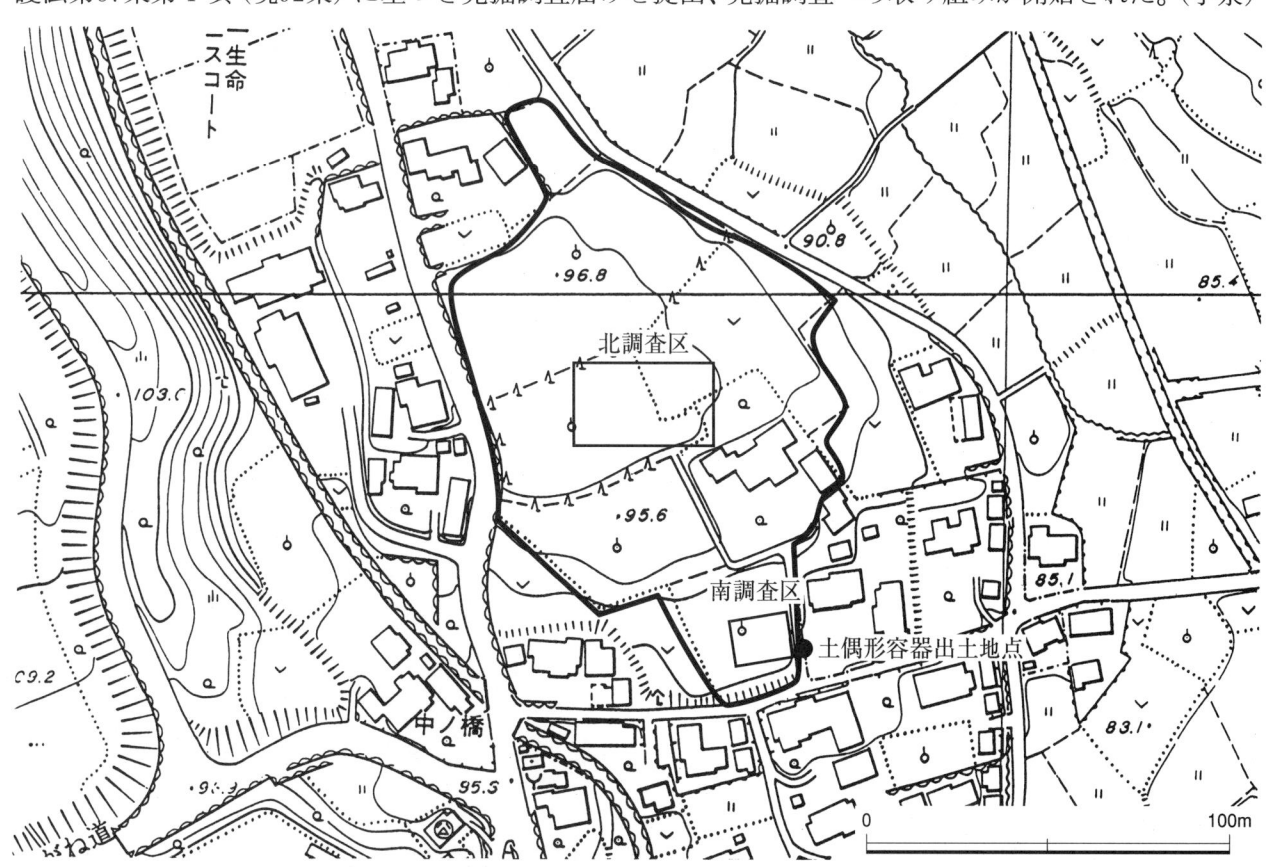

図6　調査範囲および土偶形容器出土地点（1/2,500 国土地理院）

第2節　調査区と遺構名称

　調査区の名称については、調査実施時および概報では、調査地点を示すにあたり土地の使用状況をもとに調査地全体をほぼ南から北にA区、B区・・・J区と割り振った名称を用いていたが、A～J地点と呼び変えて使用することとした（図7）。なお、このA・F・G地点の一部にトレンチを設定して発掘調査を行った。この発掘を実施した地点については南調査区、北調査区に分け、土偶形容器出土地点周辺を南調査区、南調査区より北に80mの調査地点を北調査区とした。南調査区はA地点の一部に、北調査区はF・G地点にまたがる調査区である。北調査区はG地点側をⅠ区F地点側をⅡ区とした。従って、第3トレンチおよび周辺部分を北調査区Ⅰ区、第2・4・5トレンチおよび周辺を北調査区Ⅱ区とした（図8）。遺構や遺物の検出状況や詳細は調査区ごとにトレンチ名称もしくは地点名を用いて記載している。このほか、テストピット2をF地点、テストピット3をH地点、テストピット4・5をE地点に設定した（図7）。

　なお遺構名称については、調査および概報で使用した番号を再整理し、新たに番号を振りなおしている（例言参照）。調査時点では解釈の定まっていない場合もあることから、調査経緯の記載は調査時の旧土坑名の後に新土坑名を（新第○号）と併記している。　　　　　　　　　　　　　　　　　　　　　　（小泉）

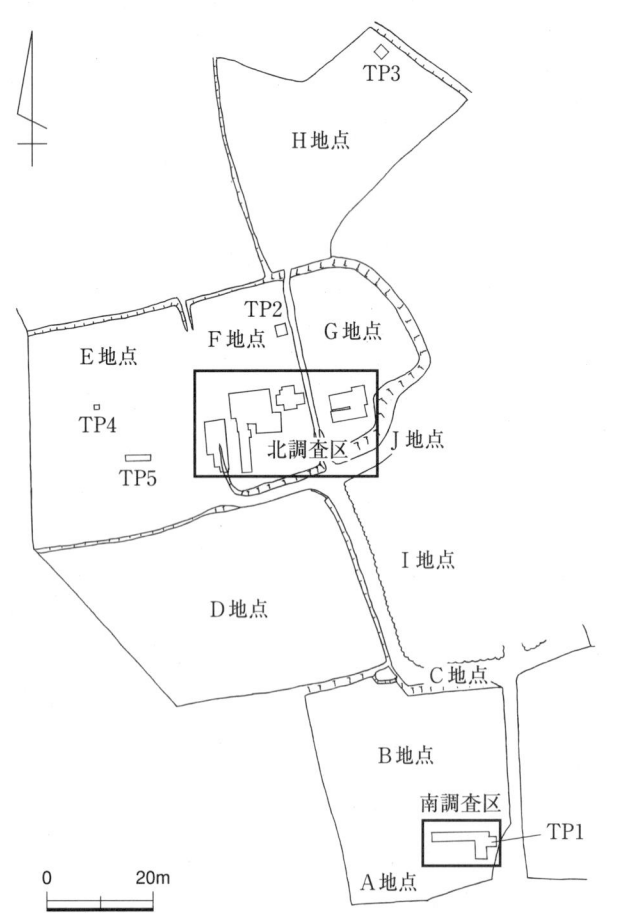

テストピット3調査状況

テストピット5設定状況

図7　調査区見取り図および調査地点名

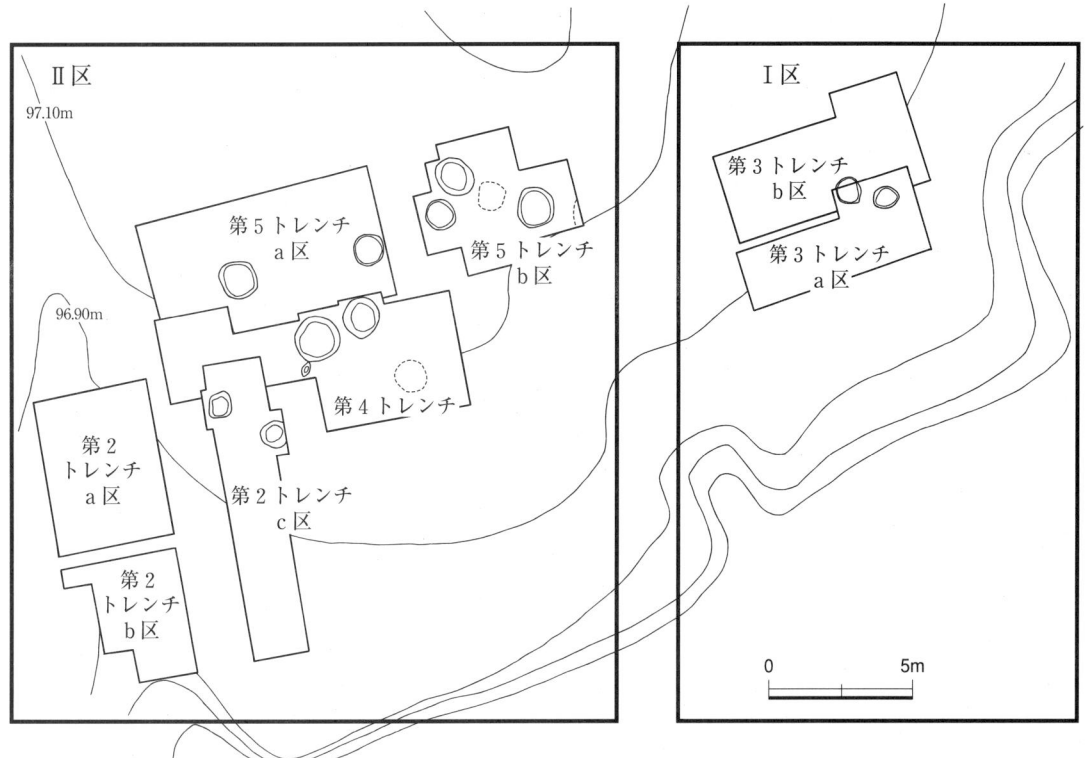

図8　北調査区調査区名称

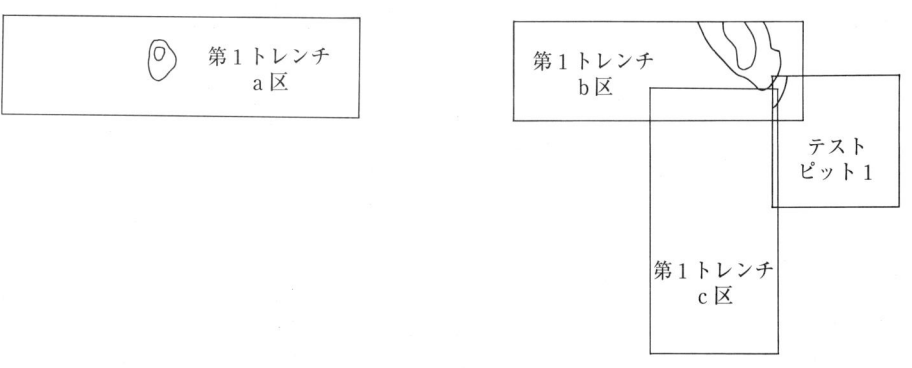

図9　南調査区調査区名称

― 11 ―

第3節　調査経緯

(1) 第1次〜6次調査

　調査は、大学研修施設（東明学林）での合宿調査である。参加者は全員係りを分担し、事前の勉強会、係りごとの準備を経て、調査機材・生活資材を調査地および宿舎へ搬入・設営を行う。毎日の作業は各自機材を手に徒歩にて調査地を往復した（第5次調査からレンタカーを導入）。宿舎では毎晩ミーティングを実施して調査の進行状況・問題点などを話し合った。一部整理作業も実施している。調査の方法は、調査地が農地であることと予算的な面からすべて手作業とし、調査を終えたトレンチから埋め戻しを行い、機材・資材の撤収をもって調査終了となる。

　第1次調査　1999（平成11）年7月26日から8月4日の11日間で実施した。調査地の状況を把握するため、遺構・遺物の検出を目的とした。農作物の影響のない場所を選んで設定した3ヵ所のテストピットを調査した（図7）。

　テストピット1（以下、TP1）は、土偶形容器に関連する遺構の検出を目的としているが、1934（昭和9）年に土偶形容器が発見されたとされる地点は現在コンクリート舗装されているため、隣接する西側の空き地に設定した。地形的には南側斜面に立地する。TP1の北西約90mの畑に、テストピット2（以後、TP2）を設定した。調査範囲で標高が最も高い平坦面である。TP2の北東約50m離れた北東に傾斜する畑の中にテストピット3（以下、TP3）を設定した。

　TP1では1号（新第13号）土坑を検出し、小破片ながら条痕文土器を確認した。しかし、トレンチの北西隅にかかっていたため詳細の把握は次年度へ継続することとした。TP2は、遺構は検出されなかったものの弥生時代の条痕文土器と縄文時代早期の条痕文土器の破片が出土した。TP3では遺構・遺物共に検出することが出来なかった。しかし、調査によって旧地形は現状とはかなり景観のことなる急角度の斜面であることが判明し、縄文時代から弥生時代に比定される包含層の堆積が後世の堆積土によって削られて残りが悪いことも明らかとなり、土器などの遺物が堆積しにくい状況であったと考えることができた。調査面積は計12㎡であった。

　第2次調査　2000（平成12）年7月26日から8月7日の13日間で実施した。第1次調査成果および同年7月9日に実施した遺構探査の結果をもとに、土偶形容器出土地点であるTP1周辺（南調査区）と、TP2を設定した微高地頂部の平坦面一帯（北調査区）の2ヵ所で調査を実施した（図7）。南調査区には第1トレンチa・b区（以下、1トレ）を設定。北調査区には第2トレンチa・c区（以下、2トレ）を設定し、北調査区の西側にテストピット4（以下、TP4）・テストピット5（以下、TP5）を設定した（図7）。いずれも農作物に影響のない場所であることを前提としている。南調査区と北調査区と

測量作業

杭打ち作業

遺物取り上げ作業

図10　調査風景（1）

―12―

の比高差は約6mである。

1トレは、TP1の北西隅で検出された土坑の範囲が未確認であったため、b区の東側の一辺が接するように設定した。TP2からは、縄文時代早期後半の土器が出土したため、2トレ・TP4・TP5の調査は関連する遺物・遺構の検出を目的とした。また、期間中に調査地内の表面採集を行った。

1トレでは第1次調査で確認していた1号（新第13号）土坑以外に新たに3基の土坑が確認された。しかし、報告時にはうち2基については地形的な落ち込みと判断し、a区5号（新第14号）土坑1基のみ報告した。2トレでは調査時、5基の土坑を確認し報告した。しかし、うち4基は遺物が出土していないこと、形状も不鮮明であったことから、地形的落ち込みもしくは攪乱と判断し、調査後の報告ではb区で検出された2号（新第1号）土坑のみ報告した。2号（新第1号）土坑からは赤彩を施した土器片が数多く出土し、調査の大きな成果になると共に以後の調査の方向を示す成果となった。

遺構の検出数こそ多くはなかったものの、遺物も各調査区で出土したことから当初の予想を上回る作業量になり、1トレ・2トレc区はローム層上面を一部サブトレで確認したに留まり、全面掘り下げには至らなかった。また、8月7日の最終日に埋め戻しを終了する予定であったが、1トレの埋め戻しを一部残し一旦撤収することになった。日を改め、同月12日に埋め戻しを行い調査を終了した。同月15日に大学庶務課の協力でトラックにて世田谷キャンパスに発掘機材・生活資材を搬入し、完全撤収となった。最終的な調査面積は約43㎡である。

第3次調査　2001（平成13）年7月26日から8月8日までの14日間で実施した。また、調査地の制約から北調査区のみの調査となった。第2次調査の整理作業を実施する中で、2トレ2号（新第1号）土坑で検出された土器は弥生時代前期に位置づけられる可能性が高くなった。関東での弥生時代前期の遺構・遺物は検出例が少ないことから、北調査区は関連する遺構の検出を1つの目標とした。その一方で第1次調査で縄文時代早期に比定される土器片が出土していることから、当該期の遺構が調査区内に存在する可能性も想定し、遺構確認のため10層（ローム面）上面まで掘り下げる事を調査方針とした。また、第2次調査で時間の制約から一部未終了となった部分の再調査も兼ねて実施した。さらに、2トレ周辺において中世、近世の遺物も出土していることから、この時期の遺構検出も視野に置いた。発掘調査と並行して旧地形の把握、遺跡内および周辺の遺物表面採集とコンタ図の作製を行った。2トレは2次調査で調査途中となっていたc区の完掘を目指すとともに、a区を南に拡張し、さらにa区の南側でc区の西側にあたる位置に新たにb区を設定し遺構の検出を目指した。

調査の結果、2トレc区で11号（新第15号）土坑を検出した。土坑の掘り込み面から弥生時代の可能性が高いものの、土坑内から遺物は検出されず詳細は不明である。その他、a区の拡張部分とb区で近世の畝状遺構を検出した。2トレc区以西は本来の地形が傾斜地で低くなっていること、縄文・弥生時代の包含層が存在していたとしても近世の耕作により遺構が残る可能性が低いことが想定された。2ト

休憩時間の様子　　　　　　　　　　　　　　　　　埋め戻し作業

図11　調査風景（2）

レb区ではサブトレンチを南北に入れて10層上面まで確認した結果から、11号（新第15号）土坑以南に弥生・縄文時代の遺構が存在する可能性は低いことが想定された。

第4次調査　2002（平成14）年7月26日から8月6日の12日間で実施した。

南調査区はTP1および1トレで詳細が不明なものを含め計4基の土坑を検出している。遺物は弥生時代中期初頭の土器、縄文時代前期から中期の土器が出土しており、弥生時代前期の包含層が存在する可能性が考えられた。このことを受けて弥生時代前期の包含層の確認と当該期の遺構の確認・旧地形の把握、また、中世と近世の遺構の検出も視野に入れてトレンチを設定した。トレンチは未確認であった南北方向の確認を行うためにTP1・1トレb区の一部にかかるように設定した。調査は一部10層上面まで掘り下げることができたが、遺構を検出することは出来なかった。縄文時代と弥生時代の包含層の存在は明らかとなったものの、一帯は攪乱がひどく、遺構の残りにくい状況であると判断された。

一方、北調査区は2号（新第1号）土坑と同様の遺構が2トレ周辺も存在する可能性が考えられることから、関連遺構の検出を主目的として2トレの東北東約16mの位置に第3トレンチ（以下3トレ）を設定した。また、第1〜3次の調査で毎回縄文時代早期の土器片が確認されていることから当該期の遺構の検出、旧地形の把握も兼ねて、ローム層（10層）上面まで確認することを調査方針とした。結果、12号（新第2号）・13号（新第3号）土坑を検出した。13号（新第3号）土坑は一部が調査範囲外となったため、完掘には至らなかったが、どちらの土坑も出土土器から2号（新第1号）とほぼ同時期と考えられた。総調査面積は24㎡であった。

第5次調査　2003（平成15）年8月2日から8月14日の13日間で実施した。

北調査区では、第2〜4次調査において計3基の土坑を検出している。土坑出土の土器は弥生時代前期（新第1〜3号土坑）のものと弥生時代中期初頭（新第12号土坑）に属するものと考えられ、土坑の平面形・規模など共通する点が少なくない。このことは、近接した時期にこれらの土坑が存在していた可能性を示唆し、単独で存在した土坑が偶然発見されたのではなく本来何らかの関係を持っていた可能性を推定させた。そこで第5次調査は、これらの土坑の分布と詳細な年代や性格を明らかにすることを目的とし、北調査区に限定して実施することとした。過去の調査からこの地区の土層は宝永年間に堆積した火山灰の2次堆積層（以下2層）下の削平が著しく、目的とした土坑は2層下にわずか残る3・4層が掘り込み面であることを確認している。しかし、全体に3・4層の存在が希薄であることから、最終的には縄文時代の堆積層である5層上面までの掘り下げを目標とし、遺構の有無を確認することを調査方針とした。

第4次調査で一部が調査区外であった13号（新第3号）土坑の未調査部分も視野に入れて3トレの北側を拡張する形でトレンチ設定し3トレb区とした。2トレでは2号（新第1号）土坑を検出したこと、第2号土坑より西側および南側にはすでに遺構の存在しないことが認されていることから、2トレの東

ミーティングのひとコマ

食事風景

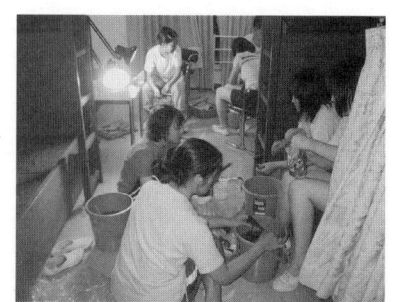
整理作業風景

図12　調査風景（3）

側、北側の遺構検出を目的として一部2トレc区にかかる形で第4トレンチ（以下4トレ）を設定した。いずれも2層を掘り下げて精査したところ、3トレb区で13号（新第3号）土坑の未調査部分を検出した。4トレでは15号（新第4号）・16号（新第5号）・17号（新第16号）土坑、第1号ピットを検出した。17号（新第16号）土坑については時間の制約から確認のみに留めた。調査総面積は約56.5㎡であった。

期間中、台風のため作業を休止することとなったが、卒業生を中心に遺物の勉強会を実施した。

第6次調査 2004（平成16年）3月13日から24日の12日間で実施した。

第5次調査までの成果により北調査区では、確認のみのものも含め、計7基の土坑を検出している。この内、2・12・13・15・16号（新第1〜5号）土坑は弥生時代前期後葉に想定される土器が伴っている。これらの土坑が近接した距離で検出されていること、土器の時期にほとんど差が見られないことから、複数の土坑がまとまりをもって存在した可能性がさらに高まった。さらにその分布が弧状に展開する可能性も出てきた。そこで、未調査部分にも同様の遺構の存在が想定されたため、新たな遺構の検出と広がりを確認することを目的として、第5次調査で第15・16号（新4・5号）土坑を検出した4トレの北側、さらにその東側の未調査部分を調査することとした。調査は土坑の検出を第一目的としたため、土坑検出の可能性がある5層上面まで掘り下げることを方針とした。

その結果、新たに18・19・21・22・23・24号土坑（新第6〜11号）と25号（新第17号）土坑の計7基の土坑を検出するに至り、当初の予想を裏付ける成果を得ることができた。ただし、25号土坑は一部が調査区外であったことと、時間的な制約のため未調査である。中でも22号（新第9号）土坑では大量の焼土と炭化物が集中する層を検出した。さらに、炭化物の中に単子葉草本類や種実遺体が混在することが確認され、詳細な検討が望まれた。しかし、調査時間の制約からその場での精査が難しく、一部の土壌を持ち帰ることとした。炭化物の集中する層についてはその約半分を、そのほかの層においても土壌サンプルを採取した。また、他の土坑においても可能な限り層位ごとに土壌サンプルを採取した。総調査面積は51.87㎡であった。

6次にわたる調査の結果、南調査区は縄文・弥生時代の包含層が存在したことは明らかになったものの、近現代の攪乱が著しく遺構の検出は難しい地区であると考えられた。しかし、そのような状況の中で2基の土坑を確認し、弥生時代前期後葉と弥生時代中期初頭のものであることが判明したことはひとつの成果であった。北調査区は弥生時代前期後葉に形成されたと考えられる複数の土坑が検出され、微高地の南側に弧状に形成された可能性も考えられると共に、炭化物の中から炭化米を始めとした雑穀類が検出され、南関東での稲作開始期の様子を知り得る遺跡であることも明らかにした。（小泉・竹田）

（2）遺物整理と分析、報告書の作成

調査終了ごとに実施した調査概報作成のための整理作業と、本報告のための整理作業について紹介す

現場へ向かう一行

第5トレンチ調査

現地ミーティング

図13　調査風景（4）

— 15 —

る。概報作成の作業は、大学院修士1年生があたり、学部生と共に、洗い・注記・接合・拓本・実測・トレース、概報の版組・入稿を行った。第1次～5次調査では、調査期間中宿舎において出土遺物の洗い・図面整理を一部実施している。概報は昭和女子大学文化史学会「昭和女子大学文化史研究」4号～9号に掲載した（佐々木・小泉 2000他）。主な整理作業は、発掘調査が夏季および春期休暇中であったため、学期開始とともに放課後、週末を利用して発掘参加者で実施した。本報告のための整理作業は、2006（平成18）年3月から2008（平成20）年3月まで、概報作成の指揮を取ってきた卒業生を中心に週末を利用して実施した。調査ごとにまとめていた遺構と遺物を、第1次から6次を通して遺構・遺物ごとに整理し、遺跡の性格・調査の成果をより明らかにすることを目的として実施した。従って、遺構に関する図は第2原図から書き起こし、トレース・版組をしている。遺物についても実測図・写真・拓本はあらためて取り直し、トレースを実施した。また、概報未報告資料についても見直し追加している。2006（平成18）年4月からは、土壌の水洗選別作業も開始した。選別した資料については一部は本報告で報告し大部分は分析中である。

　大学における整理作業と並行して実施した自然科学分析については第5章で詳述するが、ここでその概略を述べておく。実施した分析は、AMS法による放射性炭素年代測定と樹種同定、種実同定、プラント・オパール分析、黒曜石の産地推定、獣骨・貝類の同定である。

　第4次調査で検出した12・13号（新2・3号）土坑内の炭化物は樹種同定・種実同定を、第5次調査の16号（新5号）土坑の炭化材と土器付着物について放射性炭素年代測定、樹種同定、獣骨・貝類の同定を実施した。さらに第6次調査では炭化物の出土が顕著であったことから、各土坑内で分析可能な資料を抽出し、放射性炭素年代測定・樹種同定を実施した。黒曜石の産地推定は、第1～5次調査までの出土品で図化した資料と、第6次調査で土坑内から出土した資料について分析を行った。

　なお、自然科学的な分析については、土器に見られる種実圧痕の分析を含め今後も継続して実施する予定である。第1次～6次調査の出土品は、遺失物法に基づく発見届等の手続きを行い、文化財認定され昭和女子大学歴史文化学科で保管している。　　　　　　　　　　　　　　　　　　（小泉）

註
（1）大井町史通史編、原始古代編は平成9（1997）に刊行されているが、本調査の成果は反映されていない。
（2）佐々木由香・小泉玲子　2000　「中屋敷遺跡第1次調査報告」『昭和女子大学文化史研究』4号　昭和女子大学文化史学会、舘まりこ他　2001　「中屋敷遺跡第2次調査報告」『昭和女子大学文化史研究』5号　昭和女子大学文化史学会、今井明子他　2002　「中屋敷遺跡第3次調査報告」『昭和女子大学文化史研究』6号　昭和女子大学文化史学会、石井寛子他　2003　「中屋敷遺跡第4次調査報告」『昭和女子大学文化史研究』7号　昭和女子大学文化史学会、鈴木由貴子他　2004　「中屋敷遺跡第5次調査報告」『昭和女子大学文化史研究』8号　昭和女子大学文化史学会、早勢加菜他　2005　「中屋敷遺跡第6次調査報告」『昭和女子大学文化史研究』9号　昭和女子大学文化史学会

土器の整理作業

炭化物の選別

遺物写真の撮影

図14　整理作業風景

第1次調査

第2次調査

第3次調査

第4次調査

第5次調査

第6次調査

図15　発掘調査参加者

（3）周辺探査・踏査

①探査

　第2次調査前の平成12（2000）年7月9日に、地中レーダーによる遺構探査を行った。探査範囲を図16に示す。地中レーダーによる探査はテラ・インフォメーション・エンジニアリングに依頼し、調査団の小泉、佐々木、舘がその補助を行った。探査の箇所は、遺跡範囲内の宅地、植栽以外で直線的に探査機器を移動できる箇所である、28本の探査ラインについて行った。

　探査の結果、数ヵ所で遺構らしい波長が検出された。結果を図16に示す。図には調査したラインおよび、土層界が明確な箇所と、溝もしくは堀とみられる箇所、ピットもしくは礎石（攪乱・地下茎野菜痕などを含む）とみられる箇所を図示した。

　探査の結果、北調査区にあたる本遺跡で最も標高が高い部分は、現在畑作地と果樹が植栽されている平坦地であるが、旧地形ではかなりの高低差があることが判明した。特に南北方向の探査ライン1〜3の南側は南に向かって急激に地山が落ち込むことが明らかとなった。

　以下に探査を行った調査区域をA、B、Cと区分し、テラ・インフォメーション・エンジニアリングからの概要報告をまとめる。

A　表土層は浅く、その下部に層状の土層構造が見られる。各層は比較的薄い。層の中には、有機質土層もみられる。ピット状の遺構があり（ただし攪乱、地下茎野菜の痕などの可能性もある）、中でも北側のグループは一体のようにもみられるが、全体のつながりははっきりしない。

B　表土下では層境がみられる。有機土層か遺構層かはっきりしない。小ピットのような穴も見られるが、地下系野菜の耕地の痕である可能性もある。現在、南北に抜ける道となっている箇所は、溝の可能性がある。

BおよびC　掘もしくは溝と見られる痕跡が図16のように南北に展開し、一部遺構状地盤がみられる。

②周辺踏査

　周辺踏査は、数次の調査にわたって各数時間行った。踏査範囲は中屋敷遺跡を中心に半径約300mである。踏査の結果、遺跡範囲外で遺跡未登録地の2地点から遺物が採集できた。踏査の範囲と、遺物が採取された2地点および既存の遺跡分布図を図17に示す。踏査で採集した遺物の詳細は第4章第1節（3）で図化と記載、および写真撮影を行っているため、ここでは全体の概要を報告する。

　遺物が採集された一つ目の地点は、中屋敷遺跡の北側約100mに位置する、大井町中屋敷相和小学校前に広がる低地である。大磯丘陵と本遺跡が立地する微高地の間に挟まれて流れる現菊川の河川沿いは、現在水田もしくは畑として利用されている。遺物は、この標高約93.8mの菊川東側の谷沿いで採集された。遺物を採取した位置には、調査時に畑の区画ごとに細分したFi1から3の小地点名を設定した。本報告では、便宜的にFi1から3の小地点をあわせて本地点を「中屋敷相和小学校前地点」と呼称する。この地点からは縄文時代後期の土器1点と、近世前期の陶器1点、近世後期の磁器2点が採集できた。

　特筆すべきこととして、この地点では、縄文時代後期の土器が採集されたことがあげられる。中屋敷遺跡範囲内で縄文時代後期の土器は1点しか確認されていない。大井町内での縄文時代後期の遺跡は、段丘上に立地する金子台遺跡で確認されているのみである。低地の本地点で採集されたことは遺跡立地を考え合わせると興味深いが、同地点には客土がかなり盛られており、また1点のみの採集のため、遺物が現地性をとどめているかは不明である。

　もう一つの地点は、中屋敷遺跡の南西側約200mに位置する、標高86〜98mの金子台と呼ばれる段丘

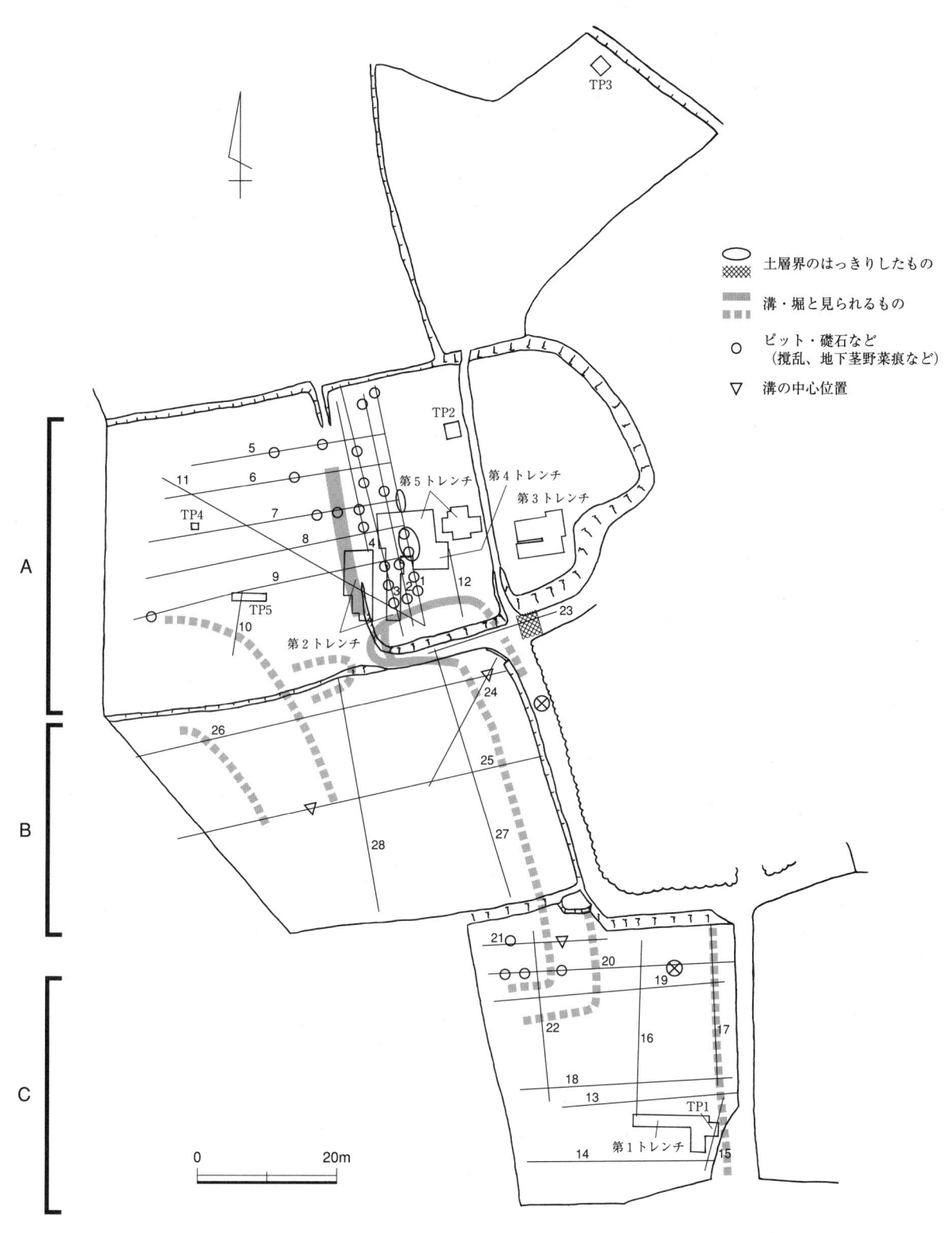

図16 地下探査結果

の西側斜面である。中屋敷遺跡の東南部の急峻な台地斜面部にあたり、調査時の小地点名はFi 4とした。本報告では、便宜的に「金子台東側斜面地点」と呼称する。本地点からは縄文時代早期後半の土器2点と、弥生時代初頭の土器1点、近世後期の土製品1点、陶器2点、炻器1点が採集できた。採集遺物の出土時期は中屋敷遺跡と共通することから、同時期の遺跡が広がっていた可能性がある。

　2地点ともに近世後期の遺物は広範囲で採集可能なこと、また中屋敷遺跡範囲内での表面採集でも近世後期の遺物は広範囲で表採可能なことから、近世後期の時期にこの地区には集落が広がっていたと考えられる。

　中屋敷遺跡周辺は宅地化が進んでいることから、周辺をくまなく表面採集できてはいない。しかし、わずかな時間で複数時期にわたる遺物が採集できたことは、当地域が縄文時代以降、かなり利用されていることを示唆している。　　　　　　　　　　　　　　　　　　　　　　　　　　　　　　（佐々木）

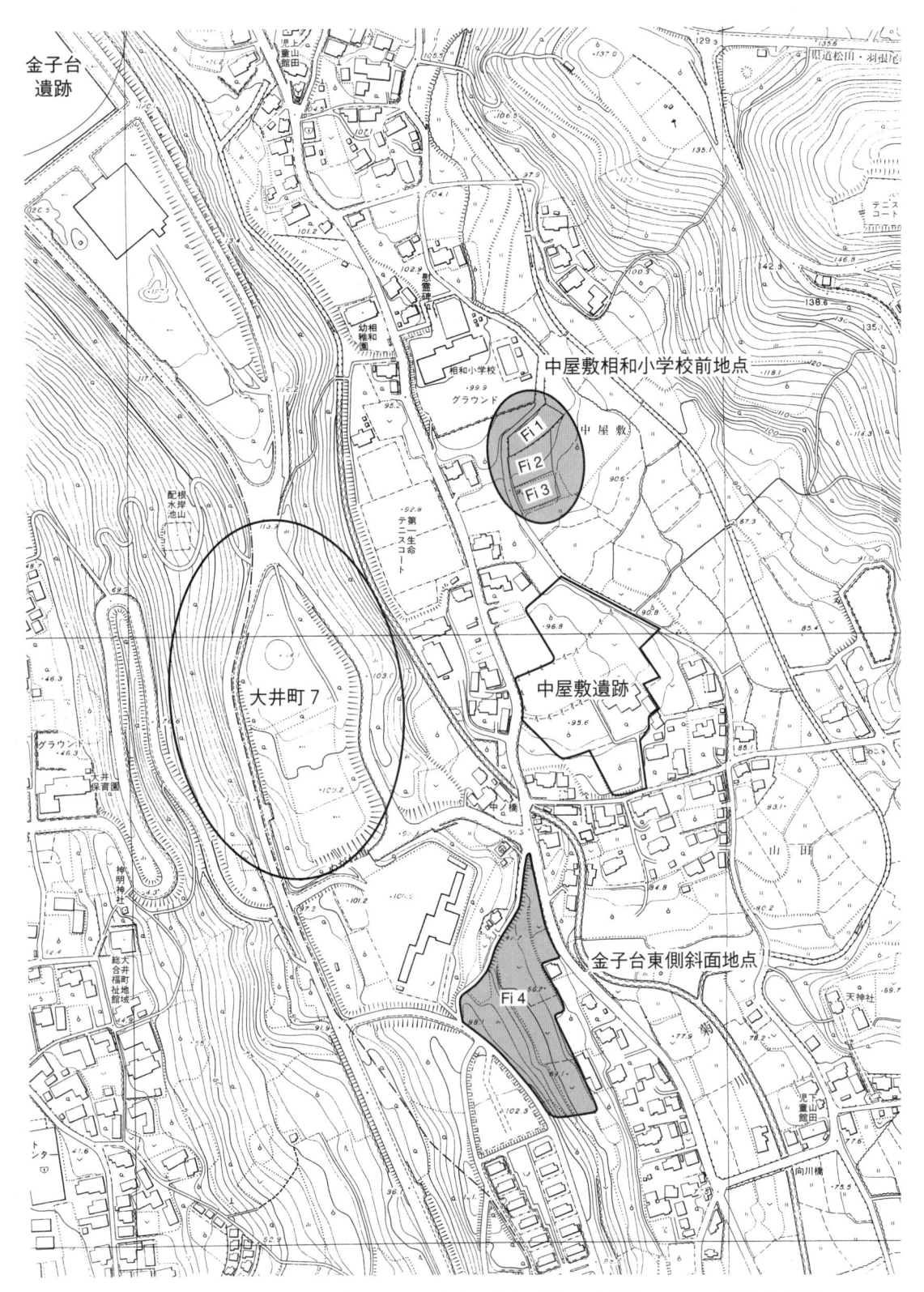

図17　中屋敷遺跡周辺の踏査を行った遺跡の分布（網かけ部分、1/5,000 国土地理院）

第3章　基本層序

以下に調査区内でみられた基本層序を示す。また図18に各調査地点の土層柱状図を示す。

1層　　表土層
　　　　約30～40cmの厚さで堆積する耕作土層。径3mm以下の赤色スコリアを少量含む。径10mm以下の小礫を10～30％程度含み、下層になる程含有量が多い。しまり・粘性なし。現代～縄文時代の遺物を含む。

2層　　黒灰色スコリア層（S-25＝HO）
　　　　径1～3mm程度の暗青灰色スコリアを約10cmの厚さでブロック状に含む。攪乱されており、ほとんど2次堆積によるものと思われる。スコリアは1707年の江戸時代、宝永年間に堆積した火山灰層である。南調査区第1トレンチa区西側ではやや層状にみられた。しまり・粘性なし。遺物は含まない。

3層　　明褐色土層
　　　　径5mm以下の橙色スコリアと、径1mm以下の褐色・白色スコリアを少量含む。径10mm以下の小礫を少量含む。径50mm以下の炭化物を微量含む。しまり・粘性あり。弥生時代前期の遺物を含む包含層。

4層　　黄褐色土層
　　　　径5～10mmの黒色・橙色スコリアをやや多く含む。径2～3mmの褐色スコリアをやや多く含む。パミスを多量に含む。径10mm以下の礫をやや多く含む。しまり・粘性あり。弥生時代前期の遺物を含む包含層。

5層　　黒褐色スコリア層①
　　　　径3mm以下の褐色・白色・黒色スコリア、径5mm程度の橙色スコリアをやや多く含む。径10mm程度の橙色スコリアを微量含む。径3mm以下の小礫をやや多く含む。パミスをやや多量に含む。しまり・粘性共に3層よりあり。縄文時代前期末～中期初頭と中期後半の遺物を含む包含層。

6層　　黒褐色スコリア層②
　　　　径3mm以下の褐色・白色・黒色スコリアを少量含む。径5mm以下の橙色スコリアを非常に多く含む。しまり・粘性共に4層より強く、粒子が全体的に細かい。縄文時代前期の遺物を含む包含層。

7層　　橙色スコリア層①（富士黒土層）
　　　　径5～8mm程度の褐色スコリア、径3～5mm程度の橙色スコリアを多量に含む。径1mm程度の黒色スコリアを少量含む。しまり・粘性強。縄文時代早期後半～前期前半の遺物を含む包含層。

8層　　橙色スコリア層②
　　　　径5～8mm程度の褐色・橙色スコリア、径1～3mm程度の黒色スコリアをやや多く含む。径1mmの黒色スコリアを少量含む。径1mm以下の橙色スコリアを多く含む。スコリアは6層よりも全体的に粒形が大きく、ぼそぼそしている。径5mm以下の小礫、パミスを少量含む。しまり・粘性あり。層全体が撹拌されたような状態である。遺物は出土していないが、縄文時

代早期後半～前期後半に相当すると考えられる。

9－1層　　明黄褐色土層（漸移層）

　　9－2層に類似するが、より暗い色調でしまりがある。径8～10mmの橙色スコリアを多く含み、径10mm程度の黒色スコリアと径4～5mmの赤色スコリアを含む。9－2層よりもスコリアの粒形が大きい。遺物は出土していない。

9－2層　　明黄褐色土層（漸移層）

　　径10mm程度の褐色・橙色スコリア、径5mm以下の黒色スコリアを多く含む。径15mm程度の発泡の良い灰白色スコリアをやや多く含む。パミスを少量含む。径10～15cm程度の非常にしまりの強いブロック状の土壌塊が散在する。しまり強、粘性なし。遺物は出土していない。

10層　　黄褐色土層（ローム層）Ｌ１Ｓ

　　径1～3mmの褐色・橙色・黒色スコリアを非常に多く含む。径10mm程度の褐色スコリアを多く含む。部分的にスコリアの純層を含む。パミスを多く含む。極めて良好にしまっており、やや粘性をおびる。遺物は出土していない。

11層　　黄褐色土層（ローム層）

　　10層と類似する。極めて良好にしまっており、やや粘性をおびる。

12層　　黄褐色土層（ローム層）

　　10層と類似する。極めて良好にしまっており、やや粘性をおびる。

（佐々木）

図18 各調査地点の土層柱状図

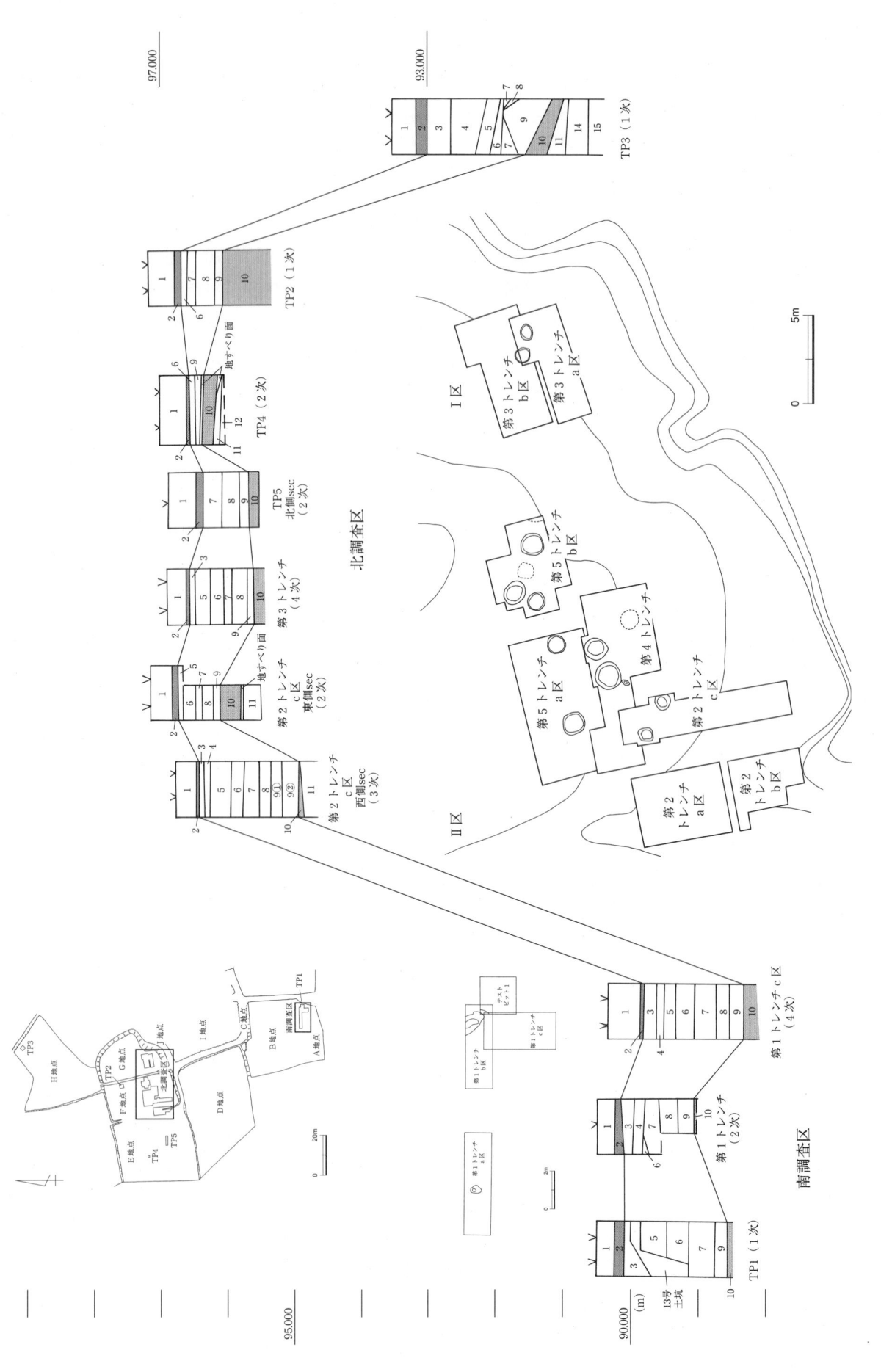

第4章　調査区および遺構と遺物

第1節　北調査区

調査区の概要

　北調査区は遺跡内で最も標高の高い平坦面（標高約97m）に位置する。北調査区は現在畑作地または果樹が植栽されているため、これらをよけた部分にテストピット（以下TP）またはトレンチを設定した。北調査区では、TP2から5と、第2トレンチから第5トレンチの発掘調査、調査区内および周辺の表面採集を行った。

（1）テストピット

テストピット（TP2）（図19）

　TP2は2×2mの範囲で設定した。TP2は遺跡内で最も標高の高い約97.4mに位置する。地表面から関東ローム層までの深度は約1.0mであった。また10層のローム層下を約60cm掘り下げた。

　堆積層は、1層耕作土下に2層とした宝永スコリア層の2次堆積層が比較的層状に堆積していた。2層直下は6層が堆積しており、2層堆積以前に堆積物が削平されたことが推定される。

出土遺構

　遺構は検出されなかった。

出土遺物

　縄文時代早期後半野島式の深鉢胴部破片が7層から1点、6層から1点出土した（図38－7・13）。陶器は1層から1点出土した。近世末期に比定される飴釉を施した徳利の肩部破片である。石器は1層（地表面から－50cm）から石英製のピエス・エスキーユが1点出土した（佐々木・小泉2000）。

テストピット（TP3）（図20）

　TP3は2×2mの範囲で設定した。TP3はTP2の北東約50m、遺跡の北東部斜面、標高約93.8mに位置する。地表面から関東ローム層までの深度は約2.7mであり、全調査地点の中で最も厚い堆積がみられた。なお、調査区の半分のみ掘削を行った。

　堆積層は、1層耕作土下に2層とした宝永スコリア層の2次堆積層が比較的層状に堆積していたが、部分的にはブロック状に堆積していることが確認された。2層直下は基本土層の3層から15層までの堆積を確認した。4層までは比較的水平に堆積していたが、5層以下は東へ向かって傾斜がみられた。中屋敷遺跡では、基本土層の3・4層は弥生時代の包含層としているが、TP3の3・4層からは当該期の遺物は出土しておらず、出土位置が不確定なものの、近世の陶磁器が数点出土した。そのため、TP3の3・4層については再堆積による可能性が高い。

出土遺構

　遺構は検出されなかった。

出土遺物

　陶器は3層から1点、4層から1点出土した。3層出土の陶器は内外面鉄釉の器種不明である。近世に比定される。4層出土の陶器は透明釉の皿で、近世に比定される。磁器は3層から1点出土した。染

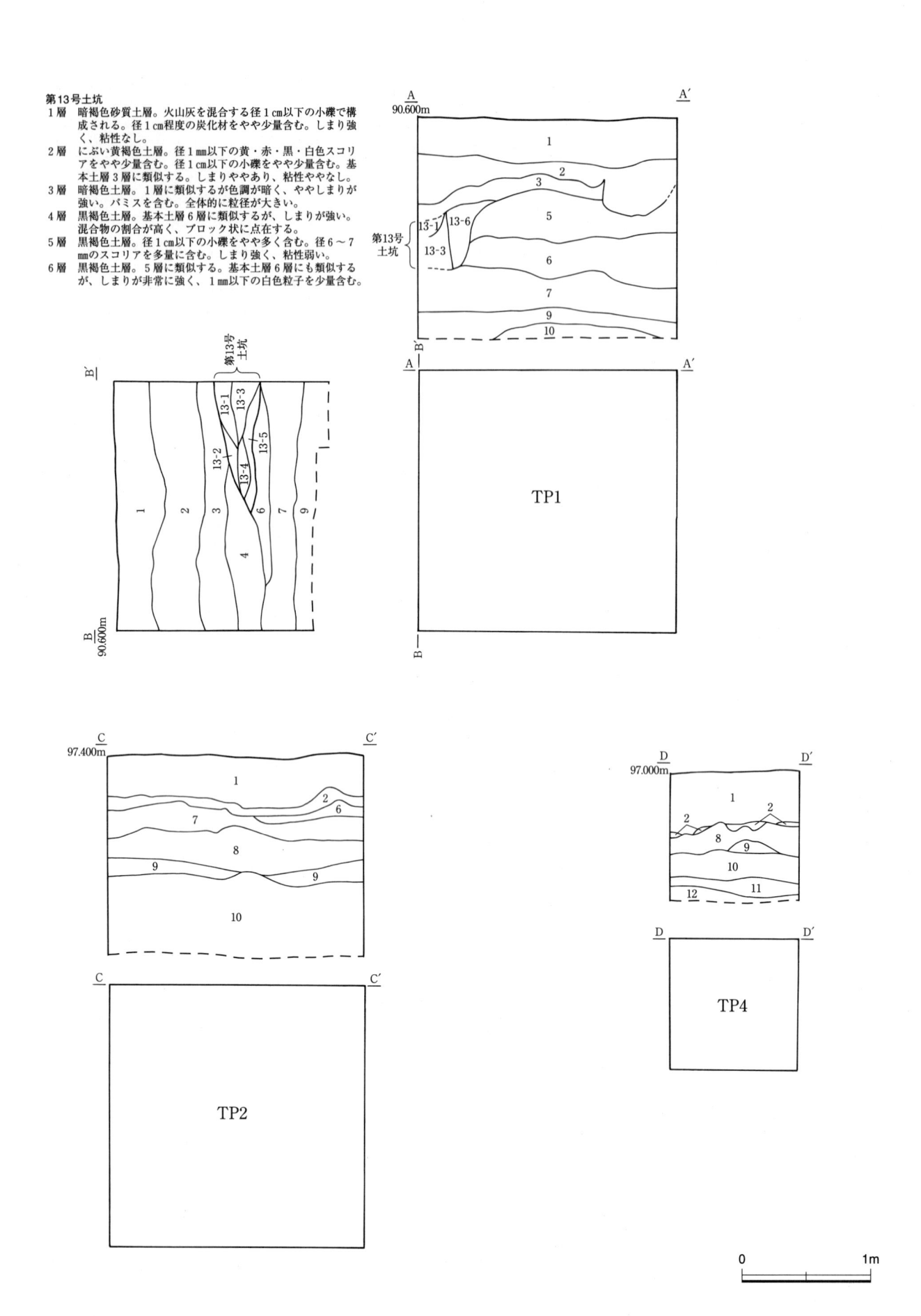

第13号土坑
1層　暗褐色砂質土層。火山灰を混合する径1cm以下の小礫で構成される。径1cm程度の炭化材をやや少量含む。しまり強く、粘性なし。
2層　にぶい黄褐色土層。径1mm以下の黄・赤・黒・白色スコリアをやや少量含む。径1cm以下の小礫をやや少量含む。基本土層3層に類似する。しまりややあり、粘性ややなし。
3層　暗褐色土層。1層に類似するが色調が暗く、ややしまりが強い。パミスを含む。全体的に粒径が大きい。
4層　黒褐色土層。基本土層6層に類似するが、しまりが強い。混合物の割合が高く、ブロック状に点在する。
5層　黒褐色土層。径1cm以下の小礫をやや多く含む。径6〜7mmのスコリアを多量に含む。しまり強く、粘性弱い。
6層　黒褐色土層。5層に類似する。基本土層6層にも類似するが、しまりが非常に強く、1mm以下の白色粒子を少量含む。

図19　ＴＰ１・２・４平面図および土層断面図

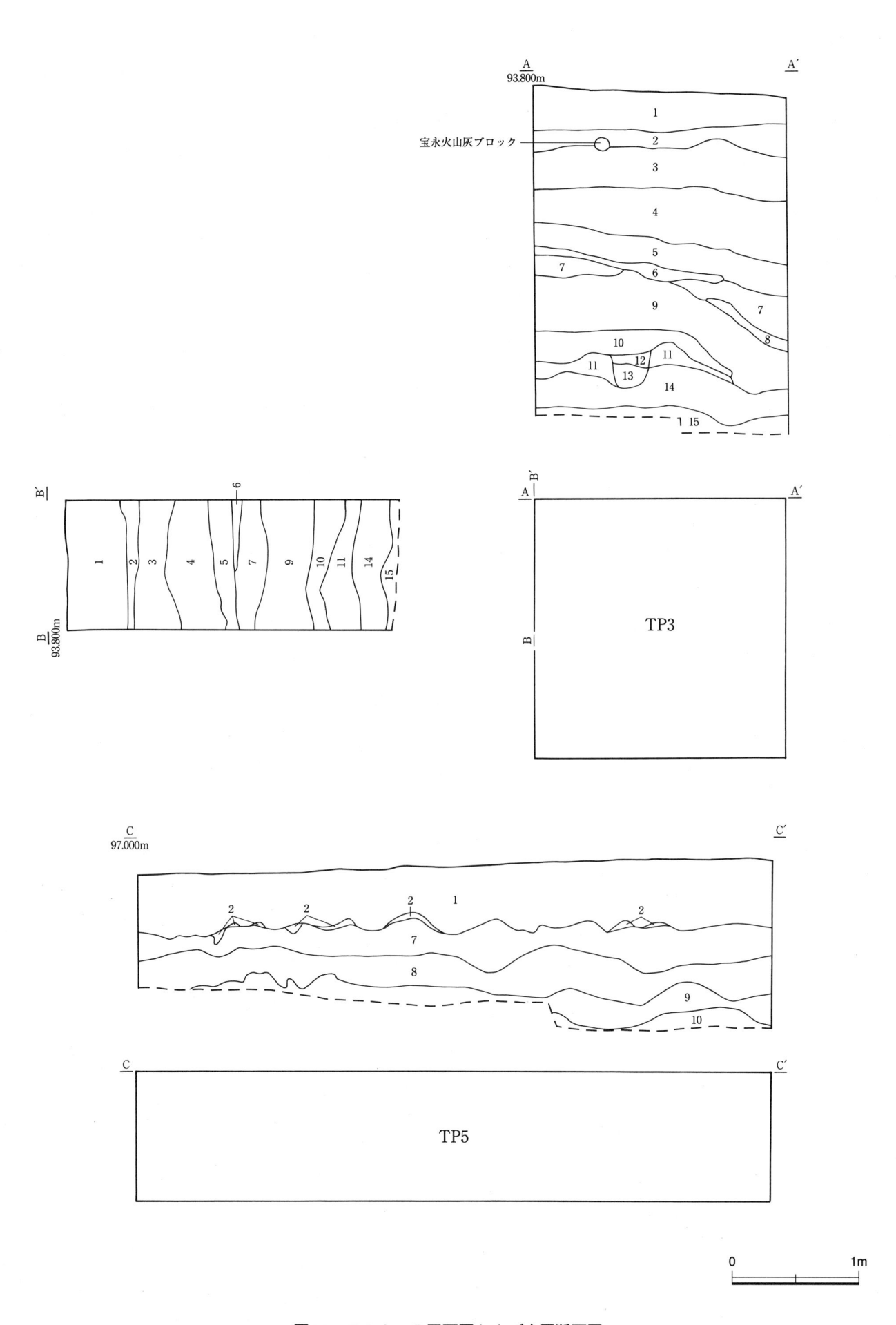

図20 ＴＰ３・５平面図および土層断面図

付の飯碗または茶碗の口縁部破片で近世末期に比定される。

テストピット（TP4）（図19）

　TP4は1×1mの範囲で設定した。TP4は北調査区Ⅱ区の北西側、標高約97.0mに位置する。地表面から関東ローム層までの深度は約0.6mであった。

　堆積層は、1層耕作土下に2層とした宝永スコリア層の2次堆積層が部分的に堆積していた。2層直下は基本土層の8層が堆積しており、2層堆積以前に堆積層が削平されたことが推定される。また10層直上と直下、すなわちローム層確認面直上と直下に地滑りの痕跡と考えられる厚さ数cmの硬化面がみられた[1]。

出土遺構

　遺構は検出されなかった。

出土遺物（図68）

　1層から近世の肥前系磁器の油壺底部破片が1点出土した。

テストピット（TP5）（図20）

　TP5は東西に長く、1×5mの範囲で設定した。TP5は北調査区Ⅱ区の西側、TP4の南西約12mの標高約96.5mに位置する。地表面から関東ローム層までの深度は約1.2mであった。

　堆積層は、1層耕作土下に2層とした宝永スコリア層の2次堆積層が部分的に堆積していた。2層直下は基本土層の7層が堆積しており、2層堆積以前に堆積層が削平されたことが推定される。旧地形は南に傾斜する。

出土遺構

　面的には確認できなかったが、2層直下に畝状遺構がみられ、方向や畝の間隔から推定して、第2トレンチで検出された畝状遺構と一連の遺構である可能性が高い。

出土遺物（図65・68）

　土器は縄文時代前期竹管文の深鉢胴部破片が1層から1点、早期後半野島式の深鉢胴部破片が7層から1点、前期諸磯b式の深鉢胴部破片が8層直上から1点、早期後半野島式の深鉢口縁部破片が8層上部から1点出土した。石器は黒曜石製の剥片・チップが2層から1点、黒曜石製の石鏃が7層から1点出土した。陶磁器は1層から3点出土した。うち1点は近世の肥前系磁器の碗の口縁部破片である。また、チャートまたは石英質の時期不明の火打石が1層から1点出土した。

（佐々木・江川・領家・早勢）

（2）トレンチ

第2トレンチ（図21・22、図版4・5）

　第2トレンチはTP5の西側約15mの位置に設定した。土層観察用のベルトを2ヵ所設け、最終的には3分割し、西側からa、b、c区とした。a区は2×3.5m、b区は4×4m、c区は2×10mである。

　a区は面的には9層直上、部分的に10層途中まで掘り下げを行った。b区は9層直上まで掘り下げを行った。c区は10層直上から11層途中まで掘り下げを行った。

出土遺構

　a区南西側の2層直下には南北方向に伸びる道状遺構と思われる硬化面がみられた。また道状遺構の東側に南北方向に伸びる畝状遺構を検出した。時期は近世と考えられる。

　c区の北西隅付近には、5層を確認面として、第1号土坑が検出された。北西では第15号土坑が検出された。第15号土坑は上部が攪乱によってほとんど残存していなかった。

遺構外出土遺物（図38・39・57・65・68）

　縄文時代の土器は約20点、弥生時代の土器は約65点出土した。弥生時代の土器は主に3〜4層から散漫に出土した。ここでは弥生時代の土器以外の遺構外出土遺物について記載する。

　a区：1層から縄文時代中期五領ヶ台式の深鉢胴部破片1点、黒曜石製の剥片・チップ7点、5層から前期の深鉢胴部破片1点、中期の深鉢胴部破片1点、6層直上から中期の深鉢胴部破片1点、6層から凝灰岩製の磨製石斧1点、7層から早期後半野島式の深鉢口縁部〜胴部破片1点、8層から閃緑岩製の特殊磨石1点が出土した。

　b区：1層から黒曜石製の微細剥離を有する剥片1点と、剥片・チップ1点、近世の土製の弾碁玉1点が出土した。5層から縄文時代前期の竹管文の深鉢胴部破片1点と中期五領ヶ台式併行期の深鉢胴部破片1点、その他、中期に比定する胴部破片1点が出土した。

　c区：1層から黒曜石製のピエス・エスキーユ2点と剥片・チップ2点、縄文時代早期後半野島式の深鉢胴部破片1点、中期の深鉢胴部破片が1点、近世の土製の人形1点が出土した。2層から黒曜石製の剥片・チップ1点、3層から早期後半野島式の深鉢胴部破片1点、5層から中期の深鉢胴部破片2点、黒曜石製の石鏃1点と凝灰岩製の打製石斧1点、6層から中期の深鉢胴部破片1点、黒曜石製の原石1点、7層から斑レイ岩製の磨石1点が出土した。また層位不明で前期の深鉢胴部破片2点、中期の深鉢胴部破片1点が出土した。

　これらのほかに1・2層から近世の陶磁器が64点出土した。また、出土区域不明だが、第2トレンチから黒曜石製の石核1点が出土した。

第3トレンチ（図23、図版6下・14下）

　第2トレンチの東北東約16ｍの位置に第3トレンチを設定した。調査年次の違いからa区・b区としているa区は2×6.2m、b区は3×6.4mのトレンチである。a区は弥生時代の遺構確認面である5層直上まで、b区は関東ローム層である10層上部まで掘り下げを行った。5層以下はほぼ水平に堆積していたが、3層はトレンチ西半分に部分的に確認されたものの、東半分では確認されなかった。2層はブロック状ではあるがトレンチ全体に確認された。1層との境界が波状であることから、第2トレンチ同様、南北方向に畝状遺構があったことが推定される。

出土遺構

　b区の北東側に5層を遺構確認面として第2・3号土坑を検出した。

遺構外出土遺物（図38・39・57・65・68）

　縄文時代の土器は約10点、弥生時代の土器は約10点出土した。弥生時代の土器は3層から散漫に出土した。ここでは弥生時代の土器以外の遺構外出土遺物について記載する。

　a区：2層から縄文時代前期の深鉢胴部破片1点、5層から中期の深鉢口縁部〜胴部破片4点、6層から中期の深鉢口縁部〜胴部破片1点、口縁部破片1点、7層から早期後半野島式の深鉢口縁部破片1点が出土した。

　b区：1層から黒曜石製の石鏃1点と剥片・チップ4点、原石1点、2層から縄文時代早期後半野島

式の深鉢胴部破片 1 点、5 層からチャート製の石鏃 1 点が出土した。また層位不明の黒曜石製の剥片 2 点、チップ 2 点、原石 1 点が出土した。

第 4 トレンチ（図23、図版 9・14上・18下）

第 2 トレンチの北側に一部重複する位置に 2×10m の第 4 トレンチを設定した。弥生時代の遺構確認面である 5 層直上まで掘り下げを行った。2 層はブロック状ではあるがトレンチ全体に確認された。1 層との境界が波状であることから、第 2 トレンチ同様、南北方向に畝状遺構があったことが推定される。

出土遺構

5 層を遺構確認面として第 4・5 号土坑を検出した。またトレンチ東南部に第16号土坑とした円形のプランを確認したが、調査は行っていないため、時期不明である。

遺構外出土遺物（図38・39・57・65・68）

縄文時代の土器は 2 点、弥生時代の土器は約30点出土した。

1 層と 2 層から縄文時代早期後半野島式の深鉢胴部破片各 1 点が出土した。

第 5 トレンチ（図24、図版15下・18下・19）

第 4 トレンチの北側に一部重複するように東西に長く第 5 トレンチを設定した。東側を a 区（4.5×8m）、3m 離れて西側を b 区（4.5×3m）としたて、弥生時代の遺構確認面である 5 層直上まで掘り下げを行った。2 層はブロック状ではあるがトレンチ全体に確認された。1 層との境界が波状であることから、第 2 トレンチ同様、南北方向に畝状遺構があったことが推定される。

出土遺構

b 区では 5 層を遺構確認面として第 8～11号土坑を検出した。またトレンチ東南隅に第17号土坑としたプランを確認したが、調査は行っていないため、時期は不明である。第10号土坑は調査期間の制約から、完掘には至っていない。a 区では 5 層を遺構確認面として第 6・7 号土坑を検出した。

遺構外出土遺物（図38・39・57・65・68）

縄文時代の土器は 5 点、弥生時代の土器は約60点出土した。

a 区：1 層から縄文時代早期後半野島式の深鉢胴部破片 2 点が（同一個体）出土した。また第 7 号土坑から中期の深鉢胴部破片 1 点が出土した。ただし、第 7 号土坑は弥生時代前期の土器を主体としていることから、混入した遺物であることが考えられる。

b 区：なし。

（佐々木・江川・領家・早勢・鈴木）

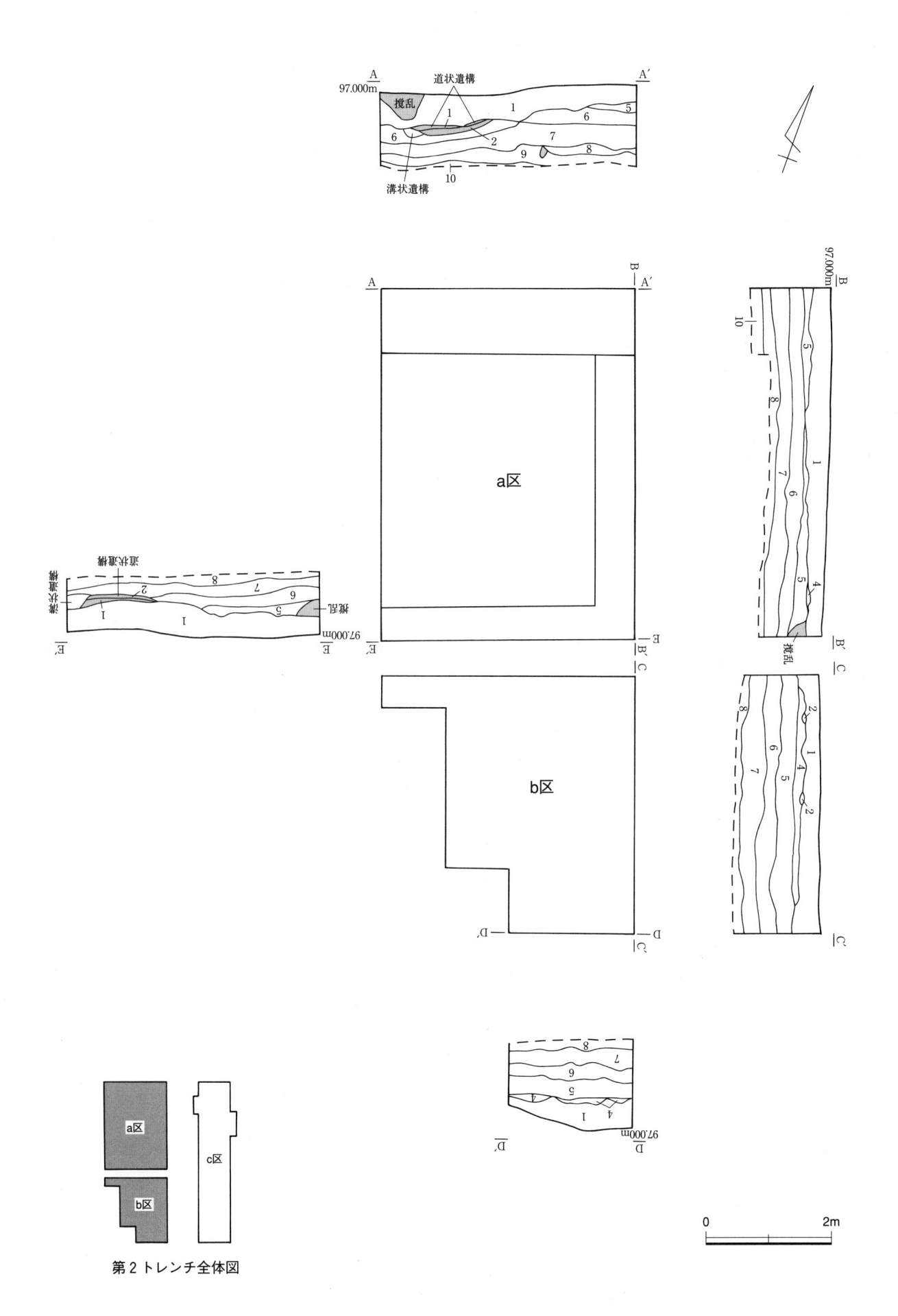

図21　北調査Ⅱ区第2トレンチa・b区平面図および土層断面図

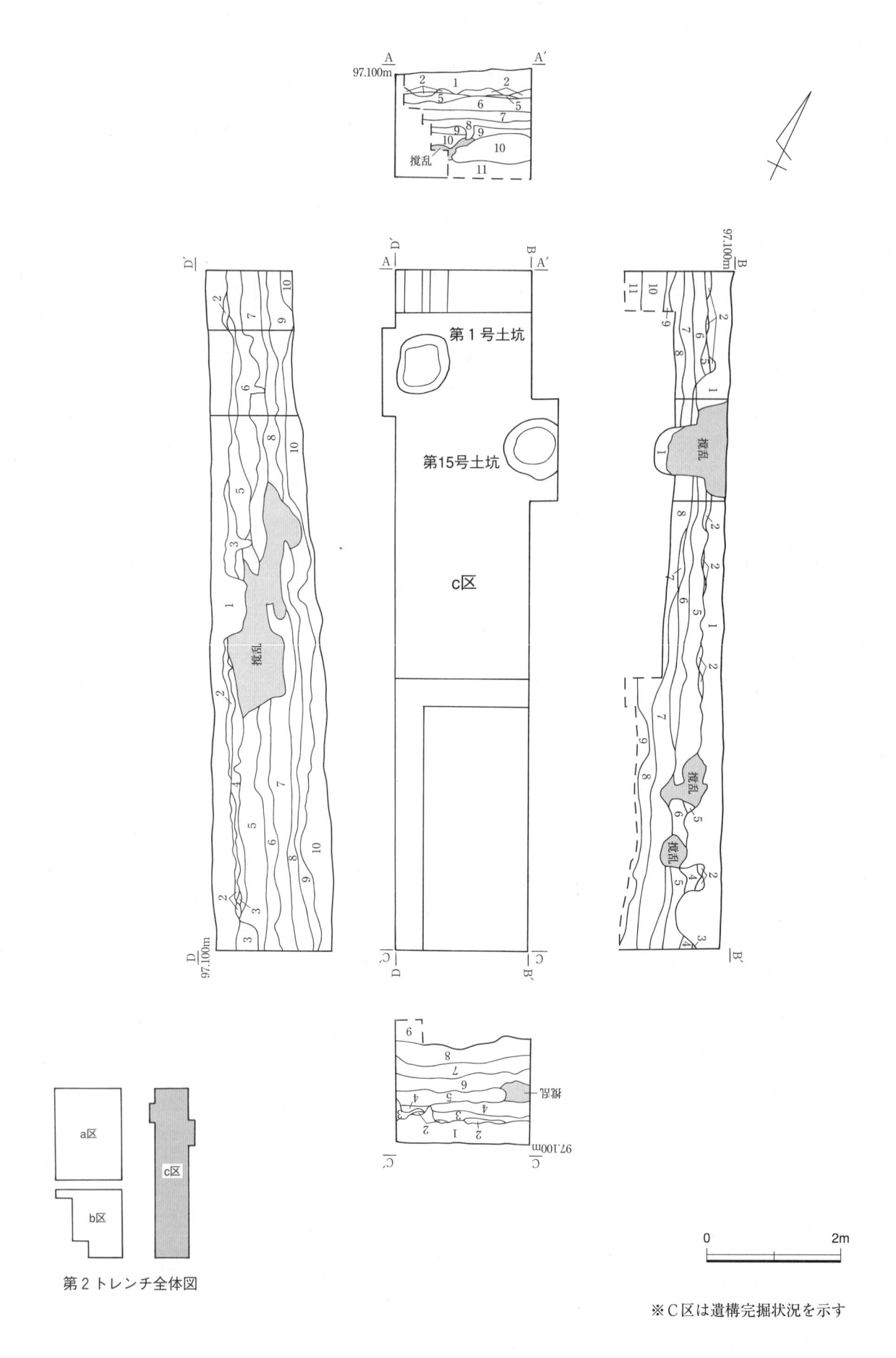

図22　北調査Ⅱ区第2トレンチc区平面図および土層断面図

※C区は遺構完掘状況を示す

― 32 ―

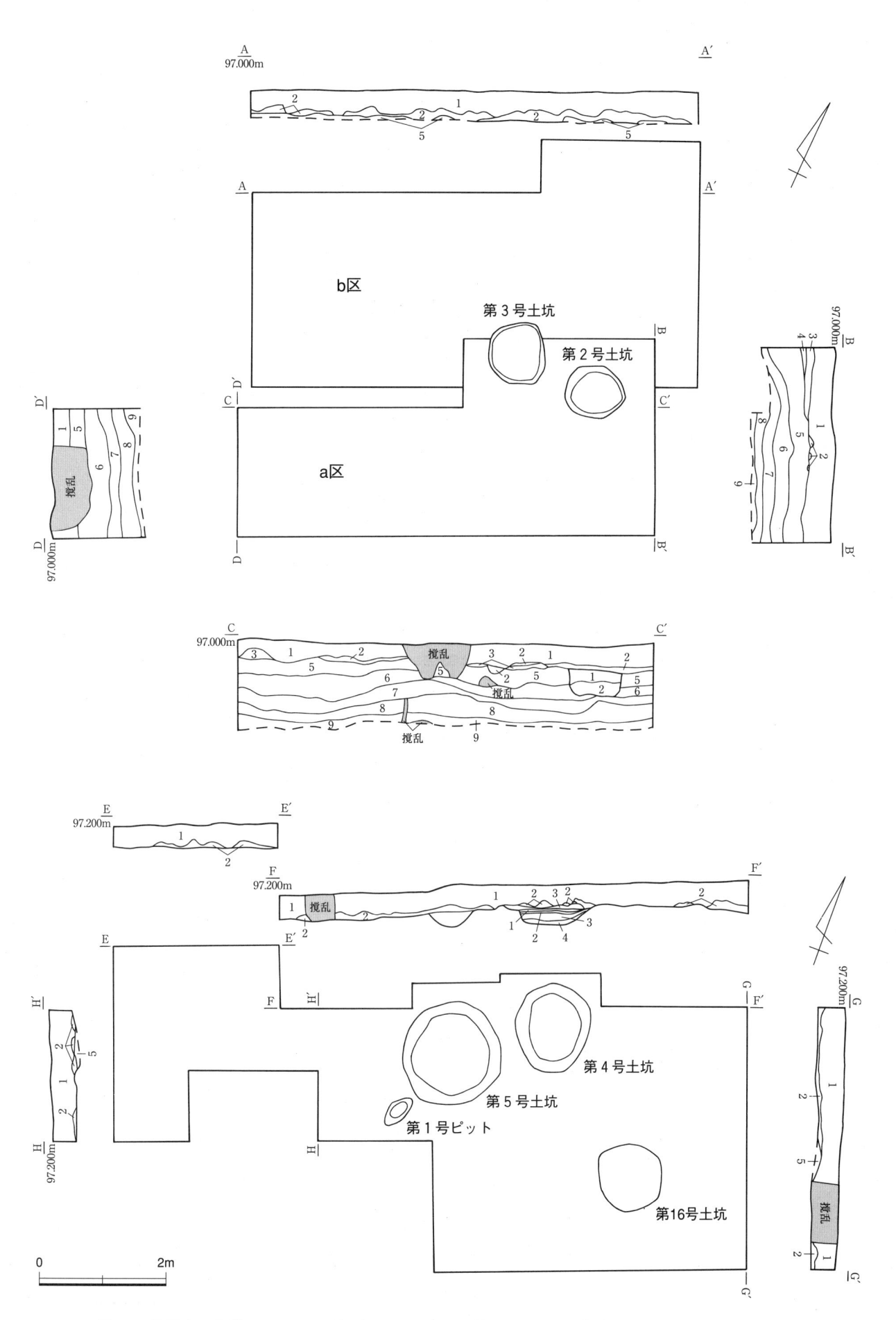

図23　北調査Ⅰ区第3トレンチ（上）・北調査Ⅱ区第4トレンチ（下）平面図および土層断面図

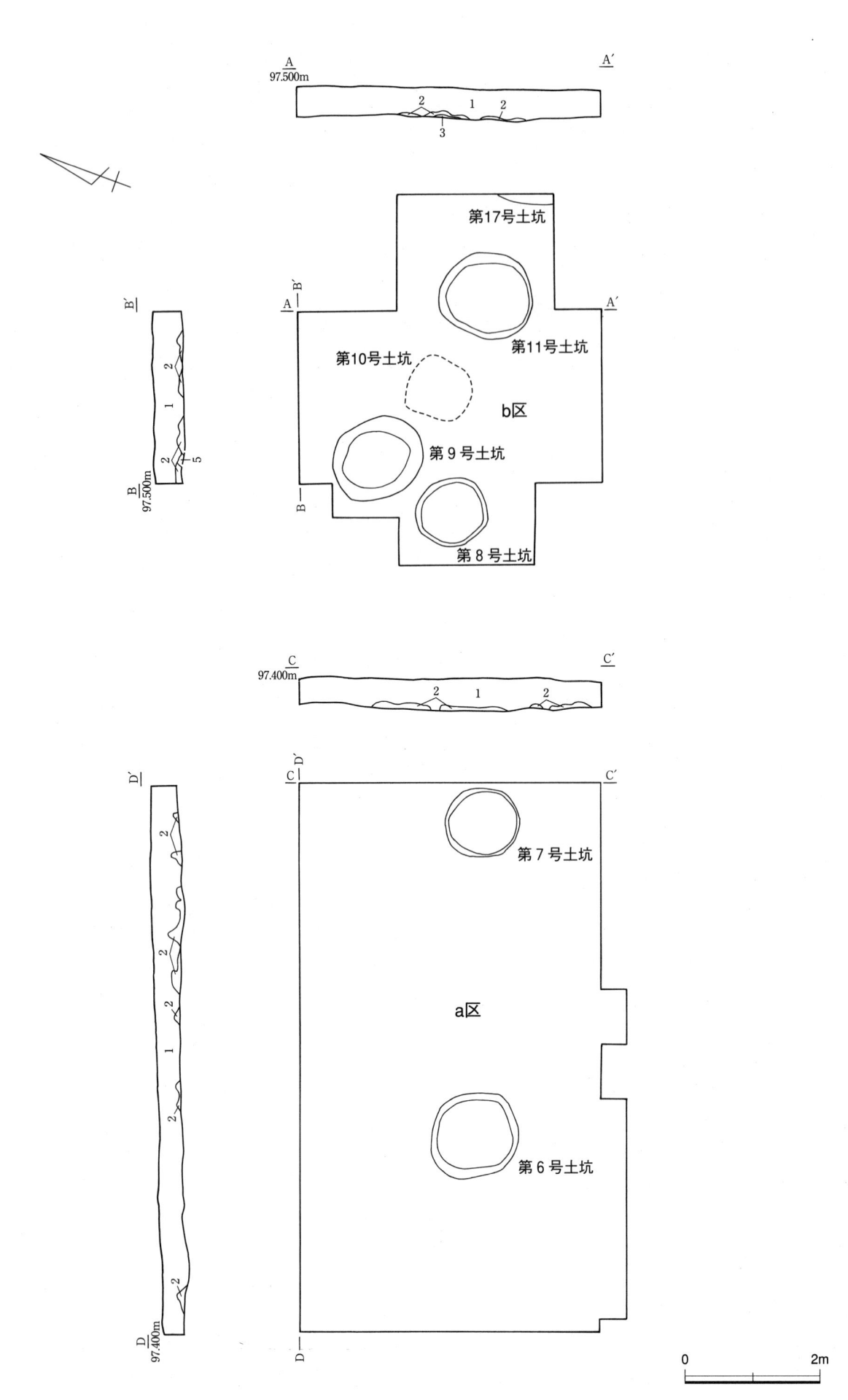

図24 北調査Ⅱ区第5トレンチ平面図および土層断面図

第2節　南調査区

調査区の概要

　南調査区は、1934年に土偶形容器が出土した地点の西側にあたる調査区である。北調査区と比べると6m以上標高が低い標高約90.6mで、地形的には緩やかな南側斜面に立地する。南調査区ではテストピット1（以下TP）と第1トレンチを設定した。

（1）テストピット

テストピット（TP1）（図19）

　TP1は2×2mの範囲で設定した。TP1は標高約90.6mに位置する。地表面から関東ローム層までの深度は約1.7mであった。北調査区に比べると表土層以下の土層が厚く堆積していた。ただし、上層はピット南東に隣接して生育する樹木の根の影響で、土層の堆積が非常に確認しにくかった。

　堆積層は、1層耕作土下に2層とした宝永スコリア層の2次堆積層が比較的層状に堆積していた。2層直下は3層以下の堆積を確認したが、西壁と南壁では5と6層の堆積は顕著でなく、北壁では4層の堆積が確認できなかった。

出土遺構

　調査区の北西隅に6層を遺構確認面として第13号土坑を検出した。第13号土坑は全体の1/4程度確認されたが、全体形などは不明であった。

遺構外出土遺物（図38・57・68）

　ここでは遺構外出土遺物について記載する。1層から陶器が6点、磁器が1点出土した。陶器は瀬戸・美濃系の徳利破片等である。弥生時代の土器は10点出土した。5層から縄文時代中期五領ヶ台式の深鉢胴部破片2点が出土した。

（2）トレンチ

第1トレンチ（図25、図版1）

　TP1の北西隅と重なるように第1トレンチを設定した。第1トレンチは南北1.5m、東西11.0mのトレンチで、調査区の西壁から東へ5.5mのところに幅1mのベルトを設定し、西側をa区、東側をb区とした。またb区の南東隅と重なるように南北4m、東西2mのc区を設定した。

　a区では、5層上面まで掘削し、北壁際に幅0.5mのサブトレンチを設定し、7層上面まで掘削した。北東隅一部のみ堆積の確認のため、9層上面まで掘り下げた。b区では、5層上面まで掘り下げた。c区では7層上面まで掘削し、7層以下10層ローム面までは西壁・南壁側に0.5mのサブトレンチを設定し掘り下げた。

　トレンチの西側では標準的な土層の堆積状況が確認されたが、東側にいくにつれて風倒木などに起因すると思われる土層の乱れが確認された。

　南調査区では土偶形容器と直接関連する遺構は確認されなかったものの、同時期の遺物の存在が確認された。

出土遺構

　第12・13号土坑が確認された。a区では4層を遺構確認面として第14号土坑が確認された。時期判別が可能な遺物は出土していないが、弥生時代の遺構と考えられる。a区ではこのほか土坑状のものが1ヵ所確認されたが、非常に浅く不整形であり、遺物も出土していなかったため、本報告では地形的な落ち込みと判断した。b区では3層を確認面とし、TP1で確認された第13号土坑を切るような形で第12号土坑が確認された。

遺構外出土遺物（図38・39・57）

　縄文時代の土器は約10点、弥生時代の土器は約90点出土した。ここでは弥生時代の土器以外の遺構外出土遺物について記載する。

　a区：1層から黒曜石製の石鏃未成品が1点と石核1点、剥片・チップが1点出土した。5層直上から黒曜石製のピエス・エスキーユが1点、縄文時代中期の深鉢の胴部破片が1点出土した。5層から中期深鉢の口縁部破片が1点出土した。その他、一括ではあるが中期の深鉢の胴部破片2点、後期の深鉢の口縁部破片が1点出土した。

　b区：1層から黒曜石製の石鏃未成品が1点出土した。

　c区：5層から黒曜石製の剥片・チップが2点出土した。6層直上から縄文時代中期の把手破片が1点出土した。6層から前期の深鉢の口縁部破片2点、前期の深鉢口縁部破片1点、胴部破片1点、中期の深鉢の口縁部〜胴部破片が1点出土した。また、撹乱中からではあるが、中期の深鉢の胴部破片が風化し、磨耗した状態で1点出土した。

　また出土区域は不明であるが、凝灰岩製の台石1点、泥岩の剥片・チップ1点が出土した。

　　　　　　　　　　　　　　　　　　　　　　　　　　　　　　（舘・佐々木・領家・早勢）

註

（1）上本進二氏のご教示による。

図25 南調査区第1トレンチ・TP1平面図および土層断面図

※ a区・b区平面図は遺構掘り上げ状況を示す

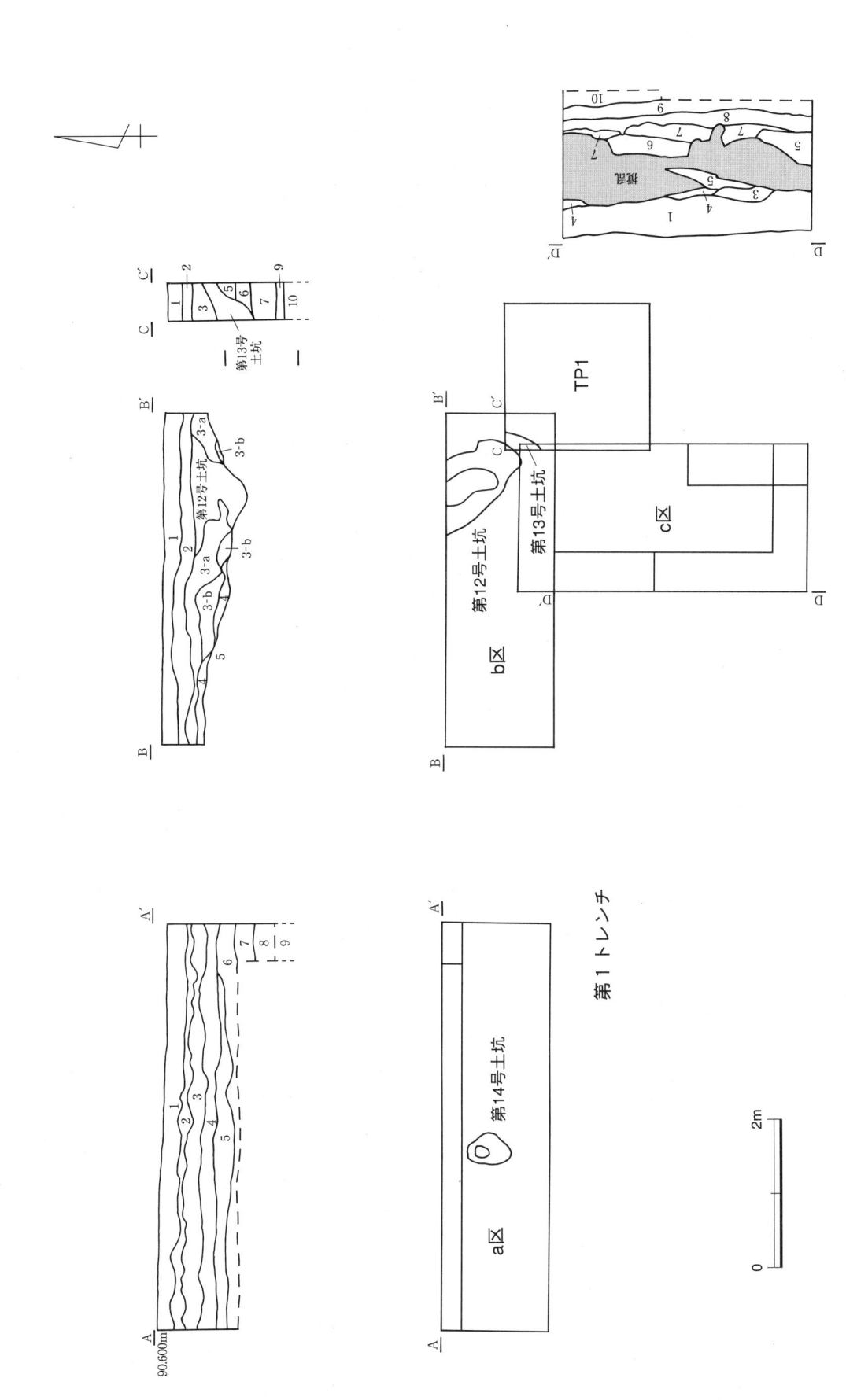

第3節　遺　構

（1）土坑

　第1次から6次に渡った中屋敷遺跡の発掘調査では合計17基の土坑を検出した。そのうち14基に関しては確認面および出土遺物などから弥生時代前期の遺構であると判断した。また、1基は弥生時代中期の遺構に比定される。調査をおこなっていない2基については時期不明である。南調査区ではテストピット1と第1トレンチで2基の土坑、北調査区では第2～5トレンチで14基の土坑を確認した（図26）。以下にその概略を記載する。出土した弥生時代の土器については第4章第4節（2）で記載する。

第1号土坑（図27・図版2・3上）
調 査 年 次　第2次調査
検出トレンチ　北調査Ⅱ区　第2トレンチc区
確 認 面　基本土層5層
平 面 形　不整円形　85×75cm
深 さ　20cm
出 土 遺 物　土器47点、石器10点（黒曜石製の剥片・チップ10点）、骨片5点（哺乳類4点、哺乳類？1点）、炭化材やや多数。土器は赤彩されたものが多い。
備 考　出土土器の中には北調査Ⅱ区第4・5トレンチ遺構外出土遺物と接合した土器がある（図27・40-3・4）。土坑上部は後世の削平により失われている可能性が高い。また遺物は1層の土坑中央部にまとまって出土した。本土坑のみ土坑中央の1層最下面の周囲に粘性の高い褐色土層が堆積していた（図版2下）。

第2号土坑（図27・図版7・8）
調 査 年 次　第4次調査
検出トレンチ　北調査Ⅰ区　第3トレンチa区
確 認 面　基本土層5層
平 面 形　不整円形　95×80cm
深 さ　40cm
出 土 遺 物　土器37点、石器2点（ホルンフェルス製の打製石斧1点（図27-4）、黒曜石製の剥片・チップ1点）、そのほか径0.5～2.0mm程度の炭化材多数。
備 考　遺物は土坑のやや東側に集中するが、炭化材は土坑の西側、特に1層と2層の境界部に集中する傾向が認められた。第8号土坑との土坑間接合資料の小型鉢底部と口縁部破片（図36・56-4）が出土した。

第3号土坑（図28・図版8上）
調 査 年 次　第4・5次調査
検出トレンチ　北調査Ⅰ区　第3トレンチa・b区
確 認 面　基本土層5層
平 面 形　不整円形　92×91cm

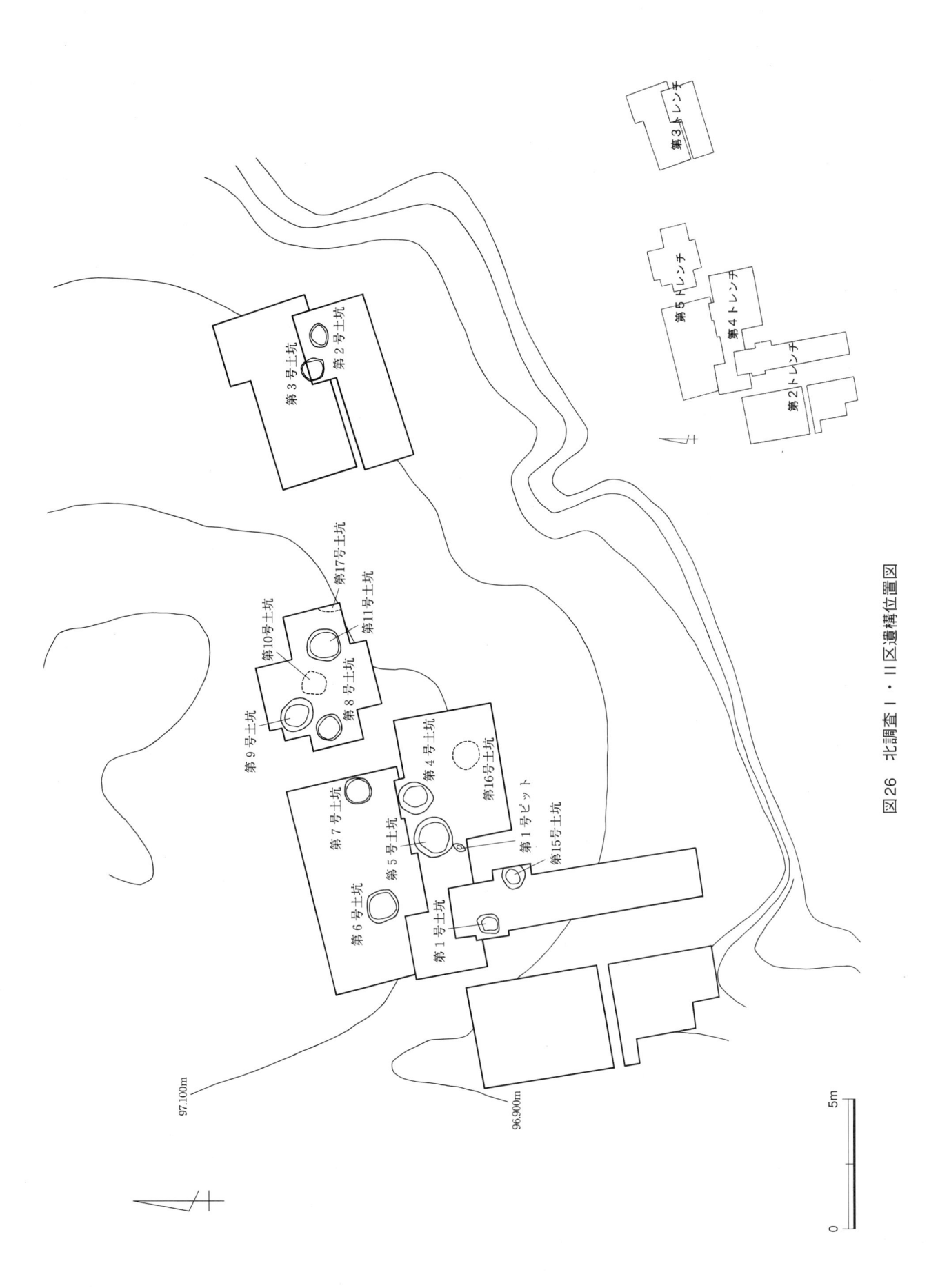

図26 北調査Ⅰ・Ⅱ区遺構位置図

— 39 —

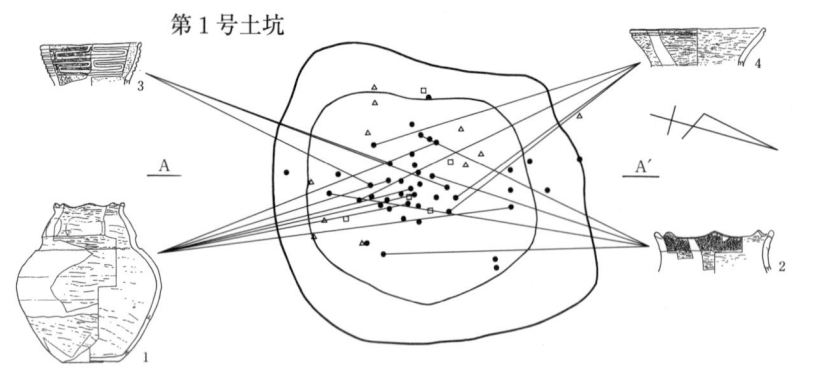

第1号土坑
1層　黒色土層。径5～8mmの黒色スコリア、炭化物をやや多く含む。径2～10mmの礫を微量含む。しまり・粘性ややあり。
2層　にぶい黄褐色土層。径2mm程度の黄色・褐色・黒色スコリアをやや多く含む。径2～5mmの礫をやや多く含む。パミスを含む。しまり・粘性なし。宝永スコリア層下に薄く部分的に堆積しており、基本土層の3層に近似する。
3層　暗褐色土層。径5～8mmの褐色スコリア、径2～10mmの礫、炭化物をやや多く含む。パミス含む。しまり・粘性ややあり。
4層　黒褐色土層。径5mm程度と、径15mm程度の褐色スコリアを微量含む。しまりあり。粘性強い。

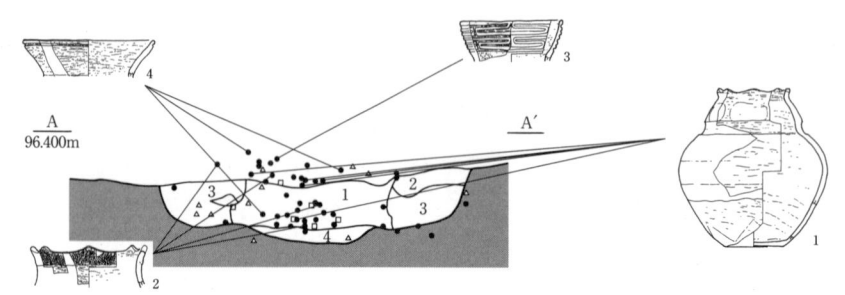

第2号土坑
1層　暗褐色土層。径1mm以下の白色スコリアと、径2～5mmの橙色スコリアを少量含む。径2～5mmの小礫を微量含む。径2～5mmの炭化物をやや多く含む。パミスを含む。しまり・粘性ややなし。
2層　褐色土層。径1mm以下の白色スコリアと、径2～5mmの橙色スコリアを多く含む。径5～10mmの炭化材と小礫を多く含む。

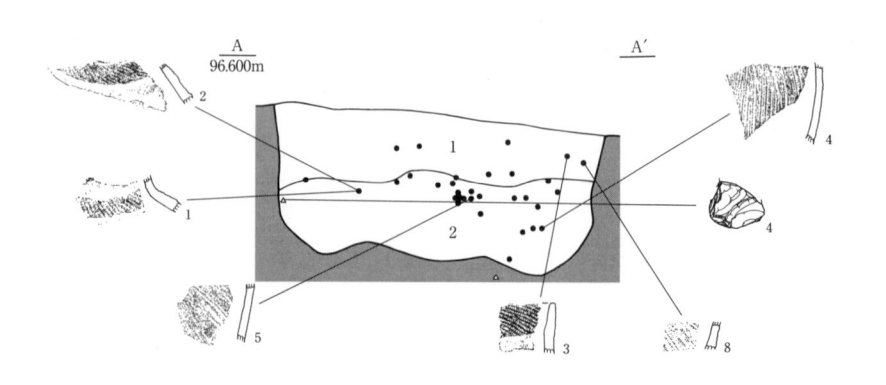

凡例
●…土器
○…土製品
△…石器
□…骨
■…炭化材

出土土器の番号は図40～56、
出土土製品の番号は図66・67、
出土石器の番号は図59～64に対応する。
遺物のスケールは任意

0　　50cm

図27　第1・2号土坑平面・土層断面・遺物出土状況図

第3号土坑

第3号土坑
1層　暗褐色土層。径1mm以下の白色スコリアと、径2～5mmの橙色スコリアを少量含む。径2～5mmの小礫を微量含む。径2～5mmの炭化物をやや多く含む。パミスを含む。しまり・粘性ややなし。
2層　褐色土層。径1mm以下の白色スコリアと、径2～5mmの橙色スコリアをやや多く含む。径5～10mmの炭化物と小礫を多量に含む。パミスをやや多く含む。しまりあり、粘性ややなし。

A 96.600m

第4号土坑

第4号土坑
1層　暗褐色土層。径1mm以下の黒色スコリアを多量含む。径1mm以下の白色粒子と、径1～5mmの橙色スコリア、2～5mmの小礫を少量含む。しまり・粘性なし。
2層　暗褐色土層。径1mm以下の白色粒子、径1～3mmの橙色スコリア、径10mm以下の褐色スコリアを少量含む。径3～5mmの炭化物を微量含む。しまり・粘性なし。
3層　暗褐色土層。径1～5mmの橙色スコリアを多量に含む。径1mm以下の黒色粒子と、径5～10mmの小礫を少量含む。しまり・粘性あり。
4層　黒褐色土層。径1mm以下の白色粒子を微量含む。径1～3mmの橙色スコリアを少量含む。径5mm以下の小礫を微量含む。しまり・粘性あり。

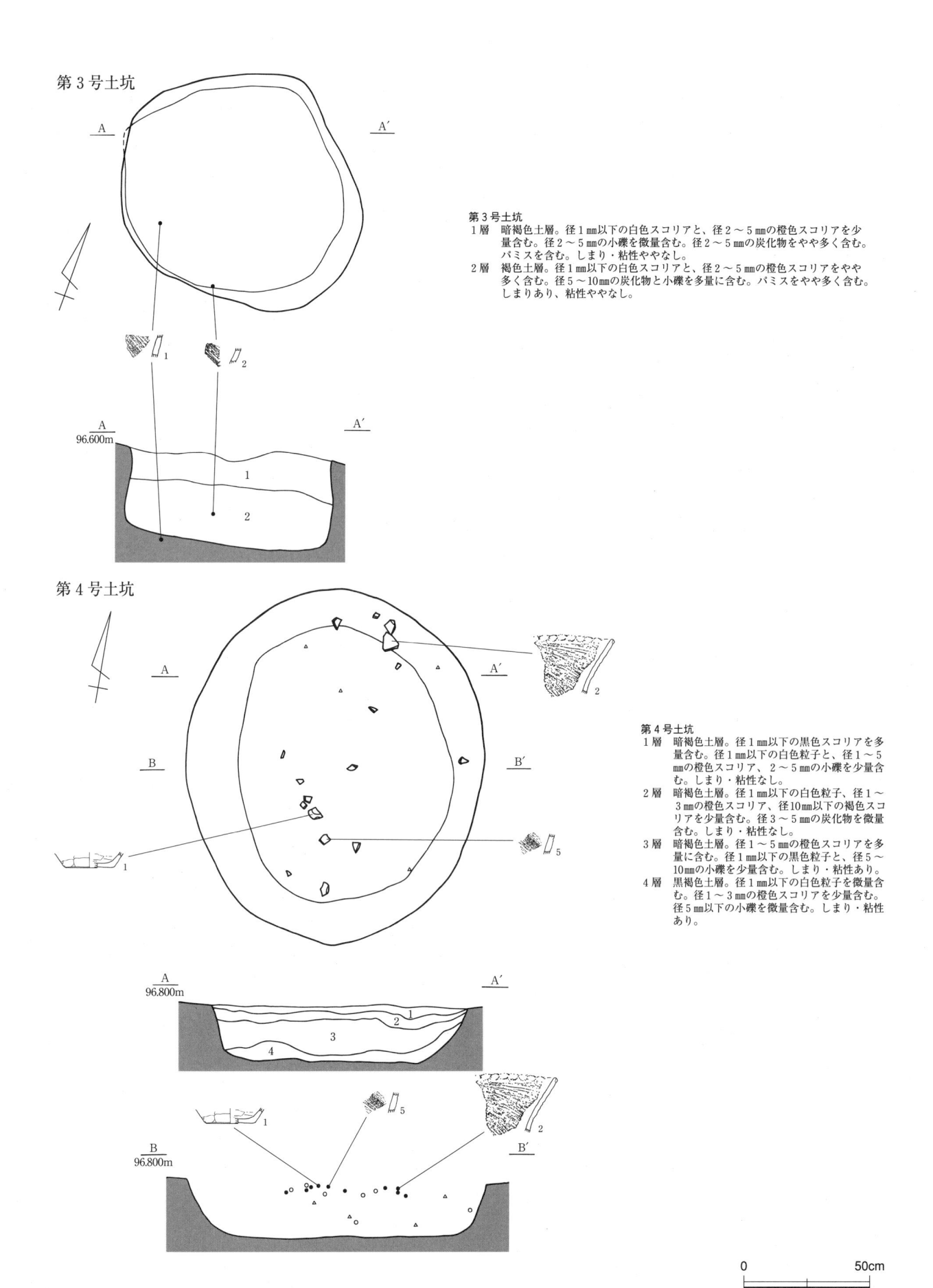

A 96.800m

B 96.800m

0　　　50cm

図28　第3・4号土坑平面・土層断面・遺物出土状況図

深　　　さ	40cm
出 土 遺 物	土器2点、炭化材多数。
備　　　考	第4号土坑の平面確認のため拡張部を設けた際、第4号土坑の北西付近で検出した。出土遺物はわずかであるが、1・2層に炭化材を多量含む。土坑上面は後世の削平により失われている可能性が高い。

第4号土坑（図28・図版9下・10上）
調 査 年 次	第5次調査
検出トレンチ	北調査Ⅱ区　第4トレンチ
確　認　面	基本土層5層
平　面　形	楕円形　135×115cm
深　　　さ	20cm
出 土 遺 物	土器13点、石器4点（黒曜石製の剥片・チップ）、土製品6点、炭化材多数。
備　　　考	第4号土坑は第5号土坑の北東付近で検出した。遺物と炭化材は土坑中央部に集中する。中でも土製品の破片が6点含まれることが特筆される。また炭化材の大きさは土坑上層に比べて下層になるほど小さくなる傾向があった。土坑上部は後世の削平により失われている可能性が高い。なお、第4号土坑出土土器のみ小破片でも図化を行った。

第5号土坑（図29・図版10下・11〜13）
調 査 年 次	第5次調査
検出トレンチ	北調査Ⅱ区　第4トレンチ
確　認　面	基本土層5層
平　面　形	円形　150×150cm
深　　　さ	60cm
出 土 遺 物	土器103点、石器53点（黒曜石製のピエス・エスキーユ2点、石核3点、剥片・チップ39点、ホルンフェルス製の打製石斧1点（図29-14）、剥片・チップ2点、砂岩製の剥片・チップ3点、凝灰岩製の剥片・チップ3点）、土製品9点（図29-1・2）。骨片59点（イノシシとシカ）、炭化材多数。
備　　　考	第1号ピットに近接して検出された。遺物の出土は土坑内で均一に見られた。出土遺物の中でも変形工字文鉢の胴部破片（図56-1）、小型碗の口縁部破片（図56-2）、壺（図56-3）、条痕壺（図56-5）、半精製甕の破片（図56-7）、粗製条痕甕の胴部破片（図56-8）は第4・8・9号土坑の遺物と接合した（図36）。また炭化材の大きさは第4号土坑同様、土坑上層に比べて下層になるほど小さくなる傾向があった。また比較的大きな形状の5層出土の炭化材（イヌシデ節・アカガシ亜属）2点を用いて、樹種同定と放射性炭素年代測定を行った（第5章第1節-1）。

第6号土坑（図30・図版16）
調 査 年 次	第6次調査
検出トレンチ	北調査Ⅱ区　第5トレンチa区
確　認　面	基本土層5層

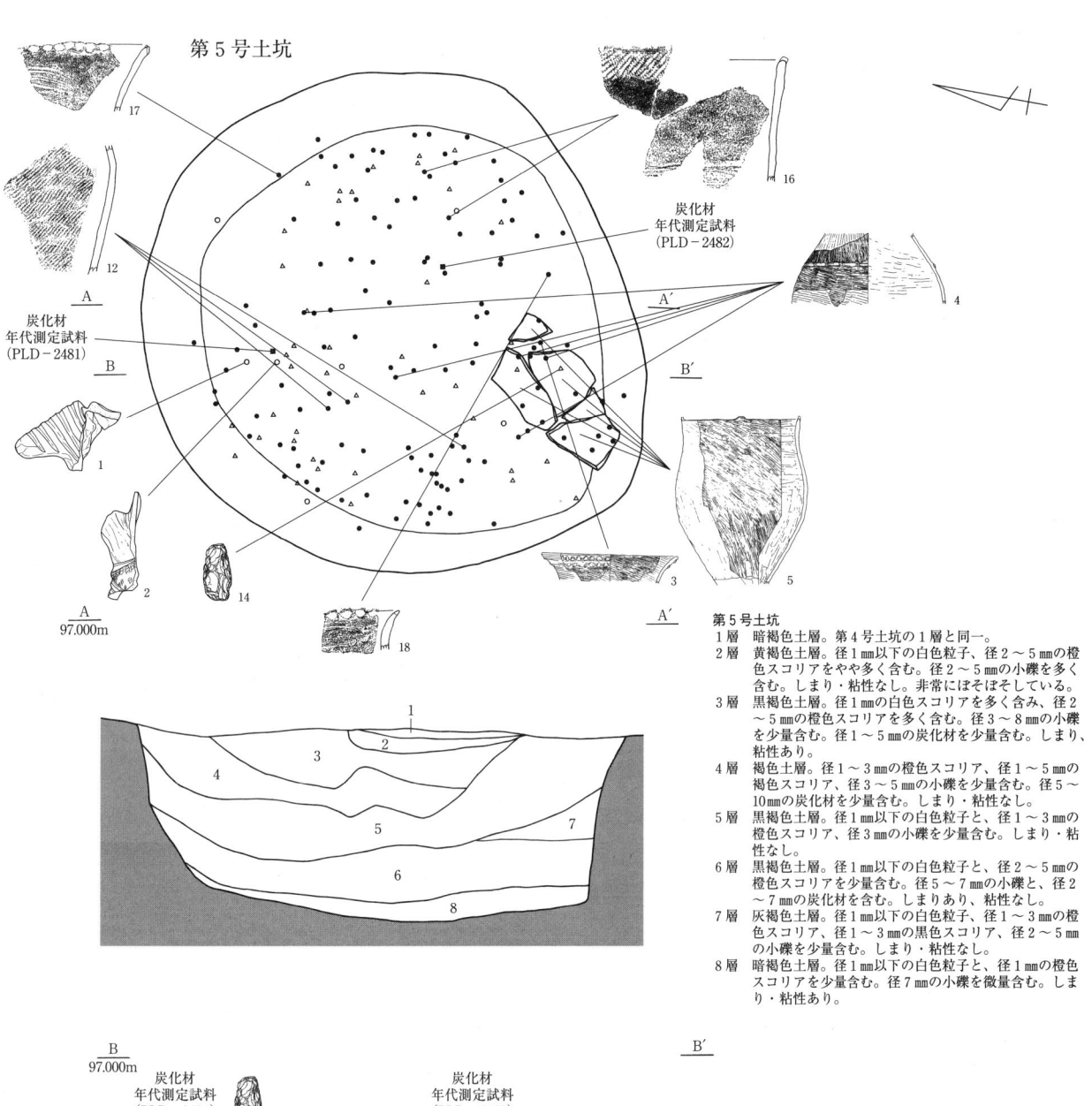

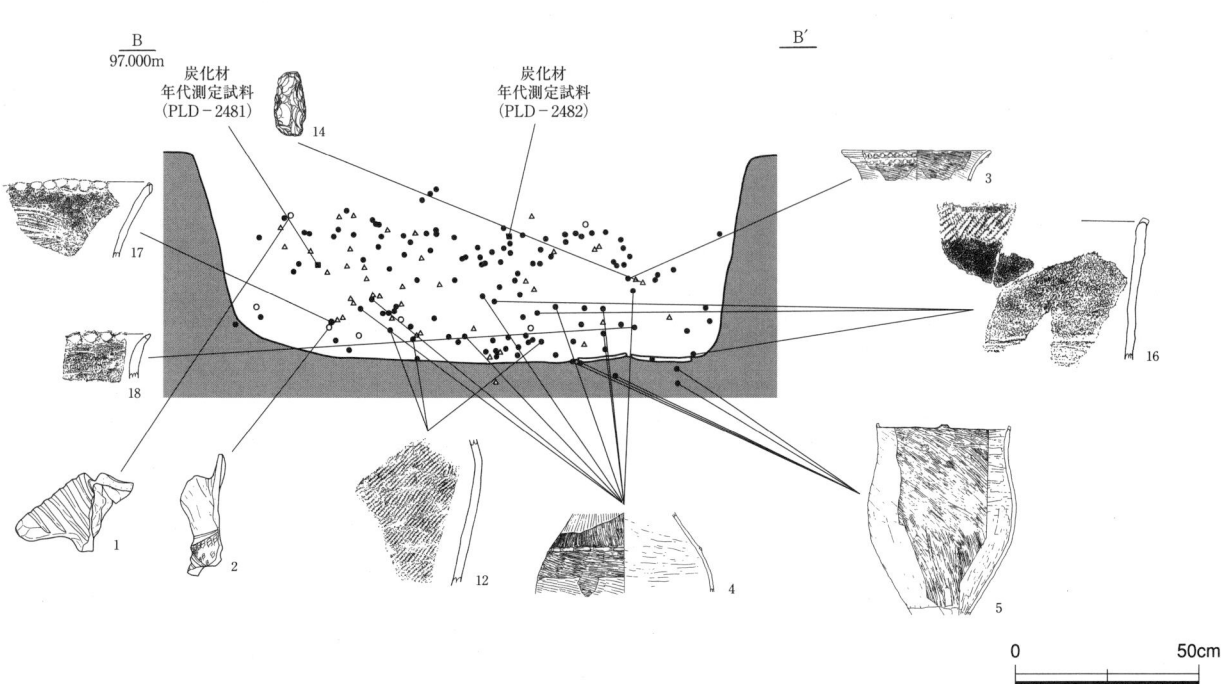

第5号土坑
1層　暗褐色土層。第4号土坑の1層と同一。
2層　黄褐色土層。径1mm以下の白色粒子、径2〜5mmの橙色スコリアをやや多く含む。径2〜5mmの小礫を多く含む。しまり・粘性なし。非常にほそほそしている。
3層　黒褐色土層。径1mmの白色スコリアを多く含み、径2〜5mmの橙色スコリアを多く含む。径3〜8mmの小礫を少量含む。径1〜5mmの炭化材を少量含む。しまり、粘性あり。
4層　褐色土層。径1〜3mmの橙色スコリア、径1〜5mmの褐色スコリア、径3〜5mmの小礫を少量含む。径5〜10mmの炭化材を少量含む。しまり・粘性なし。
5層　黒褐色土層。径1mm以下の白色粒子と、径1〜3mmの橙色スコリア、径3mmの小礫を少量含む。しまり・粘性なし。
6層　黒褐色土層。径1mm以下の白色粒子と、径2〜5mmの橙色スコリアを少量含む。径5〜7mmの小礫と、径2〜7mmの炭化材を含む。しまりあり、粘性なし。
7層　灰褐色土層。径1mm以下の白色粒子、径1〜3mmの橙色スコリア、径1〜3mmの黒色スコリア、径2〜5mmの小礫を少量含む。しまり・粘性なし。
8層　暗褐色土層。径1mm以下の白色粒子と、径1mmの橙色スコリアを少量含む。径7mmの小礫を微量含む。しまり・粘性あり。

図29　第5号土坑平面・土層断面・遺物出土状況図

― 43 ―

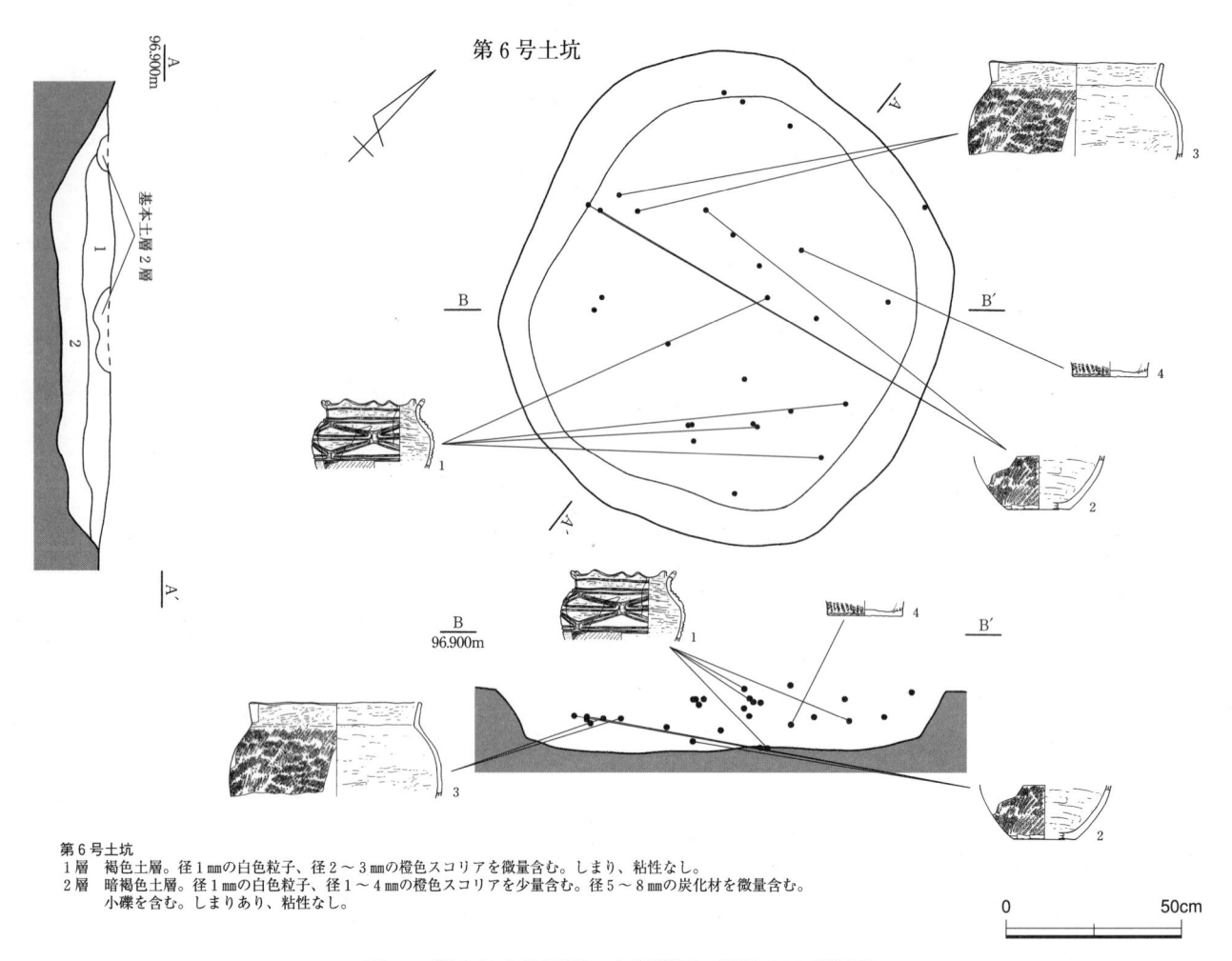

第6号土坑
 1層　褐色土層。径1mmの白色粒子、径2〜3mmの橙色スコリアを微量含む。しまり、粘性なし。
 2層　暗褐色土層。径1mmの白色粒子、径1〜4mmの橙色スコリアを少量含む。径5〜8mmの炭化材を微量含む。
 　　　小礫を含む。しまりあり、粘性なし。

図30　第6号土坑平面・土層断面・遺物出土状況図

平　面　形　　円形　140×125cm
深　　　さ　　20cm
出 土 遺 物　　土器28点、炭化材微量。
備　　　考　　後世の削平により、土坑上面の大部分が失われている可能性がある。遺物の出土は土坑
　　　　　　　内で均一に見られた。

第7号土坑（図31・図版17・18上）

調 査 年 次　　第6次調査
検出トレンチ　　北調査区Ⅱ　第5トレンチa区
確　認　面　　基本土層5層
平　面　形　　円形　110×100cm
深　　　さ　　40cm
出 土 遺 物　　土器81点、石器25点（黒曜石製の石鏃1点（図31-1）、石鏃未成品1点（図31-3）、
　　　　　　　二次加工を有する剥片1点、石核2点、剥片・チップ16点、チャート製の石鏃1点（図
　　　　　　　31-2）、安山岩製の敲石1点（図31-12）、剥片・チップ2点）、炭化材多数、骨片16
　　　　　　　点（シカ1点、哺乳類15点）。
備　　　考　　第7号土坑は検出土坑中で唯一、断面形態がフラスコ状を呈する。遺物の出土は3層と
　　　　　　　4層に多く見られる。甕・深鉢類胴部破片（図36、56-6）は第9号土坑出土遺物と接

— 44 —

合した。

第8号土坑（図31・図版20・21上）
調 査 年 次　第6次調査
検出トレンチ　北調査Ⅱ区　第5トレンチb区
確　認　面　基本土層5層
平　面　形　円形　105×95cm
深　　　さ　30cm
出 土 遺 物　土器86点、石器34点（黒曜石製の石鏃2点（図31-1・2）、石鏃未成品1点（図31-3）、二次加工を有する剥片1点、微細剥離を有する剥片2点、剥片・チップ27点、緑泥片岩製の打製石斧1点（図31-13）、炭化材多数、骨片22点（二枚貝1点、カエル類2点、小型哺乳類3点、イノシシ4点、イノシシorシカ？1点、哺乳類12点、不明1点）。
備　　　考　遺物の出土は土坑内で均一に見られ、第2・5・7・9号土坑の出土遺物と接合した（図56-1・4・6）。第2号土坑との接合関係が確認できたのは第8号土坑のみである。3・4層からトチノキの種子、キビ、アワが微量産出した。

第9号土坑（図32・図版21下～24）
調 査 年 次　第6次調査
検出トレンチ　北調査Ⅱ区　第5トレンチb区
確　認　面　基本土層5層
平　面　形　楕円形　140×110cm
深　　　さ　65cm
出 土 遺 物　土器291点、石器33点（黒曜石製の石鏃未成品1点（図32-2）、石核1点、剥片・チップ28点、チャート製の石錐1点（図32-1）、剥片・チップ1点、凝灰岩製の剥片・チップ1点）、炭化種実（トチノキ種子3点、クリまたはトチノキ子葉1点、イネ・アワ・キビ胚乳多量ほか）、炭化材多数。骨片30点（シカ、イノシシ、魚、小型哺乳類）。
備　　　考　土器と有機質の遺物、特に炭化種実の出土量は検出遺構中で最多である。2層と3層には炭化材と細い枝状の植物遺体が集中する堆積層があり（図版23下）、草本類堆積層として土壌サンプルを採取、分析を行った。この草本類堆積層（図87）サンプルの分析結果については第5章第4節で述べる。また骨片は2層と4層に多く見られ、特に土坑北東部の4層に集中する傾向がある。土坑下部の6・7層に焼土層が見られたという点でも他の土坑と異なる。出土土器の中には第5・8号土坑出土遺物と接合するものがあり、特に第5号土坑と接合するものが多い（図36、56-2・3・5・7）。

第10号土坑（図33・図版25）
調 査 年 次　第6次調査
検出トレンチ　北調査Ⅱ区　第5トレンチb区
確　認　面　基本土層5層
平　面　形　隅丸方形　100×90cm（推定）
深　　　さ　40cm（推定）

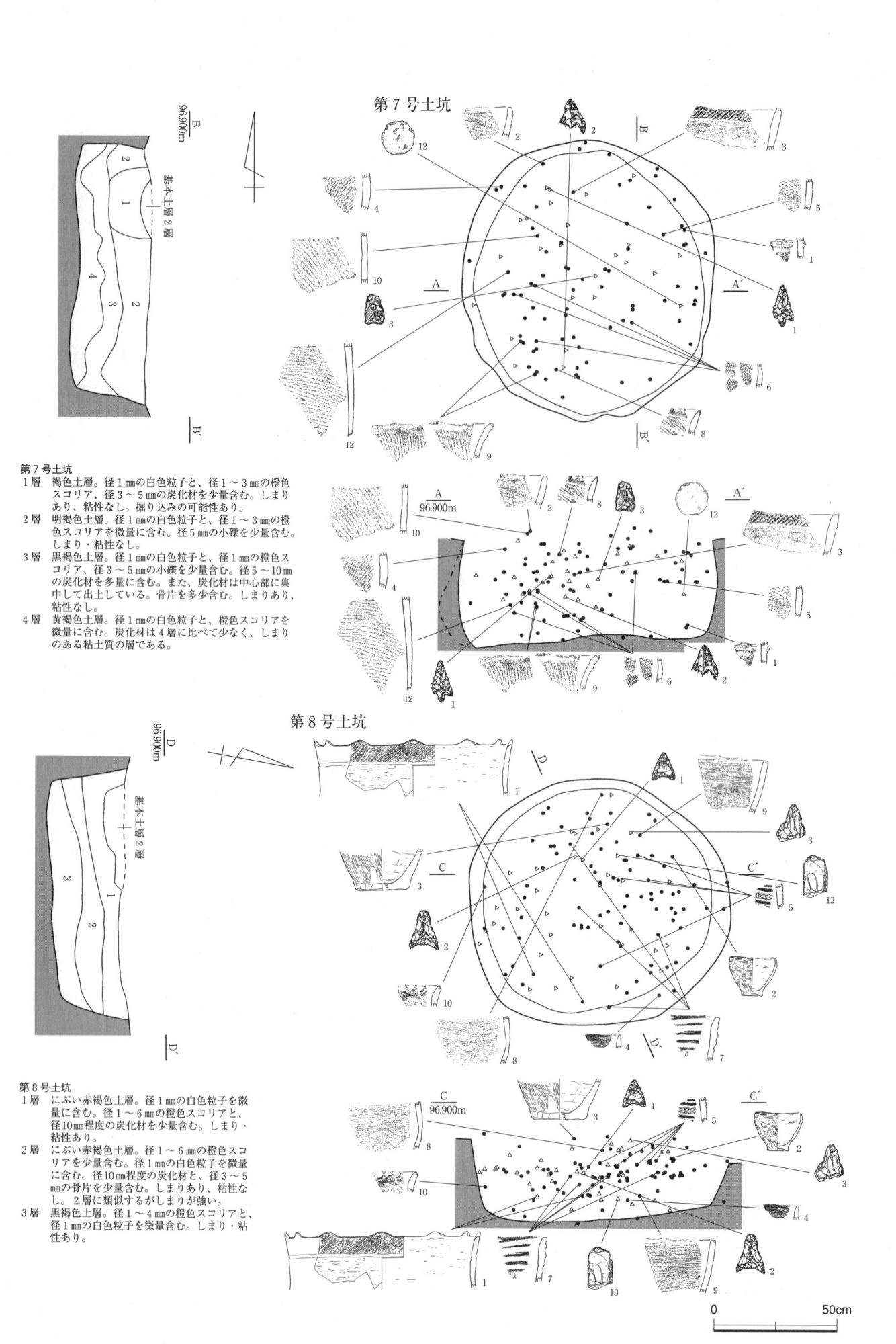

第7号土坑
1層 褐色土層。径1mmの白色粒子と、径1～3mmの橙色スコリア、径3～5mmの炭化材を少量含む。しまりあり、粘性なし。掘り込みの可能性あり。
2層 明褐色土層。径1mmの白色粒子と、径1～3mmの橙色スコリアを微量に含む。径5mmの小礫を少量含む。しまり・粘性なし。
3層 黒褐色土層。径1mmの白色粒子と、径1mmの橙色スコリア、径3～5mmの小礫を少量含む。径5～10mmの炭化材を多量に含む。また、炭化材は中心部に集中して出土している。骨片を多少含む。しまりあり、粘性なし。
4層 黄褐色土層。径1mmの白色粒子と、橙色スコリアを微量に含む。炭化材は4層に比べて少なく、しまりのある粘土質の層である。

第8号土坑
1層 にぶい赤褐色土層。径1mmの白色粒子を微量に含む。径1～6mmの橙色スコリアと、径10mm程度の炭化材を少量含む。しまり・粘性あり。
2層 にぶい赤褐色土層。径1～6mmの橙色スコリアを少量含む。径1mmの白色粒子を微量に含む。径10mm程度の炭化材と、径3～5mmの骨片を少量含む。しまりあり、粘性なし。2層に類似するがしまりが強い。
3層 黒褐色土層。径1～4mmの橙色スコリアと、径1mmの白色粒子を微量含む。しまり・粘性あり。

図31 第7・8号土坑平面・土層断面・遺物出土状況図

第9号土坑

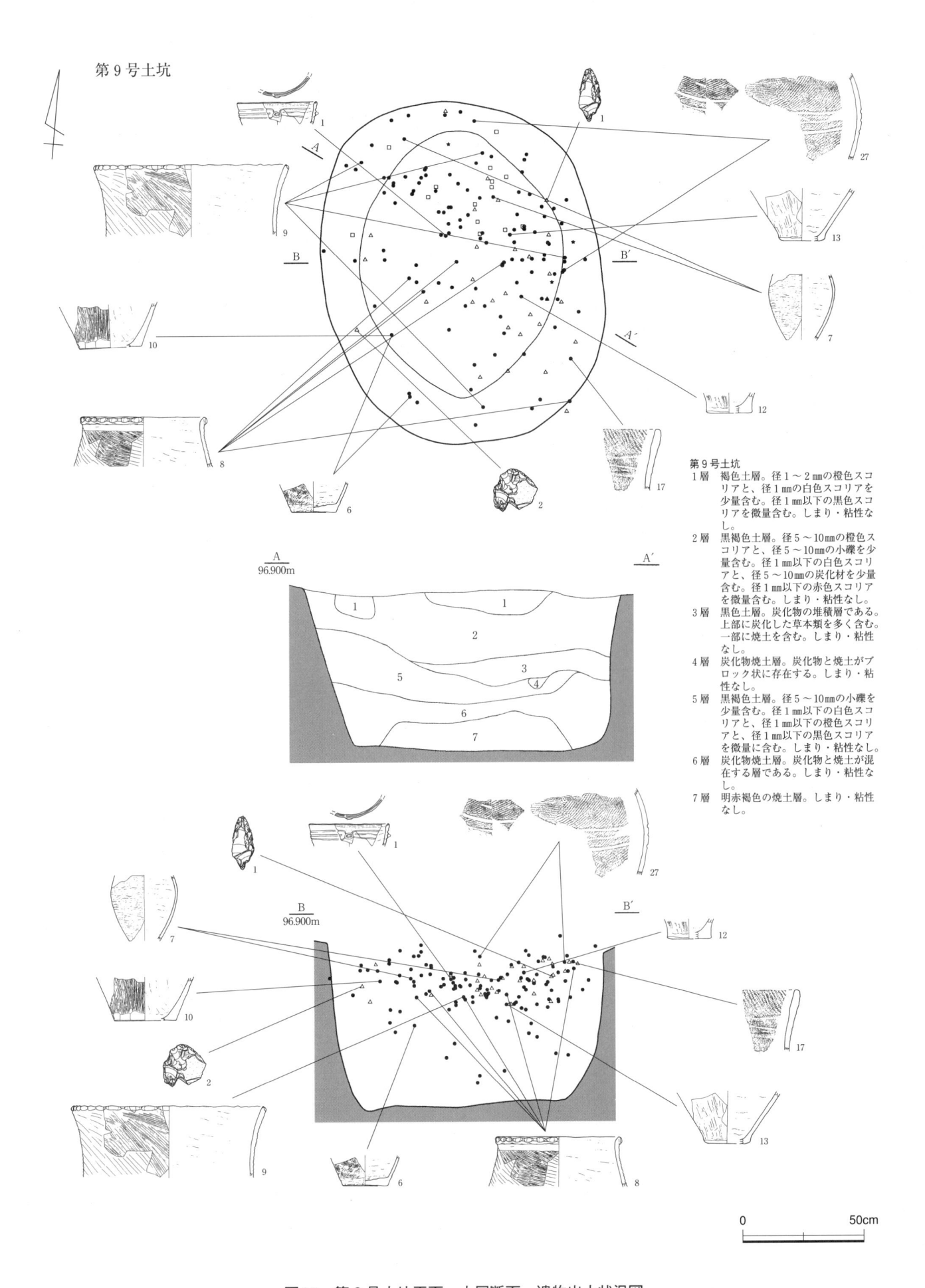

第9号土坑
1層 褐色土層。径1〜2mmの橙色スコリアと、径1mmの白色スコリアを少量含む。径1mm以下の黒色スコリアを微量含む。しまり・粘性なし。
2層 黒褐色土層。径5〜10mmの橙色スコリアと、径5〜10mmの小礫を少量含む。径1mm以下の白色スコリアと、径5〜10mmの炭化材を少量含む。径1mm以下の赤色スコリアを微量含む。しまり・粘性なし。
3層 黒色土層。炭化物の堆積層である。上部に炭化した草本類を多く含む。一部に焼土を含む。しまり・粘性なし。
4層 炭化物焼土層。炭化物と焼土がブロック状に存在する。しまり・粘性なし。
5層 黒褐色土層。径5〜10mmの小礫を少量含む。径1mm以下の白色スコリアと、径1mm以下の橙色スコリアと、径1mm以下の黒色スコリアを微量に含む。しまり・粘性なし。
6層 炭化物焼土層。炭化物と焼土が混在する層である。しまり・粘性なし。
7層 明赤褐色の焼土層。しまり・粘性なし。

図32　第9号土坑平面・土層断面・遺物出土状況図

― 47 ―

第10号土坑

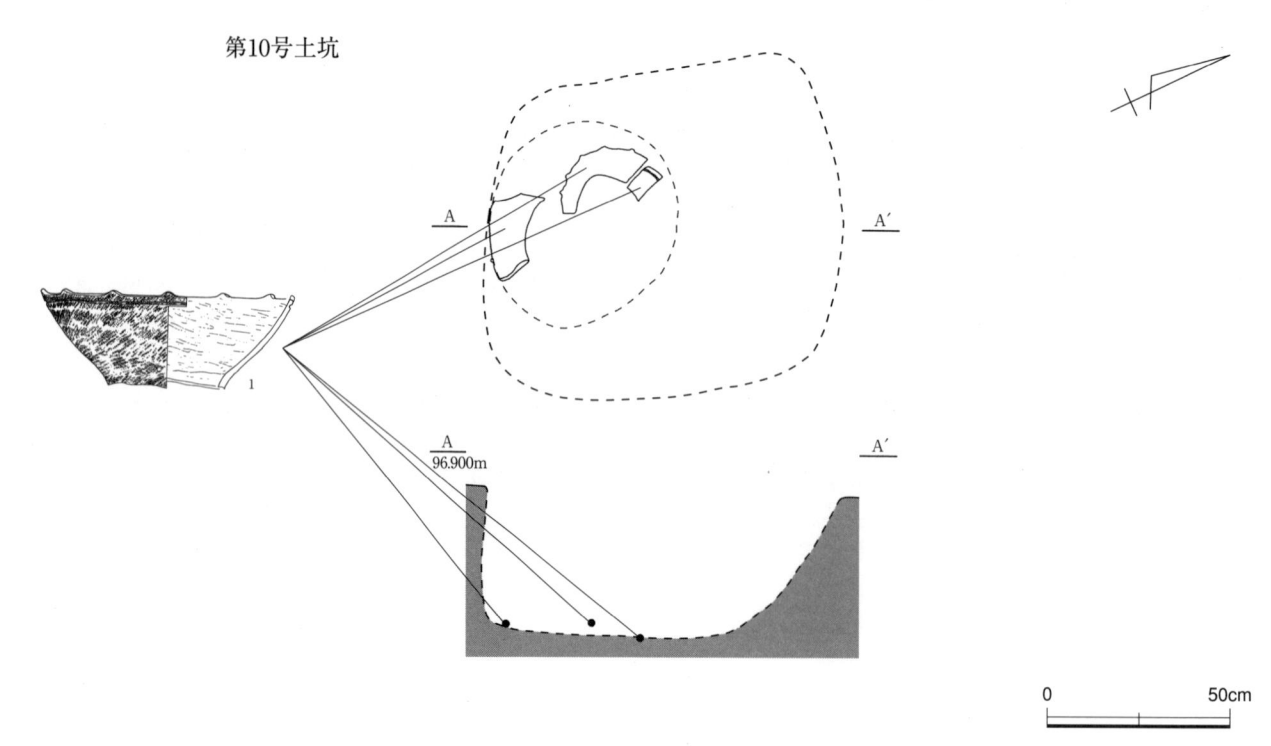

図33　第10号土坑平面・土層断面・遺物出土状況図

出 土 遺 物　土器12点、石器1点（黒曜石製の剥片・チップ）
備　　　考　第9号土坑の付近で検出した。調査期間の関係上、土坑内掘り下げ途中で調査を中断したため、形態については確認作業が出来なかった。南側の底面付近から大型の鉢（図33・51-1）が出土した。遺物の出土点数は一括取り上げ分を含めて少なかった。なお、時間の都合上、土層観察は行っていない。

第11号土坑（図34・図版26・27上）
調 査 年 次　第6次調査
検出トレンチ　北調査Ⅱ区　第5トレンチb区
確　認　面　基本土層5層
平　面　形　円形　135×120cm
深　　　さ　60cm
出 土 遺 物　土器274点、石器35点（黒曜石製の石鏃1点（図34-1）、石鏃未成品3点（図34-2・4）、ピエス・エスキーユ2点、剥片・チップ26点、安山岩製の石鏃未成品1点（図34-5）、剥片・チップ2点）、炭化材多数、骨片42点（シカとイノシシ、哺乳類）。
備　　　考　調査段階では堆積方向が異なる1、2層を入れ子状の別遺構としていたが、遺物の出土状況と接合関係から同一土坑の覆土であると判断した。なお、図34では7層までを第11号土坑の覆土として図示しているが、出土遺物が6層上面よりも上部に集中し、それ以下では石器がわずかに数点出土するのみであったため、5層下部が土坑の底面である可能性がある。

第12号土坑（図35）
調 査 年 次　第2次調査
検出トレンチ　第1トレンチb区
確　認　面　基本土層3層
平　面　形　不整円形　80×120cm以上（調査区外に広がるため不明）
深　　　さ　70cm
出 土 遺 物　土器10点、石器2点（黒曜石製の二次加工を有する剥片1点、剥片・チップ1点）、そのほか炭化材が出土した。
備　　　考　土坑内覆土の堆積状況を確認すると、非常に乱れており、第1トレンチc区や周辺の遺跡の状況から地割れや風倒木の影響を受けていることが考えられる。遺物は覆土中層付近から散漫に出土した。

第13号土坑（図19）
調 査 年 次　第1次調査
検出トレンチ　テストピット1
確　認　面　基本土層5層
平　面　形　第12号土坑に切られているため不明
深　　　さ　不明
出 土 遺 物　土器6点
備　　　考　第12号土坑と同様に堆積状況は乱れており、地割れや風倒木の影響を受けている可能性が高い。

第14号土坑（図35）
調 査 年 次　第2次調査
検出トレンチ　第1トレンチa区
確　認　面　基本土層4層
平　面　形　楕円形　60×40cm
深　　　さ　20cm
出 土 遺 物　なし
備　　　考　極めて小規模な土坑であり、覆土中に礫が1点出土した以外は遺物の出土はない。検出面から弥生時代以降と考えられるが詳細な時期は不明。

第15号土坑（図35・図版3下）
調 査 年 次　第3次調査
検出トレンチ　北調査Ⅱ区　第2トレンチc区
確　認　面　基本土層5層
平　面　形　不整円形　90×80cm
深　　　さ　65cm
出 土 遺 物　なし
備　　　考　上部が後世の攪乱により、その大部分が失われている。縄文時代中期以降であるが詳細

第11号土坑

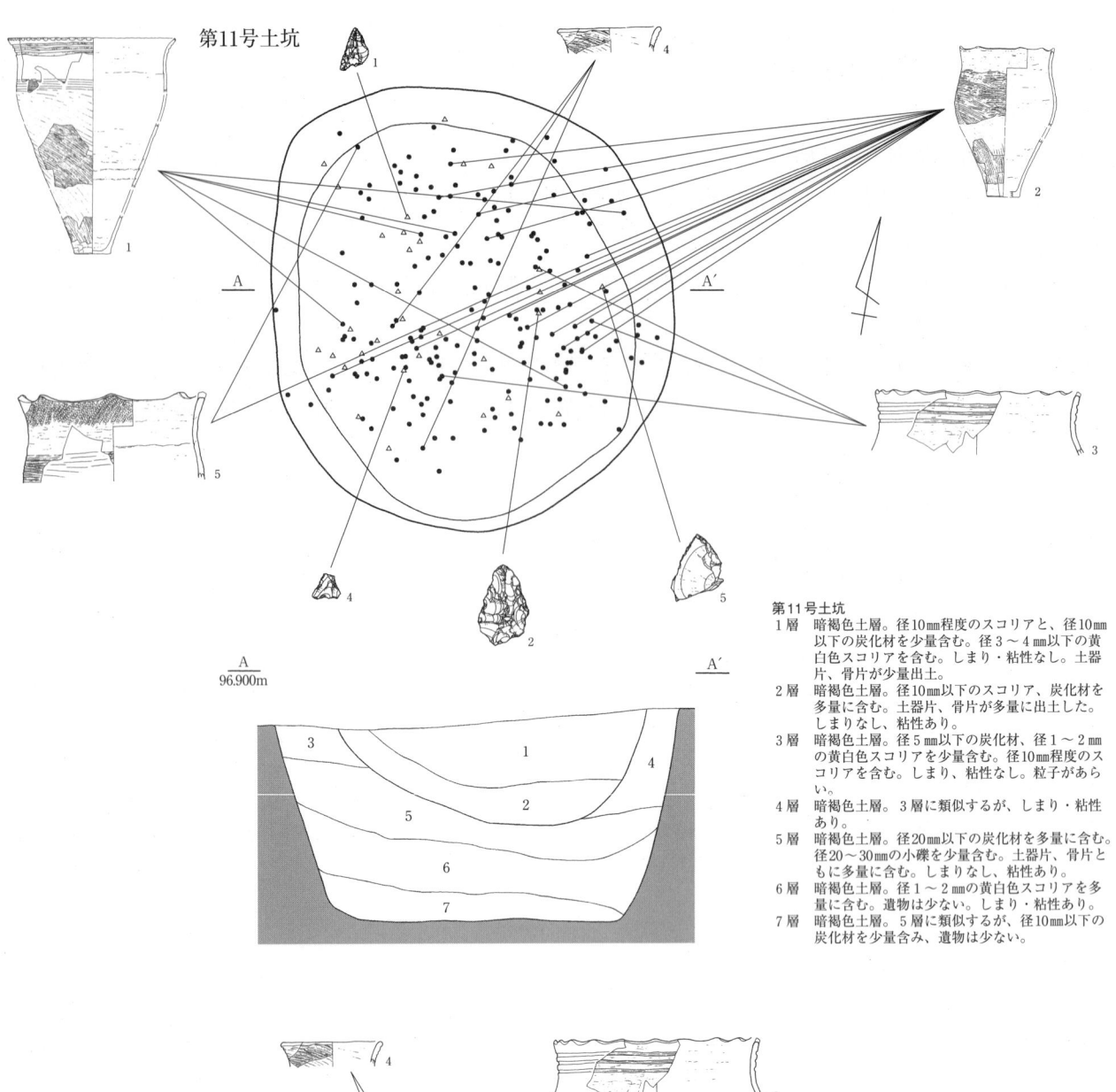

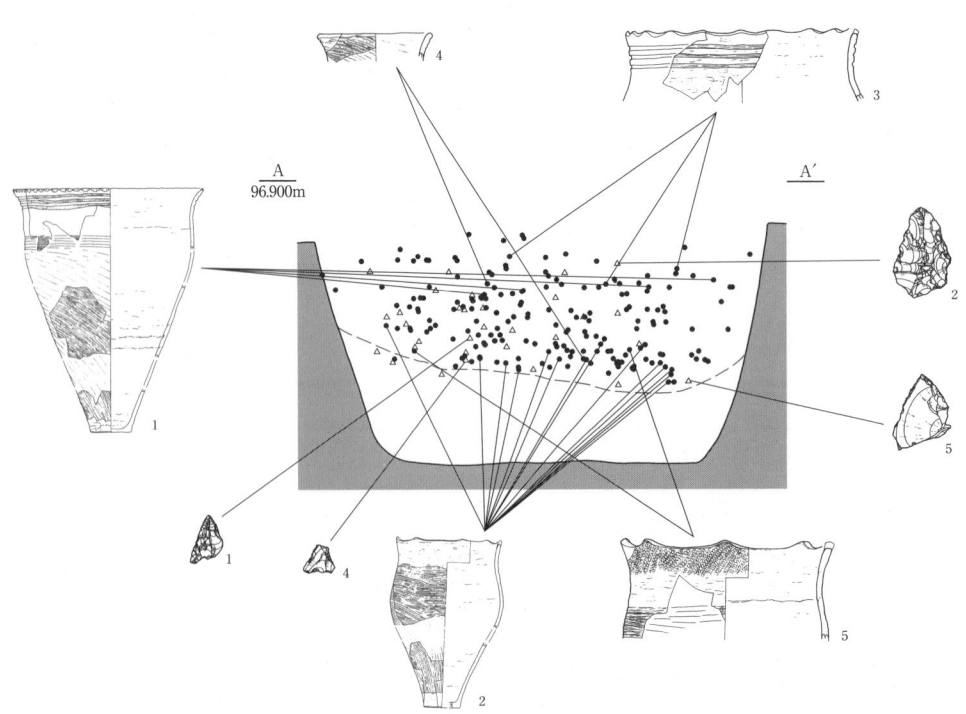

第11号土坑
1層　暗褐色土層。径10mm程度のスコリアと、径10mm以下の炭化材を少量含む。径3～4mm以下の黄白色スコリアを含む。しまり・粘性なし。土器片、骨片が少量出土。
2層　暗褐色土層。径10mm以下のスコリア、炭化材を多量に含む。土器片、骨片が多量に出土した。しまりなし、粘性あり。
3層　暗褐色土層。径5mm以下の炭化材、径1～2mmの黄白色スコリアを少量含む。径10mm程度のスコリアを含む。しまり、粘性なし。粒子があらい。
4層　暗褐色土層。3層に類似するが、しまり・粘性あり。
5層　暗褐色土層。径20mm以下の炭化材を多量に含む。径20～30mmの小礫を少量含む。土器片、骨片ともに多量に含む。しまりなし、粘性あり。
6層　暗褐色土層。径1～2mmの黄白色スコリアを多量に含む。遺物は少ない。しまり・粘性あり。
7層　暗褐色土層。5層に類似するが、径10mm以下の炭化材を少量含み、遺物は少ない。

図34　第11号土坑平面・土層断面・遺物出土状況図

— 50 —

第12号土坑

第14号土坑

第14号土坑
1層　黒褐色スコリア層。径1mm以下の小礫を微量含む。
　　しまり、粘性ともにあり。

第12号土坑
1層　暗褐色土層。径1mm程度の小礫をやや少量含む。径1mm以下の
　　赤色スコリア、褐色スコリアを微量含む。しまり、粘性ともに
　　ややあり。

第1号ピット

第1号ピット
1層　黄褐色土層。径1mm以下の白色粒子、径3～5mmの橙色スコリア
　　と黒色スコリアをやや少量含む。径5～10mmの小礫を微量含む。
　　しまりあり、粘性なし。
2層　暗褐色土層。径1～5mmの白色粒子、径3～5mmの橙色スコリア
　　と黒色スコリア、黄色スコリアを少量含む。小礫を含む。

第15号土坑

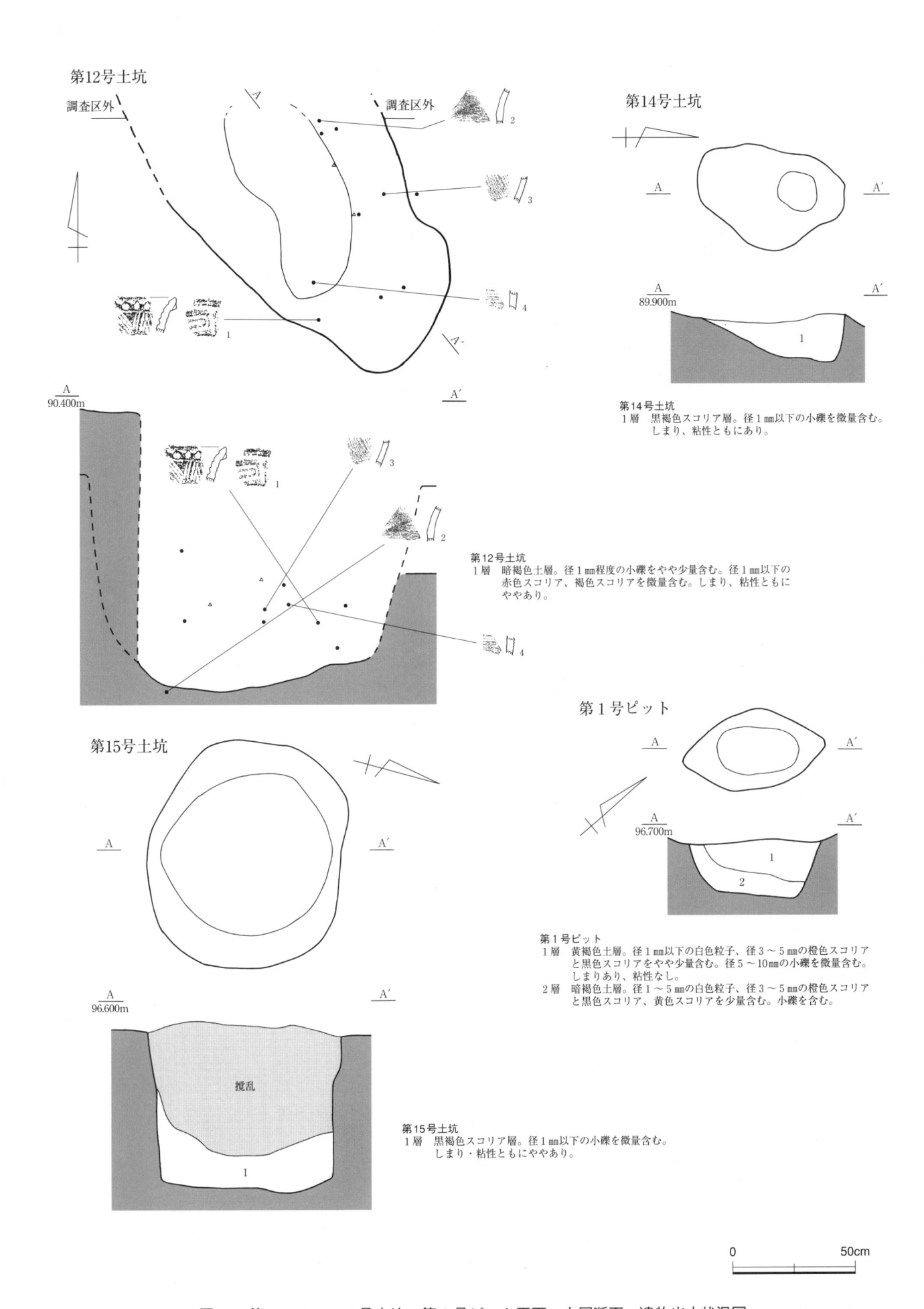

撹乱

第15号土坑
1層　黒褐色スコリア層。径1mm以下の小礫を微量含む。
　　しまり・粘性ともにややあり。

0　　　　50cm

図35　第12・14・15号土坑・第1号ピット平面・土層断面・遺物出土状況図

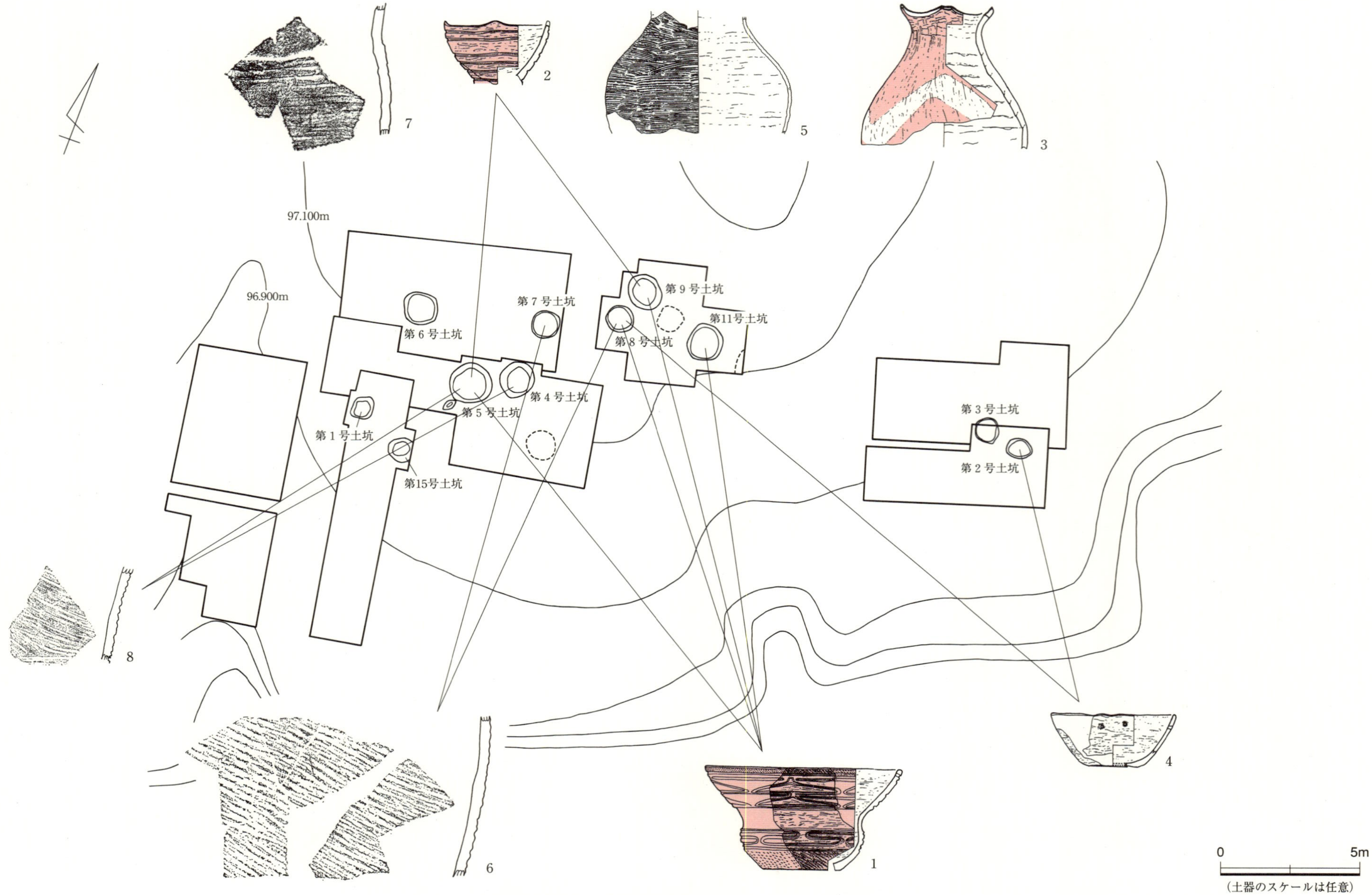

図36 遺構間土器接合状況（土器の番号は図56と同じ）

な時期は不明。

第16号土坑（図26）
調 査 年 次　第5次調査
検出トレンチ　北調査Ⅱ区　第4トレンチ
確 認 面　基本土層5層
平 面 形　不定形　約100×100cm（未調査のため推定）
深　　　さ　未調査のため不明
出 土 遺 物　なし
備　　　考　第4トレンチの南側で検出した遺構だが、平面確認のみで未調査である。時期不明。

第17号土坑（図26）
調 査 年 次　第6次調査
検出トレンチ　北調査Ⅱ区　第5トレンチb区
確 認 面　基本土層5層
平 面 形　調査区外に伸びるため不明
深　　　さ　未調査のため不明
出 土 遺 物　なし
備　　　考　第5トレンチb区の南東隅で確認したが、その大部分は調査区外に広がっている可能性が高い。時期不明。撹乱の可能性もある。

（江川・佐々木・半田）

（2）ピット
第1号ピット（図35）
調 査 年 次　第5次調査
検出トレンチ　北調査Ⅱ区第5トレンチa区
確 認 面　基本土層5層
平 面 形　楕円形　60×30cm
深　　　さ　20cm
出 土 遺 物　なし
備　　　考　平面形は北東方向に斜めに細長いピットで、第5号土坑に近接して検出した。確認面が5層であるため、縄文時代中期以降の遺構であるが、出土遺物がないため、詳細な時期は不明である。

（江川・佐々木）

（3）畝状遺構（図37、図版4下）
　畝状遺構は、北調査区Ⅱ区第2トレンチa・b区の東側約2mの範囲で、1層または2層直下で確認された。約2mの範囲でほぼ南北方向に4条の畝が確認され、遺構全体に耕作具もしくは足跡と考えられるピット状の落ち込みが多くみられた。耕作具による落ち込みと見られる部分は縦断面形がV字状を呈していた。また畝の落ち込み中には2層が再堆積していた。

こうした畝状の堆積は、TP5と第2トレンチc区、第3トレンチ～第5トレンチの土層断面でも確認された。平面的には確認していないが、いずれの場所でもほぼ南北方向で確認されており、北調査区内およびその周辺には畝状遺構が広い範囲で広がっていたことが推定される。畝状遺構の確認面下は基本土層の3層もしくは4層が部分的に堆積し、多くの場所では5層が堆積していた。確認面下ではこれらの基本土層が耕作土として2次的に撹乱を受けている部分も確認され、土壌中に宝永火山灰が混在していた。畝状遺構下の3層もしくは4層はかつての旧地形では傾斜地と考えられる部分に確認された。現在の北調査区およびその周辺はほぼ平坦地で南にむかってわずかな傾斜があるが、かつては北調査区の北側に位置するTP2とTP4を結ぶあたりを高まりの中心とした微高地であったと考えられる。ある時期に土壌がほぼ水平に削平されて平坦地となり、宝永の火山灰堆積（1707年）後には畑作地として利用されていたことが考えられる。そのため、かつての傾斜地では弥生時代の包含層である3層が残存するが、TP2とTP4を結ぶラインにむかって2層以下の基本土層の残りが悪いことが考えられる（図18）。

（4）道状遺構・溝状遺構（図37）

　道状遺構は第2トレンチa・b区の西側に東西幅約1.2mの範囲で確認された。1層または2層直下にやや西側へ向かってゆるやかに下がる厚さ約5cmの硬化面が1面もしくは2面確認された。土壌は非常にしまりがあり、上面には径1～2cm程度の小礫が多く観察される。この硬化面は南北方向に確認できたことから、道として使用されたことが推定されたため、道状遺構とした。道状遺構は畝状遺構をわずかに掘り込むようにして形成されていたことから、畝状遺構より新しい時期であると考えられる。

　道状遺構の西側には幅約8cm、深さ約12cmの溝状遺構を伴っていた。溝状遺構は道状遺構に伴う側溝である可能性がある。ただし、溝状遺構は、道状遺構の2層を切り、その上に道状遺構の1層が堆積しているように観察される部分があることから、道状遺構と溝状遺構の間にある程度の時間幅があることが推定される。

（江川・佐々木）

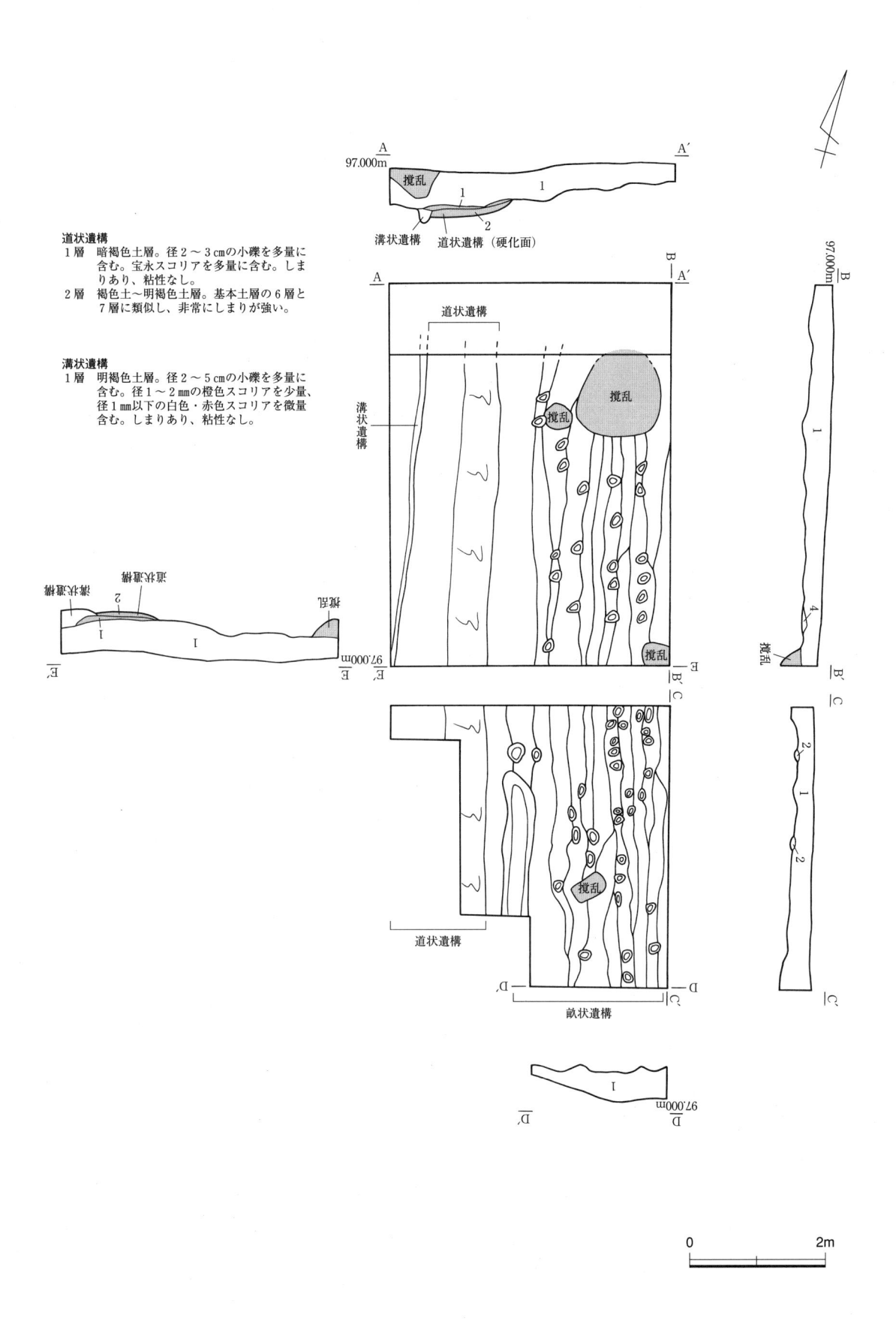

道状遺構
1層　暗褐色土層。径2～3cmの小礫を多量に含む。宝永スコリアを多量に含む。しまりあり、粘性なし。
2層　褐色土～明褐色土層。基本土層の6層と7層に類似し、非常にしまりが強い。

溝状遺構
1層　明褐色土層。径2～5cmの小礫を多量に含む。径1～2mmの橙色スコリアを少量、径1mm以下の白色・赤色スコリアを微量含む。しまりあり、粘性なし。

図37　北調査Ⅱ区第2トレンチa・b区畝状遺構・道状遺構・溝状遺構平面図および土層断面図

第4節　遺　　物

(1) 縄文土器（図38・39、表1）

　縄文土器は、発掘調査および表面採集において早期から後期に相当する深鉢の破片資料が石器や礫とともに出土した。出土総数は80点であり、すべて包含層で確認された。土器の時期は中期が主体を占める。具体的には早期後半の野島式期と中期初頭の五領ヶ台式期、中期後半の加曽利E式期連弧文系の時期にあたる土器が多く確認されたが、後期の土器は1点のみに留まった。包含層中の土器を時期別に分類し、以下のⅣ群にまとめる。また、図化した遺物の詳細は観察表にまとめた（表1）。

第Ⅰ群　1類土器　早期後半の土器（野島式土器に相当）
第Ⅱ群　1類土器　前期前葉の土器（関山式土器に相当）
　　　　2類土器　前期中葉の土器（繊維土器に相当）
　　　　3類土器　前期後葉の土器（竹管文系土器に相当）
第Ⅲ群　1類土器　中期初頭の土器（五領ヶ台式土器に相当）
　　　　2類土器　中期後半の土器（連弧文系土器に相当）
　　　　3類土器　その他　中期の土器
第Ⅳ群　1類土器　後期の土器

遺構外出土土器
第Ⅰ群　早期の土器（図38－1～14・図版28）
　早期の土器は条痕文系土器群で野島式に相当する14点が出土した。分布は北調査区に集中して見られ、南調査区では確認されなかった。出土位置は概ね撹乱を受け、本来の位置を留めておらず原位置不明なものが多いが、基本層序7・8層直上にかけて4点出土した。土器片は全てに繊維が含まれている。1～13までは基本的に表裏に文様が施文されている。
　1～3は口縁部破片で、1は口唇部に小さな山形突起がつき、外面は沈線区画内に縦方向の集合沈線が施される。内面は横方向の条痕が粗くナデられている。細かい雲母が全体にちりばめられている。2は微隆起でやや太めの沈線区画内に沈線が重なって施されたものである。内面は条痕が斜位施文されるが軽くナデられている。3は口縁端部に沈線による刻みが2条加えられる。外面はやや太めの沈線により区画と区画内に施文されている。内面は横方向の粗いナデ。4～14までは深鉢胴部破片資料である。4・5・7～9は2と同様、太めの微隆起沈線内に縦方向の細沈線を施したものである。4は2本の区画文間の微隆起線上に複数の刻みが認められ、内面は縦方向の条痕が浅めに施文される。5は横方向、7は斜位の貝殻条痕文が内面に明確に施されている。8・9は同一個体の破片と考えられ、器面は精製されている。内面は7と同様、斜位の条痕文が施される。6は上部の刻みを伴った微隆起線区画内では横位に、刻みがなく稜線両側縁にナデを伴った下部微隆起線以下は、斜位に条痕文が施されている。上部の微隆起線文中央区画内は一度斜位の浅い条痕が施された跡があるが、粗く消されている。内面は横方向の貝殻条痕が施文される。10・11は同一個体の精製土器片である。太い微隆起線文内を縦方向の条痕文で充填させ、その条痕文の上に重ねて太い微隆起線文で弧状や三角形の幾何学的な文様構成を描き、三角形の微隆起線文先端部には刻みを加える。内面は浅い条痕文が縦方向に施文される。12は微隆起線文区画内に細沈線、13・14は沈線による施文がされている。

第Ⅱ群　前期の土器（図38-15～25・図版28）

　前期の土器は11点出土した。分布は、南調査区第1トレンチC区6層出土の関山式土器1点、繊維土器2点の計3点以外は北調査区で出土した。北調査Ⅱ区第2トレンチで多く認められ基本層序5層より繊維土器、竹管文系土器5点、第3トレンチa区で2層下部より繊維土器が1点出土した。

　15～19はいわゆる繊維土器で特に15と18には多量の繊維が混入していた。15は波状口縁部で、爪形沈線が口縁に沿って縁取り、下に向かって三段施されている。爪形沈線は横方向に走る沈線により仕切られ、各段に一つの豆粒文が一定の距離をあけ、ずらして配置される。内面はナデ。16・17は同一個体と思われ、外面は口唇部を除き前面に縄文を施す。18・19もまた前面に縄文を施す。20～25までは竹管文系土器である。外面はいずれも半截竹管状工具による施文がなされる。22・23は同一個体破片と思われ、太めの竹管文の上から交差するように細い竹管文が施される。内面は条痕が認められる。24は無節の縄文が施文される部位である。

第Ⅲ群　中期の土器（図38-26～45、図39-46～56・図版29）

　中期の土器は31点出土し、五領ヶ台式、加曽利E式連弧文系土器群が主体的に出土した。

　中期初頭の1類の土器（26～32）は7点出土し、そのうち5点は南調査区第1トレンチ5層中で出土した。その他は北調査Ⅱ区第2トレンチa・b区5層と表土層から各1点出土した。26は口縁部破片で口唇部直下に耳栓のような鼓状の突起が付く。外面は竹管文による区画内に集合沈線文が施文される部分と、三角状に削り取られ無文となる部分とでなる。雲母が多量に含まれる。27は深鉢上部につけられる突起で稜線部に爪形を這わせ、側面にヘラ状工具による沈線を刻む。28～30・32は縄文地文に半截竹管文による施文がなされる。31は五領ヶ台式併行期のものと考えられる。

　中期後半の2類の土器（33～47）は15点出土した。南調査区第1トレンチ一括で1点確認された以外は、大半が北調査Ⅰ・Ⅱ区第2・3トレンチの5層から出土した。土器は口縁部付近から胴部半ばに位置するものが大半である。33～45までは同一個体あるいは同一種類の土器と思われる。縦方向の条線を地文に施し、3～4本を1単位とする沈線により弧線が描かれる。また、部分的ではあるが沈線脇に刺突を巡らせる。41は第2トレンチa区とc区で出土したものが接合した。46・47は地文に縄文が施文され沈線が施文される。

　その他中期の3類の土器（48～56）はその文様や胎土から中期に比定される土器群で、9点出土した。全体的に磨耗や損傷が激しい。分布範囲は南調査区第1トレンチ5層直上・6層で4点、北調査区では第2・3トレンチで各1点が2類の土器と同様の層位（5～6層）において確認された。48・49は口縁部破片で、沈線による横位の区画内に刺突が施文される。50～56は胴部破片である。50は地文に浅く短い条線が不規則に施され、細沈線が施文される。51・52は縄文が充填され、52は縦方向から施文されている。54は浅鉢の胴部破片で沈線により施文され、55は無節の縄文が施されている。

第Ⅳ群　後期の土器（図39-57・図版29）

　後期に比定される土器が1点、南調査区第1トレンチa区で表採された。57は口縁部破片で口唇部は外面につまむように微隆起帯が施され、内面には口縁に沿って沈線が施文される。内外面ともによく磨かれている。

　　　（領家）

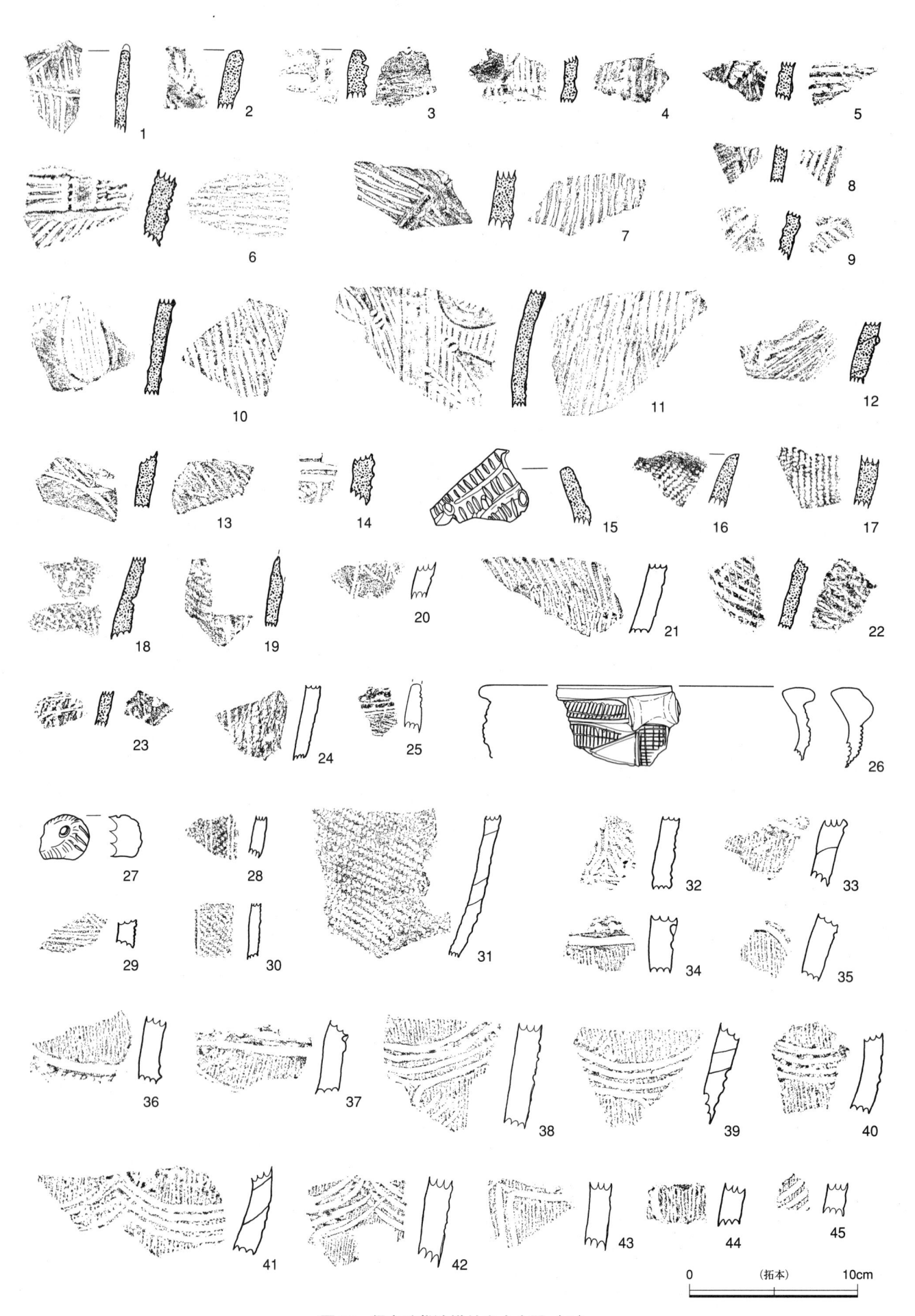

図38 縄文時代遺構外出土土器（1）

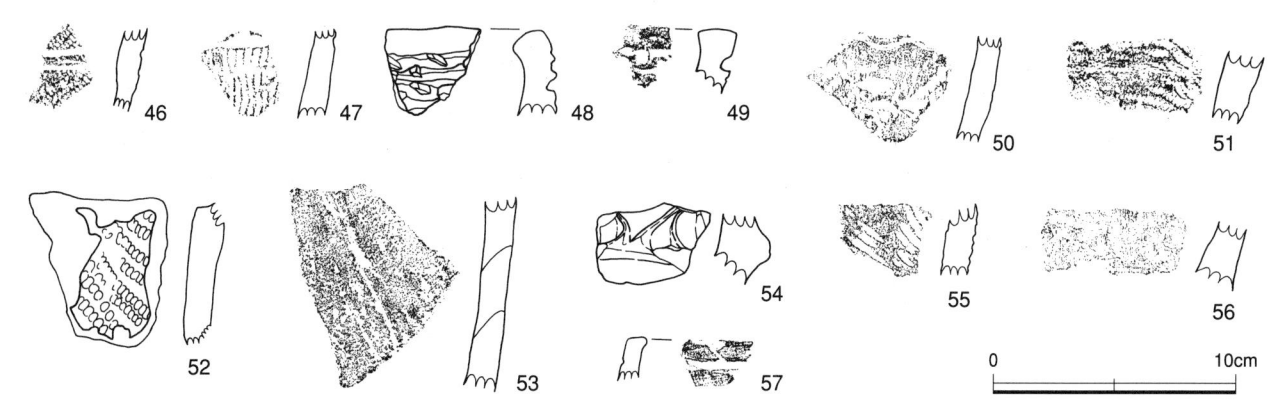

図39 縄文時代遺構外出土土器（2）

表1 遺構外出土縄文土器観察表

図版No.	出土位置	層位	器種	残存部位	地文	文様施文	胎土	色調	時期	分類	型式名／文様	備考（焼成など）
38-1	3トレa区	7層	深鉢	口縁部	無文	外：沈線 内：擦り消し条痕	A	灰褐色	早期	第Ⅰ群1類	野島	
38-2	3トレb区	2層	深鉢	胴部	無文	外：沈線 内：条痕	G	淡褐色	早期	第Ⅰ群1類	野島	
38-3	TP5	8層上部	深鉢	口縁部	無文	外：沈線 内：条痕	H	灰褐色	早期	第Ⅰ群1類	野島	
38-4	2トレc区	3層	深鉢	胴部	無文	外：微隆起細沈線 内：条痕	K	暗褐色	早期	第Ⅰ群1類	野島	混入か
38-5	G地点	表採	深鉢	胴部	無文	外：微隆起細沈線 内：条痕	D	黒褐色	早期	第Ⅰ群1類	野島	
38-6	2トレa区	7層	深鉢	口縁～胴部	条痕	外：微隆起細沈線 内：条痕	H	灰褐色	早期	第Ⅰ群1類	野島	
38-7	TP2	7層	深鉢	胴部	条痕	外：微隆起細沈線 内：条痕	H	暗褐色	早期	第Ⅰ群1類	野島	
38-8	4トレ	2層	深鉢	胴部	無文	外：微隆起細沈線 内：条痕	D	暗褐色	早期	第Ⅰ群1類	野島	
38-9	4トレ	表採	深鉢	胴部	無文	外：沈線 内：条痕	D	黒褐色	早期	第Ⅰ群1類	野島	
38-10	5トレa区	1層	深鉢	胴部	無文	外：沈線 内：条痕	D	黒褐色	早期	第Ⅰ群1類	野島	11と同一個体
38-11	5トレa区	1層	深鉢	胴部	無文	外：沈線 内：条痕	D	黒褐色	早期	第Ⅰ群1類	野島	10と同一個体
38-12	TP5	7層	深鉢	胴部	条痕	外：微隆起条痕 内： 条痕擦り消し	K	明褐色	早期	第Ⅰ群1類	野島	
38-13	TP2	6層	深鉢	胴部	無文	外：沈線 内：条痕	D	淡褐色	早期	第Ⅰ群1類	野島	
38-14	2トレc区	1層	深鉢	胴部	無文	沈線	F	橙褐色	早期	第Ⅱ群1類	野島	8号土坑上面
38-15	1トレc区	6層	深鉢	口縁部	無文	沈線 刺突 突起貼付け	G	橙褐色	前期	第Ⅱ群1類	関山	
38-16	1トレc区	6層	深鉢	口縁部	縄文	単節縄文RL	F	淡褐色	前期	第Ⅱ群2類	繊維土器	
38-17	1トレc区	6層	深鉢	胴部	縄文	単節縄文RL	F	淡褐色	前期	第Ⅱ群2類	繊維土器	
38-18	3トレa区	2層下部	深鉢	胴部	縄文	単節縄文RL	D	淡褐色	前期	第Ⅱ群2類	繊維土器	
38-19	2トレa区	5層	深鉢	胴部	縄文	無節縄文R	G	暗褐色	前期	第Ⅱ群2類	繊維土器	緻密な内面調整
38-20	TP5	1層	深鉢	胴部	無文	細沈線	G	橙褐色	前期	第Ⅱ群3類	竹管	
38-21	TP5	8層直上	深鉢	胴部	無文	条痕	E	暗褐色	前期	第Ⅱ群3類	竹管(諸磯b)	
38-22	F地点	表採	深鉢	胴部	条痕	細沈線	I	黒色	前期	第Ⅱ群3類	竹管	23と同一個体
38-23	2トレc区	一括	深鉢	胴部	条痕	細沈線	I	黒色	前期	第Ⅱ群3類	竹管	22と同一個体
38-24	2トレb区	5層	深鉢	胴部	縄文	無節縄文R	K	淡褐色	前期	第Ⅱ群3類	竹管	
38-25	2トレc区	一括	深鉢	胴部	無文	条痕	I	黒色	前期	第Ⅱ群3類	竹管	
38-26	1トレa区	5層	深鉢	口縁部	集合沈線	三角状ケズリ取り無文区画をもつ	F	橙褐色	中期	第Ⅲ群1類	五領ヶ台	
38-27	1トレc区	6層直上	深鉢	突起部	無文	刻み 爪形押引き文 竹管文	C	赤橙色	中期	第Ⅲ群1類	五領ヶ台	把手
38-28	1トレa区	一括	深鉢	胴部	縄文	沈線単節縄文LR	A	橙褐色	中期	第Ⅲ群1類	五領ヶ台	
38-29	TP1	5層	深鉢	胴部	縄文	半截竹管文	A	赤橙色	中期	第Ⅲ群1類	五領ヶ台	
38-30	TP1	5層	深鉢	胴部	縄文	半截竹管文 単節縄文RL	B	赤橙色	中期	第Ⅲ群1類	五領ヶ台	

図版No.	出土位置	層位	器種	残存部位	地文	文様施文	胎土	色調	時期	分類	型式名／文様	備考(焼成など)
38-31	2トレb区	5層	深鉢	胴部	縄文	単節縄文RL	A	暗褐色	中期	第Ⅲ群1類	五領ヶ台並行	
38-32	2トレa区	1層	深鉢	胴部	縄文	半截竹管文	A	暗褐色	中期	第Ⅲ群1類	五領ヶ台	撹乱層中から出土
38-33	G地点	表採	深鉢	口縁〜胴部	条線	沈線　刺突	H	淡褐色	中期	第Ⅲ群2類	連弧文系	
38-34	2トレc区	1層	深鉢	口縁〜胴部	条線	沈線　刺突	H	淡褐色	中期	第Ⅲ群2類	連弧文系	
38-35	2トレa区	6層直上	深鉢	口縁〜胴部	条線	沈線	H	淡褐色	中期	第Ⅲ群2類	連弧文系	
38-36	3トレa区	5層	深鉢	口縁〜胴部	条線	沈線　刺突	H	明橙褐色	中期	第Ⅲ群2類	連弧文系	
38-37	3トレa区	5層	深鉢	口縁〜胴部	条線	沈線　刺突	H	淡褐色	中期	第Ⅲ群2類	連弧文系	
38-38	3トレa区	5層	深鉢	口縁〜胴部	条線	沈線	H	淡褐色	中期	第Ⅲ群2類	連弧文系	
38-39	2トレc区	5層	深鉢	口縁〜胴部	条線	沈線	H	淡褐色	中期	第Ⅲ群2類	連弧文系	
38-40	2トレc区	一括	深鉢	口縁〜胴部	条線	沈線	H	明橙褐色	中期	第Ⅲ群2類	連弧文系	
38-41	2トレc区	5層	深鉢	口縁〜胴部	条線	沈線	L	淡褐色	中期	第Ⅲ群2類	連弧文系	a区土器片と接合
38-42	3トレa区	6層直上	深鉢	口縁〜胴部	条線	沈線	H	淡褐色	中期	第Ⅲ群2類	連弧文系	
38-43	3トレa区	5層	深鉢	口縁〜胴部	条線	沈線	H	淡褐色	中期	第Ⅲ群2類	連弧文系	
38-44	G地点	表採	深鉢	胴部	条線	沈線	H	淡褐色	中期	第Ⅲ群2類	連弧文系	
38-45	G地点	表採	深鉢	口縁〜胴部	条線	沈線	H	淡褐色	中期	第Ⅲ群2類	連弧文系	
39-46	1トレa区	一括	深鉢	胴部	縄文	沈線単節縄文LR	D	明橙褐色	中期	第Ⅲ群2類	連弧文系	
39-47	2トレc区	6層	深鉢	胴部	縄文	沈線単節縄文RL	I	暗褐色	中期	第Ⅲ群2類	連弧文系	
39-48	3トレa区	6層	深鉢	口縁部	無文	沈線　刺突	H	灰褐色	中期	第Ⅲ群3類	その他中期	
39-49	G地点	表採	深鉢	口縁部	無文	沈線　刺突	H	灰褐色	中期	第Ⅲ群3類	その他中期	
39-50	5トレa区	7号土坑	深鉢	胴部	条線？	細沈線？	E	灰褐色	中期	第Ⅲ群3類	その他中期	混入遺物
39-51	G地点	表採	深鉢	胴部	縄文	単節縄文LR	B	黒褐色	中期	第Ⅲ群3類	その他中期	
39-52	1トレc区	撹乱	深鉢	胴部	縄文	縦方向から単節縄文LR	E	橙褐色	中期	第Ⅲ群3類	その他中期	縄文は風化
39-53	1トレa区	5層直上	深鉢	胴部	無文	粗い調整	F	橙褐色	中期	第Ⅲ群3類	その他中期・無文	
39-54	1トレc区	6層	浅鉢	口縁〜胴部	無文	隆帯文	A	暗褐色	中期	第Ⅲ群3類	その他中期	
39-55	2トレb区	5層	深鉢	胴部	縄文	無節縄文R	F	橙褐色	中期	第Ⅲ群3類	その他中期	
39-56	1トレ	一括	深鉢	底部	無文	粗い調整	K	暗褐色	中期	第Ⅲ群3類	その他中期	
39-57	1トレa区	一括	深鉢	口縁部	無文	内面口縁部縁に沈線：緻密な磨き	I	暗褐色	後期	第Ⅳ群	後期	

胎土の類型

A　（金）雲母・石英特多

B　（金）雲母特多、凝灰岩粒・その他細礫やや他

C　（金）雲母・角閃石特多

D　（金）雲母・石英若干〜やや多

E　石英特多、凝灰岩粒・その他細礫やや多、雲母若干

F　角閃石特多、凝灰岩粒・（金）雲母・石英やや多

G　角閃石やや多、（金）雲母・石英若干

H　凝灰岩粗粒・角閃石多、（金）雲母・石英若干

I　凝灰岩粒・石英・その他細礫やや多

J　暗灰色〜暗褐色細礫（チャート？）多

K　（金）雲母細片多、石英・細礫やや多

L　凝灰岩粗粒・角閃石多、（金）雲母・石英若干スコリア若干

（2）弥生土器

　今回の中屋敷遺跡の発掘調査で発見された土坑内より、破片資料主体ではあるが、弥生土器が量的にまとまって出土した。これらはいずれも当地方におけるごく初期の弥生土器であり、弥生前期の時間幅に比定される資料がほとんどである（一部は中期初頭、時期比定の詳細については後述）。

　ここでは弥生土器の内容・特徴について、これらが出土した土坑、遺構外出土資料の順に記載する。掲載した土器の縮尺は実測図が1/4、拓本が1/3である。文様の認められるものは小片まで掲載するようにしたが、条痕のみの小破片等は除外したものもある。器形の記述にあたっては「～形土器」を省略し、単に「壺」「甕」などとする。「甕」と「深鉢」の違いについては、口縁部が外反するものを前者、外反せず直立もしくは内湾するものを後者と便宜上分類する。また、甕の中で外面胴部に条痕・縄文が施され、口頸部が無文になるタイプを特に「半精製甕」とする。なお、土器の多くが外面に条痕が施された資料であるため、記載にあたっては、以下のように条痕を類型化する（観察表も同様）。なお、いわゆる半截竹管で施したような2本1単位となる条痕は明確には確認できなかった。

細密条痕A－条1本の太さが1mm以下のいわゆる「細密条痕」の中でも特に密接に施したもの
細密条痕B－細密条痕の施文が雑になり、各施文単位間に空隙が生ずるようなもの
細茎条痕A－条1本の太さが2mm前後の細い茎を束ねたような原体によるもので、各条の太さが揃い、施文も整ったもの
細茎条痕B－細茎条痕Aが不揃いになり、施文が雑になるもの
太茎条痕A－条1本の太さが3～5mm程度の太い茎を束ねたような原体によるもので各条の太さが揃い、施文も整ったもの
太茎条痕B－太茎条痕Aが不揃いになり、施文が雑になるもの
貝殻条痕A－アナダラ属の二枚貝（サルボウ・ハイガイ・アカガイ等）腹縁による貝殻条痕のうち、条の幅が2mm前後になる比較的狭いもの
貝殻条痕B－同じく条の幅が3～4mmと広くなるもの

①第1号土坑出土土器（図40－1～10・図版30・38）

　1は今回の出土資料でも全形の窺える唯一の壺だが、破片より全形をやや強引に復元した（口頸部～肩部と胴部～底部は接合していない）。球胴に幅広の凹状部分を挟んで、ふくらみ気味の内傾する頸部が付き、短い口縁部が弱く外反する、という極めて特徴的な器形である。残存部位が少ないため不明確だが、口縁部および底部の平面形態は楕円形になる可能性もある。口縁端には1個単位の低い山形突起が付くが、全体で7～8単位になると推定される。外面は縄文・条痕は一切見られず、ナデ（の前に削りか？）および単位が不明確な弱い磨きの後に、ふくらんだ頸部を楕円形窓枠状に部分的に塗り残して口縁端面から凹状部分までと胴部最大径付近を帯状、さらに胴部下位に底部外周を底辺にして上向きの鋸歯状というように独特の赤彩を施している。胴部下位のものはやや不鮮明で、連続山形状になる可能性もある。赤彩部分に後から磨きを加えたような箇所は確認できない。なお、赤彩は口縁端面までで、口縁部内面は弱く磨かれるが、赤彩は認められない。

　2はやや広口の壺の口頸部と想定される資料で、やや大粒のLR縄文が施される口縁部は折り返し状に若干肥厚する。縄文は強く押圧されている。頸部外面と口縁部内面は弱く磨かれるが、赤彩は頸部と口縁端面のみで内面は無彩のままである。口縁端には1と同様の1個単位の低い山形突起が付き、全体で7～8単位と推定される。

図40　第1号土坑出土土器

図41　第2号土坑出土土器

図42　第3号土坑出土土器　　　　図43　第4号土坑出土土器

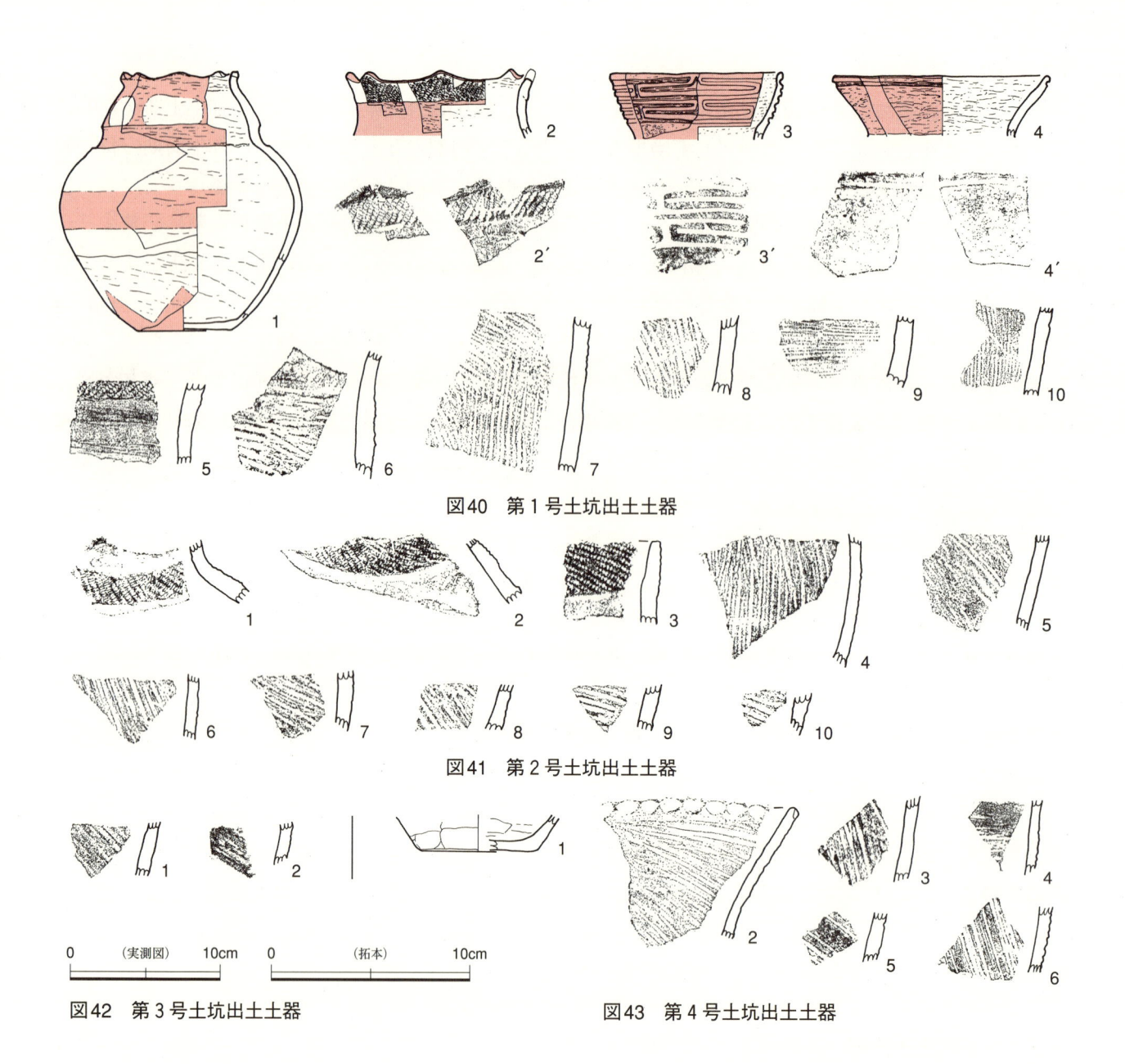

　3は本土坑覆土中出土破片と北調査Ⅱ区第5トレンチa区1層出土の破片が接合した資料で、小型の鉢もしくは広口壺の口縁部と思われる。外面には断面が丸くしっかりとした沈線により、入り組んだ工字文が展開されるが、隆線部で見ると「匹」字状および横位連続の工字文を上下に重ねたモチーフとなっていて、「匹」部分の抉りは「凸」状ではなく上向きの三角形になる。頸部には細かいLR縄文が施されているらしいが文様部分上面も含めた磨きにより不鮮明となっている。なお、磨きの後に全面を赤彩されるらしいが、焼成後のようで現状では薄く残存するに留まる。内面は磨かれているが、これも赤彩の痕跡は不明確で、無彩のままの可能性が強い。

　4も浅鉢もしくは広口壺の口縁部で、残存部には突起は認められない。外面は口縁端直下に鋭いヘラによる深い横線が施され、内外ともに入念な磨きが加えられる。外面には赤彩の痕跡が残るが内面はこれも不明確である。外面下端には体部の文様帯の上端と思しき沈線の上場が認められる。

　5・6は胎土・色調より同一個体の可能性が強い半精製甕の破片で、5は口縁部直下（口縁端欠）から頸部、6は頸部から胴部にかけての資料である。胴部雑な太茎条痕Fおよび口縁部に大粒LR縄文を施してから頸部を入念な横磨き。内面はやや雑な横磨き。

　7～10は条痕のみの胴部破片で、この種の資料は以下便宜上甕・深鉢類に分類する。7は細茎条痕A

で上部斜位施文後下部縦位、8は太茎条痕Bが斜位、9は細密条痕Bが横位、10も細密条痕Bが縦位にそれぞれ施される。なお、本遺跡出土のほとんどの甕・深鉢類の内面は、指の痕跡が残るものも含めて比較的平滑なナデが施されるのみだが、ここでは8のみ幅広の磨きが加えられている。

②**第2号土坑出土土器**（図41－1～10・図版30）

1・2は同一個体のおそらく壺の破片で、前者が頸部から肩部上部、後者がその直下あたりの資料になる。おそらく肩部最上位に横位もしくは弧状、その下に弧状もしくは山形にRL縄文を施した後、縄文以外を浅く削り、さらに入念に磨き込むことにより縄文部分をレリーフ状に浮き立たせている。縄文以外は赤彩もされているが、磨きの前らしい。内面にも弱い磨きが認められる。

3はおそらく半精製甕の口縁部破片で、口縁部にLR縄文施文後下端を浅い横線で区画し、頸部を弱く磨いている。4～10は条痕のみの破片で、4・5・7・8は細茎条痕B、6・9・10は太茎条痕Bがそれぞれ斜位もしくは縦位に施される。5のみ条痕後削りが加えられている。

以上のほかに土坑間接合資料として後述する図56－4の小型鉢の底部と口縁部破片が出土している。

③**第3号土坑出土土器**（図42－1・2・図版30）

図示は小破片の2点のみで、1は太茎条痕Aの後ナデ、Bは浅い太茎条痕Bが施されている。

④**第4号土坑出土土器**（図43－1～6・図版30）

1は甕・深鉢類の底部と思われる資料で外面および底面削り、内面を指頭によるナデが施される。

2は甕の口縁部破片で大型の製品と推定される。外面は太茎条痕Bの後、口縁部指頭によると思われる小ぶりのレンズ状押捺が密に施される。3・5・6は甕・深鉢類の条痕が施された胴部破片、4は半精製甕の肩部破片で、3は太茎条痕B、4・5は細茎条痕Bが施される。6は鋭い細密条痕Bが施される。ほかに土坑間接合資料として後述する図56－8の粗製条痕甕の頸部破片が出土している。

⑤**第5号土坑出土土器**（図44・45－1～53・図版30～32・38）

1は小型の壺の頸部～肩部破片より復元したもので、第9号土坑出土図49－7と同一個体の可能性が強い。極めて薄手であることが特徴的。外面は丁寧な横磨きで上部にわずかに赤彩痕が窺える。

2は壺の可能性がある底部。外面胴部から底面まで強く削られたままとなっている。

3は東海系突帯文～条痕文土器の影響化に在地で製作されたと想定される。口縁直下に押捺突帯をめぐらせるタイプの壺の口縁部で、かなりの大型品と推定される。内外斜位の貝殻条痕Bを比較的丁寧に施した後、外面に突帯を2段貼り付け、指頭で押しつぶすように大きな連続押捺をそれぞれに加えている。なお、今回の出土土器の中で条幅の広い貝殻条痕Bが施された資料は本例のみである。

4は3とは別個体だが、同様の東海系模倣の在地産条痕壺であり、大型破片より復元した。こちらも大型品になるが、比較的薄手になる。外面太茎条痕Aを肩部以下に斜位・横位に施した後にその上端に突帯を1条貼り付け、そこに横長楕円形に引き伸ばすような連続押捺を加えてから、頸部に縦位の太茎条痕Aを施している。内面は指頭によるナデが丁寧に施されている。

5は外面全面条痕の甕で、底部を除く大型破片より復元した。外面は特に不揃いな太茎条痕Bがなすりつけられるように荒く施される。条痕は下半に縦位に施した後に上半に斜位、また横方向では右から左方向に施される。条痕施文後に底部外周に削りが加えられ、さらに器面の所々には指頭圧痕が不規則に見られる。口縁端には上面を面取りされた1個単位の低い台形突起が付くが、全体では3～4単位程

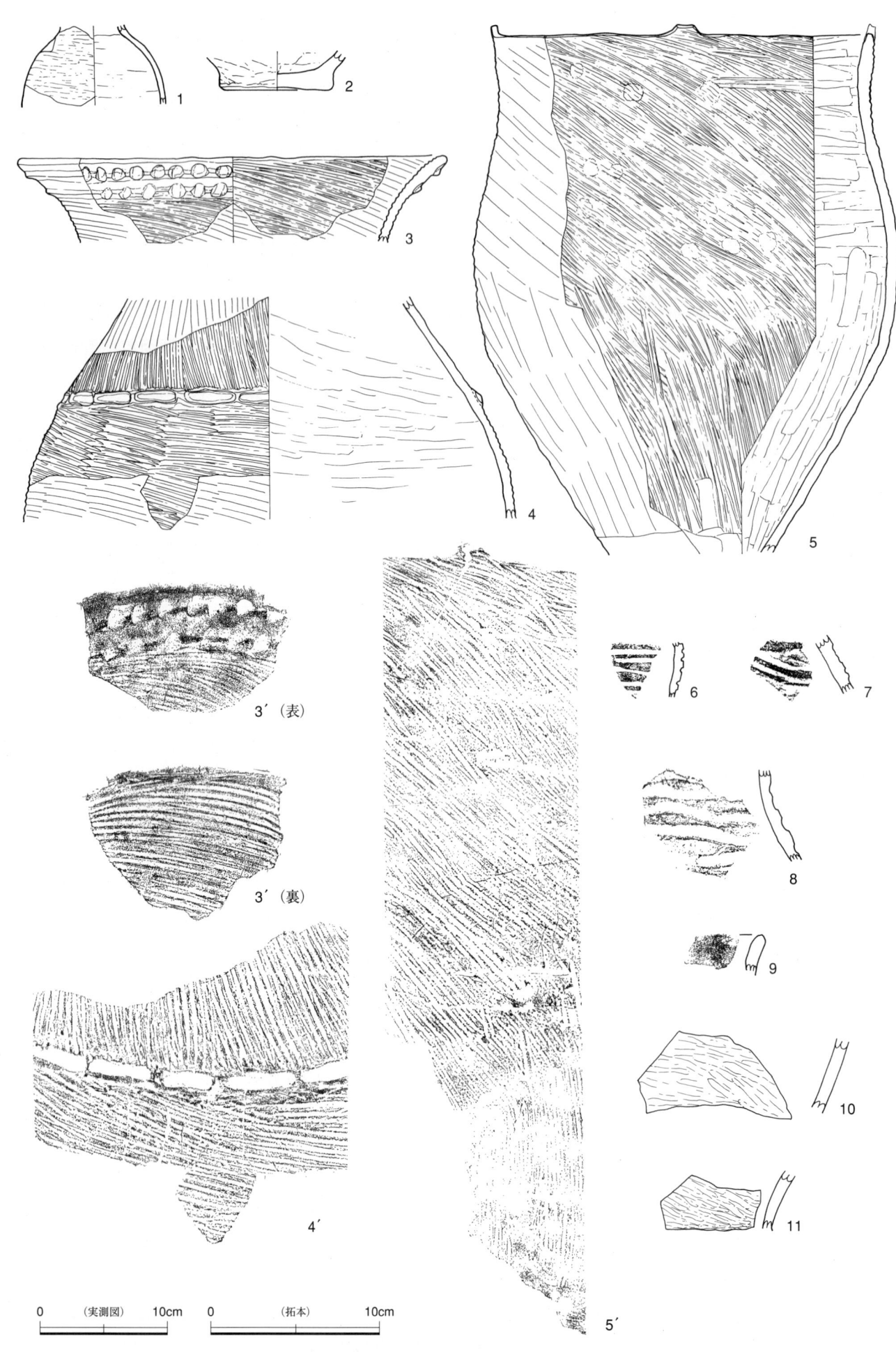

0 (実測図) 10cm   0 (拓本) 10cm

図44　第5号土坑出土土器（1）

-64-

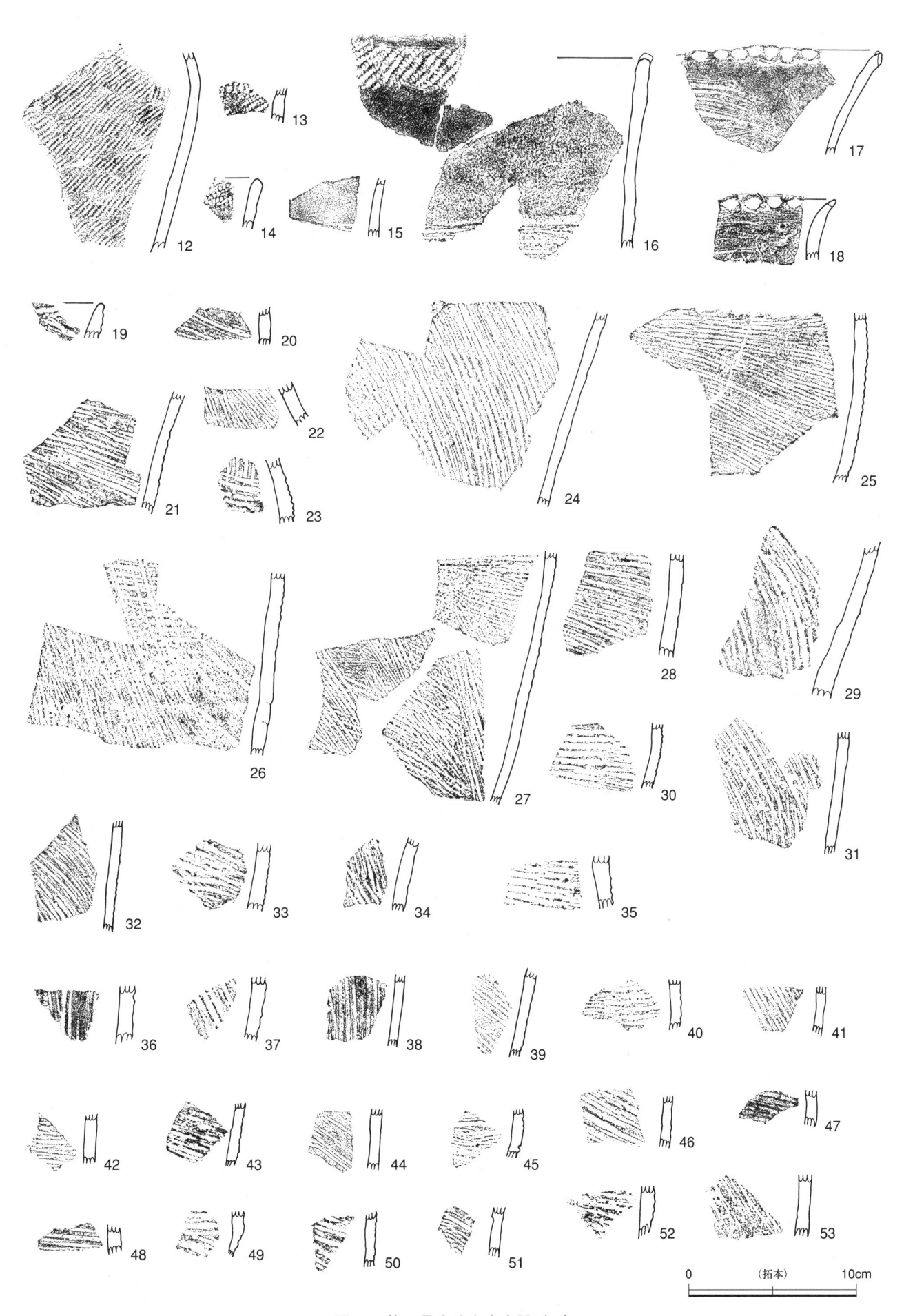

図45　第5号土坑出土土器（2）

―65―

度と推定される。突起間の口縁端部の仕上げは雑で、削りで面取りされる箇所とされずに尖ったままとなる箇所が見られる。内面は全面強く削られており、胴下半縦位の後、上半横位に削る。上半には一部磨きが加えられるらしい。

6以下は破片資料。6～12は壺・鉢類で、6～8は沈線文が施される。6はおそらく浅鉢体部になると思われる薄手の資料で、外面に細く鋭い沈線による変形工字文が描かれる。7は壺の肩部で、削り込みにより弧状モチーフを凸状に描き出し、その内部に弧状沈線を加えることにより、平行隆線による連弧文を意図しているようだが、施文は雑である。8も壺の肩部だが、こちらはしばしば半精製甕口縁部に見られるものに似た指の腹で施したような特に太く浅い平行沈線文が見られる。沈線は緩い波状となる可能性もあるが、意図的なものか雑に施しただけなのかは不明である。9は無紋の口縁部小片だが、広口壺等になると思われる。10・11は外面磨きのみの無文破片だが、前者は内面ナデのままなので体部、後者は内外入念に磨かれるため頸部と考えられる資料である。12は胴部下半の資料でLR縄文が8段以上横位に施されている。

13～16は半精製甕。13・14はLR縄文が帯状に施される口縁部破片、15は無紋の頸部破片である。16はかなり大型になると推定される資料で、胴部に太茎条痕Bおよび口縁部に大粒LR縄文が施される。口縁端には1個単位の低い山形突起が付くらしい。

17～19は外面全面条痕の粗製甕の口縁部で、17は外面に太茎条痕Bが施された後、口縁端に小振りのレンズ状連続押捺が密に施される。18は外面に細茎条痕Bが施された後、17と同様の連続押捺が加えられる。19は小片だが、外面には太茎条痕B、口縁端は面取りのままらしい。21は同様の甕の頸部と思われる資料で、外面斜位の太茎条痕A、内面には弱い磨きが加えられる。20・22・23はおそらく外面全面条痕の肩部になると推定される破片で、20は太茎条痕B、22は細茎条痕A、23は太茎条痕Aが施される。23は縦位が先で横位が後に施される。

24以下は、甕・深鉢類の条痕のみの胴部破片資料、特に24～26は大型品と推定される。24は胴部下半と思われ、太茎条痕Aが強く斜位に施される。25は整った細茎条痕Aが横位に施される。26は外面に輪積み痕が残ったまま、条間の空く細茎条痕Bが雑に荒々しく横位から縦位に施される。それ以外では細茎条痕Aが40、細茎条痕Bが27・28・42（浅い）・44（浅い）・45（雑）・53、太茎条痕Aが30・35・38・47（浅い）・48・50・52、太茎条痕Bが29（強く深い）・31（条間空く）・32・33（雑）・34・36・37・40・41・43（雑）・46・49・51・53にそれぞれ施されていて、不揃いまたは条の太い条痕の割合が多い。内面はほとんどがナデもしくは削りで、27・28・38・42・51には弱い磨きが加えられる。

以上のほかに土坑間接合資料として後述する図56－1の変形工字文鉢の体部破片、2の小型碗の口縁部の一部破片、3の壺の大部分、5の条痕壺の大部分、7の半精製甕の破片、8の粗製条痕甕の頸部破片が出土している。8は本土坑出土の21と同一個体の可能性が強い。

⑥第6号土坑出土土器（図46－1～18・図版32・38）

1は精製された有文の広口壺で、球形の胴部に短い直立気味の頸部を経て、2個単位（低い）と1個単位（高い）の山形突起を交互に有する短い口縁部が付く。外面胴部上半に細く鋭い沈線による変形工字文、胴部下半にはLR縄文が施された後に文様部分上面を含めて内外を丁寧に磨く。変形工字文は沈線の結節部が全て上下に連結するような抉りが加えられることが特徴であり、色調は黒褐色で焼成時に黒色処理を施したと思われる。以上の特徴より、在地製品の可能性は薄く、東北地方中部（仙台湾周辺～岩手南部?）からの搬入品の可能性が想定される。

2も壺類の胴部下半の資料で、外面全面に特に粒の大きいLR縄文が施され、底部外周が1段狭く削

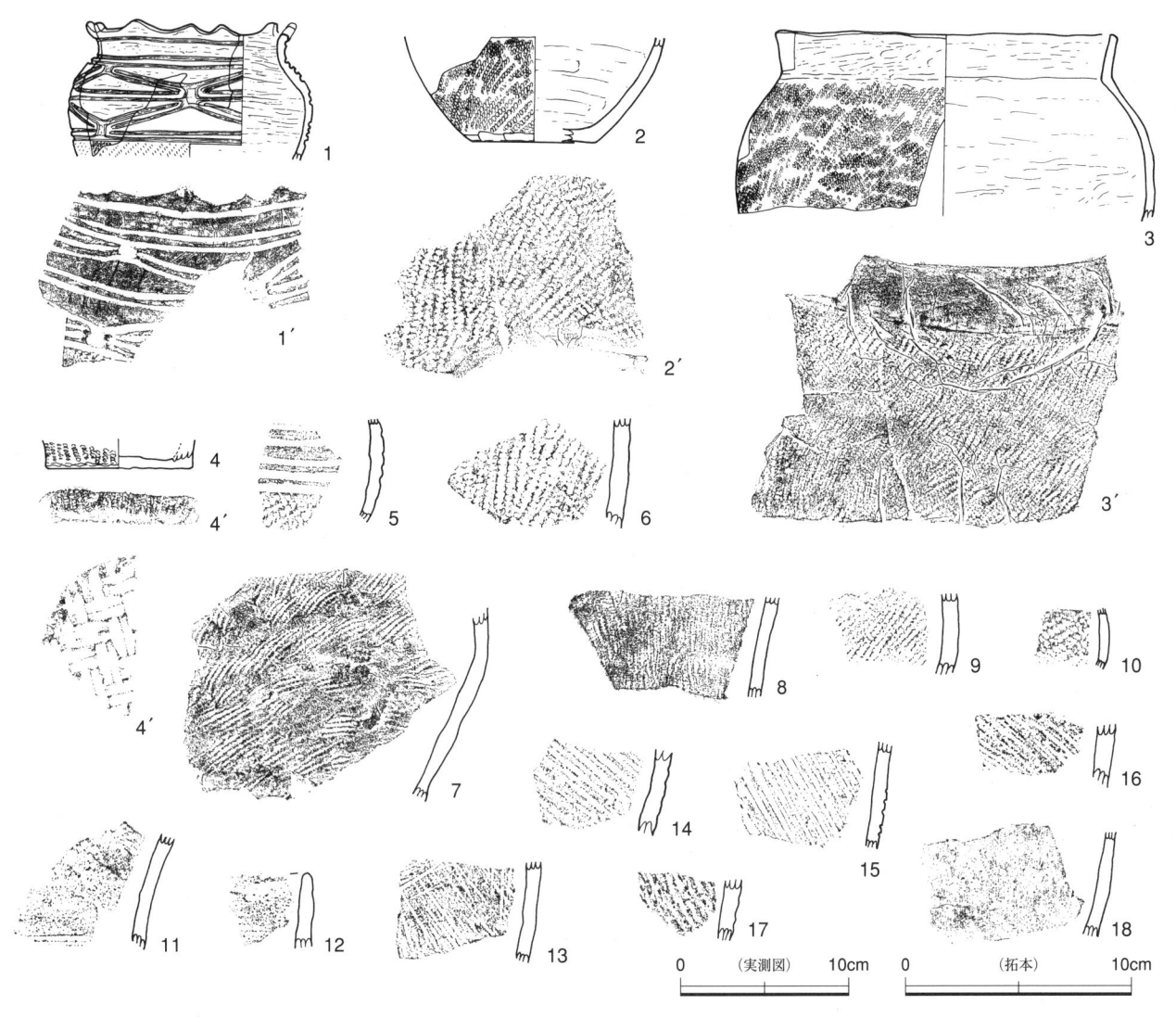

図46　第6号土坑出土土器

られる。底面は網代圧痕がナデで消され、不明瞭となっている。

3は頸部が「く」字状に明瞭に屈折し、短い口縁部が付くという特徴的な器形の甕で、外面胴部にLR縄文をやや雑に施した後、口縁部に横位の磨きが施される。口縁端は面取りのみで突起は見られない。内面は口縁〜胴部に弱い磨きが加えられる。以上の特徴より、これも東北地方中部あたりからの搬入品の可能性が想定される。

4は3のような縄文施文甕の底部と思われ、外面LR縄文、底面2本1単位の2本越え・2本潜り・1本送りの網代圧痕が見られる。

5〜10は縄文が施された破片資料。5は外面文様を有する壺類と思われ、体部下半に大粒LR縄文、上半に変形工字文の一部の可能性ある平行沈線文が施され、上面を磨いた後で赤彩が加えられる。そのほか6は雑な大粒LR縄文、7は雑で細かいLR縄文、8は縦位にLR縄文、9はやや大粒のLR縄文、10は大粒LR縄文がそれぞれに施され、10は縄文上端に横線が加えられている。また、7は器面に凹凸が残り、かなり粗製の資料である。

11は半精製甕の頸部破片で、胴部に太茎条痕A？および頸部指ナデ、外反しない深鉢の口縁部破片である12は内外に浅い太茎条痕Aが施されるらしい。

13〜17は条痕のみの胴部破片で、13は細茎条痕B、14・17は太茎条痕A、15・16は鋭い細茎条痕Aが

— 67 —

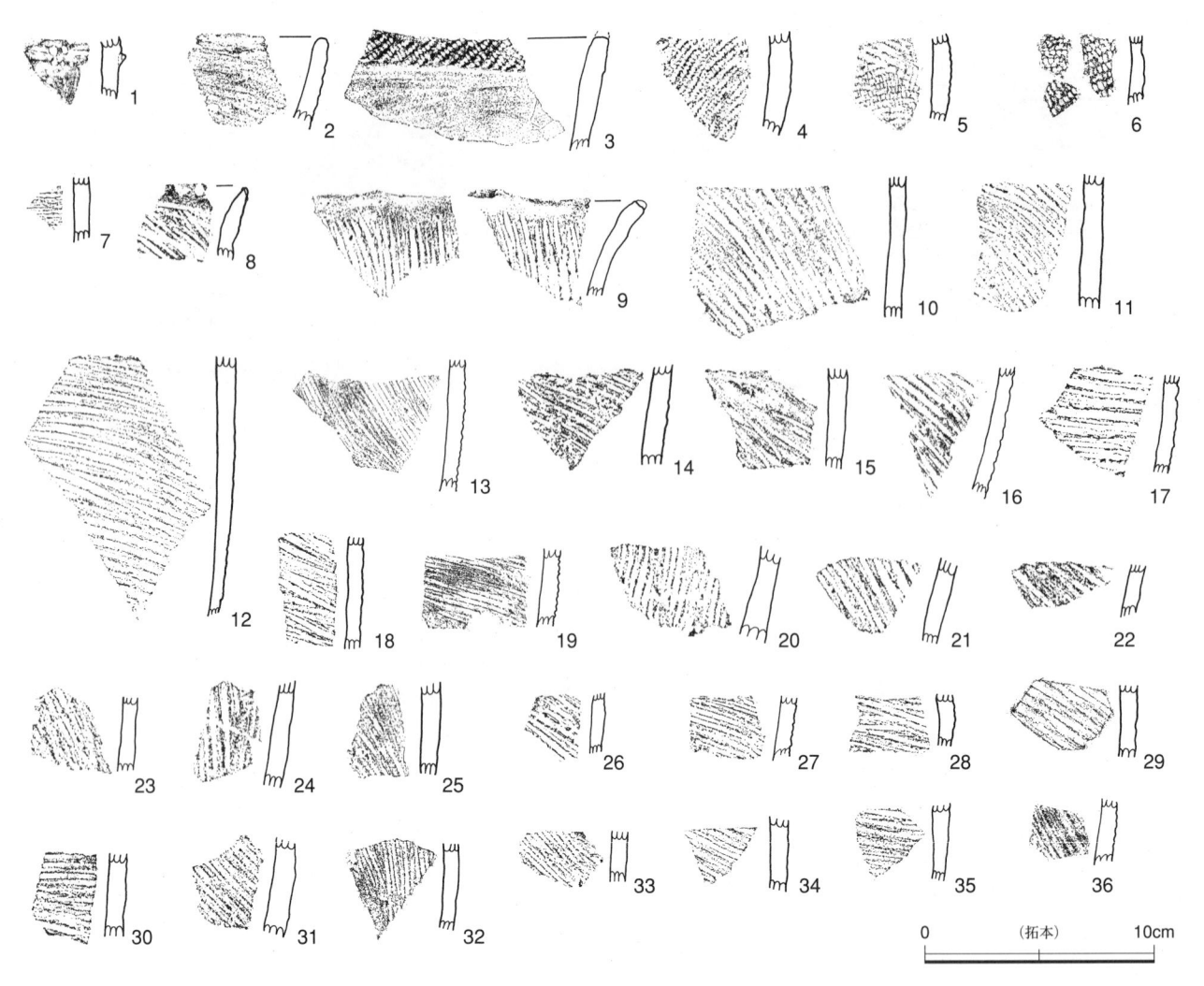

図47　第7号土坑出土土器

それぞれ施される。

　18は外面ハケ調整（後磨き）が見られる胴部破片で、胎土の点からもおそらく搬入品である遠賀川式土器壺の可能性が強い。

⑦第7号土坑出土土器（図47－1～36・図版33）

　1はおそらく広口壺の体部破片で、細かな刻みが加えられる断面三角形の突帯とその上方に変形工字文らしき沈線文が見られる。

　2は深鉢の口縁部破片で、外面に浅い太茎条痕Aが施される。

　3は半精製甕の口縁部破片で、口縁部にやや幅の狭い大粒LR縄文帯をめぐらせ、頸部を弱く磨く。不明確だが、口縁端に1個単位の山形突起が数単位付くらしい。

　4～6は縄文を有する広口壺等の胴部破片で、4はLR縄文、5は細茎条痕Bの後LR縄文、6は大粒LR縄文が施される。7は小片だが外面に細かな撚糸文が施され、内面は磨かれる。

　8・9は条痕甕の口縁部で、8は外面太茎条痕Aが施された後、口縁端に細かい刻みが加えられる。9も外面太茎条痕Aだが、口縁端は突起とするより低い波状を呈するように横長に面取りされる。

　10以下は条痕のみの破片資料。細茎条痕Aが13、14（浅い）・19・20・25（浅い）・27・32・33、細茎条痕Bが11・26・28、太茎条痕Aが10（強く特に太い）・12（強い）・16（強い）・17・29・30（浅い）・31（浅い）・34・35（浅い）・36（浅い）、太茎条痕Bが15（浅い）・18・21（浅い）・22（浅い）・23（浅

— 68 —

い)・24（浅い）のそれぞれに施される。
　以上のほかに土坑間接合資料として後述する図56－6の甕・深鉢類の太茎条痕Aが施された胴部破片が出土している。

⑧第8号土坑出土土器（図48－1～39・図版33・38）

　1は口径30cm以上に復元される大型半精製甕の口頸部で、口縁部に大粒LR縄文を帯状にめぐらせ、その下端を揃えるように浅くくぼむような指頭によるナデを加え、頸部を弱く磨いている。
　2は底部が高台状になる特異な小型碗である。外面は手づくねの後、浅い細密条痕Bを短くランダムに施しているのみで、器面に凹凸が顕著に残る。
　3は甕・深鉢類の胴下位～底部で、外面に強い細茎条痕Bを施した後、底部外周を1段横に削る。底面は網代圧痕で、2本1単位の1本越え・1本潜り・1本潜りとなる。
　4以下は破片資料。4はおそらく鉢もしくは深鉢の口縁部小片で、外面に浅い細密条痕Bが施され、内面は磨かれる。5はおそらく壺の肩部破片で、周囲を削りおよび磨き込むことによるレリーフ状の舌状文が施される。内側には舌状の沈線を加え、舌状部分以外の凹部を赤彩する。同様の特徴を有する第11号土坑出土図52－7と同一個体の可能性が強い。6も鉢の口縁部破片で内外磨かれる。
　7・8は半精製甕。7は特に太い平行沈線（4条）をめぐらせる口縁部で、上面を弱く磨く。8は細かな撚糸文が密接に施される胴部で、上端に磨きを加えた明瞭な段が認められる。内面も磨かれる。
　9・10は粗製の甕・深鉢類で、おそらく砲弾形の深鉢の9は細茎条痕Aを横位に施した後、口縁端上面に横長レンズ状に連続押捺を加える。甕の10は外面細茎条痕Bで、口縁端に細かい連続刻みが加えられる。
　11～36・38・39は外面条痕のみの甕・深鉢類の胴部破片で、細茎条痕Aが11・12（浅い）、細茎条痕Bが16・19・21（一部削り）・26・33（雑）・38・39（やや雑）・36、太茎条痕Aが13・14・17・18（強い）・22（強い）・23（強い）・25（浅い）・28・29（浅い）・30・31・32・34（浅い）・35、太茎条痕Bが15（一部削り）・20・24（浅い）・27（強い）にそれぞれ施される。これらの中で、36・38は底部近くの破片で、下半を横に削る。また、20・23の内面には弱い磨きが加えられる。37は底部破片で、胴部にLR縄文が縦に施され、底面に木葉痕が見られる。
　以上のほかに土坑間接合資料として後述する図56－1の鉢口縁部破片、同4の小型鉢の口縁部の大部分、同6の甕・深鉢類の胴部破片が出土している。

⑨第9号土坑出土土器（図49・50－1～88・図版34～36・38・39）

　1は小型の鉢あるいは碗になるもので、外面に細く浅い沈線による中軸線を有す横長楕円形文？を横位に数単位描き、その間にイボ状の楕円形の浮文を貼り付ける。沈線文は非常に雑に施され、磨きは加えられず、内面は削りのままであるなど粗製品と言える。口縁端上面にも同様の沈線が数箇所の中断箇所を有して施されるらしい。
　2も同様の小型製品で、胴部に深くしっかりとした沈線による3本以上の平行沈線文が施され、その直下に抉り込みによる下向き半円形文（全体で7～8単位？）が若干の間隔を空けながら連続して施されるらしい。さらに底面を含めて内外を磨いた後に外面と底面に赤彩が施される。なお、外面は焼成時に黒色処理されている可能性があり、赤彩は焼成後の可能性が強い。底面は網代圧痕らしいが磨きでほとんど消されている。内面は入念に磨かれるが、赤彩痕は明確でない。
　3はミニチュアに近い特に小型の製品で、内外指ナデの後に細い平行沈線文が施されている。外面の

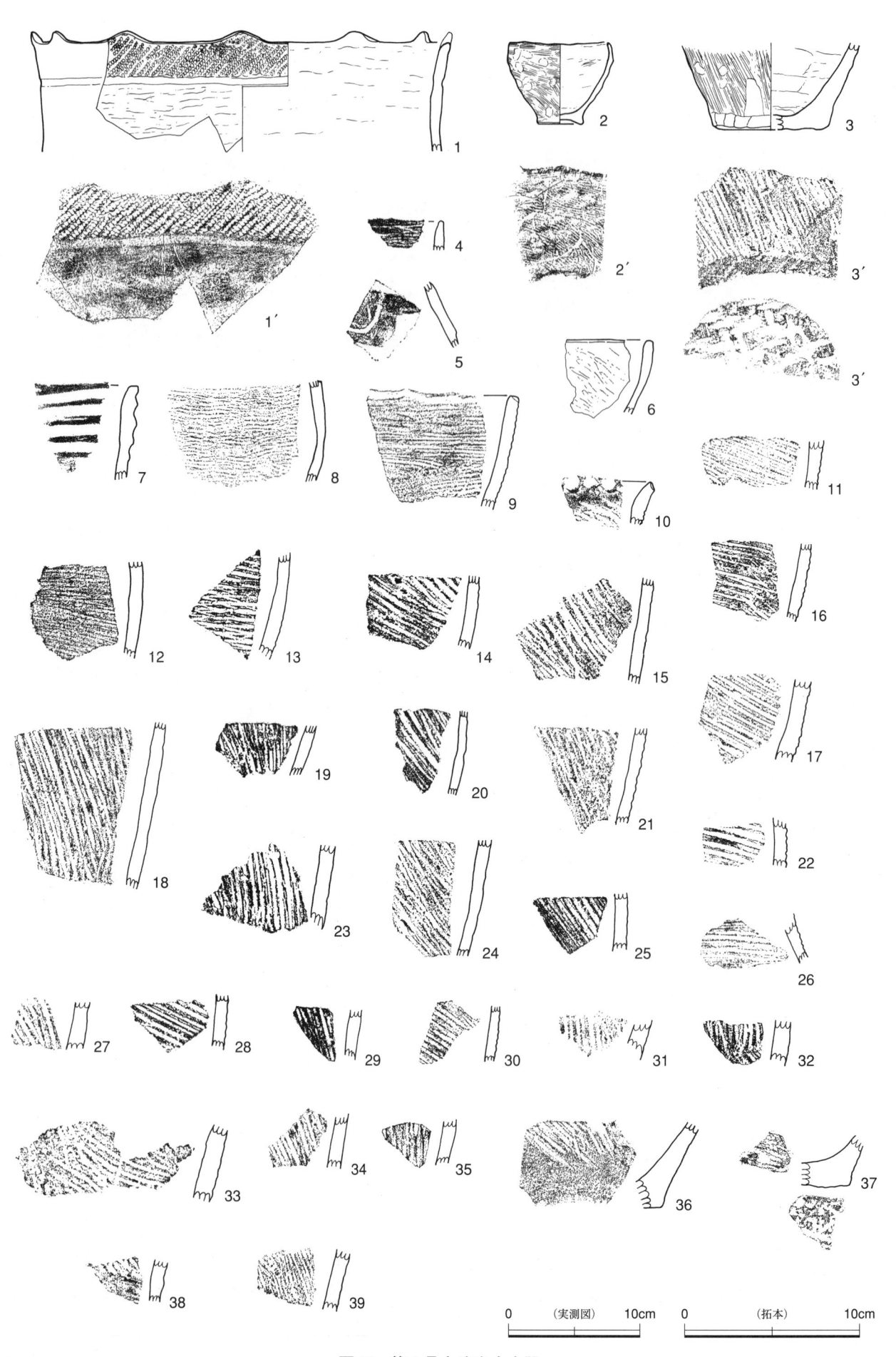

図48　第8号土坑出土土器

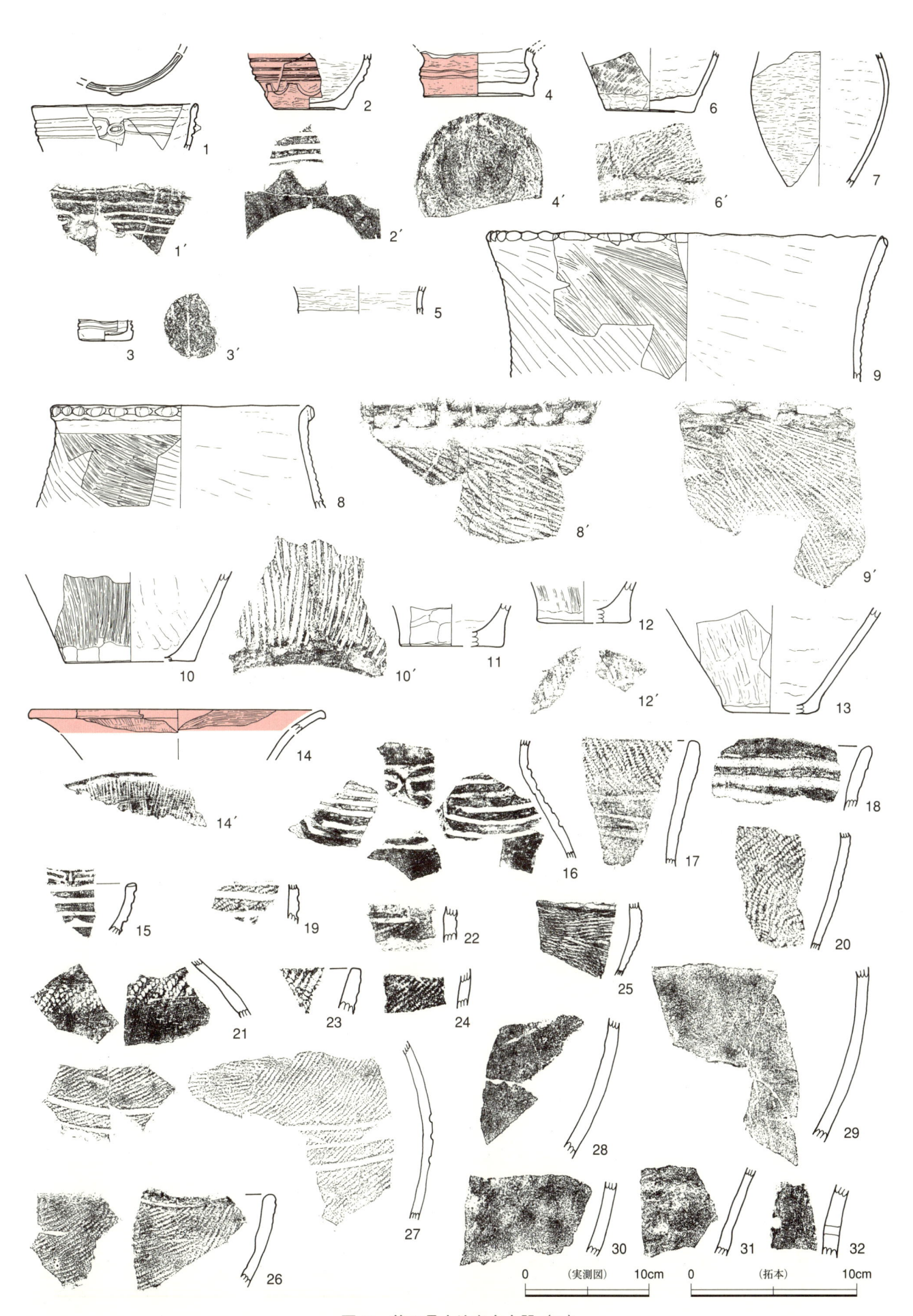

図49 第9号土坑出土土器（1）

— 71 —

1箇所と内面見込みに爪先の痕跡が残されている。底面は木葉痕にナデが加えられる。

4は大きく外反する口縁部が付くと思われる鉢もしくは広口壺で、外面は体部に細く深いが雑な平行沈線が施され、やや雑な磨きが加えられてから、おそらく焼成後に赤彩される（沈線内のみ赤彩痕残る）。底面は木葉痕が磨かれてほとんど消されている。内面はナデのみで赤彩痕は見られない。

5は精製された広口壺もしくは鉢の頸部で薄手で内外を入念に磨かれている。

6は鉢もしくは甕と思われ、外面胴部に細かいLR縄文（一部撚り戻しか？）を施した後に底部外周に拭き取るような強いナデを加えている。底面はおそらく網代圧痕を強い削りでほとんど消している。内面はナデで見込みには指頭圧痕が顕著に残る。

7は第5号土坑出土図44-1と同一個体の可能性がある薄手で小型の壺の胴部で、長胴に復元される。外面は極めて入念な横磨きが施されている。二次焼成のためか多少もろくなっている。

8は内傾する頸部にわずかに外反する口縁部が付く太頸の条痕壺で、外面に比較的揃った太茎条痕Aを斜位に施した後に口縁部直下に突帯を貼り付け（その際条痕上端をナデ消す）、横長レンズ状の連続押捺を加えている。内面はナデのみで磨きは見られない。

9は条痕甕で、外面は比較的整った細茎条痕Aを施してから、口縁端上面に横長レンズ状の連続押捺を加える。内面は平滑な指ナデが施されている。

10～13は甕・深鉢類の胴部下位～底部の資料。10は外面に胴部貝殻条痕Bが縦位に強く施されてから、底部に外周横削り、底面も削りで底部はかなり薄くなるらしい。なお、内面にドーナツ状に煤・炭化物が付着している。11は残存部分では外面胴部は横削り、底面はナデ。12は外面細茎条痕Bで底部外周に弱いナデで、底面に網代圧痕が見られる（1本1単位で2本越え・2本潜り・1本送り）。13は外面削り後、縦の不明瞭な磨きであり、条痕が施されない。底面は完全に摩滅している。

14は小片から復元した壺口縁部だが、外面縦ハケ・内面横ハケの後、内外横ナデして赤彩するという特徴や胎土の様相から遠賀川式土器の搬入品の可能性が強い。

15～26は沈線文または縄文が施された破片資料。

15は浅鉢口縁部で、外面に沈線による変形工字文が描かれるらしく、上向き三角形の抉り部分が観察できる。口縁端面には外面とは異なる極めて細い沈線による工字文らしき文様が施される。施文後内外入念に磨かれ、赤彩されるらしい。

16・20・21・24・27は広口壺を含めた壺類。16は頸部～肩部の破片（接合せず）を並べたものだが、肩部に断面丸く浅い沈線による入り組んだ大振りの工字文らしき文様が展開するようである。上面は磨かれる。頸部下ほか数箇所で結節部を三角形の抉りによって形成しているらしい。沈線施文や抉りはやや雑である。胴部破片の20は、数段の大粒LR縄文帯の上端に横線が観察できる。肩部破片の21は外面削り後に1段のLR縄文が施され、上下を丁寧に磨いている。24は外面LR縄文。胴部大型破片の27は全面LR縄文を施し、最大径の箇所に平行沈線文を加え、さらに赤彩されるらしい。平行沈線文は変形工字文にはならない。大型になると想定されるが薄手であり、二次焼成を受けているらしく特に内面に煤が付き剥落が著しい。

17・18・19・22・23・25は半精製甕、17は口縁部帯状の大粒LR縄文で頸部指ナデ。縄文施文部分が若干肥厚する。18は口縁部外面に太く浅い平行沈線文が施される。肩部破片の19はLR縄文に重ねて太い平行沈線文が加えられ、赤彩されるらしい。22はLR縄文に横線を重ねた後に磨きを加える。23は外面大粒LR縄文帯が施される口縁部小片。25は第8号土坑出土図48-8と同一個体の可能性もある胴部破片で、外面に細かな撚糸文が密に施され、段を有する頸部以上は磨かれるらしい。内面も削り後、横位に磨かれる。

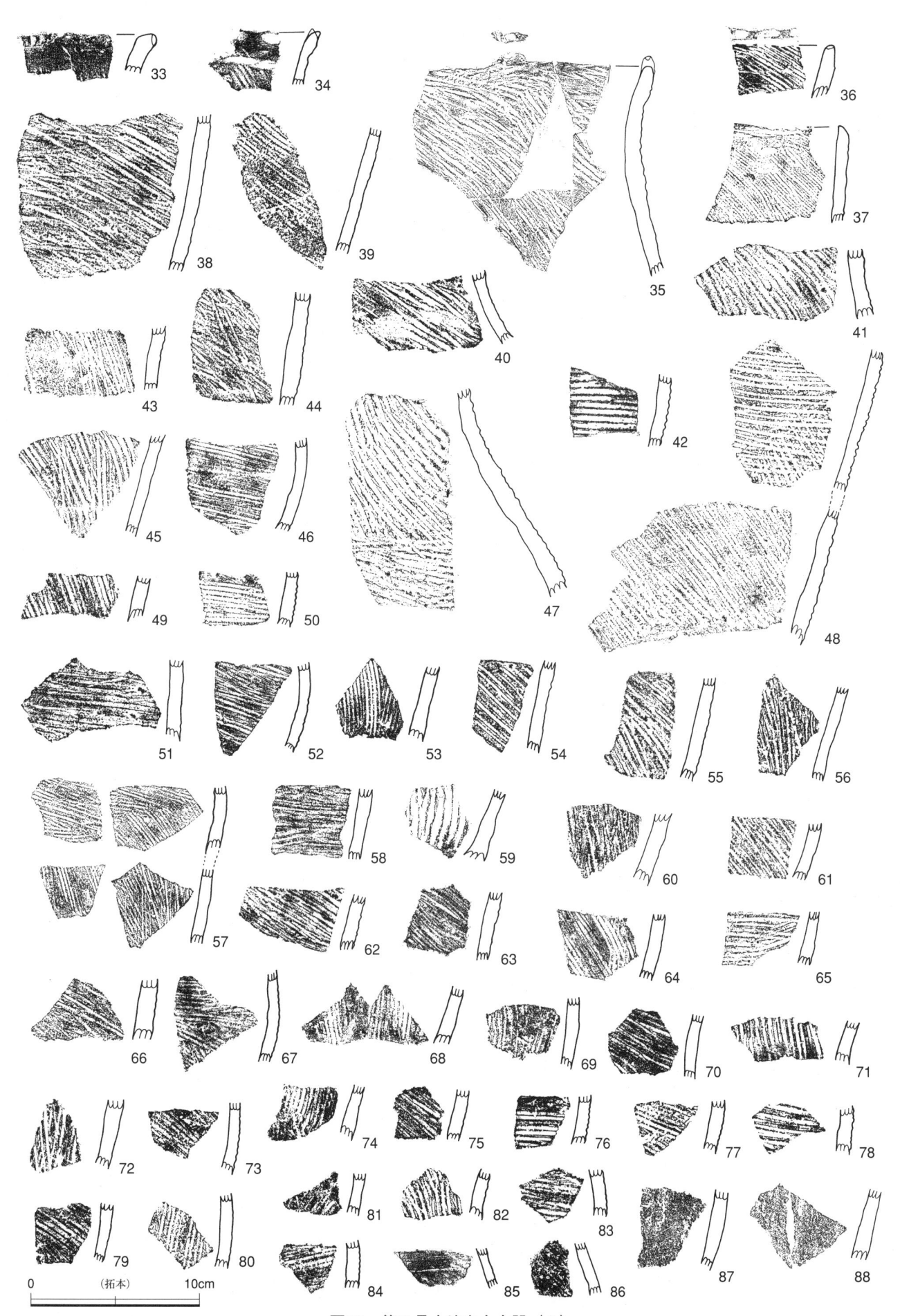

図50 第9号土坑出土土器（2）

— 73 —

26は鉢と思われる口縁部破片で、外面全面LR縄文で一部ナデを加える。口縁端は輪積みが外れたような雑な仕上げであり、本来は壺類を意図して製作された可能性もある。

　28～32はナデ・磨きのみの無文破片で、半精製甕頸部の可能性ある32を除き、鉢類の胴部下半と思われる。30は赤彩された可能性があり、32は1ヵ所の焼成後の穿孔が認められる。

　33～37は甕・深鉢類の口縁部。33は残存部では内外ナデ後弱く磨かれ、口縁端に細かい連続刻みが加えられる。口縁端の上面が面取りされている。34は外面に太茎条痕Aの後、外面口縁直下に横線および口縁端に前面よりレンズ状連続指頭押捺を加えている。内面には弱い磨きも施される。35は接合しないが、おそらく第5号土坑出土の図44－5と同一個体の可能性が極めて強い資料で、内外同様の施文・調整がなされる。ただし、こちらは1個単位台形突起の上面に明確に刺突が加えられている。

　36は外面細茎条痕Aによる強い斜位条痕と口縁端にレンズ状連続押捺（前後は不明）が施されている。

　37は直線的に口縁部が開くタイプと思われ、外面に細茎条痕Aが施される。口縁端は雑に仕上げる。

　40・41・47は条痕のみの壺頸部破片と思われ、40は太茎条痕B、41は太茎条痕A、47は強い太茎条痕Bを肩部横位から頸部斜位の順に施している。

　38・39・42～46・48～86は条痕が施された胴部破片。細茎条痕Aが48（強い）・50・52（強い）・53・54・57（浅い）・64・68・71（強い）・74（浅い）・76・77・79・80・82（強い）、細茎条痕Bが43・46（浅い）・56・61・63（浅い）・67・69（浅い）・70（浅い）・72・73（浅い）・75・84（浅い）・85（雑）・86（浅い）、太茎条痕Aが39・45（強い）・49・51（浅い）・59（強い）・65（浅い）・78・81（浅い）、太茎条痕Bが38・44・55（浅い）・58（浅い）・60（浅い）・62（強い）・66（浅い）・83（浅い）、貝殻条痕Bが42にそれぞれ施される。57は斜位に施してから縦位に施されている。これらの中で48・70・71のみ内面に弱い磨きが認められる。

　87・88は無文の甕・深鉢類の胴部破片で、外面は87はナデ、88は削り後、弱い磨きである。

　以上のほかに土坑間接合資料として後述する図56－1の広口壺口縁部破片、2の小型碗の大部分、3の壺の胴部破片、5の条痕壺の頸部破片（1片のみ）、7の半精製甕の胴部破片が出土している。

⑩第10号土坑出土土器（図51－1～5・図版36・39）

　1は大型の鉢で、外面全面にLR縄文（一部撚り戻し）を施した後、口縁直下に1条のやや太めの横線をめぐらせる。口縁端には1個単位の低い山形が13ヵ所付く。内面は削り後、幅の太い横磨きが全面に施される。

　2は壺・鉢類の胴部破片で、大粒LR縄文が4段以上施され、上端に横線が観察される。3と同一個体の可能性がある。

　3も同様の破片だが、抉り込みによって3本の浮線というか隆線でレンズ状のモチーフを横位に連続させるらしい。磨きは明瞭でない。文様の直下に大粒LR縄文帯を1段施し、さらにその下端に横線がめぐるらしい。内面も磨きは弱く不明瞭である。

　4は甕・深鉢類胴部破片で、細茎条痕Bが施される。5はLR縄文が施された壺・鉢類の胴部破片である。

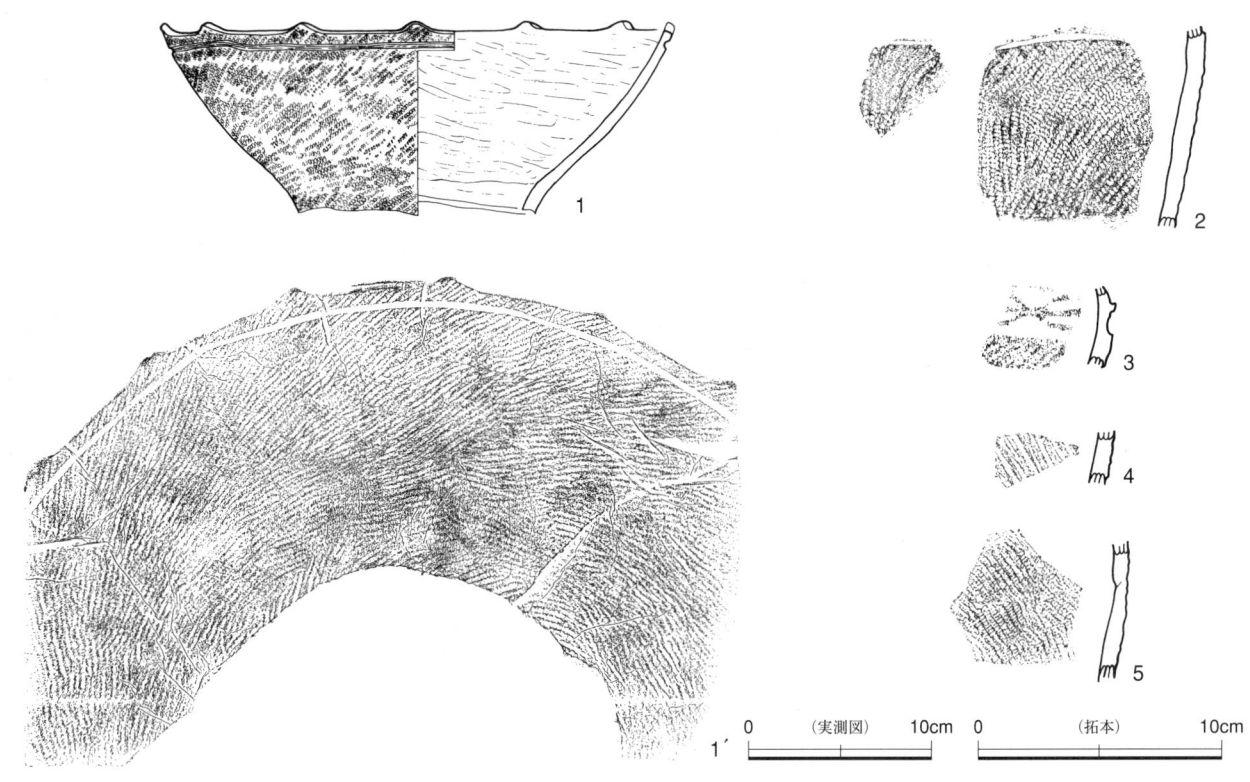

図51　第10号土坑出土土器

⑪第11号土坑出土土器（図52・53－1～48・図版36・37・39）

　1～3・5は、いずれも大型破片より復元した半精製甕である。1は各部分の破片よりやや強引に全形を復元したもので、かなりの大型品となり、推定器高は50cm以上を測る。外面胴部は太茎条痕A、口縁部には特に太い3条の平行沈線文がかなり雑に施され、頸部はナデのままである。底部外周は横に削られる。底面には1本1単位の3本越え・3本潜り・1本送りの網代圧痕が見られる。2は口頸部が無文になるタイプで、外面胴部に鋭く強い細茎条痕Aが施された後、口頸部にナデ後弱い磨きおよび底部外周にやや幅広いナデを加えている。口縁端には低い山形突起が推定7単位付く。口縁部内面も弱く磨かれる。底面はナデらしい。破片を用いて放射性炭素年代測定を実施した（詳細は第5章第1節－1参照）。3は口縁部削り後に3本の3条のやや太い平行沈線がめぐり、上面が磨かれる。口縁端には推定20単位前後と短い間隔で低い山形突起が付く。5は外面口縁部に幅広の大粒LR縄文帯がめぐり、胴部は太茎条痕Bの後、頸部を弱く磨く。口縁端には推定7～8単位のやや高めの山形突起が付く。

　4はおそらく壺の口縁部で、外面細茎条痕Aが斜位に施されている。

　6～9は精製土器の破片資料。浅鉢口縁部小片の6は不明確だが、外面に細く鋭い沈線により、口縁部直下に工字文、体部に三角形を基本とする変形工字文？が施される。口縁部直下の工字文の抉りは三角形である。施文後内外が入念に磨かれ、外面は赤彩されるらしい。7は先述の第8号土坑出土図48－5と同一個体の可能性が強い壺肩部破片で、同様の特徴を有す。8・9は別個体だが、内外が磨かれる精製された鉢・浅鉢等の体部下半の破片。ともに内面に赤彩痕が残る。

　10は外面条痕の粗製甕の口縁部。外面浅い細茎条痕Bが施された後、口縁端にやや小振りのレンズ状連続押捺が密に施される。内面には弱い磨きが加えられる。

　11～47は条痕のみの甕・深鉢類の胴部破片。13は壺の可能性が強い。細密条痕Bが21、細茎条痕Aが23（強い）・29（浅い）、細茎条痕Bが11・12・19・30・31・34・44・45・47（浅い）、太茎条痕Aが22・27・33・35（浅い）、太茎条痕Bが13・14（強い）・15（強い）・16（浅い）・17（強い）・18（浅い）・20

— 75 —

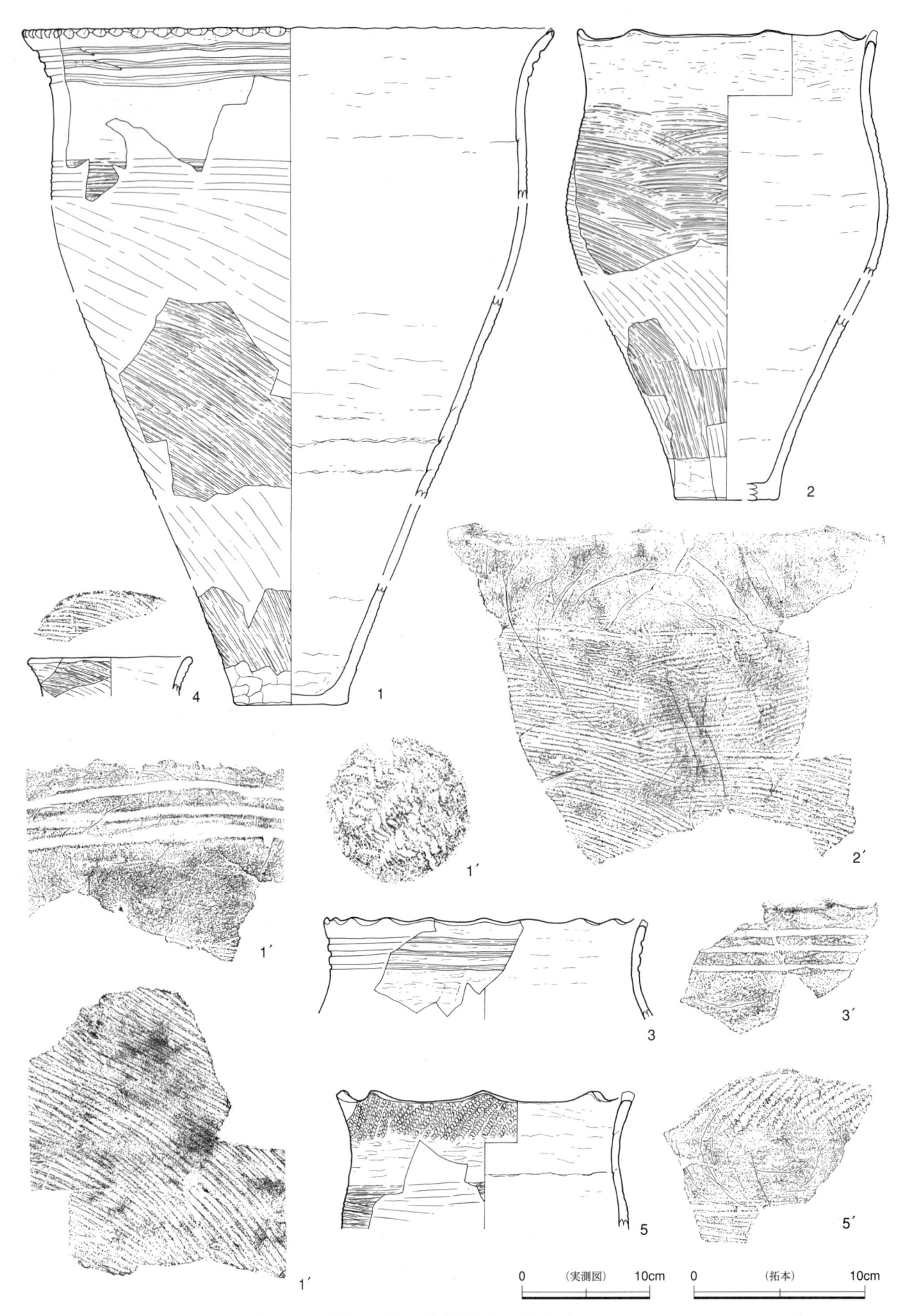

図52　第11号土坑出土土器（1）

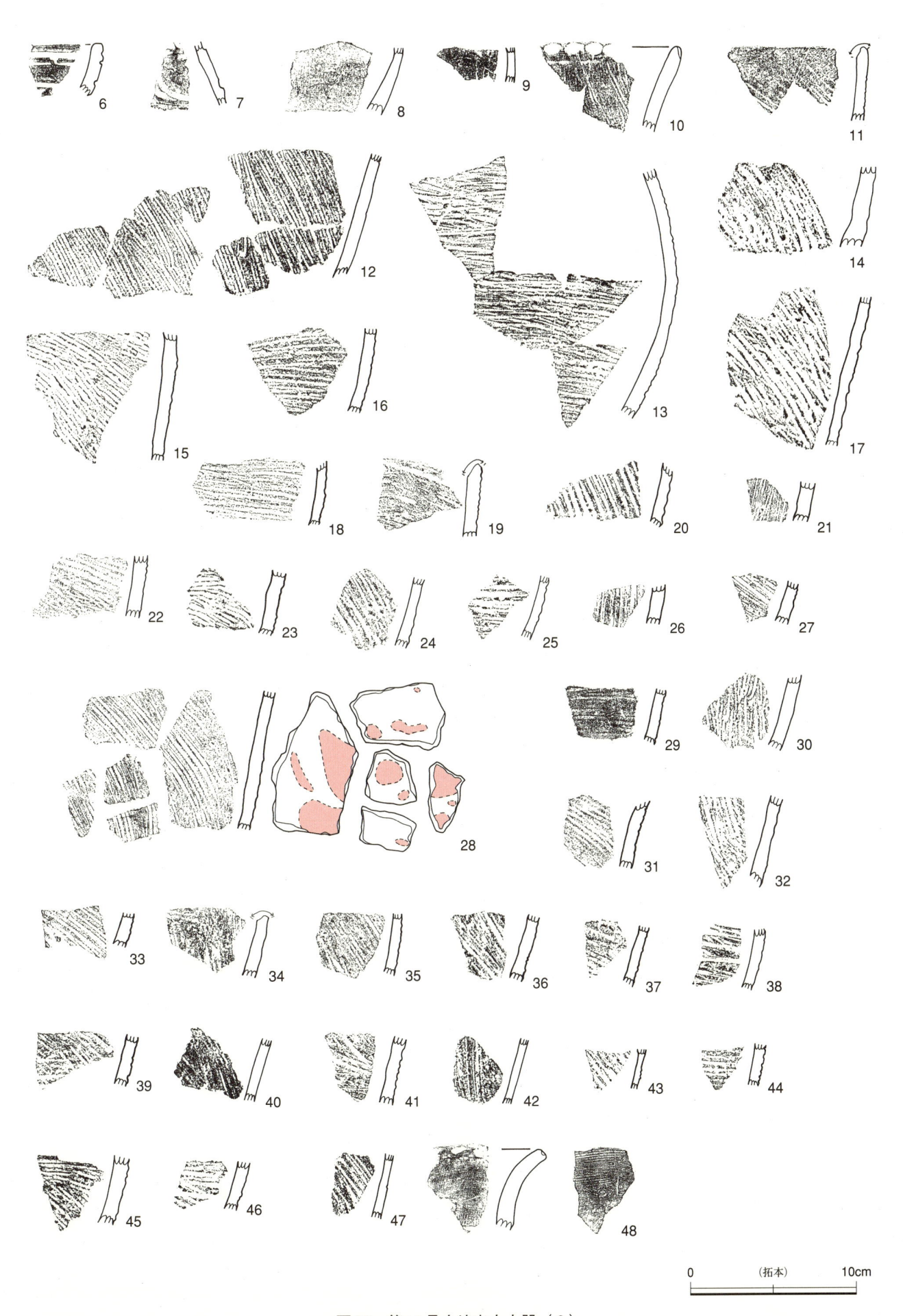

図53 第11号土坑出土土器（2）

図54　第12号土坑出土土器

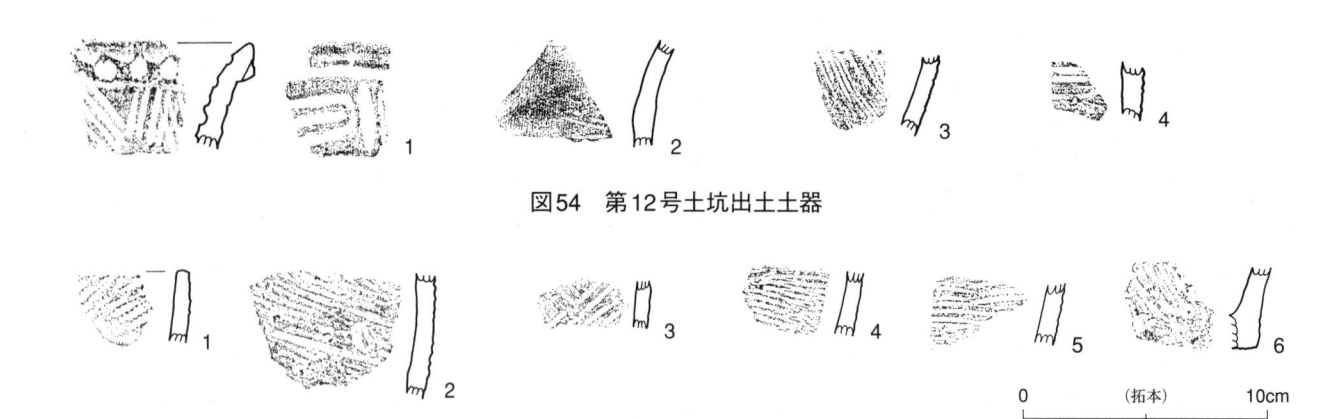

図55　第13号土坑出土土器

（強い）・24・25（強い）・26（浅い）・28・32・36（浅い）・37・38・39・40（浅い）・41（雑）・42（浅い）・43（雑）・46にそれぞれ施され、不揃いで条の太いものの割合が多い。またこれらの内、11・19・34の破片の1片には顕著な研磨痕が認められ、破損後に砥石的な用途に転用された可能性が強い。内面は特に28に斑状に赤彩とみなすより赤色塗料の痕跡が残される。そのほか22・25の内面に弱い磨きが見られる。

48は搬入品の遠賀川式土器の壺口縁部破片で、外面縦ハケ・内面横ハケ後に内外横ナデおよび磨き、さらに口縁端面にハケ工具による連続刻みが加えられている。

⑫第12号土坑出土土器（図54-1～4）

1は壺の口縁部破片で、外面は口縁直下より若干下がった位置に突帯をめぐらせてから、突帯下に貝殻条痕Bによる縦位羽状の可能性ある山形文を施し、突帯上に小振りの連続押捺を加えている。内面は横線下に複数条の縦線と中軸線ある横長楕円形を組み合わせた太描の沈線文が展開するらしい。

2は半精製甕の頸部破片で、細茎条痕Aらしき痕跡が見られる。

3・4は甕・深鉢類の胴部小片で前者は細密条痕B、後者には細茎条痕Aが施されている。

⑬第13号土坑出土土器（図55-1～6）

1は半精製甕口縁部破片で、口縁部に大粒LR縄文帯をめぐらせる。

2～6は甕・深鉢類の胴部破片で、2は浅い太茎条痕A、3は貝殻条痕Bを山形（縦位羽状？）、4は細かい撚糸文、5は細茎条痕A、底部含む6は胴部細茎条痕Bの後、底部外周にナデ（底面不明）をそれぞれ施している。

⑭土坑間接合資料（図56-1～8・図版37・40）

1は口縁部が第8号および第9号土坑、胴部が第5・11号土坑より出土した鉢で、外面にはやや太めの沈線により、口縁部には2段の変形工字文、胴部には横位連続工字文が施された後、口縁部直下と体部下半に細かいRL縄文、さらに縄文以外に磨きが加えられ、さらに外面全体が赤彩されるらしい。口縁部変形工字文結節部の抉りは凸状である。内面は磨きのみで、赤彩痕は明瞭でない。なお、現存部では口縁直下に焼成前の穿孔が1ヵ所見られる。

2はほとんどが第9号土坑、1片のみ第5号土坑で出土した小型の碗で、台付きになる可能性もある。やや鋭い沈線による外面口縁部直下に2条、間隔を空けて体部下半に4条の平行沈線が施され、横磨き

— 78 —

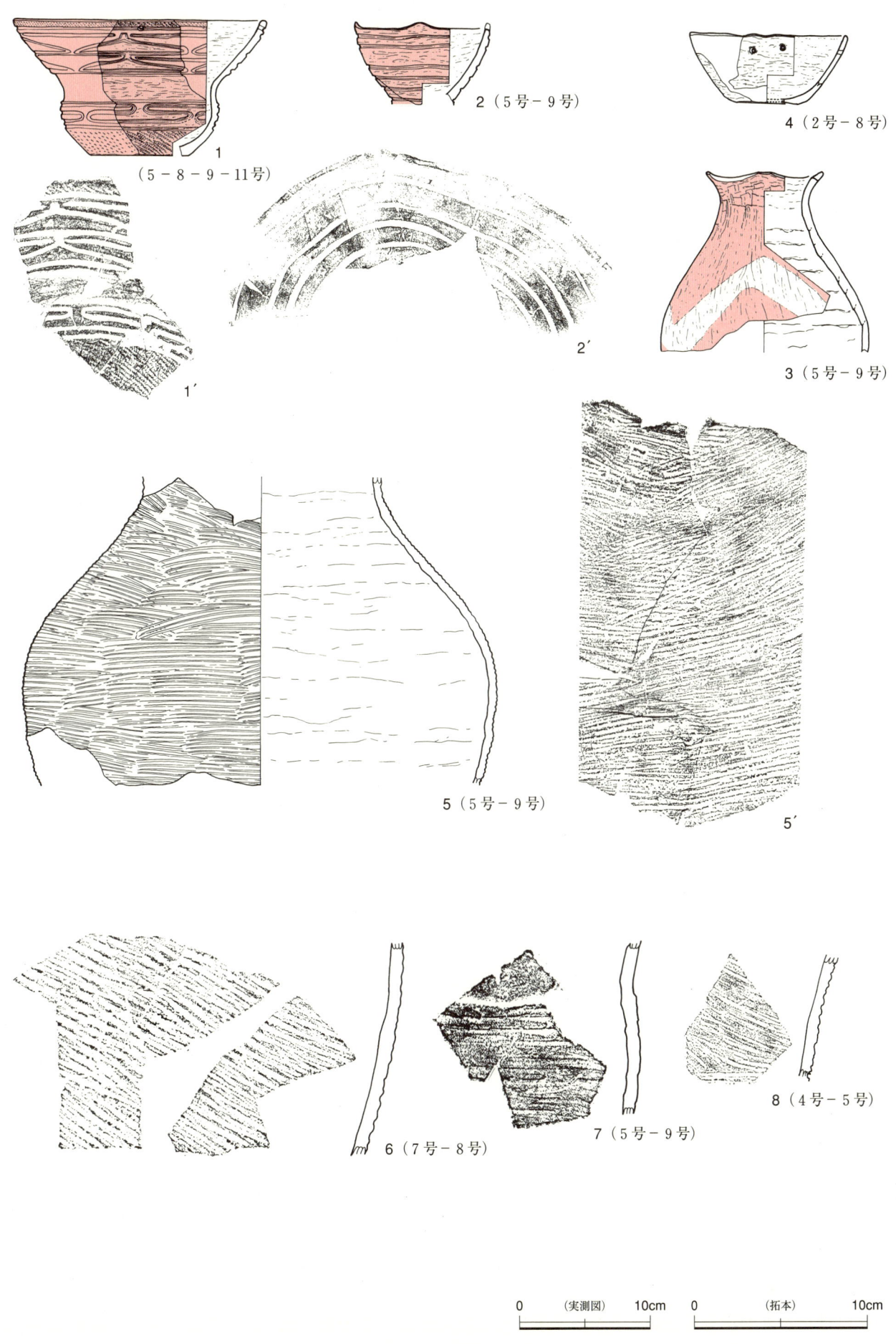

図56 土坑間接合土器

が加えられた後に赤彩（焼成後？）される。口縁端には山形突起が4単位付く。内面は横位・斜位に磨かれるが赤彩痕は不明確。

3は大部分が第5号土坑、胴部の一部が第9号土坑より出土した壺。外面は縦位のヘラナデの後、頸部～肩部のやや雑な縦磨きを加え、さらに胴部を山形に塗り残して赤彩する。口縁端は台形の突起が4単位付き、突起間は面取りされ、口縁部は緩い波状を呈するが、口縁端面は赤彩されない。内面は指ナデのみで輪積み痕顕著に残る。口縁内面のみやや丁寧だが赤彩はされていない。

4は第2号土坑と第8号土坑より出土した小型鉢で、内外を底面含め入念に磨く。口縁部に2個単位の焼成前穿孔が見られる。焼成が軟質で非常にもろい。

5はほとんどが第5号土坑、頸部の1片のみ第9号土坑で出土した、大きさの割に薄手の条痕壺で、外面全面を横位の細茎条痕Bを強くなすりつけるように施す。肩部は弧状気味に施文し、頸部は斜位になるらしい。胴部下半には煤が付着し、頸部には赤彩らしき痕跡が残っている。内面は指頭による横位のナデが施され、非常に細かい筋が観察される。第5号土坑出土破片を用いて放射性炭素年代測定を実施した（詳細は第5章第1節－1参照）。

6は第7号土坑と第8号土坑より出土した甕・深鉢類の胴部破片で、特に粗い太茎条痕Aが斜位に施されている。

7は第5号土坑と第9号土坑より出土した半精製甕の破片で、胴部に浅い太茎条痕Bが施され、頸部との境に段を形成している。

8は第4号土坑と第5号土坑より出土した粗製条痕甕の頸部破片で、外面に太茎条痕Aが斜位に施された後に胴部に横位に施されるらしい。内面はナデ後弱い磨きが加えられる。先述のように第5号土坑図45－21と同一個体の可能性が強い。

⑮遺構外出土土器（図57－1～56・図版41上）

1～3は第1次調査南調査区TP1の7層直上（1は層位不明）出土。1はおそらく壺頸部破片で、細く断面丸い沈線による横位の綾杉文が施される。2は外面大粒で雑なLR縄文。底部含む3は胴部ナデ、底部は網代圧痕らしい。

4～21は第2次調査南調査区TP1一括（21）、南調査区1トレ3層（12、13、19）・4層（5、7、8）・a区一括（10、16）・b区一括（9、15）、北調査区2トレa区1層（17）・c区3層（4、6）・c区4層直上（20）・c区4層（14）・c区一括（11）、F地点表採（18）出土。4はおそらく鉢の口縁部破片で外面口縁端面含みLR縄文が施され、口縁端面には山形突起が付くが、内面は突起の裏に縦線が加えられる。5は壺・鉢類の胴部で、無節L縄文帯の上端を沈線で区画し、文様以外を弱く磨く。6は外面太茎条痕Aの上端を横線区画する。口縁端細かい刻みが加えられるらしい。7～14・16～20は条痕のみの胴部破片で、細密条痕Bが16、細茎条痕Aが7・8・11（浅い）・19、細茎条痕Bが13（条間空く）・17（条間空く）、太茎条痕Aが9・14・20（条間空く）、太茎条痕Bが18、貝殻条痕Aが10（浅い）・12（浅い）がそれぞれ施される。20は底部外周にナデ。底部含む15・21は前者が外面雑なRL縄文・底面ナデ、後者が外面横削り・底面網代圧痕を削る。

22～28は第3次調査北調査Ⅱ区2トレa区一括（23）、2トレa区撹乱（24）、2トレ一括（25）、A地点表採（22）、C地点表採（26）、F地点表採（27）、G地点表採（28）出土。22は鉢？の肩部破片で、体部に大粒LR縄文、頸部ナデ。半精製甕肩部の23は胴部細茎条痕B。甕・深鉢類胴部破片では24に太茎条痕Bが縦位羽状気味、25・28に太茎条痕A、26に細茎条痕Bが施される。27は条痕壺の口縁部直下あたりの破片で、太茎条痕Bが外面斜位、内面横位に施される。

29～41は第4次調査北調査Ⅰ区3トレ一括（37）、南調査区1トレc区3層直上（32）、1トレc区3層（41）、1トレc区4層直上（30）、1トレc区表採（31、33）、1トレc区一括（34、36、38、39）、1トレ一括（35、40）、G地点表採（29）出土。29は半精製甕の口縁部破片で、外面大粒LR縄文帯を施し、口縁端に低い山形突起が付く。30は精製された鉢で外面体部LR縄文および頸部および内面を入念に磨く、31は口縁下に低い押捺突帯がめぐる壺口縁部破片。32は粗製条痕甕で、外面太茎条痕A（貝殻条痕A？）を横位後縦位に格子状に施し、口縁端面に条痕原体による押し引き状の刻みを加える。以下条痕のみの資料では、33は貝殻条痕Aを縦位羽状、34は太茎条痕A、35は細茎条痕A、36・37は雑な太茎条痕B、38は太茎条痕Aがそれぞれ施される。ほか39は磨きのみ、40は外面ナデのまま輪積み痕を残す。底部含む41は外面貝殻条痕A？で底面木葉痕。

　42～49は第5次調査北調査Ⅰ区3トレb区1層（46）、3トレb区3層（42）、北調査Ⅱ区4トレ1層（48、49）、4トレ一括（44、45、47）、F地点表採（43）出土。浅鉢口縁部の42は細い沈線により変形工字文？が雑に描かれる。半精製甕の43は外面大粒LR縄文、鉢口縁部の44は内外弱い磨き。弥生時代中期初頭の東海系条痕壺口縁部の45は外面貝殻条痕Aを縦、口縁端面に横および部分的に縦に施す。46・47は太茎条痕B、48は細茎条痕Bが施される甕・深鉢類胴部破片、49は磨きのみの鉢体部破片である。

　50～56は第6次調査北調査Ⅱ区5トレa区1層（54）、5トレa区表採（52）、5トレb区1層（55）、5トレb区一括（50、51、53、56）出土。半精製甕頸部破片の50は上端に太い平行沈線が見られる。同じく口縁部破片の51はLR縄文が施される。鉢の52は外面細い沈線文の後、内外入念に磨きおよび赤彩。ほか53・54は太茎条痕A、55は細密条痕Aが施される胴部破片。56は縦削りのみの胴部破片であり、古墳時代後期の甕の可能性もある。

（谷口・石井）

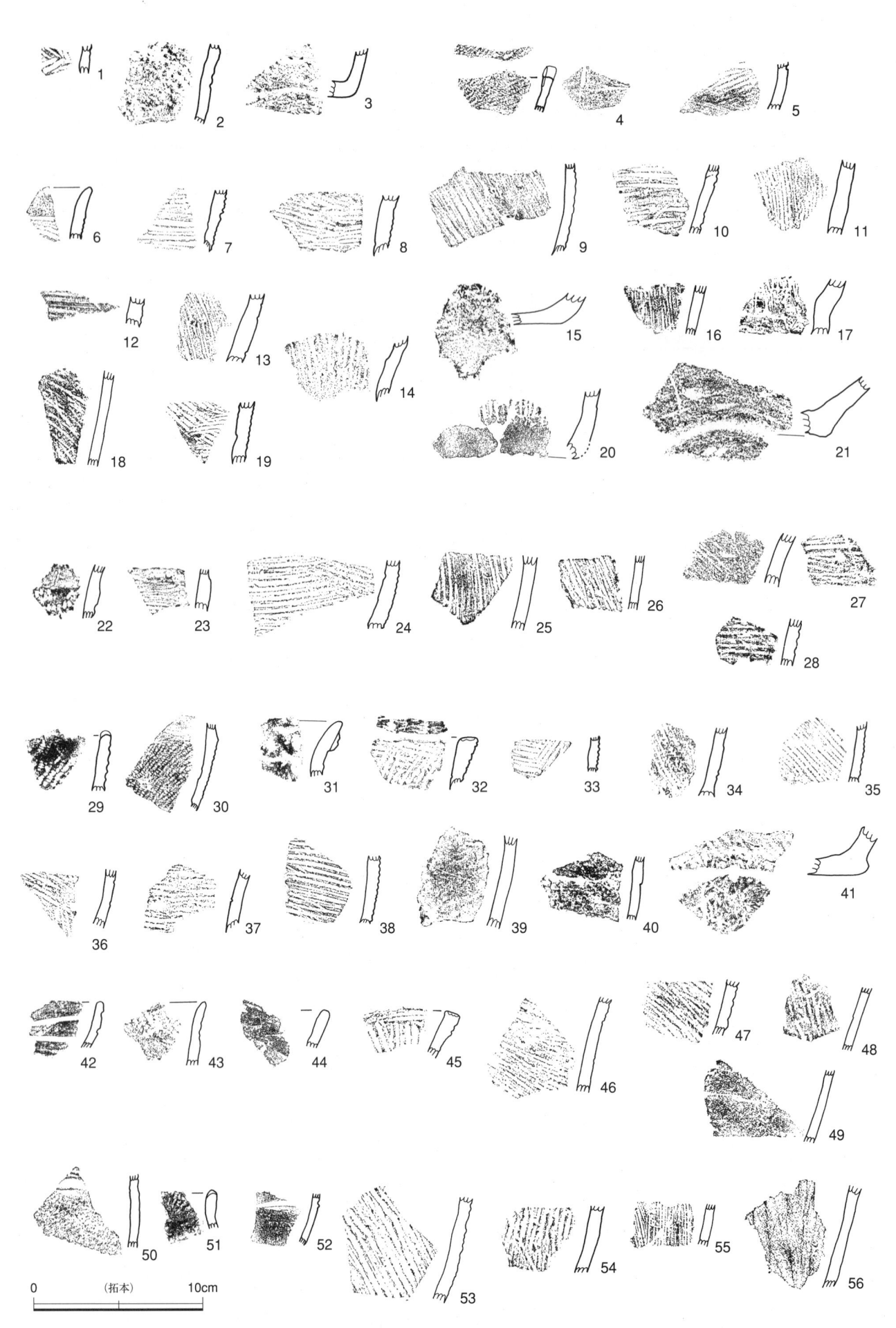

図57 遺構外出土土器

表2　弥生土器観察表

図版 No.	遺物 No.	出土位置（遺構）	出土高	器種	残存部位（法量〔cm〕）	調整・施文	胎土	色調	備考（焼成等）
40	1	1号土坑	96.468〜96.609	壺	口縁1/4・胴1/3・底1/3（口径7.9・胴径16・底径6.2・器高16.7）	外：ナデ→一部削り→全面弱磨き→部分赤彩　底：削り 内：指ナデ・口縁端近くのみ弱磨き（無彩）	やや密：F	暗灰褐色	
40	2	1号土坑	96.457〜96.621	壺	口縁1/5（口径12.8）	外：ナデ→口縁LR縄文→縄文以外赤彩・磨き（口縁端含む） 内：ナデ→一部磨き（無彩）	やや密：F	暗灰褐色	
40	3	1号土坑	96.626	浅鉢・鉢？	口縁1/4（口径11.2）	外：口縁沈線の連続工字文・体部縄文→全面磨き（縄文ほとんど消される）→赤彩 内：磨き（無彩）	やや密：F	橙褐色	
40	4	1号土坑	96.484〜96.741	鉢・広口壺	口縁1/3周分（口径14.2）	外：口縁端直下横線→全面入念磨き→赤彩 内：入念磨き（無彩）	やや密：F	褐色	
40	5	1号土坑	96.495	半精製甕	口縁部破片	外：口縁やや大粒LR縄文→頸部入念横磨き 内：削り？→横磨き	粗：A	暗赤褐色	
40	6	1号土坑	96.435〜96.453	半精製甕	肩部破片	外：胴部太茎条痕B雑横位→頸部磨き 内：削り？→やや雑横磨き	粗：A	暗赤褐色	
40	7	1号土坑	96.509	甕・深鉢類	胴部破片	外：細茎条痕A（斜→縦） 内：ナデ	粗：A	暗橙色	
40	8	1号土坑	96.482	甕・深鉢類	胴部破片	外：太茎条痕B 内：ヘラナデ？→幅広横磨き	粗：A	暗橙色	
40	9	1号土坑	96.478	甕・深鉢類	胴部破片	外：細密条痕B横 内：ナデ	やや粗：D	暗赤褐色	
40	10	1号土坑	96.426〜96.512	甕・深鉢類	胴部破片	外：細密条痕B 内：ナデ	やや粗：F	橙褐色	
41	1	2号土坑	96.258	壺	肩部破片	外：肩部RL縄文→縄文以外赤彩→磨き 内：ナデ→横磨き	やや粗：D	暗橙褐色	縄文部分レリーフ状
41	2	2号土坑	96.241	壺	肩部破片	外：肩部RL縄文（上部弧状・下部山形？）→縄文以外赤彩→磨き　内：ナデ→横磨き	やや粗：D	暗橙褐色	縄文部分レリーフ状
41	3	2号土坑	96.334	半精製甕	口縁部破片	外：口縁部RL縄文→縄文下端横線→縄文以外弱い磨き 内：ナデ→弱い磨き	やや粗：D	橙褐色	
41	4	2号土坑	96.139	甕・深鉢類	胴部破片	外：細茎条痕B縦 内：ナデ	やや粗：D	灰褐色	
41	5	2号土坑	96.219	甕・深鉢類	胴部破片	外：細茎条痕B→削り 内：削り	粗：F	灰橙褐色	
41	6	2号土坑	96.283	甕・深鉢類	胴部破片	外：太茎条痕B 内：削り	粗：I	橙褐色	
41	7	2号土坑	96.057	甕・深鉢類	胴部破片	外：細茎条痕B 内：ナデ	粗：F	暗橙色	
41	8	2号土坑	96.316	甕・深鉢類	胴部破片	外：細茎条痕B 内：ナデ	粗：F	暗橙色	
41	9	2号土坑	96.129	甕・深鉢類	胴部破片	外：太茎条痕B 内：ナデ	粗：F	橙褐色	
41	10	2号土坑	96.490	甕・深鉢類	胴部破片	外：太茎条痕B 内：ナデ	粗：F	灰橙褐色	
42	1	3号土坑	96.175	甕・深鉢類	胴部破片	外：太茎条痕A→ナデ 内：ナデ	粗：I	明褐色	
42	2	3号土坑	96.275	甕・深鉢類	胴部破片	外：浅い太茎条痕B 内：ナデ	粗：F	明褐色	
43	1	4号土坑	96.737	甕・深鉢類	底1/3（底径7.6）	外：削り　底：削り 内：指ナデ	粗：F	暗橙褐色	
43	2	4号土坑	96.648	甕	口縁部破片	外：太茎条痕B→口縁端部レンズ状連続押捺 内：削り→指ナデ	粗：F	黒褐色	
43	3	4号土坑	96.708	甕・深鉢類	胴部破片	外：太茎条痕B 内：ナデ	粗：I	暗橙褐色	
43	4	4号土坑	96.541	半精製甕	肩部破片	外：胴部細茎条痕B→頸部ナデ 内：ナデ	やや粗：I	暗橙褐色	
43	5	4号土坑	96.706	甕・深鉢類	胴部破片	外：細茎条痕B 内：ナデ	粗：F	暗橙褐色	
43	6	4号土坑	96.539	甕・深鉢類	胴部破片	外：鋭い細密条痕B 内：ナデ	粗：F	暗灰褐色	
44	1	5号土坑	96.186〜96.309	壺	肩1/3	外：丁寧横磨き（上部に若干の赤彩痕） 内：指ナデ？	やや密：F	黒灰色	
44	2	5号土坑	96.432	壺？	底全（底径9.0）	外：削り　底：強い削り 内：ナデ	極粗：A	赤褐色	
44	3	5号土坑	96.438	壺	口縁1/8（口径33.4）	外：貝殻条痕B斜→口縁突帯貼付2段→突帯上指頭連続押捺・口唇部ナデ　内：貝殻条痕B斜	粗：F	暗赤褐色	

図版No.	遺物No.	出土位置(遺構)	出土高	器種	残存部位(法量〔cm〕)	調整・施文	胎土	色調	備考(焼成等)
44	4	5号土坑	96.236～96.351	壺	肩1/4	外：肩太茎条痕A横位・緩斜位→突帯貼付→突帯上横長楕円形連続押捺→頸部縦太茎条痕A　内：強い指ナデ	粗：F	橙褐色～灰褐色	
44	5	5号土坑	96.103～96.144	甕	口縁～胴下位1/4周(口径29.8・胴径33.0)	外：太茎条痕B（下→上、右→左）→底近く削り・胴上半指頭圧痕数ヵ所　内：全面削り（下半縦→上半横）	極粗：F	明橙褐色	口縁台形突起
44	6	5号土坑	96.476	浅鉢・鉢	胴部破片	外：細く鋭いヘラによる変形工字文　内：弱い磨き	粗：I	褐色	
44	7	5号土坑	96.412	壺	肩部破片	外：連弧文(弧状部分は沈線・弧状内部抉り)　内：ナデ	粗：A	黒褐色	
44	8	5号土坑	96.251～96.378	壺	肩部破片	外：ナデ→太く雑な沈線による平行横線文　内：指ナデ	粗：A	灰褐色	
44	9	5号土坑	96.619	広口壺？	口縁部破片	外：ナデ　内：ナデ	やや粗：I	橙褐色	
44	10	5号土坑	96.242～96.248	鉢？	胴部破片	外：削り→磨き　内：ナデ(赤彩？)	粗：C	暗橙褐色	
44	11	5号土坑	96.456	鉢・広口壺	頸部破片	外：入念な磨き　内：削り→入念な磨き	粗：F	灰橙褐色	
45	12	5号土坑	96.243～96.267	鉢・広口壺	胴部破片	外：RL縄文8段以上　内：ナデ	粗：A	灰褐色	
45	13	5号土坑	96.505	鉢・広口壺	口縁部破片	外：大粒LR縄文　内：ナデ	粗：F	橙褐色	
45	14	5号土坑	96.494	半精製甕	口縁部破片	外：口縁LR縄文→頸部磨き　内：ナデ	粗：F	灰橙褐色	
45	15	5号土坑	96.500	半精製甕	頸部破片	外：細茎条痕B→頸部ナデ　内：ナデ	粗：F	褐色	
45	16	5号土坑	96.288～96.325	半精製甕	口頸部破片	外：口縁大粒LR縄文・胴部太茎条痕B→頸部ナデ　内：ナデ	極粗：F	灰褐色	
45	17	5号土坑	96.272	甕	口縁部破片	外：太茎条痕B→口縁端部レンズ状連続押捺　内：指ナデ	粗：F	暗橙褐色	
45	18	5号土坑	96.254	甕	口縁部破片	外：細茎条痕B→ナデ→口縁端部レンズ状連続押捺　内：ナデ	粗：F	暗橙褐色	
45	19	5号土坑	96.490	甕	口縁部破片	外：太茎条痕B　内：削り→ナデ	粗：I	灰褐色	
45	20	5号土坑	96.270	壺？	胴部破片	外：太茎条痕B　内：ナデ	粗：D	灰褐色	
45	21	5号土坑	96.428～96.547	甕	頸部破片	外：太茎条痕A　内：ナデ→弱い磨き	粗：F	黒褐色	
45	22	5号土坑	—	壺	肩部破片	外：細茎条痕A　内：ナデ	粗：F	灰褐色	
45	23	5号土坑	96.398	壺？	肩部破片	外：太茎条痕A(縦→横)　内：ナデ	粗：I	灰橙褐色	
45	24	5号土坑	96.177～96.306	甕・深鉢類	胴部破片	外：強い太茎条痕A　内：ナデ(煤付着)	粗：F	暗橙褐色	
45	25	5号土坑	96.501～96.507	甕・深鉢類	胴部破片	外：細茎条痕A　内：ナデ	粗：F	暗橙褐色	
45	26	5号土坑	96.394～96.420	甕・深鉢類	胴部破片	外：細茎条痕B(横→斜め)・輪積痕残る　内：ナデ	粗：F	黒褐色	
45	27	5号土坑	96.224～96.418	甕・深鉢類	胴部破片	外：細茎条痕B(斜め→縦)　内：ナデ→雑磨き	粗：B	灰橙褐色	
45	28	5号土坑	96.295	甕・深鉢類	胴部破片	外：細茎条痕B　内：ナデ→幅広磨き	粗：D	暗橙褐色	
45	29	5号土坑	96.630	甕・深鉢類	胴部破片	外：強い太茎条痕B→一部削り　内：ナデ	粗：F	明橙褐色	
45	30	5号土坑	96.516	甕・深鉢類	胴部破片	外：太茎条痕A　内：削り	粗：F	暗橙色	
45	31	5号土坑	96.315～96.933	甕・深鉢類	胴部破片	外：強い太茎条痕B　内：削り？	極粗：E	橙褐色	
45	32	5号土坑	96.472	甕・深鉢類	胴部破片	外：太茎条痕B　内：ヘラナデ	粗：F	灰褐色	
45	33	5号土坑	96.539	甕・深鉢類	胴部破片	外：雑な太茎条痕B　内：ヘラナデ	粗：F	橙褐色	
45	34	5号土坑	96.507	甕・深鉢類	胴部破片	外：太茎条痕B→ナデ　内：ナデ	粗：F	灰褐色	
45	35	5号土坑	96.447	甕・深鉢類	胴部破片	外：太茎条痕A　内：ナデ	極粗：F	灰橙褐色	
45	36	5号土坑	96.395	甕・深鉢類	胴部破片	外：太茎条痕B　内：ナデ(煤付着)	やや粗：F	明橙褐色	

図版No.	遺物No.	出土位置（遺構）	出土高	器種	残存部位（法量〔cm〕）	調整・施文	胎土	色調	備考（焼成等）
45	37	5号土坑	96.550	甕・深鉢類	胴部破片	外：太茎条痕B 内：ナデ	粗：F	赤橙褐色	
45	38	5号土坑	96.238	甕・深鉢類	胴部破片	外：太茎条痕A 内：削り→磨き	粗：E	明褐色	
45	39	5号土坑	96.387	甕・深鉢類	胴部破片	外：細茎条痕A 内：ナデ	粗：A	灰橙褐色	
45	40	5号土坑	96.297	甕・深鉢類	胴部破片	外：太茎条痕B 内：ナデ	粗：I	灰橙褐色	
45	41	5号土坑	96.463	甕・深鉢類	胴部破片	外：太茎条痕A 内：ナデ	粗：F	黒褐色	
45	42	5号土坑	96.555	甕・深鉢類	胴部破片	外：浅い細茎条痕B 内：削り→弱い磨き	粗：I	黒褐色	
45	43	5号土坑	96.195	甕・深鉢類	胴部破片	外：雑な太茎条痕B 内：指ナデ	粗：A	黒褐色	
45	44	5号土坑	96.297	甕・深鉢類	胴部破片	外：浅い細茎条痕B 内：ナデ	粗：I	黒褐色	
45	45	5号土坑	96.492	甕・深鉢類	胴部破片	外：雑な細茎条痕B 内：ナデ	粗：A	黒褐色	
45	46	5号土坑	96.474	甕・深鉢類	胴部破片	外：太茎条痕B 内：ナデ	粗：F	黒褐色	
45	47	5号土坑	96.485	甕・深鉢類	胴部破片	外：浅い太茎条痕A 内：ナデ	粗：I	橙褐色	
45	48	5号土坑	96.621	甕・深鉢類	胴部破片	外：太茎条痕A 内：ナデ	粗：I	灰橙褐色	
45	49	5号土坑	96.508	甕・深鉢類	胴部破片	外：太茎条痕B 内：ナデ	粗：F	暗橙褐色	
45	50	5号土坑	—	甕・深鉢類	胴部破片	外：太茎条痕A 内：ナデ	粗：I	灰橙褐色	
45	51	5号土坑	96.525	甕・深鉢類	胴部破片	外：太茎条痕B 内：ナデ→弱い磨き	やや粗：I	黒褐色	
45	52	5号土坑	96.418	甕・深鉢類	胴部破片	外：太茎条痕A 内：ナデ	極粗：E	灰褐色	
45	53	5号土坑	96.254	甕・深鉢類	胴部破片	外：細茎条痕B 内：ナデ	粗：F	明橙褐色	
46	1	6号土坑	96.544〜96.728	広口壺	口縁〜胴1／4（口径12.0・胴径14.2）	外：細く鋭どい沈線による2段変形工字文→磨き・胴下位LR縄文（黒色処理？） 内：ナデ→入念磨き	密：F	黒褐色	搬入品？
46	2	6号土坑	96.603〜96.704	壺？	胴下位〜底1／4（底径7.0）	外：大粒LRやや雑→底部外周削り 底：網代痕→ナデ 内：指ナデ	粗：A	赤橙褐色	
46	3	6号土坑	96.662〜96.676	甕	口縁〜胴上1／4（口径20.0・胴径24.6）	外：口縁ナデ・胴LR縄文やや雑→口縁横磨き 内：口縁ナデ・胴ヘラナデ→口縁〜胴弱磨き	やや粗：F	褐色	口頸「く」字状屈折
46	4	6号土坑	96.649	甕？	底1／3（底径8.5）	外：胴部LR縄文　底：網代痕（2本単位の2本越・2本潜・1本送） 内：ナデ	粗：F	灰褐色	
46	5	6号土坑	96.679	広口壺？	胴部破片	外：体部大粒LR縄文→平行沈線文→縄文以外磨き・赤彩 内：指ナデ（輪積痕残る）	粗：A	暗赤褐色	
46	6	6号土坑	96.762	広口壺・鉢	胴部破片	外：雑な大粒LR縄文 内：ナデ	粗：F	暗橙褐色	
46	7	6号土坑	96.679	広口壺・鉢	胴部破片	外：雑な細かいLR縄文5段以上 内：指ナデ	粗：A	暗橙褐色	
46	8	6号土坑	96.716	広口壺・甕	胴部破片	外：縦にLR縄文 内：ナデ	やや粗：F	灰褐色	
46	9	6号土坑	96.653	広口壺？	胴部破片	外：やや大粒LR縄文 内：ナデ	粗：F	暗灰褐色	
46	10	6号土坑	96.648	広口壺？	胴部破片	外：大粒LR縄文→縄文上端沈線 内：ナデ	粗：C	暗褐色	
46	11	6号土坑	96.723〜96.743	半精製甕	頸部破片	外：胴部太茎条痕A？→頸部ナデ 内：ナデ	粗：E	暗赤褐色	
46	12	6号土坑	96.716	深鉢	口縁部破片	外：浅い太茎条痕A？ 内：浅い太茎条痕A？	粗：J	明褐色	
46	13	6号土坑	96.727	甕・深鉢類	胴部破片	外：細茎条痕B 内：指ナデ	やや粗：I	橙褐色	
46	14	6号土坑	96.722	甕・深鉢類	胴部破片	外：太茎条痕A 内：ナデ	極粗：F	暗橙褐色	
46	15	6号土坑	96.742	甕・深鉢類	胴部破片	外：鋭い細茎条痕A 内：指ナデ	粗：F	灰褐色	
46	16	6号土坑	96.753	甕・深鉢類	胴部破片	外：細茎条痕A 内：ナデ	粗：A	暗橙褐色	
46	17	6号土坑	96.544	甕・深鉢類	胴部破片	外：太茎条痕A 内：ナデ	極粗：A	暗橙褐色	
46	18	6号土坑	96.667	壺？	胴部破片	外：ハケ→磨き 内：ヘラナデ	粗：J	橙褐色	遠賀川式

図版No.	遺物No.	出土位置（遺構）	出土高	器種	残存部位（法量〔cm〕）	調整・施文	胎土	色調	備考（焼成等）
47	1	7号土坑	96.405	広口壺・鉢	胴部破片	外：断面三角形の突帯→沈線による変形工字文？・突帯状に細かい刻み 内：ナデ	粗：I	暗褐色	
47	2	7号土坑	96.722	深鉢	口縁部破片	外：浅い太茎条痕A 内：ナデ	粗：F	橙褐色	
47	3	7号土坑	96.608	半精製甕	口縁部破片	外：口縁大粒LR縄文→頸部弱い磨き 内：ナデ→弱い磨き	粗：F	暗橙褐色	
47	4	7号土坑	96.727	広口壺？	胴部破片	外：LR縄文3段以上 内：指ナデ	粗：A	暗橙褐色	
47	5	7号土坑	96.578	広口壺？	胴部破片	外：細茎条痕B→LR縄文 内：ナデ	粗：A	橙褐色	
47	6	7号土坑	96.455～96.614	広口壺？	胴部破片	外：大粒LR縄文 内：ナデ	粗：F	暗褐色	
47	7	7号土坑	96.537	広口壺？	胴部破片	外：撚糸文 内：ナデ→磨き	やや粗：I	黒褐色	
47	8	7号土坑	96.691	甕	口縁部破片	外：太茎条痕A→口縁端部細かい刻み 内：ナデ	粗：F	灰橙褐色	
47	9	7号土坑	96.472～96.497	甕	口縁部破片	外：太茎条痕A・口縁端面取り 内：指ナデ	粗：F	灰色	
47	10	7号土坑	96.573	甕・深鉢類	胴部破片	外：太茎条痕A 内：ナデ	粗：F	灰褐色	
47	11	7号土坑	96.762	甕・深鉢類	胴部破片	外：細茎条痕B 内：ナデ(煤付着)	粗：F	暗橙褐色	
47	12	7号土坑	96.481	甕・深鉢類	胴部破片	外：太茎条痕A 内：ナデ	極粗：F	暗橙褐色	
47	13	7号土坑	96.577	甕・深鉢類	胴部破片	外：細茎条痕A 内：ナデ	粗：F	黒褐色	
47	14	7号土坑	96.375	甕・深鉢類	胴部破片	外：浅い細茎条痕A 内：ナデ	粗：A	橙褐色	
47	15	7号土坑	96.790	甕・深鉢類	胴部破片	外：浅い太茎条痕B 内：ナデ	粗：F	暗橙褐色	
47	16	7号土坑	96.647	甕・深鉢類	胴部破片	外：強い太茎条痕A 内：縦の削り	粗：E	黒褐色	
47	17	7号土坑	96.650	甕・深鉢類	胴部破片	外：太茎条痕A 内：ナデ	粗：F	黒褐色	
47	18	7号土坑	96.684	甕・深鉢類	胴部破片	外：太茎条痕B 内：ナデ	粗：A	暗褐色	
47	19	7号土坑	96.702	甕・深鉢類	胴部破片	外：細茎条痕A 内：ナデ	粗：E	灰褐色	
47	20	7号土坑	96.697	甕・深鉢類	胴部破片	外：細茎条痕A 内：ナデ	粗：E	暗褐色	
47	21	7号土坑	96.613	甕・深鉢類	胴部破片	外：浅い太茎条痕B 内：ナデ	粗：F	暗橙褐色	
47	22	7号土坑	96.747	甕・深鉢類	胴部破片	外：浅い太茎条痕B 内：ナデ	粗：F	灰褐色	
47	23	7号土坑	96.385	甕・深鉢類	胴部破片	外：浅い太茎条痕B 内：ナデ	粗：F	暗褐色	
47	24	7号土坑	96.357～96.392	甕・深鉢類	胴部破片	外：浅い太茎条痕B 内：ナデ	粗：F	明橙褐色	
47	25	7号土坑	96.647	甕・深鉢類	胴部破片	外：浅い細茎条痕A 内：ナデ	粗：I	灰橙褐色	
47	26	7号土坑	96.780	甕・深鉢類	胴部破片	外：細茎条痕B 内：ナデ	粗：A	暗橙褐色	
47	27	7号土坑	96.574	甕・深鉢類	胴部破片	外：細茎条痕A 内：ナデ	粗：E	暗橙褐色	
47	28	7号土坑	96.347	甕・深鉢類	胴部破片	外：細茎条痕B 内：ナデ→弱い磨き	粗：D	灰褐色	
47	29	7号土坑	96.547	甕・深鉢類	胴部破片	外：太茎条痕A 内：ナデ	粗：F	暗橙褐色	
47	30	7号土坑	96.701	甕・深鉢類	胴部破片	外：浅い太茎条痕A 内：ナデ	粗：F	暗橙褐色	
47	31	7号土坑	96.723	甕・深鉢類	胴部破片	外：浅い太茎条痕A 内：ナデ	極粗：F	明橙褐色	
47	32	7号土坑	96.585	甕・深鉢類	胴部破片	外：細茎条痕A 内：ナデ→弱い磨き	やや粗：F	暗橙褐色	
47	33	7号土坑	96.497	甕・深鉢類	胴部破片	外：細茎条痕A 内：ナデ	やや粗：F	灰橙褐色	
47	34	7号土坑	96.645	甕・深鉢類	胴部破片	外：太茎条痕A 内：ナデ	粗：F	暗橙褐色	
47	35	7号土坑	96.666	甕・深鉢類	胴部破片	外：浅い太茎条痕A 内：ナデ	極粗：F	暗橙褐色	
47	36	7号土坑	96.588	甕・深鉢類	胴部破片	外：浅い太茎条痕A 内：ナデ	やや粗：F	灰褐色	

図版 No.	遺物 No.	出土位置（遺構）	出土高	器種	残存部位（法量〔cm〕）	調整・施文	胎土	色調	備　考（焼成等）
48	1	8号土坑	96.519～96.532	半精製甕	口縁1／6（口径32.0）	外：削り？→ナデ→口縁大粒LR縄文→縄文下端指頭ナデ・頸部弱磨き 内：削り？→ナデ→一部弱い磨き	粗：A	暗灰褐色	突起推定12単位
48	2	8号土坑	96.655～96.670	小型碗	体部1／2・底全（口径7.4・胴径8.0・底径3.5・器高6.1）	外：手づくね→細密条痕B極めて雑（指頭圧痕かなり残り器面凹凸顕著） 底：ナデ(周縁高台状) 内：ナデ	粗：F	淡褐色	
48	3	8号土坑	96.577～96.624	甕・深鉢類	底～胴下部1／2（底径9.0）	外：細茎条痕B→底部外周削り底：粗大網代痕(2本単位の1本越・1本潜・1本送？) 内：指ナデ(煤付着)	粗：F	淡褐色～橙褐色	
48	4	8号土坑	96.526	深鉢	口縁部破片	外：浅い細密条痕B.口縁端面取り 内：ナデ→横磨き	やや粗：F	黒褐色	
48	5	8号土坑	96.645	壺	肩部破片	外：沈線と磨きによる舌縄文（舌状部分レリーフ状)→舌状部分除き赤彩 内：指ナデ	やや粗：D	灰褐色	
48	6	8号土坑	96.697	鉢	口縁部破片	外：削り→磨き 内：ナデ→磨き	やや粗：D	橙褐色	
48	7	8号土坑	96.673	半精製甕	口縁部破片	外：太い平行沈線文(4条)→弱い磨き 内：ナデ→弱い磨き	粗：E	橙褐色	口縁端突起あり
48	8	8号土坑	96.712	鉢？	胴部破片	外：体部撚糸文→頸部磨き？ 内：削り→横磨き	粗：F	灰褐色	
48	9	8号土坑	96.627	深鉢	口縁部破片	外：細茎条痕A→上面横長レンズ状の連続押捺 内：削り→ナデ	やや粗：F	暗橙褐色	
48	10	8号土坑	96.652	甕	口縁部破片	外：細茎条痕B→口縁端細かい連続刻み 内：ナデ	粗：A	橙褐色	
48	11	8号土坑	96.660	甕・深鉢類	胴部破片	外：細茎条痕A 内：ナデ	粗：A	暗橙褐色	
48	12	8号土坑	96.515	甕・深鉢類	胴部破片	外：浅い細茎条痕A 内：ナデ	粗：F	灰褐色	
48	13	8号土坑	96.612	甕・深鉢類	胴部破片	外：太茎条痕A 内：ナデ	粗：A	暗灰褐色	
48	14	8号土坑	96.660	甕・深鉢類	胴部破片	外：太茎条痕A 内：ナデ	粗：B	黒褐色	
48	15	8号土坑	96.638～96.660	甕・深鉢類	胴部破片	外：太茎条痕B→一部削り 内：ナデ	極粗：F	暗橙褐色	
48	16	8号土坑	96.607	甕・深鉢類	胴部破片	外：細茎条痕B 内：ナデ	粗：F	黒灰色	
48	17	8号土坑	96.605	甕・深鉢類	胴部破片	外：太茎条痕A 内：ナデ	粗：F	明橙褐色	
48	18	8号土坑	96.543	甕・深鉢類	胴部破片	外：強い太茎条痕A 内：ナデ	極粗：F	灰褐色	
48	19	8号土坑	96.682	甕・深鉢類	胴部破片	外：細茎条痕B 内：ナデ	粗：A	灰橙色	
48	20	8号土坑	96.532	甕・深鉢類	胴部破片	外：太茎条痕B 内：ナデ→弱い磨き	粗：F	黒褐色	
48	21	8号土坑	96.425	甕・深鉢類	胴部破片	外：細茎条痕B→一部削り 内：ナデ	極粗：A	暗橙褐色	
48	22	8号土坑	96.450	甕・深鉢類	胴部破片	外：強い太茎条痕A 内：ナデ	やや粗：I	暗灰褐色	
48	23	8号土坑	96.513	甕・深鉢類	胴部破片	外：強い太茎条痕A 内：削り→弱い磨き	粗：F	暗橙褐色	
48	24	8号土坑	96.634	甕・深鉢類	胴部破片	外：浅い太茎条痕B 内：ナデ	極粗：F	灰褐色	
48	25	8号土坑	96.610	甕・深鉢類	胴部破片	外：浅い太茎条痕A 内：縦の削り	粗：F	黒褐色	
48	26	8号土坑	96.557	甕・深鉢類	胴部破片	外：細茎条痕B 内：ナデ	粗：F	灰橙色	
48	27	8号土坑	96.613	甕・深鉢類	胴部破片	外：強い太茎条痕B 内：ナデ	粗：F	灰橙色	
48	28	8号土坑	96.475	甕・深鉢類	胴部破片	外：太茎条痕A 内：ナデ	粗：C	灰褐色	
48	29	8号土坑	96.605	甕・深鉢類	胴部破片	外：浅い太茎条痕A 内：ナデ	粗：F	灰褐色	
48	30	8号土坑	96.576	甕・深鉢類	胴部破片	外：太茎条痕A 内：ナデ	極粗：F	暗灰褐色	
48	31	8号土坑	96.648	甕・深鉢類	胴部破片	外：太茎条痕A 内：ナデ	粗：F	橙褐色	
48	32	8号土坑	96.667	甕・深鉢類	胴部破片	外：太茎条痕A 内：ナデ	粗：F	橙褐色	
48	33	8号土坑	96.603～96.677	甕・深鉢類	胴部破片	外：雑な細茎条痕B 内：ナデ(煤付着)	粗：I	灰褐色	

図版No.	遺物No.	出土位置（遺構）	出土高	器種	残存部位（法量〔cm〕）	調整・施文	胎土	色調	備考（焼成等）
48	34	8号土坑	96.588	甕・深鉢類	胴部破片	外：浅い太茎条痕A 内：ナデ	極粗：F	灰褐色	
48	35	8号土坑	96.537	甕・深鉢類	胴部破片	外：浅い太茎条痕A 内：ナデ	粗：F	暗赤褐色	
48	36	8号土坑	96.569	甕・深鉢類	底部破片	外：胴部細茎条痕B→底部近く横削り.底面削り？ 内：ナデ	粗：F	灰褐色	
48	37	8号土坑	96.758	甕・深鉢類	底部破片	外：胴部縦LR縄文.底面木葉痕 内：ナデ	やや粗：J	橙色	
48	38	8号土坑	96.779	甕・深鉢類	胴部破片	外：細茎条痕B→下半削り 内：ナデ	粗：F	褐色	
48	39	8号土坑	96.636	甕・深鉢類	胴部破片	外：やや雑な細茎条痕B 内：ナデ	やや粗：F	橙色	
49	1	9号土坑	96.642	鉢	口縁1/6（口径13.0）	外：ナデ→細浅沈線の横長楕円文？→楕円文間にイボ状浮文 口縁端上面沈線（2ヵ所途切） 内：削りのみ	粗：F	灰褐色	
49	2	9号土坑	—	浅鉢	体1/8・底2/3（底径5.8）	外：平行沈線文下に抉込みの下向き楕円形文→全面磨き→赤彩 底：網代？→磨き→赤彩 内：入念磨き	やや粗：A	黒褐色	黒色処理？
49	3	9号土坑	96.819	小型鉢？	底全（底径4.1）	外：ナデ→極細い平行沈線文 底面：木葉痕→ナデ 内：指ナデ	やや粗：I	明褐色〜黒褐色	ミニチュア？
49	4	9号土坑	96.728	広口壺	体全（底径8.6）	外：ナデ？→細深平行沈線文→やや雑磨き→全面赤彩？ 底面：木葉痕→磨き 内：ナデ（無彩）	やや粗：F	黒褐色〜灰橙褐色	
49	5	9号土坑	—	広口壺・鉢	頸1/4	内外：入念な磨き→黒色処理？	やや密：D	黒褐色〜灰橙褐色	黒色処理？
49	6	9号土坑	96.452	広口壺・鉢	底全・体1/4（底径7.2）	外：細LR（撚り戻し？）→底部外周横の強いナデ 底面：網代？→強い削り 内：指ナデ、見込み指圧痕	粗：F	灰褐色	
49	7	9号土坑	96.633〜96.643	壺	胴1/3（胴径11.0）	外：極めて入念横磨き 内：指ナデ	やや粗：F	黒褐色	黒色処理？
49	8	9号土坑	96.575〜96.669	壺	口縁1/4（口径21.0）	外：太茎条痕A→突帯貼付・直下ナデ→突帯上レンズ状押捺 内：ナデ（ミガキ無し）	粗：F	淡灰褐色〜橙色	
49	9	9号土坑	96.570	甕	口縁1/8（口径32.0）	外：細茎条痕A→口縁横長レンズ状押捺 内：指ナデ（平滑）	粗：A	暗褐色	
49	10	9号土坑	96.630	甕・深鉢類	胴下〜底周1/4（底径10.1）	外：強い縦貝殻条痕B→底部外周横削り 底面：削り？ 内：縦・斜めの指ナデ（ドーナツ状炭化物付着）	粗：F	赤橙褐色	
49	11	9号土坑	96.518	甕・深鉢類	底1/6（底径8.0）	外：横削り 底面：ナデ 内：ナデ	粗：F	暗灰褐色	
49	12	9号土坑	—	甕・深鉢類	底1/3（底径7.6）	外：縦細茎条痕B 底面：網代痕（2本越・2本潜・1本送） 内：ナデ	極粗：F	暗橙褐色	
49	13	9号土坑	96.537〜96.568	甕・深鉢類	胴下〜底周1/4（底径7.8）	外：縦削り→単位一瞭縦磨き 底面：摩滅 内：ナデ	粗：F	暗褐色	
49	14	9号土坑	—	壺	口縁1/8（口径23.4）	外：縦ハケ→横ナデ（口縁端面含）→赤彩 内：横ハケ→横ナデ→赤彩	粗：J	明橙褐色	遠賀川式
49	15	9号土坑	—	浅鉢	口縁部破片	外：外面沈線による変形工字文→上面磨き→赤彩？.口縁端面に細い沈線による工字文？ 内：入念な磨き	粗：A	暗橙褐色	
49	16	9号土坑	96.335〜96.677	壺	肩部破片	外：外面削り→浅く太めの沈線による工字文？→上面磨き 内：指ナデ.指押さえ	粗：E	灰褐色	
49	17	9号土坑	96.706	半精製甕	口頸部破片	外：口縁大粒RL縄文の頸部指ナデ 内：ナデ	極粗：E	灰橙褐色	
49	18	9号土坑	96.706	半精製甕	口縁部破片	外：ナデ→太く浅い平行沈線文 内：ナデ	やや粗：F	灰橙褐色	
49	19	9号土坑	—	半精製甕？	肩部破片	外：LR縄文→太い平行沈線文（赤彩？） 内：ナデ	やや粗：F	暗橙褐色	
49	20	9号土坑	96.657	広口壺・鉢	胴部破片	外：大粒LR縄文→縄文上端横線 内：削り→ナデ	粗：J	灰褐色	
49	21	9号土坑	—	壺？	肩部破片	外：削り→LR縄文→縄文以外磨き 内：ナデ	やや粗：F	暗灰褐色	
49	22	9号土坑	—	半精製甕？	口縁部破片	外：LR縄文→横線→磨き 内：ナデ	粗：I	暗橙褐色	

図版 No.	遺物 No.	出土位置（遺構）	出土高	器種	残存部位（法量〔cm〕）	調整・施文	胎土	色調	備考（焼成等）
49	23	9号土坑	—	半精製甕	口縁部破片	外：大粒LR縄文 内：ナデ	極粗：E	暗灰褐色	
49	24	9号土坑	—	広口壺・鉢	体部破片	外：LR縄文→ナデ 内：指ナデ	粗：F	暗橙褐色	
49	25	9号土坑	96.654	鉢？	体部破片	外：撚糸文→頸部磨き 内：削り→横磨き	やや粗：F	灰褐色	
49	26	9号土坑	96.537～96.568	鉢？	口縁部破片	外：LR縄文→一部ナデ 内：ナデ	粗：E	暗赤褐色	
49	27	9号土坑	96.632～96.734	壺？	体部破片	外：全面LR縄文→平行沈線文→赤彩？ 内：指ナデ	粗：F	暗赤褐色	
49	28	9号土坑	96.687～96.715	鉢？	胴部破片	外：削り→磨き 内：ヘラナデ	粗：F	黒褐色	
49	29	9号土坑	96.726～96.756	鉢？	胴部破片	外：削り→弱い磨き 内：削り	粗：F	褐色	
49	30	9号土坑	96.677	鉢？	胴部破片	外：削り→磨き→赤彩？ 内：削り	極粗：F	橙褐色	
49	31	9号土坑	—	鉢？	胴部破片	外：削り→やや雑な磨き 内：指ナデ	やあ粗：D	灰色	
49	32	9号土坑	—	半精製甕	頸部破片	外：削り→弱い磨き 内：ナデ→弱い磨き．一ヵ所焼成後穿孔あり	粗：I	暗橙褐色	
50	33	9号土坑	96.735	甕	口縁部破片	外：口縁ナデ→弱い磨き→口縁端細かい連続刻み 内：ナデ→弱い磨き	粗：F	暗赤褐色	
50	34	9号土坑	96.405	甕	口縁部破片	外：太茎条痕A→口縁下横線・口縁部連続押捺 内：ナデ→弱い磨き	極粗：F	暗橙褐色	
50	35	9号土坑	96.557～96.810	甕	口縁部破片	外：雑な太茎条痕B．口縁端面取り（一ヵ所上面に刻みある突起） 内：横削り	極粗：F	灰橙褐色	
50	36	9号土坑	—	甕	口縁部破片	外：細茎条痕A．口縁端面レンズ状連続押捺 内：指ナデ	やや粗：I	黒褐色	
50	37	9号土坑	96.748	深鉢	口縁部破片	外：細密条痕A 内：指ナデ	粗：E	暗褐色	
50	38	9号土坑	—	甕・深鉢類	胴部破片	外：太茎条痕B 内：ナデ	粗：F	灰褐色	
50	39	9号土坑	96.725	甕・深鉢類	胴部破片	外：太茎条痕A 内：ナデ	粗：A	灰橙褐色	
50	40	9号土坑	—	壺	肩部破片	外：太茎条痕B 内：削り→ナデ	粗：I	黒褐色	
50	41	9号土坑	96.523～96.558	壺	肩部破片	外：太茎条痕A 内：削り→弱い磨き	粗：F	暗灰褐色	
50	42	9号土坑	96.655	甕・深鉢類	胴部破片	外：貝殻条痕B 内：ナデ	やや粗：F	黒灰褐色	
50	43	9号土坑	—	甕・深鉢類	胴部破片	外：細茎条痕B 内：ナデ	粗：F	橙褐色	
50	44	9号土坑	96.621	甕・深鉢類	胴部破片	外：太茎条痕B 内：ナデ	粗：A	灰褐色	
50	45	9号土坑	96.463	甕・深鉢類	胴部破片	外：強い太茎条痕A 内：ナデ（煤付着）	粗：E	橙褐色	
50	46	9号土坑	96.342	甕・深鉢類	胴部破片	外：浅い細茎条痕B 内：強い削り	粗：F	褐色	
50	47	9号土坑	—	壺	肩部破片	外：強い太茎条痕B（肩部→頸部） 内：指ナデ	極粗：F	橙褐色	
50	48	9号土坑	96.272～96.653	甕・深鉢類	胴部破片	外：強い細茎条痕A 内：ナデ→弱い磨き	極粗：F	暗橙褐色	
50	49	9号土坑	96.730	甕・深鉢類	胴部破片	外：太茎条痕A 内：ナデ	粗：E	橙褐色	
50	50	9号土坑	—	甕・深鉢類	胴部破片	外：細茎条痕A 内：ナデ	粗：A	灰橙褐色	
50	51	9号土坑	—	甕・深鉢類	胴部破片	外：浅い太茎条痕A 内：ナデ	やや粗：D	灰褐色	
50	52	9号土坑	96.573	甕・深鉢類	胴部破片	外：浅い細茎条痕A 内：ナデ	やあ粗：F	灰褐色	
50	53	9号土坑	—	甕・深鉢類	胴部破片	外：細茎条痕A 内：縦のヘラナデ	粗：F	灰色	
50	54	9号土坑	96.510	甕・深鉢類	胴部破片	外：細茎条痕A 内：ナデ→弱い磨き	やや粗：D	黒褐色	
50	55	9号土坑	96.770	甕・深鉢類	胴部破片	外：浅い太茎条痕B 内：ナデ	粗：F	明橙褐色	
50	56	9号土坑	96.695	甕・深鉢類	胴部破片	外：細茎条痕B 内：ナデ	粗：C	橙褐色	
50	57	9号土坑	96.593～96.610	甕・深鉢類	胴部破片	外：浅い細茎条痕A（斜め→縦） 内：指ナデ	やや粗：I	灰褐色	
50	58	9号土坑	—	甕・深鉢類	胴部破片	外：浅い太茎条痕B 内：ナデ	粗：F	灰褐色	

図版No.	遺物No.	出土位置（遺構）	出土高	器種	残存部位（法量〔cm〕）	調整・施文	胎土	色調	備考（焼成等）
50	59	9号土坑	96.580	甕・深鉢類	胴部破片	外：強い太茎条痕A 内：ナデ	粗：I	暗赤褐色	
50	60	9号土坑	96.224	甕・深鉢類	胴部破片	外：浅い太茎条痕B 内：ナデ	粗：D	灰褐色	
50	61	9号土坑	96.615	甕・深鉢類	胴部破片	外：細茎条痕B 内：ナデ	粗：F	暗赤褐色	
50	62	9号土坑	—	甕・深鉢類	胴部破片	外：強い細茎条痕B 内：指ナデ	粗：A	暗灰褐色	
50	63	9号土坑	96.661	甕・深鉢類	胴部破片	外：浅い細茎条痕B 内：指ナデ	粗：A	灰褐色	
50	64	9号土坑	96.342	甕・深鉢類	胴部破片	外：細茎条痕A 内：ナデ	粗：A	灰褐色	
50	65	9号土坑	96.648	甕・深鉢類	胴部破片	外：浅い太茎条痕A 内：ナデ	粗：A	灰褐色	
50	66	9号土坑	96.549	甕・深鉢類	胴部破片	外：浅い太茎条痕B 内：ナデ	粗：A	灰橙褐色	
50	67	9号土坑	—	甕・深鉢類	胴部破片	外：やや雑な細茎条痕B 内：ナデ	粗：E	橙褐色	
50	68	9号土坑	96.687	甕・深鉢類	胴部破片	外：細茎条痕A（煤付着） 内：ナデ	粗：D	灰褐色	
50	69	9号土坑	—	甕・深鉢類	胴部破片	外：削り→浅い細茎条痕B 内：ナデ	粗：A	暗灰褐色	
50	70	9号土坑	96.696	甕・深鉢類	胴部破片	外：浅い細茎条痕B 内：ナデ→弱い磨き	やや粗：F	黒褐色	
50	71	9号土坑	96.568〜96.600	甕・深鉢類	胴部破片	外：強い細茎条痕A 内：ナデ→弱い磨き	粗：F	暗赤褐色	
50	72	9号土坑	—	甕・深鉢類	胴部破片	外：細茎条痕B 内：指ナデ	粗：F	明橙褐色	
50	73	9号土坑	96.545	甕・深鉢類	胴部破片	外：浅い細茎条痕B 内：ナデ	粗：F	灰褐色	
50	74	9号土坑	—	甕・深鉢類	胴部破片	外：浅い細茎条痕A 内：ナデ	やや粗：I	灰褐色	
50	75	9号土坑	96.575	甕・深鉢類	胴部破片	外：細茎条痕B 内：ナデ	粗：A	灰橙褐色	
50	76	9号土坑	96.522	甕・深鉢類	胴部破片	外：細茎条痕A 内：ナデ	やや粗：A	暗灰褐色	
50	77	9号土坑	96.594	甕・深鉢類	胴部破片	外：細茎条痕A 内：ナデ	粗：A	暗灰褐色	
50	78	9号土坑	96.750	甕・深鉢類	胴部破片	外：浅い太茎条痕A 内：ナデ	やや粗：D	明橙褐色	
50	79	9号土坑	96.514	甕・深鉢類	胴部破片	外：細茎条痕A 内：ナデ	粗：F	灰褐色	
50	80	9号土坑	—	甕・深鉢類	胴部破片	外：細茎条痕A 内ナデ：	粗：E	灰橙褐色	
50	81	9号土坑	96.644	甕・深鉢類	胴部破片	外：浅い太茎条痕A 内：ナデ	やや粗：F	灰褐色	
50	82	9号土坑	96.514	甕・深鉢類	胴部破片	外：強い細茎条痕A 内：ナデ	粗：F	暗赤褐色	
50	83	9号土坑	—	甕・深鉢類	胴部破片	外：浅い太茎条痕A 内：ナデ	粗：A	灰褐色	
50	84	9号土坑	—	甕・深鉢類	胴部破片	外：浅い細茎条痕B 内：ナデ	極粗：A	灰褐色	
50	85	9号土坑	96.427	甕・深鉢類	胴部破片	外：雑な細茎条痕B 内：ナデ	やや粗：D	灰橙褐色	
50	86	9号土坑	96.662	甕・深鉢類	胴部破片	外：浅い細茎条痕B 内：ナデ	粗：E	橙褐色	
50	87	9号土坑	—	甕・深鉢類	胴部破片	外：ナデ 内：ナデ	極粗：F	灰橙褐色	
50	88	9号土坑	—	甕・深鉢類	胴部破片	外：削り→磨き 内：指ナデ	極粗：A	暗褐色	
51	1	10号土坑	96.415〜96.452	鉢	口縁〜一体ほぼ全（口径27.6）	外：LR（一部撚り戻し）→口縁下やや太め横線 内：削り→幅太横磨き	やや粗：C	暗灰褐色	口縁山形突起13単位
51	2	10号土坑	—	壺・鉢類	胴部破片	外：大粒LR縄文4段以上→縄文の上端横線 内：削り→ナデ	極粗：F	灰褐色	
51	3	10号土坑	—	壺・鉢類	胴部破片	外：レンズ状隆線文.文様下大粒LR縄文 内：削り→弱い磨き？	極粗：F	灰褐色	
51	4	10号土坑	—	甕・深鉢類	胴部破片	外：細茎条痕B 内：ナデ	粗：A	灰褐色	
51	5	10号土坑	—	壺・鉢類	胴部破片	外：LR縄文3段以上 内：指ナデ	やや粗：I	黒褐色	

図版No.	遺物No.	出土位置（遺構）	出土高	器種	残存部位（法量〔cm〕）	調整・施文	胎土	色調	備考（焼成等）
52	1	11号土坑	96.382〜96.705 96.432〜96.654:口 96.382〜96.705:胴 96.583〜96.670:底	半精製甕	口縁〜胴上1/5・胴中1/4・底全（口径41.0・底径9.0・器高530)	外：口縁レンズ状指頭押捺、口縁下特太雑3条平行沈線、胴部太茎条痕A（下位弱浅縦・中位斜・上位横)→底部近く横削り、頸部ナデ　底面：網代痕（3本越・3本潜・1本送) 内：削り→ナデ(輪積痕残る)	粗：F	暗橙褐色	
52	2	11号土坑	96.373〜96.525 96.373〜96.477:口 96.408〜96.485:底	半精製甕	上半1/4・下半1/8(口径23.3・底径8.2・器高36)	外：削り→3〜4本単位鋭細茎条痕A→口縁及び口縁直上ナデ・磨き　底面：ナデ 内：削り→ナデ→口縁弱磨き	やや粗：I	暗褐色	口縁山形突起7単位
52	3	11号土坑	96.632〜96.766	半精製甕	口縁1/8（口径25.2）	外：削り→やや太3条平行沈線→上面磨き 内：ナデ	粗：D	赤橙褐色	低山形突起20単位？
52	4	11号土坑	96.429〜96.632	壺	口縁1/6(12.6)	外：斜位細茎条痕A　口縁端面〜内：ナデ	やや粗：I	淡褐色	
52	5	11号土坑	96.426〜96.450	半精製甕	口縁1/4・胴上1/8(23.2)	外：胴太茎条痕B・口縁大粒LR縄文→頸部弱い横磨き 内：ナデのみ	粗：F	暗褐色	
53	6	11号土坑	―	浅鉢	口縁部破片	外：細く鋭い沈線による変形工字文→磨き→赤彩？ 内：入念な磨き	粗：F	暗赤褐色	
53	7	11号土坑	96.460	壺	肩部破片	外：沈線と磨きによる舌縄文（舌状部分レリーフ状)→舌状部分除き赤彩 内：指ナデ	やや粗：D	灰褐色	
53	8	11号土坑	96.602	鉢？	体部破片	外：削り→磨き 内：ヘラナデ→磨き→赤彩	やや粗：F	黒褐色	
53	9	11号土坑	96.690	鉢	体部破片	外：削り→磨き 内：ヘラナデ→磨き→赤彩	やや粗：F	黒褐色	
53	10	11号土坑	96.534	甕	口縁部破片	外：浅い細茎条痕B→口縁端レンズ状連続押捺 内：ヘラナデ→弱い磨き	やや粗：F	暗橙褐色	
53	11	11号土坑	96.620〜96.690	深鉢？	口縁部破片	外：細茎条痕B→摩滅 内：ナデ	やや粗：F	橙褐色	一辺研磨痕あり
53	12	11号土坑	96.547〜96.622	甕・深鉢類	胴部破片	外：細茎条痕B 内：ナデ	粗：I	橙褐色	
53	13	11号土坑	96.442〜96.537	壺？	胴部破片	外：太茎条痕B 内：ナデ	粗：F	橙褐色	
53	14	11号土坑	96.670〜96.698	甕・深鉢類	胴部破片	外：強い太茎条痕B 内：ナデ	極粗：E	褐色	
53	15	11号土坑	96.420	甕・深鉢類	胴部破片	外：強い細茎条痕B 内：ナデ	やや粗：F	黒褐色	
53	16	11号土坑	96.587	甕・深鉢類	胴部破片	外：浅い太茎条痕B 内：ナデ	極粗：F	暗赤褐色	
53	17	11号土坑	96.455〜96.620	甕・深鉢類	胴部破片	外：雑で強い太茎条痕A 内：ナデ	粗：F	暗橙褐色	
53	18	11号土坑	96.634〜96.676	甕・深鉢類	胴部破片	外：浅い太茎条痕B 内：ナデ	粗：F	灰褐色	
53	19	11号土坑	96.446	甕・深鉢類	胴部破片	外：細茎条痕B→摩滅 内：ナデ	やや粗：F	橙褐色	一辺研磨痕あり
53	20	11号土坑	96.698	甕・深鉢類	胴部破片	外：強い太茎条痕B 内：ナデ	粗：F	明橙褐色	
53	21	11号土坑	96.575	甕・深鉢類	胴部破片	外：細密条痕B 内：ナデ	極粗：E	明灰褐色	
53	22	11号土坑	96.600	甕・深鉢類	胴部破片	外：太茎条痕A→ナデ 内：ナデ→弱い磨き	粗：F	暗褐色	
53	23	11号土坑	96.647	甕・深鉢類	胴部破片	外：強い細茎条痕A 内：ナデ	やや粗：F	暗褐色	
53	24	11号土坑	96.612	甕・深鉢類	胴部破片	外：雑な太茎条痕A 内：ヘラナデ	粗：F	灰橙褐色	
53	25	11号土坑	96.594	甕・深鉢類	胴部破片	外：強い太茎条痕B 内：ナデ→弱い磨き	粗：F	暗褐色	
53	26	11号土坑	96.502	甕・深鉢類	胴部破片	外：浅い太茎条痕B 内：ナデ	粗：E	灰褐色	
53	27	11号土坑	96.570	甕・深鉢類	胴部破片	外：太茎条痕A 内：ナデ	やや粗：I	暗褐色	
53	28	11号土坑	96.572〜96.654	甕・深鉢類	胴部破片	外：太茎条痕B 内：ナデ→赤彩	粗：A	暗橙褐色	
53	29	11号土坑	96.707	甕・深鉢類	胴部破片	外：浅い細茎条痕A 内：ナデ	粗：F	明褐色	
53	30	11号土坑	96.441	甕・深鉢類	胴部破片	外：細茎条痕B 内：ナデ	粗：I	明褐色	
53	31	11号土坑	96.497	甕・深鉢類	胴部破片	外：細茎条痕B→ナデ 内：ナデ	粗:A	褐色	
53	32	11号土坑	96.432	甕・深鉢類	胴部破片	外：太茎条痕B 内：ナデ	粗：E	暗灰褐色	

図版No.	遺物No.	出土位置（遺構）	出土高	器種	残存部位（法量〔cm〕）	調整・施文	胎土	色調	備考（焼成等）
53	33	11号土坑	96.554	甕・深鉢類	胴部破片	外：太茎条痕A	極粗：F	暗褐色	
53	34	11号土坑	96.417	甕・深鉢類	胴部破片	外：細茎条痕B→摩滅 内：ナデ	やや粗：F	橙褐色	一辺研磨痕あり
53	35	11号土坑	96.692	甕・深鉢類	胴部破片	外：浅い太茎条痕A 内：ナデ	粗：F	灰褐色	
53	36	11号土坑	96.430	甕・深鉢類	胴部破片	外：浅い太茎条痕B 内：ナデ（煤付着）	粗：F	暗褐色	
53	37	11号土坑	96.492	甕・深鉢類	胴部破片	外：太茎条痕B 内：ナデ	極粗：F	暗赤褐色	
53	38	11号土坑	96.755	甕・深鉢類	胴部破片	外：太茎条痕B 内：指ナデ	極粗：A	暗灰褐色	
53	39	11号土坑	96.565	甕・深鉢類	胴部破片	外：雑な太茎条痕B 内：ナデ	極粗：E	灰橙褐色	
53	40	11号土坑	96.562	甕・深鉢類	胴部破片	外：浅い細茎条痕B 内：ナデ	粗：J	暗灰褐色	
53	41	11号土坑	96.472	甕・深鉢類	胴部破片	外：雑な太茎条痕B 内：ナデ	粗：E	暗橙褐色	
53	42	11号土坑	96.760	甕・深鉢類	胴部破片	外：浅い細茎条痕B 内：ナデ	粗：F	明褐色	
53	43	11号土坑	96.594	甕・深鉢類	胴部破片	外：雑な太茎条痕B 内：ナデ	粗：I	暗色	
53	44	11号土坑	—	甕・深鉢類	胴部破片	外：細茎条痕B 内：ナデ	粗：E	灰褐色	
53	45	11号土坑	96.606	甕・深鉢類	胴部破片	外：細茎条痕B 内：ナデ	やや粗：D	橙褐色	
53	46	11号土坑	96.620	甕・深鉢類	胴部破片	外：太茎条痕B 内：ナデ（煤付着）	極粗：F	橙褐色	
53	47	11号土坑	96.665	甕・深鉢類	胴部破片	外：浅い細茎条痕B 内：ナデ	粗：F	暗橙褐色	
53	48	11号土坑	96.437	壺	口縁部破片	外：縦ハケ→横ナデ→口縁端ハケ工具による連続刻み・頸部一部磨き 内：横ハケ→横ナデ→横磨き	粗：J	橙褐色	遠賀川式
54	1	12号土坑	89.518	壺	口縁部破片	外：ナデ→口縁突帯貼り付け→頸部貝殻条痕Bによる山形文→突帯上連続押捺 内：太めの沈線文	粗：A	橙褐色	
54	2	12号土坑	89.235	半精製甕	頸部破片	外：細茎条痕A？→ナデ 内：削り→磨き	やや粗：F	暗灰褐色	
54	3	12号土坑	89.514	甕・深鉢類	胴部破片	外：細茎条痕A 内：ナデ	粗：A	暗橙褐色	
54	4	12号土坑	89.565	甕・深鉢類	胴部破片	外：細茎条痕A 内：ナデ	やや粗：I	灰褐色	
55	1	13号土坑	89.396	半精製甕	口縁部破片	外：口縁部大粒LR縄文→頸部ナデ 内：ナデ→弱い横磨き	やや粗：I	暗褐色	
55	2	13号土坑	90.072	甕・深鉢類	胴部破片	外：浅い太茎条痕A→ナデ 内：ナデ	粗：F	橙褐色	
55	3	13号土坑	90.055	甕・深鉢類	胴部破片	外：貝殻条痕B（羽状の可能性あり） 内：ナデ	粗：F	灰褐色	
55	4	13号土坑	90.057	甕・深鉢類	胴部破片	外：撚糸文 内：ナデ	やや粗：F	明灰褐色	
55	5	13号土坑	—	甕・深鉢類	胴部破片	外：細茎条痕A 内：ナデ	粗：F	黒褐色	
55	6	13号土坑	89.982	甕・深鉢類	底部破片	外：胴部細茎条痕A→底部近くナデ、底面— 内：ナデ	粗：I	灰褐色	
56	1	土坑間接合（5号・8号・9号・11号）	96.371～96.599（5号）、96.675～96.755（8号）、—（9号）、96.650（11号）	鉢	口縁1/6・体1/4（口径19.0・底径7.4・器高10.2）	外：やや太沈線口縁2段変形工字文・体部横位連続工字文・口縁下・体部下半細RL→縄文以外単位一瞭な磨き→全面赤彩（焼成後？） 底面：— 内：単位一瞭な横磨き（赤彩痕一瞭）	やや粗：F	暗橙褐色	口縁直下焼成前穿孔1ヵ所
56	2	土坑間接合（5号・9号）	96.426（5号）、96.611～96.680（9号）	小型碗	口縁～体部全（口径10.1）	外：削り？→やや鋭いヘラによる平行沈線6条以上→単位一瞭横磨き→赤彩（焼成後？） 内：削り？→単位一瞭横・斜め磨き（赤彩痕一瞭）	やや粗：F	暗橙褐色	口縁山形突起4単位、台付の可能性あり
56	3	土坑間接合（5号・9号）	96.305～96.508（5号）、96.582～96.646（9号）	壺	口縁～胴上半3/4（口径9.0・胴径16.0）	外：縦ヘラナデ（一部削りに近い）→頸部雑縦磨き→胴部山形（柿渋状の黒彩？一瞭）に残して赤彩　口縁端面は面取りのみ赤彩無し 内：雑な指ナデ（輪積み痕顕著）、口縁のみやや入念	粗：C	褐色	口縁山形突起4単位、口縁平面形は方形？
56	4	土坑間接合（2号・8号）	96.141～96.373（2号）、96.622～96.730（8号）	小型鉢	口縁～体1/3、底1/2（口径12.2・底径4.6・器高5.1）	内外とも入念横磨き（単位一瞭）	やや密：F	淡褐色	口縁焼成前穿孔1組

図版No.	遺物No.	出土位置（遺構）	出土高	器種	残存部位（法量〔cm〕）	調整・施文	胎土	色調	備考（焼成等）
56	5	土坑間接合（5号・9号）	96.162～96.568（5号）、96.460（9号）	壺	頸～胴1/3（胴径36.0）	外：強く雑な細茎条痕B（横位、頸部斜位？、なすりつける感じ）→頸部に赤彩？（一瞭） 内：横指ナデ（非常に細かい筋残る）	粗：A	赤褐色	
56	6	土坑間接合（7号・8号）	96.354～96.613（7号）、96.612～96.638（8号）	甕・深鉢類	胴部破片	外：太茎条痕A 内：ナデ	極粗：F	橙褐色	
56	7	土坑間接合（5号・9号）	96.495（5号）、―（9号）	半精製甕	胴部破片	外：胴部浅い太茎条痕B→頸部ナデ 内：指ナデ	極粗：E	橙褐色	
56	8	土坑間接合（4号・5号）	96.587（4号）、96.389～96.415（5号）	甕	頸部破片	外：太茎条痕A 内：ナデ→弱い磨き	粗：F	黒褐色	
57	1	遺構外	―	壺？	頸部破片	外：細く丸いヘラによる羽状文 内：ナデ	粗：A	橙褐色	
57	2	遺構外	89.170	壺・鉢類	胴部破片	外：大粒の雑なRL縄文→ナデ 内：ナデ、煤付着	粗：A	灰橙褐色	
57	3	遺構外	89.228	壺・鉢類	底部破片	外：胴部ナデ？ 底面網代痕？ 内：ナデ、煤付着	粗：E	灰橙褐色	
57	4	遺構外	96.585	鉢？	口縁部破片	外：口縁端面含みLR縄文 内：ナデ→突起内面縦沈線	粗：C	灰褐色	口縁端山形突起
57	5	遺構外	89.916	壺・鉢類？	胴部破片	外：（条痕？→）ナデ→無節L縄文→上端横線→文様以外弱い磨き 内：削り？	やや粗：F	暗橙褐色	
57	6	遺構外	96.459	甕	口縁部破片	外：太茎条痕A？斜→上端横線、口縁端細かい刻み？ 内：ナデ→磨き	粗：E	暗灰褐色	
57	7	遺構外	90.020	甕・深鉢類	胴部破片	外：細茎条痕A横 内：雑なナデ	粗：J	灰褐色	
57	8	遺構外	89.361	甕・深鉢類	胴部破片（底部近く）	外：細茎条痕A横 内：強い削り	粗：A	橙褐色	
57	9	遺構外	―	甕・深鉢類	胴部破片	外：条間の空く細茎条痕A斜 内：指ナデ	粗：I	暗橙褐色	
57	10	遺構外	―	甕・深鉢類	胴部破片	外：浅い貝殻条痕A横 内：ナデ、煤・炭化物付着	粗：F	暗橙褐色	
57	11	遺構外	―	甕・深鉢類	胴部破片	外：浅い細茎条痕A 内：ナデ、炭化物付着	粗：E	橙褐色	
57	12	遺構外	90.057	甕・深鉢類	胴部破片	外：浅い貝殻条痕A 内：ナデ	粗：D	明灰褐色	
57	13	遺構外	90.025	甕・深鉢類	胴部破片	外：条間空く細茎条痕B 内：ナデ	粗：J	明灰褐色	
57	14	遺構外	96.437	甕・深鉢類	胴部破片	外：太茎条痕A 内：ナデ	極粗：E	明橙褐色	
57	15	遺構外	―	甕・深鉢類	底部破片	外：雑なRL縄文 底面ナデ 内：ナデ	極粗：E	暗灰褐色	
57	16	遺構外	―	甕・深鉢類	胴部破片	外：細密条痕B縦 内：ナデ	粗：J	明褐色	
57	17	遺構外	96.528	甕・深鉢類	胴部破片（底部近く）	外：条間空く細茎条痕B雑 内：ナデ	粗：F	橙褐色	
57	18	遺構外	表面採集	甕・深鉢類	胴部破片	外：太茎条痕B 内：ナデ	粗：F	暗橙褐色	
57	19	遺構外	96.482	甕・深鉢類	胴部破片	外：細茎条痕A横 内：強い削り	粗：A	橙褐色	8と同一個体？
57	20	遺構外	96.465	甕・深鉢類	胴部破片	外：条間空く太茎条痕A→底部外周ナデ・弱い磨き 内：ナデ	粗：F	灰橙褐色	
57	21	遺構外	―	甕・深鉢類	底部破片	外：胴部横削り 底面網代痕→削り 内：ナデ	極粗：F	橙褐色	
57	22	遺構外	表面採集	鉢？	肩部破片	外：体部大粒LR縄文→頸部入念横磨き 内：ナデ→磨き	やや粗：F	橙褐色	
57	23	遺構外	―	半精製甕？	肩部破片	外：胴部細茎条痕B、頸部ナデ？	極粗：A	灰橙褐色	
57	24	遺構外	―	甕・深鉢類	胴部破片	外：太茎条痕B横（縦位羽状？） 内：強い削り→ナデ	極粗：C	暗橙褐色	
57	25	遺構外	―	甕・深鉢類	胴部破片	外：太茎条痕A縦 内：ナデ	極粗：A	暗橙褐色	
57	26	遺構外	表面採集	甕・深鉢類	胴部破片	外：細茎条痕B斜 内：ナデ	やや粗：F	橙褐色	
57	27	遺構外	表面採集	甕・深鉢類	頸部破片	外：太茎条痕B斜 内：同横	粗：F	橙褐色	在地突帯壺？
57	28	遺構外	表面採集	甕・深鉢類	胴部破片	外：太茎条痕A 内：ナデ	やや粗：F	灰橙褐色	
57	29	遺構外	表面採集	半精製甕	口縁部破片	外：大粒LR縄文帯状 内：ナデ	極粗：A	橙褐色	口縁端低山形突起
57	30	遺構外	88.146	鉢？	胴部破片	外：体部LR縄文2段以上→頸部入念横磨き 内：削り？→入念横・斜磨き	粗：A	暗橙褐色	

図版No.	遺物No.	出土位置（遺構）	出土高	器種	残存部位（法量〔cm〕）	調整・施文	胎土	色調	備考（焼成等）
57	31	遺構外	表面採集	壺	口縁部破片	外：頸部条痕？→低い突帯貼付→突帯上指頭押捺 内：ナデ（摩滅）	粗：F	橙褐色	在地突帯壺
57	32	遺構外	88.529	甕	口縁部破片	外：太茎条痕A（貝殻条痕A？）横→縦　口縁端条痕原体による押引き状刻み 内：ナデ	粗：F	暗橙褐色	中期初頭？
57	33	遺構外	表面採集	甕・深鉢類	胴部破片	外：貝殻条痕A縦位羽状 内：ナデ	粗：C	灰褐色	東海系搬入品？
57	34	遺構外	89.465	甕・深鉢類	胴部破片（底部近く）	外：太茎条痕A→ナデ 内：ナデ	粗：J	暗褐色	
57	35	遺構外	—	甕・深鉢類	胴部破片	外：細茎条痕A 内：ナデ	やや粗：F	灰橙褐色	
57	36	遺構外	89.336	甕・深鉢類	胴部破片	外：雑な太茎条痕B 内：ナデ→弱い磨き	粗：J	黒褐色	
57	37	遺構外	—	甕・深鉢類	胴部破片	外：太茎条痕B斜 内：削り	粗：E	暗褐色	
57	38	遺構外	—	甕・深鉢類	胴部破片	外：太茎条痕A 内：ナデ、煤付着	粗：A	暗橙褐色	
57	39	遺構外	89.611	甕・深鉢類	胴部破片	外：削り→磨き・ナデ 内：雑なナデ	粗：F	暗褐色	
57	40	遺構外	—	甕・深鉢類	胴部破片	外：ナデ・指押さえ（輪積み痕残る） 内：指押さえ	粗：F	灰褐色	縄文晩期？
57	41	遺構外	88.299	甕・深鉢類	底部破片	外：貝殻条痕A？→ナデ　底面木葉痕 内：ナデ	粗：F	橙褐色	
57	42	遺構外	96.652	浅鉢	口縁部破片	外：ナデ→細めの断面丸い沈線による変形工字文？→上面磨き→赤彩？ 内：ナデ→弱い磨き	粗：F	灰褐色	
57	43	遺構外	表面採集	半精製甕	口縁部破片	外：口縁大粒RL縄文、頸部ナデ 内：ナデ（摩滅）	極粗：A	赤褐色	
57	44	遺構外	—	鉢？	口縁部破片	外：削り→弱い磨き　口縁端面取り 内：ナデ→弱い磨き	粗：F	暗橙褐色	
57	45	遺構外	—	壺	口縁部破片	外：貝殻条痕A、口縁端貝殻条痕Aによる面取→部分的に縦 内：ナデ	粗：A	明褐色	「丸子式」搬入品
57	46	遺構外	96.710	甕・深鉢類	胴部破片	外：太茎条痕B 内：削り→ナデ	粗：F	褐色	
57	47	遺構外	—	甕・深鉢類	胴部破片	外：太茎条痕B 内：ナデ	粗：F	暗橙褐色	
57	48	遺構外	96.735	甕・深鉢類	胴部破片	外：細茎条痕B（摩滅） 内：ナデ	粗：F	暗灰褐色	
57	49	遺構外	96.728	鉢？	胴部破片	外：削り→磨き 内：ナデ	極粗：F	暗灰褐色	
57	50	遺構外	—	半精製甕	頸部破片	外：削り→ナデ→口縁部2条以上の太い平行沈線 内：削り→ナデ	粗：A	明褐色	
57	51	遺構外	—	半精製甕	口縁部破片	外：口縁部LR縄文、頸部ナデ 内：ナデ	粗：A	灰褐色	
57	52	遺構外	表面採集	鉢？	体部破片	外：ナデ→細く断面丸い沈線文→入念横磨き 内：入念横磨き→赤彩	粗：F	暗灰褐色	
57	53	遺構外	—	甕・深鉢類	胴部破片	外：太茎条痕A 内：ナデ	極粗：F	暗褐色	
57	54	遺構外	96.767	甕・深鉢類	胴部破片	外：太茎条痕A 内：ナデ→弱い横磨き	粗：D	暗褐色	
57	55	遺構外	96.795	甕・深鉢類	胴部破片	外：細密条痕A 内：ナデ	粗：D	灰橙褐色	
57	56	遺構外	—	甕・深鉢類	胴部破片	外：単位の狭い縦削り 内：横削り	粗：F	灰橙褐色	古墳後期？

（3）石器

　本遺跡で出土した石器は総計244点であり、その内訳は遺構内が総数199点、遺構外では総数45点におよぶ。石器の帰属時期は縄文時代早期～後期、弥生時代前期であり、合わせて報告を行う。遺構内出土石器は弥生時代前期後葉に比定され、遺構外出土石器に関しては縄文時代の包含層である5～8層からの出土が見られるが、詳細な時期の特定は困難であるため、まとめて報告した。出土石器は、石鏃、石錐、打製石斧、石鏃未成品、二次加工を有する剥片（RF）、微細剥離を有する剥片（UF）、ピエス・エスキーユ、石核、剥片・チップに分類した。石器石材では、黒曜石、チャート、砂岩、泥岩、ホルンフェルス、凝灰岩、緑泥片岩、安山岩、閃緑岩、斑レイ岩、石英が認められた（肉眼観察による）。

遺構内出土石器（図59～64、図版41下・42）

　本遺跡から弥生時代前期後葉に帰属する土坑は14基検出されたが、そのうち石器が出土している土坑は第1・2・4・5・7～10・11・12号の10基である。これらは弥生時代前期の石器様相を示す、まとまった良好な資料であると考えられる。遺構内出土石器の総数は199点（石鏃5点、石錐1点、打製石斧3点、敲石1点、石鏃未成品7点、二次加工を有する剥片3点、微細剥離を有する剥片2点、ピエス・エスキーユ4点、石核6点、剥片・チップ167点）および、そのうち第5・7・8・9・11号土坑の5基からの出土遺物が180点と全体の約9割を占めている。

　遺構内出土石器の石器石材では、黒曜石が178点（約88％）と大半を占めており、注目される点である（図58）。その他の石材では、安山岩6点、ホルンフェルス4点、凝灰岩4点、チャート3点、砂岩3点、緑泥片岩1点が出土しているが、全体的に極めて少ない数である。

　遺構内出土の黒曜石178点中の165点（約93％）に対して黒曜石産地推定を行ったところ、諏訪エリア123点、神津島エリア42点という結果が出ている（詳細な分析結果については第5章第5節参照）。この結果から、本遺跡遺構出土の黒曜石には諏訪エリアが偏在するといえる。また、産地別の器種の内訳では、諏訪エリア（石鏃4点、石鏃未成品6点、二次加工を有する剥片3点、微細剥離を有する剥片2点、ピエス・エスキーユ2点、石核1点、剥片・チップ105点）であり、神津島エリア（ピエス・エスキーユ2点、石核5点、剥片・チップ35点）であった。諏訪エリアの黒曜石では、石鏃・石鏃未成品などのツールが認められ、なかでも剥片・チップの出土点数の多さが特徴的である。また、剥片・チップの出土点数に比べて、素材となる石核の出土点数の少なさも注目される。神津島エリアの黒曜石では、ツールの出土はなく、石核や剥片・チップなどのツールの素材となる器種が出土している。これらのことから、黒曜石の産地エリアごとに、本遺跡に搬入される際の形状の違いや遺跡内での使われ方、または遺跡外への搬出など、さまざまな用途の違いがあった可能性が想定される。

　遺構出土の黒曜石石器組成は表3に示した通りであり、剥片・チップの出土が153点（約86％）と多く見られた。

　黒曜石が遺構出土遺物の石器石材の約9割を占め、また器種においては剥片・チップが大部分に及んでいる。これらの点から、本遺跡が小形剥片石器の製作跡である可能性を考慮し、より多くの剥片の図化を行った。

表3 遺構内出土黒曜石石器組成表

	石鏃	石鏃未成品	RF	UF	ピエス・エスキーユ	石核	剥片・チップ	計
1号土坑							10	10
2号土坑							1	1
4号土坑							4	4
5号土坑					2	3	39	44
7号土坑	1	1	1			2	16	21
8号土坑	2	1	1	2			27	33
9号土坑		1				1	28	30
10号土坑							1	1
11号土坑	1	3			2		26	32
12号土坑		1					1	2
計	4	6	3	2	4	6	153	178

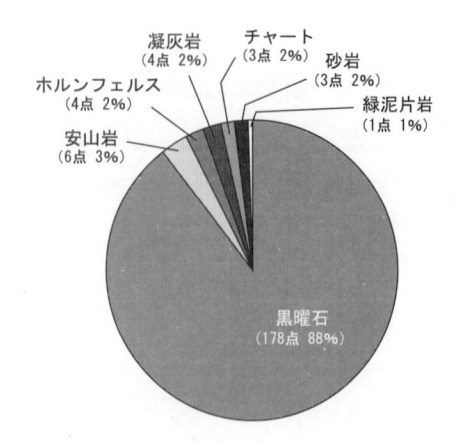

図58 遺構内出土石器石材比率

①第1号土坑出土石器（図59－1・2）

第1号土坑からは黒曜石製の剥片・チップが10点出土した。

1・2は黒曜石製の剥片である。1は厚みのある剥離面の打面、点状の打点が認められる。2は線状の打面、点状の打点が認められる横長剥片である。

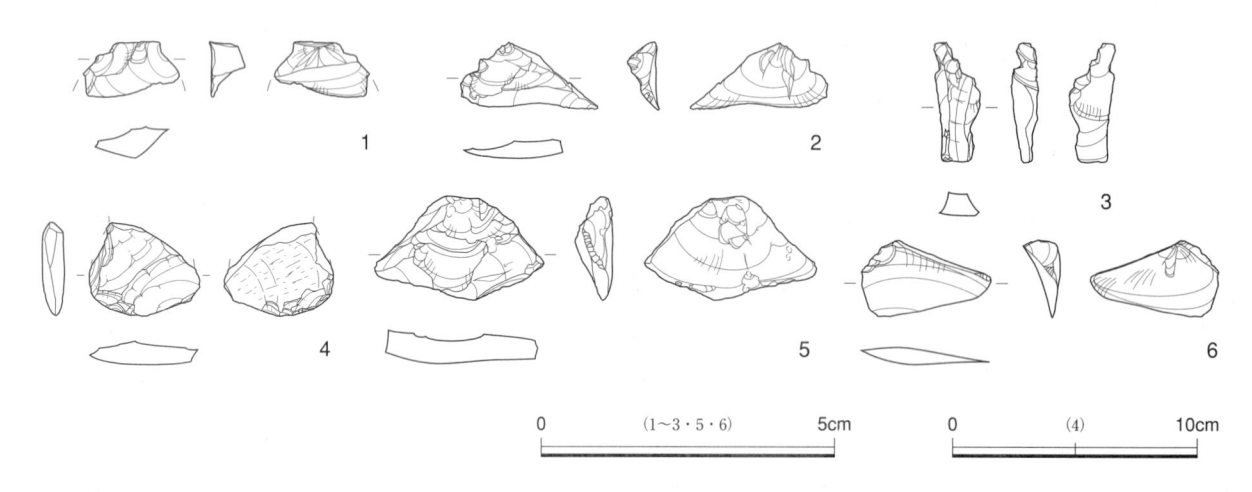

図59 第1・2・4号土坑出土石器

②第2号土坑出土石器（図59－3・4）

第2号土坑出土石器の石器組成を表4に示した。

3は黒曜石製の剥片である。打面・打点は認められず、剥離の際に砕けたと想定される縦長剥片である。

4はホルンフェルス製の打製石斧である。細かな剥離が認められるため、刃部破片とした。風化が激しいため、詳細な観察は困難であった。

表4 第2号土坑出土石器組成表

	打製石斧	剥片・チップ	計
黒曜石		1	1
ホルンフェルス	1		1
計	1	1	2

③第4号土坑出土石器（図59－5・6）

第4号土坑からは黒曜石製の剥片・チップが4点出土した。

5・6は黒曜石製の剥片である。5は狭い剥離面の打面、幅広の打点が認められる横長剥片である。6は厚みのある剥離面の打面、点状の打点が認められる横長剥片である。

④第5号土坑出土石器（図60－1～14）

　第5号土坑出土石器の石器組成を表5に示した。黒曜石製の剥片・チップが多く、また略完形を呈するホルンフェルス製の打製石斧が出土した点が特徴的である。

表5　第5号土坑出土石器組成表

	打製石斧	ピエス・エスキーユ	石核	剥片・チップ	計
黒曜石		2	3	39	44
ホルンフェルス	1			2	3
砂岩				3	3
凝灰岩				3	3
計	1	2	3	47	53

　1・2は黒曜石製のピエス・エスキーユである。上下の対になる位置に両極打撃によって剥離された痕跡が認められる。両極打撃を施すことにより素材の厚みを削ぐという、石鏃製作の一端を示した資料の可能性が考えられる。

　3～10は黒曜石製の剥片である。3は線状の打面、点状の打点が認められる横長剥片である。4は剥離面の打面、点状の打点が認められる横長剥片である。5は線状の打面、幅広の打点が認められる横長剥片である。縦方向に折断されている。6は打面・打点は認められず、剥離の際に砕けたと想定される横長剥片である。7は剥離面の打面、点状の打点が認められる縦長剥片である。8は横方向に折断されているため、打面・打点が残存していない縦長剥片である。9は剥離面の打面、点状の打点が認められる縦長剥片である。10は厚みのある剥離面の打面、点状の打点が認められる縦長剥片である。

　11～13は黒曜石製の石核である。剥離面が全面に及んでおり、残核状を呈している。11は剥離面の打面、点状の打点が認められる主要剥離面が残存することから、厚みのある縦長剥片を石核の素材とした可能性が考えられる。また、主要剥離面に対して横方向の対となる位置に、両極打撃による微細な剥離痕が認められた。12は一部原礫面が認められることから、原石を石核の素材としたと考えられる。13は全面に剥離面が認められることから、石核の素材形状は不明である。

　14は風化が著しく、一部剥落が認められるが、ほぼ完形の打製石斧である。片理が極めて発達しているホルンフェルスを用いており、節理で割れた扁平な礫を素材としている。側縁に対して垂直な方向から平行剥離を行うことによって、外形を短冊形に成形している。

⑤第7号土坑出土石器（図61－1～12）

　第7号土坑出土石器の石器組成を表6に示した。黒曜石製の剥片・チップとともに、安山岩製の敲石が出土した点が特徴的である。

表6　第7号土坑出土石器組成表

	石鏃	石鏃未成品	RF	石核	剥片・チップ	敲石	計
黒曜石	1	1	1	2	16		21
チャート	1						1
安山岩					2	1	3
計	2	1	1	2	18	1	25

　1は黒曜石製の石鏃である。平面形は平基有茎で、側縁はほぼ直線状を呈する。主要剥離面は不明瞭だが、裏面中央部に原礫面と考えられる粗い平坦面が確認でき、素材の一面は原礫面の可能性がある。いくつか幅広の剥離面が見られ、ある程度形状を整える剥離を施した後、最終的な細部調整を行ったと考えられる。細部調整は表面を先に行い、続いて裏面にと進行したことが窺える。表面左側縁下端が欠失したような形で左右非対称をなしているが、欠損部に特徴的な折損面は見られない。製作時もしくは使用時の欠損を再加工した可能性が高く、未成品である可能性が高い。

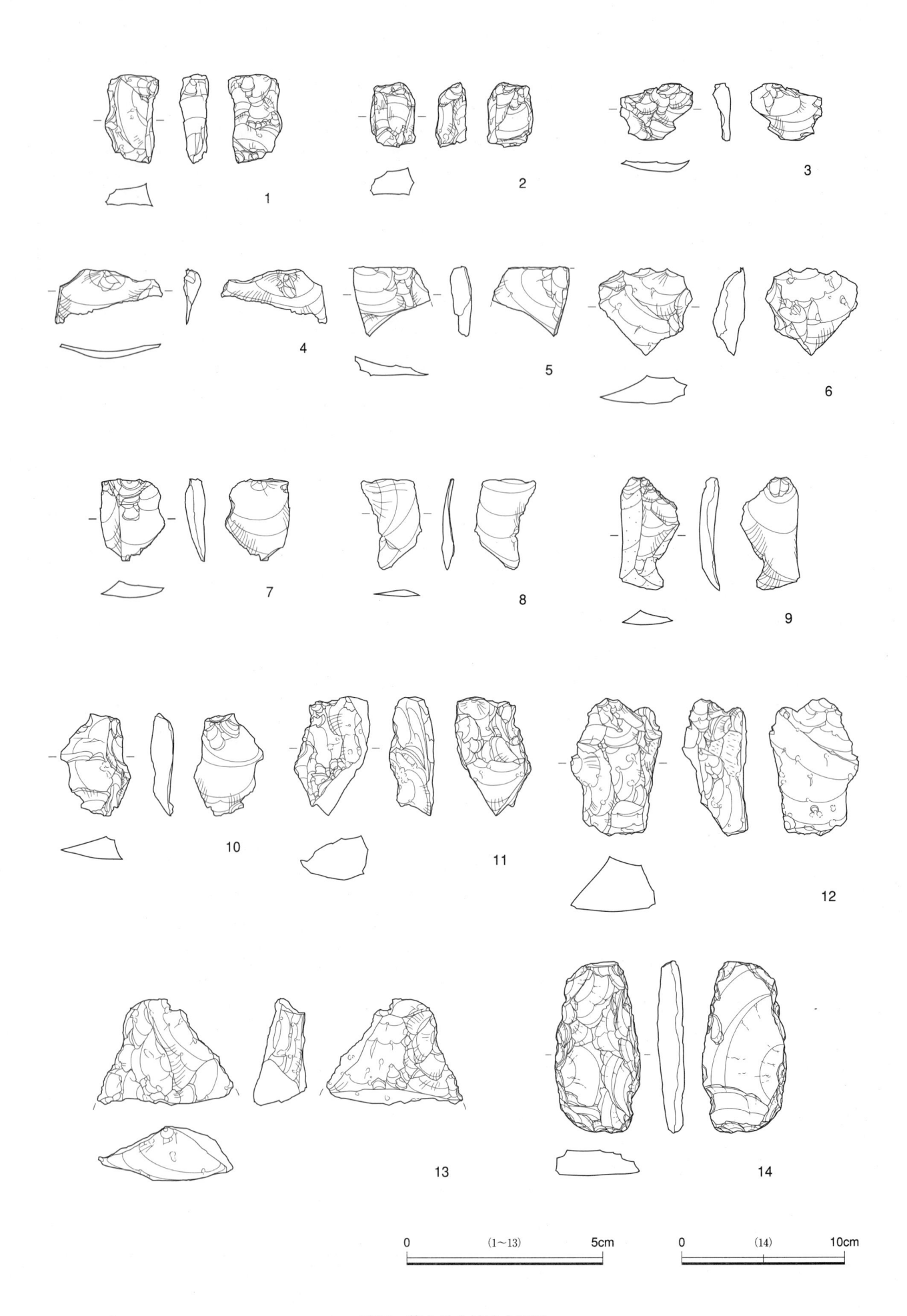

図60 第5号土坑出土石器

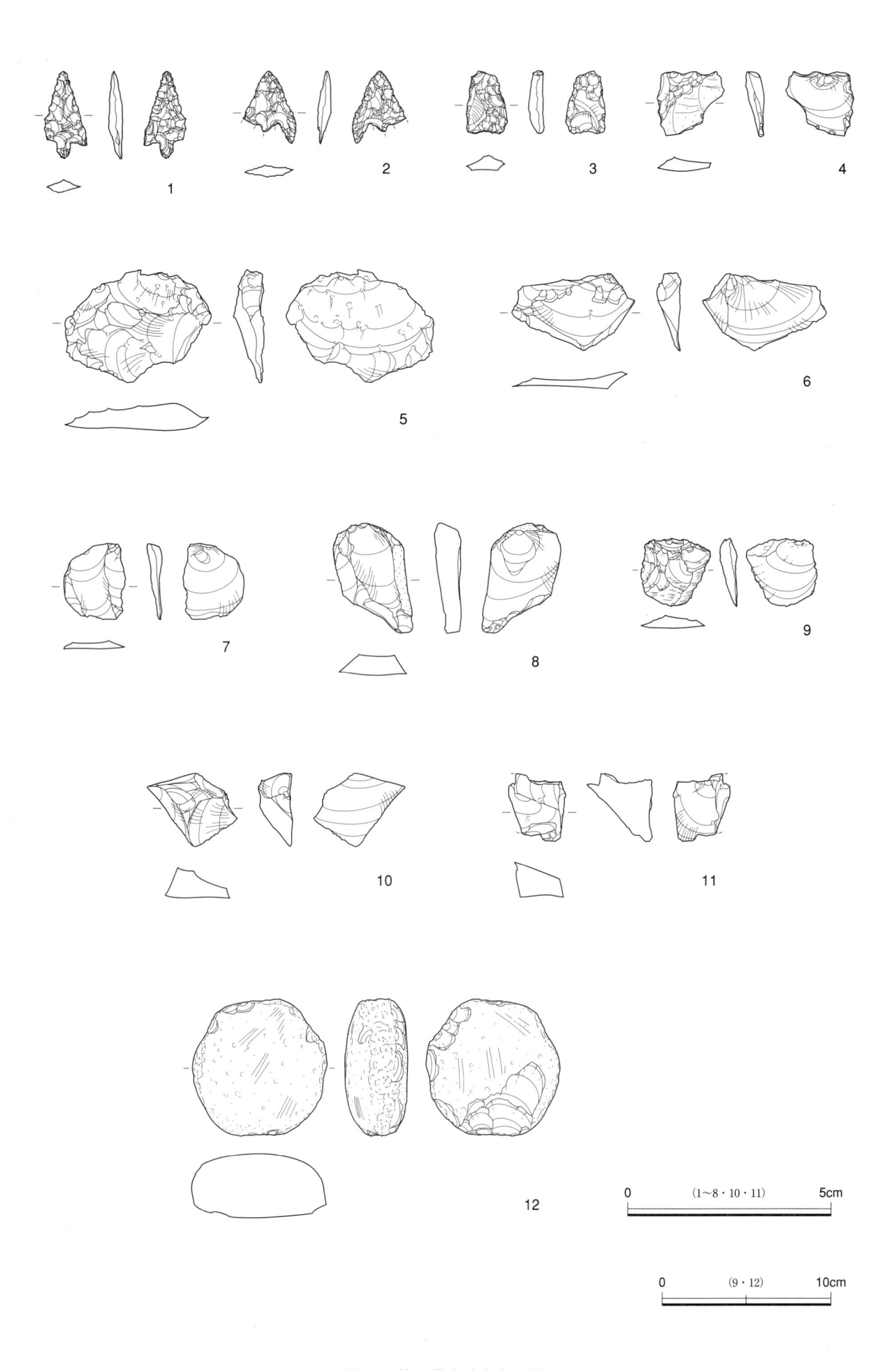

図61　第7号土坑出土石器

2はチャート製の石鏃である。色調は黄灰色を呈し、黒色の線が走る。一部茶色を呈するが、被熱によるものではないと考えられる。平面形は凹基有茎で、側縁はほぼ直線状を呈する。表面左側の茎部および脚部欠損である。内側にまで及ぶ剥離によって主要剥離面は観察できず、素材形状は不明である。一部幅広の剥離面が見られることから、ある程度形状を整える剥離を施した後、最終的な細部調整を行ったと考えられる。

　3は黒曜石製の石鏃未成品である。裏面に一部主要剥離面が残存することから、剥片を素材としたといえる。調整は表面・裏面ともに交互に施されており、全体的に表面右側縁の剥離の方が内側にまで及んでいる。また、表面右側縁下端に素材の打点が位置するため、右下端部付近が最大厚を呈しており、加工も最も入念であったと考えられる。

　4は黒曜石製の二次加工を有する剥片である。狭い剥離面の打面、幅広の打点が認められる剥片を素材としている。表面には原面が見られた。打面部及び左側縁に二次加工の調整が施され、右側縁の一部には折断がされている。剥離が連続的ではないことから、刃部作出ではなく、石鏃製作の初期段階の資料である可能性が考えられる。

　5～8は黒曜石製の剥片である。5は厚みのある剥離面の打面、点状の打点が認められる横長剥片である。6は剥離面の打面、幅広の打点が認められる横長剥片である。表面の末端部に原礫面もしくは被熱の痕跡と想定される面が見られた。7は剥離面の打面、幅広の打点が認められる縦長剥片である。8は厚みのある原礫面の打面、点状の打点が認められる縦長剥片である。表面の右側縁に原面が見られた。

　9は安山岩製の剥片である。打面は認められず、表面の一部に原礫面が見られた。

　10・11は黒曜石製の石核である。剥離面が全面に及んでおり、残核状を呈している。10は横長剥片を石核の素材としている。11は全面に剥離面が認められることから、石核の素材形状は不明である。

　12は安山岩製の敲石である。円礫を素材としており、周縁は風化による剥落が認められるが、わずかに残存している部分に敲打痕が観察できる。残存する敲打痕が周縁部全体で確認されることから、全周に敲打痕が及んでいた可能性が高い。

⑥第8号土坑出土石器（図62-1～13）

　第8号土坑出土石器の石器組成を表7に示した。黒曜石製の石鏃、緑泥片岩製の打製石斧が出土している点が特徴的である。

表7　第8号土坑出土石器組成表

	石鏃	打製石斧	石鏃未成品	RF	UF	剥片・チップ	計
黒曜石	2		1	1	2	27	33
緑泥片岩		1					1
計	2	1	1	1	2	27	34

　1は黒曜石製の石鏃である。欠損・再生等の痕跡は見られない。平面形は凹基無茎、側縁はほぼ直線状を呈する。薄手の剥片を素材とすることから、調整は周縁部に留まる傾向にある。先端上方に素材の打点が位置するため、先端部付近が最大厚を呈している。そのため加工も先端部が最も入念であったと考えられる。

　2は黒曜石製の石鏃である。平面形は凹基無茎、側縁は内湾状を呈する。剥離が全面を覆っていることから、素材形状は不明である。表面の調整は左側縁、右側縁の順に行ったと考えられ、側縁では表面に新しい剥離が集中して見られた。先端部に衝撃剥離痕と思われる欠損が見られ、また裏面には欠損部

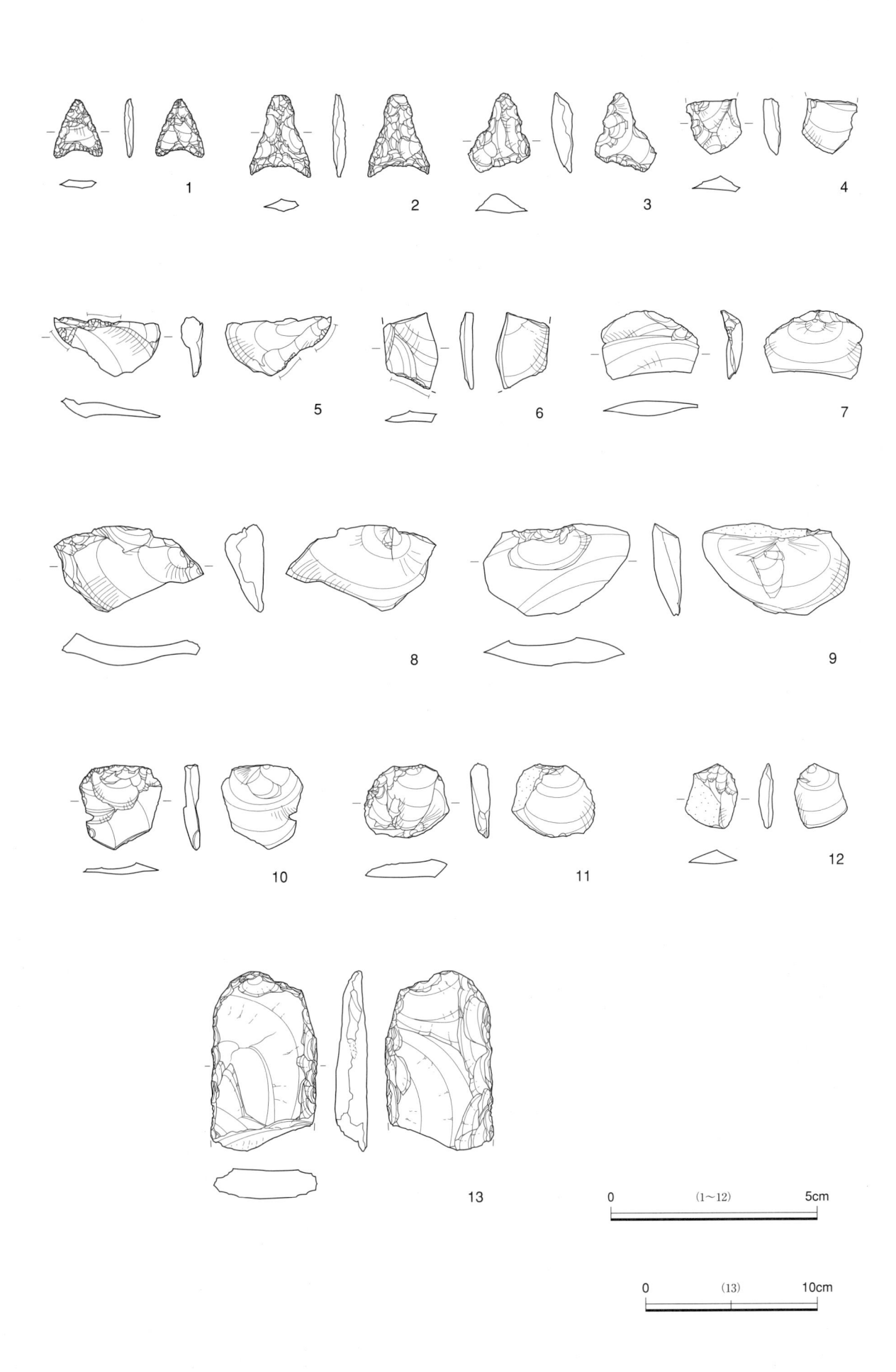

図62 第8号土坑出土石器

-101-

位から剥離が観察された。これらの点から、再生加工の可能性も指摘できる。

　3は黒曜石製の石鏃未成品である。表面の一部に原面が見られ、なお且つバルブが発達している剥片を素材としている。裏面の打点部付近において、厚みを削ぐ表面からの剥離が集中している。調整はほぼ全周に施されているが、内側にまで及ばない浅い剥離が目立つ。

　4は黒曜石製の二次加工を有する剥片である。薄手の縦長剥片を素材としており、横方向に折断がされている。そのため、打面・打点は残存していない。表面左側縁に二次加工の調整が施されている。剥離が連続的ではないことから、刃部作出ではなく、石鏃製作の初期段階の資料である可能性が考えられる。

　5・6は黒曜石製の微細剥離を有する剥片である。5は薄手の縦長剥片を素材としており、裏面右側縁の片面に連続的な微細剥離痕が認められた。6は薄手の横長剥片を素材としており、剥片の末端部片面に連続的な微細剥離痕が認められた。5・6ともに微細剥離痕が片面に見られる状況から、掻く動作による使用が想定される。

　7～12は黒曜石製の剥片である。7は厚みのある剥離面の打面、点状の打点が認められる横長剥片である。8は厚みのある剥離面の打面、点状の打点が認められる横長剥片である。打面の一部に原面が見られた。9は厚みのある原礫面の打面、点状の打点が認められる横長剥片である。10は狭い原面の打面、点状の打点が認められる縦長剥片である。剥片の末端部が一部折断されている。11は線状の打面・打点が認められる縦長剥片である。裏面の左側縁に原礫面が見られた。12は点状の打点が認められる縦長剥片である。表面の一部に原面が見られた。

　13は緑泥片岩製の打製石斧である。平面形状は短冊形を呈し、上下に欠損している。明瞭な刃部加工が観察できないため、基部破片と判断した。節理で割れた扁平な礫を素材とし、側縁は連続的な加工が直線状に施され、左側縁には節理面除去を目的とした敲打による潰れが観察される。基端部には使用と考えられる剥離面が認められた。

⑦第9号土坑出土石器（図63-1～15）

　第9号土坑出土石器の石器組成を表8に示した。石鏃を転用したチャート製の石錐、凝灰岩製の剥片が出土している点が特徴的である。

表8　第9号土坑出土石器組成表

	石錐	石鏃未成品	石核	剥片・チップ	計
黒曜石		1	1	28	30
チャート	1			1	2
凝灰岩				1	1
計	1	1	1	30	33

　1はチャート製の石錐である。形状から石鏃あるいは石鏃未成品と考えられるが、茎部の調整剥離が摩滅している点から石錐の錐部として使用されたと判断した。錐部には横方向に擦痕が認められ、丸みを帯びている。

　2は黒曜石製の石鏃未成品である。厚みのある剥片を素材としており、打面・打点は二次加工により残存していない。二次加工は裏面から表面の順に施されており、表面の一部に原面が見られる。厚みのある剥片を素材とし、また剥片の末端部に折れの痕跡が見られることから、製作途中で廃棄された可能性が考えられる。

　3～13は黒曜石製の剥片である。3は厚みのある剥離面の打面、幅広の打点が認められる剥片である。剥片の末端部が横方向に折断されている。4は点状の打点が認められる横長剥片である。5は厚みのある原礫面の打面、点状の打点が認められる横長剥片である。6は剥離面の打面が認められる剥片である。7は厚みのある剥離面の打面、点状の打点が認められる横長剥片である。8は原面の打面、点状の打点が認められる横長剥片である。表面の一部に原礫面が見られた。9は厚みのある剥離面の打面、幅広の

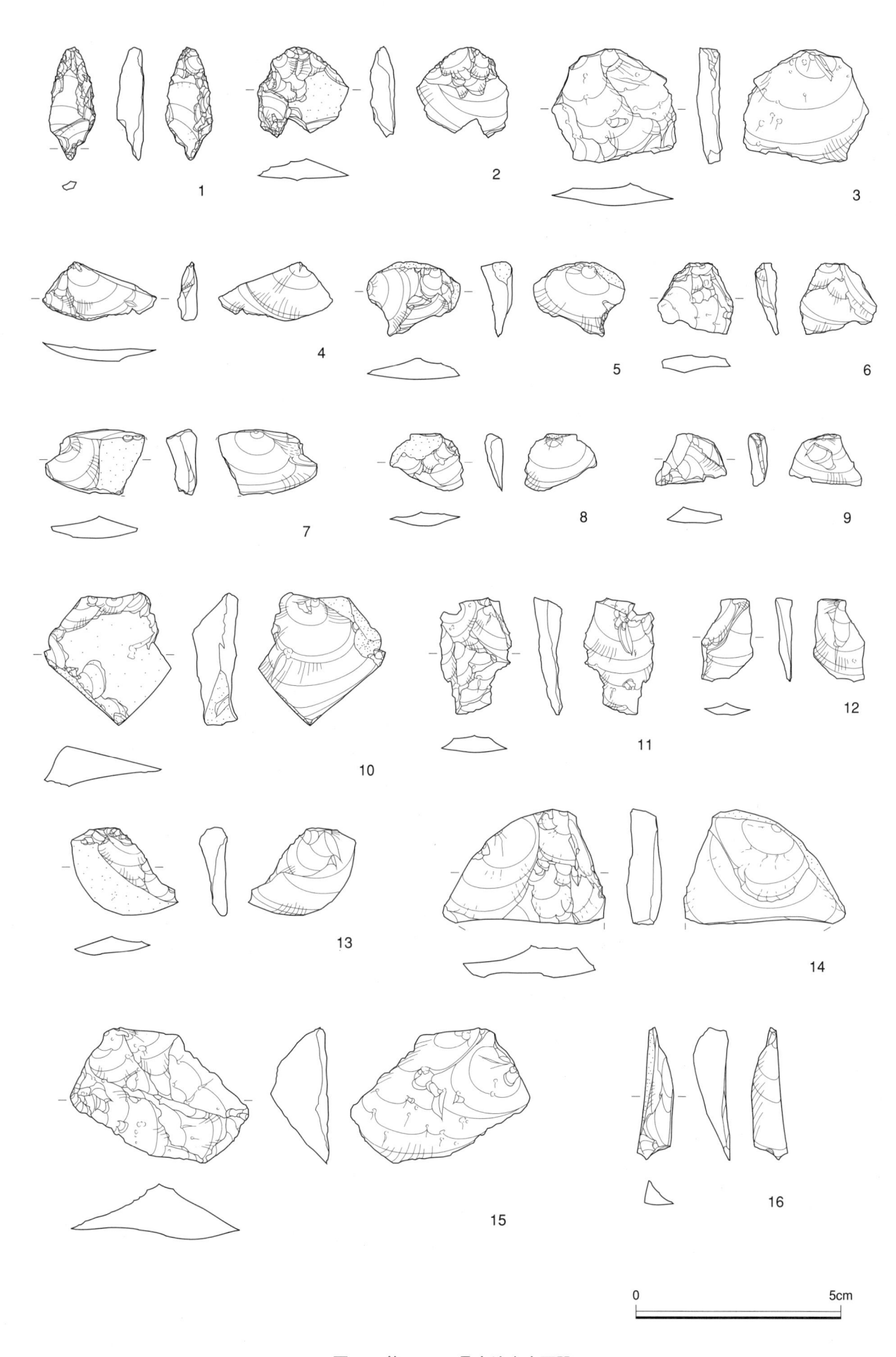

図63 第9・10号土坑出土石器

打点が認められる横長剥片である。10は線状の打面、点状の打点が認められる縦長剥片である。表面や上下の一部の面に原礫面が見られた。11は厚みのある剥離面の打面が認められる縦長剥片である。12は狭い原面の打面が認められる縦長剥片である。13は厚みのある原面の打面、幅広の打点が認められる縦長剥片である。表面の大部分に原面が見られた。

14は凝灰岩製の剥片である。狭い原礫面の打面が認められ、剥片の末端部が一部横方向に折断されている。

15は黒曜石製の石核である。一部に原礫面が認められる大形剥片を石核の素材とし、直接打撃によって剥片剥離している。残核状を呈する。剥離面の観察から、遺構内出土の剥片・チップを作出した素材であると想定される。また、大きさ・厚みが遺構内出土の剥片と比べて大きいことから、大形剥片の状態で本遺跡に持ち込まれた可能性が考えられる。

⑧第10号土坑出土石器（図63-16）

第10号土坑出土石器は黒曜石製の剥片1点のみである。

16は黒曜石製の剥片である。打面は残存しておらず、点状の打点が認められる縦長剥片である。左側縁部に原面が見られた。

⑨第11号土坑出土石器（図64-1～9）

第11号土坑出土石器の石器組成を表9に示した。黒曜石製の石鏃・石鏃未成品や安山岩製の石鏃未成品が出土している点が特徴的である。

表9　第11号土坑出土石器組成表

	石鏃	石鏃未成品	ピエス・エスキーユ	剥片・チップ	計
黒曜石	1	3	2	26	32
安山岩		1		2	3
計	1	4	2	28	35

1は黒曜石製の石鏃である。平面形は凹基無茎で、側縁はほぼ直線状を呈する。表面右側の脚部欠損である。内側にまで及ぶ剥離が表裏両面の全面に施されているため、主要剥離面は残存しておらず、素材形状は不明である。欠損部から、石鏃の先端部付近を打点として脚部方向に力が抜け割れていることが確認できた。このことから、衝撃剥離による欠損の可能性が考えられる。

2～4は黒曜石製の石鏃未成品である。2は厚みのある剥片を素材としており、打面・打点は二次加工により残存していない。ほぼ全周にわたって、形状を整えるための剥離が施されている。全体的に曇りガラス状を呈しており、風化の影響もしくは被熱の痕跡と考えられる。遺構内で出土した他の石鏃や石鏃未成品、剥片と比較すると形状が大形である。このことから、未成品の状態で遺跡内に持ち込まれた可能性が指摘できる。3は剥離面の打面、点状の打点が認められる剥片を素材としている。表面の一部に原面が見られた。調整は表面から一部にのみ施されている。4は調整により打面・打点が残存していない剥片を素材としている。調整は表面・裏面ともに交互に施されており、内側にまで及ばない浅い剥離が目立つ。

5は安山岩製の石鏃未成品である。剥片を素材としている。調整は裏面からに止まり、先端部にのみ見られる。折断により末端部の形状が整えられている。

6・7は黒曜石製のピエス・エスキーユである。6は上下の対になる位置に両極打撃によって剥離された痕跡が認められる。7においても、上下の対になる位置で両極打撃を施したと想定される。しかし、下端に黒曜石の不純物の塊があるため、上端にのみ微細な剥離痕が認められる。

8・9は黒曜石製の剥片である。8は剥離面の打面、幅広の打点が認められる縦長剥片である。9は厚みのある原面の打面、幅広の打点が認められる縦長剥片である。

⑩**第12号土坑出土石器**（図64－1～10）

　第12号土坑からは黒曜石製の二次加工を有する剥片1点とチップが1点出土した。

　10は黒曜石製の二次加工を有する剥片である。比較的大形の縦長剥片を素材としている。剥片の両側縁部に二次加工が施されている。剥片の打面部付近が横方向に折断されていることにより、打面・打点は残存していない。表面の一部には原面が見られた。

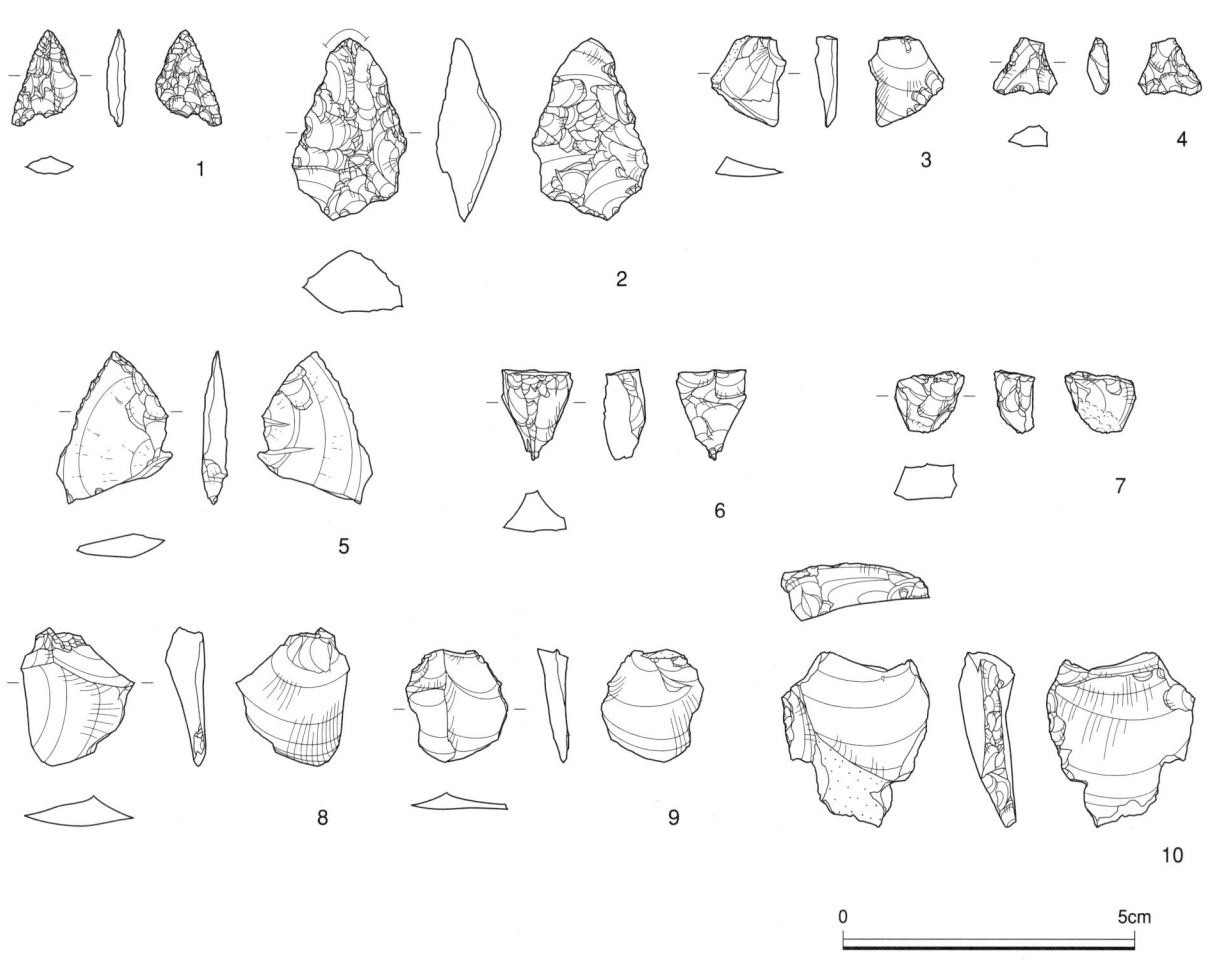

図64　第11・12号土坑出土石器

遺構外出土石器（図65-1～14、図版42）

　遺構外出土石器の総数は45点（石鏃4点、打製石斧1点、磨製石斧1点、石鏃未成品2点、二次加工を有する剥片1点、微細剥離を有する剥片1点、ピエス・エスキーユ5点、石核2点、剥片・チップ23点、原石2点、磨石1点、特殊磨石1点、台石1点）である。遺構外出土石器の石器組成を表10に示した。

表10　遺構外出土石器組成表

	石鏃	打製石斧	磨製石斧	石鏃未成品	RF	UF	ピエス・エスキーユ	石核	剥片・チップ	原石	磨石	特殊磨石	台石	計
黒曜石	3			2		1	4	2	22	2				36
凝灰岩		1	1		1								1	4
チャート	1													1
泥岩									1					1
閃緑岩												1		1
斑レイ岩											1			1
石英								1						1
計	4	1	1	2	1	1	5	2	23	2	1	1	1	45

　1は黒曜石製の石鏃である。平面形は凹基無茎で、側縁部はほぼ直線状を呈する。先端部が欠損している。裏面に一部主要剥離面が残存することから、剥片を素材としていることがわかる。調整は周縁部にのみおよび、表面・裏面ともに交互に施されている。

　2は黒曜石製の石鏃である。平面形は平基有茎で、側縁部はほぼ直線状を呈する。茎部が欠損している。表裏両面の全面において剥離が内側にまでおよぶため、主要剥離面は観察できず、素材形状は不明である。

　3はチャート製の石鏃である。平面形は凹基無茎で、側縁部はほぼ直線状を呈する。欠損・再生等の痕跡は見られない。表裏両面の全面において剥離が内側にまでおよぶため、主要剥離面は観察できず、素材形状は不明である。

　4～6は黒曜石製の石鏃未成品である。4は二次加工により打面・打点が残存していない剥片を素材としている。ほぼ全周にわたって調整が内側にまでおよび、表面により多く認められた。左側の下端部が欠損している。5は二次加工により打面・打点が残存していない剥片を素材としている。二次加工は裏面の左側縁、表面の下端部に認められた。内側にまでおよばない浅い剥離が目立つが、下端部においては脚部の抉りを作り出す調整が見られた。6は厚みのある剥離面の打面が認められる、厚みのある横長剥片を素材としている。調整は表面・裏面の左側縁で一部に認められるが、すべて内側にまでおよばない浅い剥離である。

　7は黒曜石製の石核を転用したピエス・エスキーユである。裏面上位に剥片剥離を行った際の打面が残存している。上下の対になる位置に、両極打撃による微細な剥離痕と潰れが認められる。

　8・9は黒曜石製のピエス・エスキーユである。8は厚みのある原面の打面が認められる横長剥片が素材としている。主要剥離面の末端辺に両極打撃による微細な剥離痕が見られた。9は縦方向の対となる位置に、両極打撃による微細な剥離痕が認められた。両極打撃を施すことにより素材の厚みを削ぐ、石鏃製作の一端を示した資料の可能性も考えられる。

　10は凝灰岩製の二次加工を有する剥片である。打面・打点が認められる板状の剥片を素材としている。表面から連続的に幅広の剥離を施すことにより、刃部を作出している。

　11は凝灰岩製の磨製石斧である。礫面を有する剥片を局部的に磨製した刃部を持つ。左側縁の観察から、剥離後に敲打を行い、その後磨いた工程が指摘できる。右側縁には折れ面が確認できるが、この折

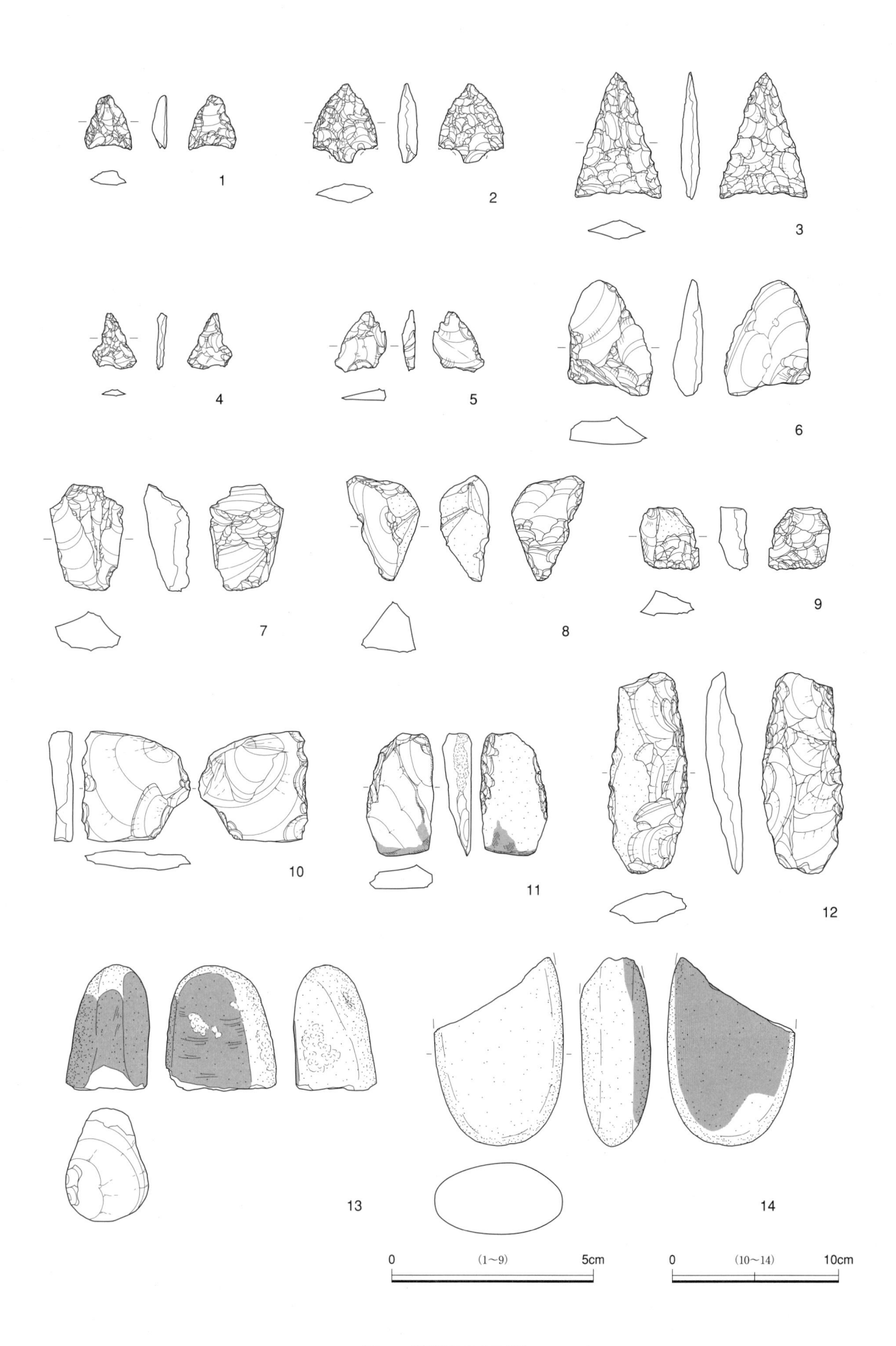

図65 遺構外出土石器

れはどの段階によるものか判断は困難である。磨いた後に折られたものであれば再利用の可能性も考えられる。

　12は短冊形を呈する凝灰岩製の打製石斧である。大形の横長剥片を素材として、粗い二次加工が施されている。表面には礫面が残存している。側縁部は剥離後に敲打調整を行い、形状を整えている。

　13は閃緑岩製の特殊磨石である。断面形状が三角形の礫を素材としており、ほぼ全面に磨痕が認められる。右側面には敲打痕が認められる。

　14は斑レイ岩製の磨石である。円礫を素材として扁平部分に磨面が認められる。一部欠損している。

（早勢）

参考文献

阿部朝衛　1979　「第5章　石器　Ⅰ石鏃」『峠下聖山』東北大学文学部考古学研究会

佐藤雅一・倉石広太他　2005　『道尻手遺跡』津南町文化財調査報告第47輯　津南町教育委員会

鈴木道之助　1991　『図録・石器入門事典＜縄文＞』柏書房

千葉敏朗・秋本雅彦他　2006　『下宅部遺跡Ⅰ』東村山市遺跡調査会

富樫秀之他　2002　『奥三面ダム関連遺跡発掘調査報告書ⅩⅢ　アチヤ平遺跡上段』朝日村文化財報告書第21集　朝日村教育委員会

永峯光一他　1998　『氷遺跡発掘調査資料図譜』氷遺跡発掘調査資料図譜刊行会

益富壽之助　1987　『原色岩石図鑑＜全改訂新版＞』保育社

表11 石器観察表

図版 No.	遺物 No.	出土位置・土坑名	層位	器種	石材	最大長 (mm)	最大幅 (mm)	最大厚 (mm)	重量 (g)	黒曜石推定産地	備考
59	1	1号土坑	3層	剥片	黒曜石	9.2	16.0	6.2	0.5		
59	2	1号土坑	1層	剥片	黒曜石	7.1	5.6	1.5	0.5		
59	3	2号土坑	2層	剥片	黒曜石	2.0	0.7	0.4	0.5		
59	4	2号土坑	2層	打製石斧	ホルンフェルス	(36.4)	43.0	10.2	15.0		刃部破片
59	5	4号土坑	4層	剥片	黒曜石	16.7	29.1	54.0	2.1	神津島（分析No.1）	
59	6	4号土坑	3層	剥片	黒曜石	14.7	(21.8)	5.2	0.7	諏訪（分析No.4）	
60	1	5号土坑	7層	ピエス・エスキーユ	黒曜石	22.7	17.1	7.4	1.7	神津島（分析No.32）	
60	2	5号土坑	7層	ピエス・エスキーユ	黒曜石	16.8	13.9	8.0	1.7	神津島（分析No.44）	
60	3	5号土坑	5層	剥片	黒曜石	14.0	18.8	3.7	0.6	諏訪（分析No.5）	
60	4	5号土坑	7層	剥片	黒曜石	(14.8)	(28.3)	4.0	0.4	諏訪（分析No.42）	
60	5	5号土坑	7層	剥片	黒曜石	17.1	(19.5)	3.6	1.0	諏訪（分析No.43）	
60	6	5号土坑	4層	剥片	黒曜石	20.5	23.3	7.0	2.4	神津島（分析No.7）	
60	7	5号土坑	7層	剥片	黒曜石	20.5	(16.4)	5.0	1.2	諏訪（分析No.36）	
60	8	5号土坑	7層	剥片	黒曜石	(22.6)	(17.0)	3.1	0.5	諏訪（分析No.45）	
60	9	5号土坑	5層	剥片	黒曜石	28.1	26.6	4.0	1.3	諏訪（分析No.38）	
60	10	5号土坑	5層	剥片	黒曜石	25.6	17.8	5.9	1.9	諏訪（分析No.35）	
60	11	5号土坑	8層	石核	黒曜石	29.8	17.8	10.8	5.6	神津島（分析No.41）	
60	12	5号土坑	7層	石核	黒曜石	34.6	23.2	17.4	10.3	神津島（分析No.39）	
60	13	5号土坑	8層	石核	黒曜石	34.9	27.0	13.6	8.8	神津島（分析No.33）	
60	14	5号土坑	5層	打製石斧	ホルンフェルス	100.4	50.9	14.0	102.4		略完形
61	1	7号土坑	4層	石鏃	黒曜石	20.6	10.3	3.5	0.5	諏訪（分析No.55）	平基有茎、完形
61	2	7号土坑	5層	石鏃	チャート	17.3	13.0	3.2	0.4		凹基有茎、脚部・茎部欠損
61	3	7号土坑	2層	石鏃未成品	黒曜石	14.9	9.9	3.5	0.6	諏訪（分析No.59）	
61	4	7号土坑	2層	RF	黒曜石	15.1	15.9	3.9	0.9	諏訪（分析No.54）	
61	5	7号土坑	3層	剥片	黒曜石	27.1	35.8	6.8	5.0	神津島（分析No.69）	
61	6	7号土坑	4層	剥片	黒曜石	18.6	30.6	5.1	1.8	諏訪（分析No.58）	
61	7	7号土坑	4層	剥片	黒曜石	17.9	15.1	3.5	0.5	諏訪（分析No.53）	
61	8	7号土坑	4層	剥片	黒曜石	29.0	17.3	5.5	2.7	諏訪（分析No.60）	
61	9	7号土坑	4層	剥片	安山岩	39.4	43.4	8.2	11.7		
61	10	7号土坑	2層	石核	黒曜石	17.1	22.8	8.0	1.7	諏訪（分析No.50）	
61	11	7号土坑	4層	石核	黒曜石	23.2	16.1	10.5	2.0	神津島（分析No.56）	
61	12	7号土坑	4層	敲石	安山岩	77.1	78.5	36.0	328.8		周縁に敲打痕
62	1	8号土坑	3層	石鏃	黒曜石	13.7	11.8	2.0	0.3	諏訪（分析No.81）	凹基無茎、完形
62	2	8号土坑	2層	石鏃	黒曜石	19.2	15.0	3.0	0.6	諏訪（分析No.92）	凹基無茎、完形
62	3	8号土坑	1層	石鏃未成品	黒曜石	19.0	14.4	3.7	0.8	諏訪（分析No.82）	
62	4	8号土坑	3層	RF	黒曜石	13.2	13.7	3.6	0.5	諏訪（分析No.93）	
62	5	8号土坑	2層	UF	黒曜石	25.2	17.9	4.5	0.8	諏訪（分析No.91）	
62	6	8号土坑	3層	UF	黒曜石	17.6	16.1	2.9	0.6	諏訪（分析No.78）	
62	7	8号土坑	4層	剥片	黒曜石	17.2	23.7	3.2	1.2	諏訪（分析No.98）	
62	8	8号土坑	2層	剥片	黒曜石	19.6	35.7	7.6	3.1	諏訪（分析No.71）	
62	9	8号土坑	4層	剥片	黒曜石	21.2	35.8	6.4	4.0	諏訪（分析No.99）	
62	10	8号土坑	1層	剥片	黒曜石	19.6	19.4	3.6	1.0	諏訪（分析No.83）	
62	11	8号土坑	3層	剥片	黒曜石	16.9	20.1	3.9	1.4	諏訪（分析No.76）	
62	12	8号土坑	2層	剥片	黒曜石	14.0	14.2	3.0	0.5	諏訪（分析No.70）	
62	13	8号土坑	4層	打製石斧	緑泥片岩	(100.8)	61.4	18.9	161.2		短冊形、基部破片
63	1	9号土坑	2層	石錐	チャート	26.4	9.8	5.4	1.8		石鏃茎部を転用
63	2	9号土坑	2層	石鏃未成品	黒曜石	(21.9)	20.5	5.8	2.2	諏訪（分析No.112）	
63	3	9号土坑	2層	剥片	黒曜石	(25.3)	29.8	5.2	3.9	神津島（分析No.105）	

図版No.	遺物No.	出土位置・土坑名	層位	器種	石材	最大長(mm)	最大幅(mm)	最大厚(mm)	重量(g)	黒曜石推定産地	備考
63	4	9号土坑	6層	剥片	黒曜石	(15.5)	26.7	4.1	0.9	諏訪（分析No.131）	
63	5	9号土坑	6層	剥片	黒曜石	(18.5)	22.5	6.6	1.9	諏訪（分析No.130）	
63	6	9号土坑	2層	剥片	黒曜石	(15.9)	(18.3)	4.7	1.0	神津島（分析No.128）	
63	7	9号土坑	2層	剥片	黒曜石	14.6	20.4	7.1	2.0	諏訪（分析No.120）	
63	8	9号土坑	3層	剥片	黒曜石	12.8	17.1	3.8	0.6	諏訪（分析No.123）	
63	9	9号土坑	2層	剥片	黒曜石	11.7	17.7	4.3	0.7	諏訪（分析No.117）	
63	10	9号土坑	2層	剥片	黒曜石	(29.0)	(29.8)	10.5	7.0	諏訪（分析No.125）	
63	11	9号土坑	2層	剥片	黒曜石	24.4	16.7	6.8	1.9	神津島（分析No.119）	
63	12	9号土坑	2層	剥片	黒曜石	18.6	14.7	3.1	0.5	諏訪（分析No.126）	
63	13	9号土坑	2層	剥片	黒曜石	20.3	24.9	5.0	1.7	諏訪（分析No.122）	
63	14	9号土坑	2層	剥片	凝灰岩	(33.0)	39.4	8.2	7.8		
63	15	9号土坑	2層	石核	黒曜石	29.0	43.3	13.2	11.5	神津島（分析No.110）	
63	16	10号土坑	—	剥片	黒曜石	30.2	9.6	8.5	1.1	諏訪（分析No.133）	
64	1	11号土坑	5層	石鏃	黒曜石	15.6	(11.3)	2.9	0.4	諏訪（分析No.152）	凹基無茎？、脚部欠損
64	2	11号土坑	1層	石鏃未成品	黒曜石	30.0	20.2	10.6	3.9	諏訪（分析No.135）	
64	3	11号土坑	5層	石鏃未成品	黒曜石	15.4	13.1	3.6	0.5	諏訪（分析No.138）	
64	4	11号土坑	6層	石鏃未成品	黒曜石	(9.4)	(10.6)	3.5	0.3	諏訪（分析No.147）	
64	5	11号土坑	6層	石鏃未成品	安山岩	(24.2)	(20.2)	4.6	1.5		
64	6	11号土坑	2層	ピエス・エスキーユ	黒曜石	15.8	12.4	8.1	1.0	諏訪（分析No.154）	
64	7	11号土坑	6層	ピエス・エスキーユ	黒曜石	13.7	10.2	8.3	0.8	諏訪（分析No.155）	
64	8	11号土坑	5層	剥片	黒曜石	21.8	18.8	6.1	1.7	諏訪（分析No.157）	
64	9	11号土坑	1層	剥片	黒曜石	17.5	(17.4)	4.9	0.8	諏訪（分析No.136）	
64	10	12号土坑	1層	RF	黒曜石	30.6	25.5	9.9	5.1	諏訪（分析No.166）	
65	1	2トレc区	5層	石鏃	黒曜石	12.9	11.6	3.8	0.4	諏訪（分析No.165）	凹基無茎、先端部欠損
65	2	3トレb区	1層	石鏃	黒曜石	(19.2)	15.9	4.8	1.2	諏訪（分析No.171）	平基有茎、茎部欠損
65	3	3トレb区	5層	石鏃	チャート	30.3	21.6	4.6	2.1		凹基無茎、完形
65	4	TP5	7層	石鏃未成品	黒曜石	14.0	11.0	2.4	0.2		
65	5	1トレa区	1層	石鏃未成品	黒曜石	15.8	10.4	3.1	0.4		
65	6	1トレb区	1層	石鏃未成品	黒曜石	29.3	22.3	7.7	4.3		
65	7	2トレc区	1層	ピエス・エスキーユ	黒曜石	26.4	18.5	10.1	4.4	諏訪（分析No.169）	
65	8	2トレc区	1層	ピエス・エスキーユ	黒曜石	26.8	15.9	12.2	3.8	諏訪（分析No.168）	
65	9	2トレ	1層	ピエス・エスキーユ	黒曜石	15.3	15.9	6.9	1.4		
65	10	F地点	表採	RF	凝灰岩	64.9	65.8	15.1	77.2		
65	11	2トレa区	6層	磨製石斧	凝灰岩	70.9	39.8	17.5	51.1		
65	12	2トレc区	5層	打製石斧	凝灰岩	117.6	48.3	21.9	122.9		短冊形、完形
65	13	2トレa区	8層	特殊磨石	閃緑岩	76.3	64.5	45.0	331.9		磨面、敲打痕
65	14	2トレc区	7層	磨石	斑レイ岩	(101.3)	77.5	40.7	467.2		磨面

（4）土製品（図版40）

　ここでは弥生時代の土製品について報告する。小破片で接合関係は不詳だが、同一個体で中空土偶の形を呈するとみられる土製品の破片が15点出土している。頭部・底部を含む大部分を欠損しているため、断定はできないものの、開口部を持つ土偶形容器である可能性が高い。破片はいずれも第4号・5号土坑覆土より出土している（図版28・29）。当該土坑からは弥生時代前期後葉の土器が出土しており、本土偶もこの時期に該当するものと思われる。

①第4号土坑出土土製品（図66-1～6）

　1～5は横断面が楕円形を呈する土偶形容器の胴部片とみられる。RL縄文施文後、2条1単位の平行沈線文を施し、沈線間の縄文をミガキにより部分的に磨り消している。

　6は土偶形容器の肩部周辺の部位と思われ、断面はやや円錐形を指向し、器面は抉り込みにより三叉状に隆起している。1～6の外面はいずれもミガキによって丁寧に調整され、外面全体に赤彩痕がみとめられる。焼成時に黒色処理されている可能性があり、焼成後赤彩された可能性が高い。

②第5号土坑出土土製品（図67-1～7）

　1は土偶形容器のわずかに下へと傾く短小な腕部片と想定されるが、左腕・右腕の別は不明である。外面は、前面から腕上部を通り背面につながるやや太めの6条の沈線によって施文され、ミガキによって丁寧に調整される。胴部を輪積み成形によって作出した後、腕部を胴部内面より押し出して成形したためか、内面には指頭による圧痕がみとめられる。

　2は横断面が楕円形を呈しており、土偶形容器の胴部片とみられるが、板状または紐状の粘土が貼り付けられ、腕状の表現がなされている。RL縄文施文後、1条の横位沈線によって上部と下部を区画し、上部はミガキによって調整されている。下部は2条1単位の平行沈線文を施し、沈線間の縄文をミガキにより部分的に磨り消している。

　3～7も土偶形容器の胴部片と想定され、第4号土坑出土土製品（図66-1～5）と同様の調整がなされる。6は無文の下胴部。7は底部片と考えられ、外面はわずかに浮彫状の凹凸が見受けられる。1～7の外面はいずれもミガキによって丁寧に調整され、焼成時に黒色処理を施している可能性がある。また、全体的に赤彩痕がみとめられ、製作時には土偶の外面全体が赤彩されていたと考えられる。

（石井）

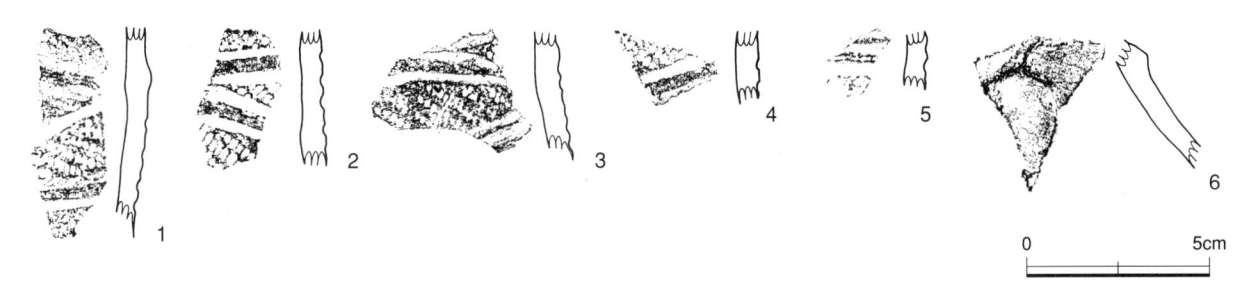

図66　第4号土坑出土土製品

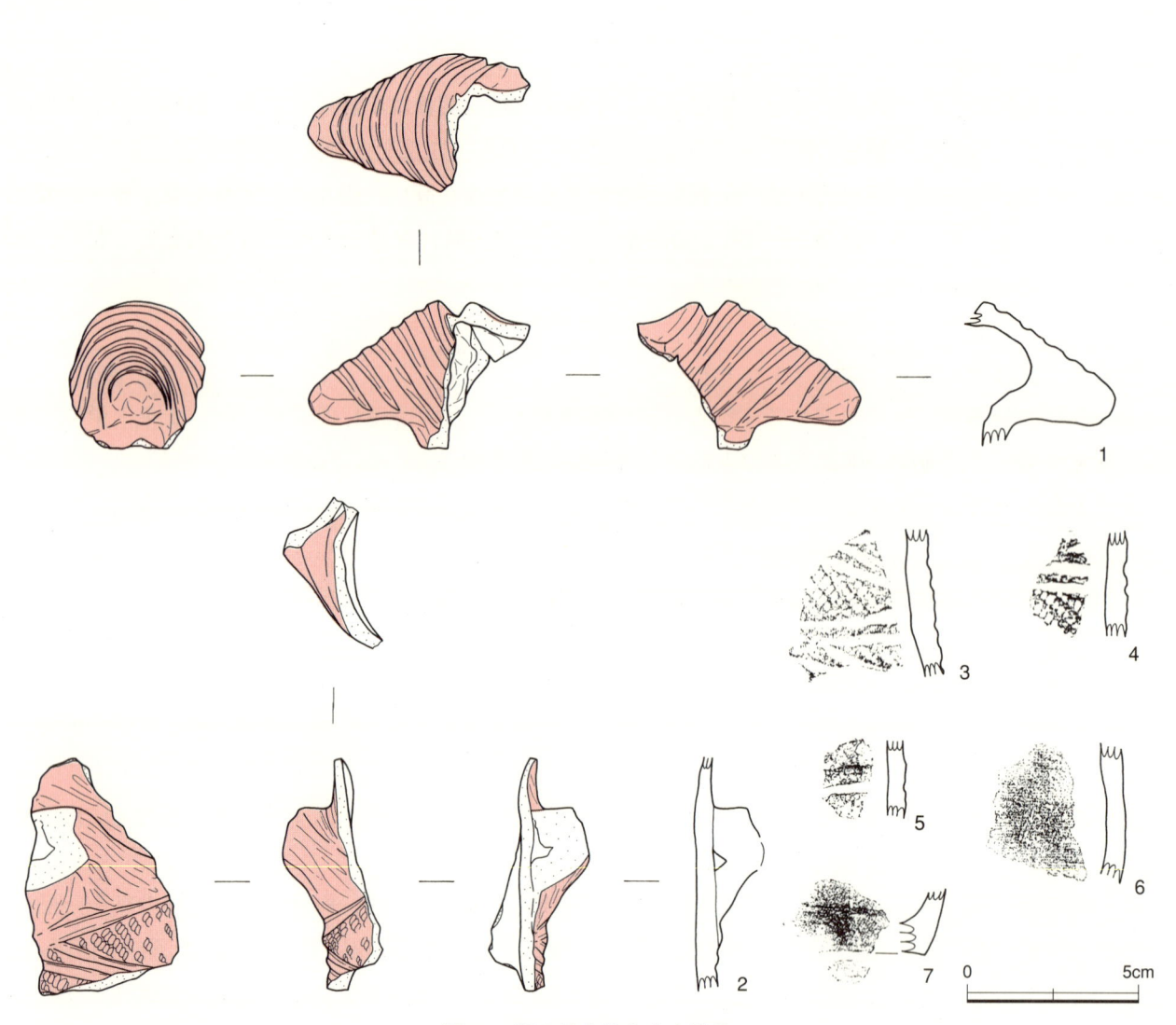

図67　第5号土坑出土土製品

表12　土製品観察表

図版No.	遺物No.	遺構	層位	残存部位	調整・施文	胎土	色調	備考
66	1	4号土坑	2・3層	胴部片	外：RL縄文→平行沈線文→ミガキ・縄文磨消(一部)→焼成時黒色処理？→全面赤彩　内：指ナデ	やや粗。石英、雲母を多量に含む	黒褐色	
66	2	4号土坑	3層	胴部片	外：RL縄文→平行沈線文→縄文磨消(一部)→焼成時黒色処理？→全面赤彩　内：ナデ	やや粗。石英、雲母を多量に含む	黒褐色	
66	3	4号土坑	3層	胴部片	外：RL縄文→平行沈線文→縄文磨消(一部)→焼成時黒色処理？→全面赤彩　内：ナデ	やや粗。石英、雲母を多量に含む	橙褐色	
66	4	4号土坑	3層	胴部片	外：RL縄文→平行沈線文→縄文磨消(一部)→焼成時黒色処理？→全面赤彩　内：ナデ	やや粗。石英、雲母を多量に含む	黒褐色	
66	5	4号土坑	3層	胴部片	外：RL縄文→平行沈線文→縄文磨消(一部)→焼成時黒色処理？→全面赤彩　内：ナデ	やや粗。石英、雲母を多量に含む	黒褐色	
66	6	4号土坑	3層	肩部？	外：抉り込みによる三叉文→ミガキ→焼成時黒色処理？→全面赤彩　内：ナデ	やや粗。石英、雲母を多量に含む	黒褐色	
67	1	5号土坑	4層	腕部片	外：沈線文(6条)→ミガキ→焼成時黒色処理？→全面赤彩　内：ヘラナデ？、指圧痕	やや粗。石英、雲母を多量に含む	黒褐色	
67	2	5号土坑	6層	胴部片	外：RL縄文→平行沈線文→ミガキ・縄文磨消(一部)→焼成時黒色処理？→全面赤彩　内：指ナデ	やや粗。石英、雲母を多量に含む	黒褐色	
67	3	5号土坑	6層	胴部片	外：RL縄文→平行沈線文→ミガキ・縄文磨消(一部)→焼成時黒色処理？→全面赤彩　内：指ナデ	やや粗。石英、雲母を多量に含む	黒褐色	
67	4	5号土坑	4層	胴部片	外：RL縄文→平行沈線文→ミガキ・縄文磨消(一部)→焼成時黒色処理？→全面赤彩　内：指ナデ	やや粗。石英、雲母を多量に含む	黒褐色	層位は出土高より想定
67	5	5号土坑	4層	胴部片	外：RL縄文→平行沈線文→焼成時黒色処理？→全面赤彩　内：指ナデ	やや粗。石英、雲母を多量に含む	黒褐色	層位は出土高より想定
67	6	5号土坑	6層	胴部片	外：ミガキ→焼成時黒色処理？→全面赤彩　内：指ナデ	やや粗。石英、雲母を多量に含む	橙褐色	
67	7	5号土坑	4層	底部片？	外：浮き彫り状の凹凸施文→ミガキ→焼成時黒色処理？→全面赤彩　内：指ナデ	やや粗。石英、雲母を多量に含む	黒褐色	層位は出土高より想定
—	8	5号土坑	5層	腕部片？	外：沈線文→ミガキ→焼成時黒色処理？→全面赤彩　内：ナデ	やや粗。石英、雲母を多量に含む	黒褐色	細片のため図化せず
—	9	5号土坑	不明	胴部片？	外：ミガキ？→焼成時黒色処理？→全面赤彩　内：ナデ	やや粗。石英、雲母を多量に含む	暗褐色	細片のため図化せず

（5）陶磁器（その他の中近世遺物）

　本遺跡では、北調査区から確認された近世以降の畝状遺構以外に古墳時代以降の遺構は検出されていないが、中近世の陶磁器と土製品、石製品がおもに1層から出土した。陶磁器は調査区全体から出土しており、特に出土量に偏りは認められなかった。またC地点とF地点からも表面採集された。陶磁器等については、18世紀後半以降の製品を中心として中世から19世紀代にかけてのものが認められた。陶器と磁器の割合はほぼ同量であり、土製品・石製品は少量である。器種としては、磁器の碗が比較的多く認められるように、日常的な雑器でほぼ占められている。産地としては、肥前、瀬戸・美濃、明石・堺、京・信楽の製品がある。器種としては、碗、皿、蓋、瓶、紅猪口、擂鉢、土瓶、火鉢、灯明受皿などバラエティーに富んでいる。火鉢や灯明受皿など火と関連するものは、瀬戸・美濃系の陶器が主体である。

　18世紀中頃まで、磁器市場は肥前系磁器がほぼ独占した状態であった。18世紀の後半になって各地に磁器窯が興り、日常雑器としての碗などが大量に生産され、全国に供給されるようになる。本遺跡の陶磁器類が18世紀後半以降の製品を主体としているのも、このような生産地の増加および供給地の拡大という流れと大きく関わっていることが考えられる。以下に、時期や産地が判別できる陶磁器38点、土製品2点、石製品2点を器種ごとに示す。

遺構外出土陶磁器（図68－1～38・図版43－1～38）

　1は肥前系磁器の碗の胴部破片である。外面に2重、内面に1重の網目文が染付けされている。17世紀後半～18世紀前半の製品。北調査Ⅱ区1層出土。

　2は「くらわんか手」と称される肥前系磁器の丸碗の口縁部から胴部にかけての破片である。胴部外面は雪輪草花文が染付けされている。器圧が厚いこの碗は長崎県波佐見地方を中心に生産された雑器である。口径10.1cm、残存高4.4cm。18世紀代の製品である。C地点表採。

　3は肥前系磁器の碗の口縁部破片である。波佐見窯系の製品と思われる。胴部外面に雪輪草花文と思われる染付けがされている。口径10cm、18世紀代の製品である。北調査Ⅱ区表採。

　4は肥前系磁器の碗の底部破片である。高台外面に2条の圏線、底裏には1条の圏線内に銘が書かれる。18世紀代の製品である。北調査Ⅱ区1層出土。

　5は肥前系磁器の丸碗の底部破片である。底裏には抽象文、高台外面は圏線、胴部外面は草花文と思われる文様が染付けされている。18世紀代の製品である。北調査Ⅱ区1層出土。

　6は肥前系磁器の筒形碗の口縁部破片である。口縁部外面に1条、内面に2条の圏線、胴部外面に竹文と思われる文様が染付けされている。口径8cm。18世紀末～19世紀代の製品である。北調査Ⅱ区表採。

　7は肥前系磁器の碗の口縁部破片である。口縁部内外面に1条の圏線、胴部外面に唐草文が染付けされている。時期不明。北調査Ⅱ区1層出土。

　8は肥前系磁器の碗の底部破片である。見込みに龍文が染付けされ、底裏に銘が書かれる。18世紀代の製品である。北調査Ⅱ区1層出土。

　9は肥前系磁器の碗の口縁部破片である。口縁部内面は2条の圏線、胴部外面は草花文が染付けされている。口径8.1cm、残存高3.4cm。18世紀末から19世紀代の製品である。TP5、1層出土。

　10は肥前系磁器の筒形碗の口縁部破片である。口縁部外面は1条、口縁部内面は2条の圏線、胴部外面は連子格子文と蝶文が染付けされている。18世紀末から19世紀前半の製品である。C地点表採。

　11は肥前系磁器の腰丸碗の底部破片である。胴部外面には連子格子文、見込みには円圏の中央に抽象文が染付けされている。19世紀代の製品である。C地点表採。

　12は肥前系磁器の碗の胴部破片である。外面に雲文、内面に2条の圏線が染付けされている。19世紀

— 113 —

代の製品である。南調査区1層出土。

13は肥前系磁器の碗の胴部破片である。外面に笹文、内面に1条の圏線が染付けされている。19世紀代の製品である。南調査区表採。

14は肥前系磁器の油壺の底部破片である。高台外面には圏線、胴部下半は縦縞が染付けされている。底径5.1cm、残存高2.2cm。19世紀前半代の製品である。TP4、1層出土。

15は肥前系磁器の小瓶の肩部破片である。外面に蛸唐草文が染付けされている。内面は無釉である。時期不明。北調査区Ⅱ区1層出土。

16は瀬戸・美濃系磁器の蓋である。口縁部内面には2条、口縁部外面には1条の圏線、胴部外面には鳥が染付けされている。口径は10.0cm、19世紀代の製品である。北調査Ⅱ区1層出土。

17は瀬戸・美濃系磁器の紅猪口である。外面は染付けされ、胴下半から高台にかけては無釉である。口径4.8cm、底径、1.8cm、器高1.6cm。19世紀以降の製品である。南調査区1層出土。

18は瀬戸・美濃系陶器の灰釉稜皿の口縁部破片で、17世紀後半の製品である。南調査区1層出土。

19は瀬戸・美濃系陶器の碁笥底皿底部破片である。見込みに目跡があり、外面は無釉。貫入あり。北調査Ⅱ区1層出土。

20は灰釉を施した皿の胴部破片である。火力不足により白濁している。中世から近世初期の製品である。産地不明。TP1、1層出土。

21は瀬戸・美濃系陶器皿の口縁部破片である。内外とも灰釉が施されている。近世の製品である。南調査区1層出土。

22は外面に鉄釉が施された瀬戸・美濃系陶器の腰錆碗の胴部破片である。内面には貫入が認められる。時期不明。北調査Ⅱ区1層出土。

23は京・信楽系陶器の杉形碗の胴部破片である。外面は鉄釉で若松文が描かれている。18世紀後半から19世紀代の製品である。F地点表採。

24は瀬戸・美濃系陶器の灰釉を施した徳利の底部破片である。ロクロ成形。18世紀代の製品である。TP1、1層出土。

25は瀬戸・美濃系陶器の徳利の肩部破片である。外面は灰釉が施される。近世の製品である。南調査区1層出土。

26は瀬戸・美濃系擂鉢の胴部上半破片である。内外面ともに鉄釉が施されている。18世紀前半代の製品である。C地点表採。

27は瀬戸・美濃系擂鉢の胴部下半破片である。内外面ともに鉄釉が施されている。18世紀前半代の製品である。F地点表採。

28は明石・堺系の焼締擂鉢の口縁部破片である。口縁部内面に1条の沈線、外面に2条の沈線を巡らせている。18世紀後半から19世紀前半の製品である。北調査Ⅱ区1層出土。

29は明石・堺系の焼締擂鉢の口縁部破片である。口縁部内面に1条の沈線、外面に2条の沈線を巡らせている。突帯が研磨されており、砥石に転用されたと思われる。18世紀後半から19世紀前半の製品である。C地点表採。

30は銅緑釉を施した青土瓶の口縁部破片である。本来蓋とセットとなっているため、口唇部の拭き取りが観察できる。19世紀代の製品である。産地不明。TP1、1層出土。

31は鉄釉土瓶の底部破片である。底部外面には三足が付き、煤が付着している。底径8.0cm、残存高1.9cm。19世紀以降の製品である。産地不明。北調査Ⅱ区1層出土。

32は土瓶の底部破片である。底部外面には煤が付着している。底径8.0cm、残存高1.5cm。19世紀以降

の製品である。産地不明。北調査Ⅱ区1層出土。

　33は瀬戸・美濃系陶器の火鉢の胴部破片である。外面は文様が型押しされ、緑釉が施されている。内面は鉄さびが施されている。19世紀前半から中頃の製品である。北調査区Ⅱ区1層出土。

　34は瀬戸・美濃系陶器の火鉢とみられるものの底部破片である。内外面とも緑釉が施されている。近世の製品である。南調査区表採。

　35は瀬戸・美濃系陶器の灯明受皿の口縁部破片である。全面に鉄釉を施した後、体部外面を拭き取っている。外面は口縁部近くまで回転ヘラケズリが施されている。口径8.9cm、底径4.0cm、器高2.1cm。19世紀前半から中頃の製品である。北調査Ⅱ区1層出土。

　36は陶器の灯明受皿の底部破片である。内面は施釉され、貫入がみられる。体部外面は回転ヘラケズリが施されている。時期不明。南調査区1層出土。

　37は瀬戸・美濃系陶器の灯明受皿の底部破片である。内外とも透明釉が施されている。外面は回転ヘラケズリが施されている。近世の製品である。北調査Ⅰ区1層出土。

　38は瀬戸・美濃系陶器の灯明台の皿受けの体部破片である。全面に透明釉を施している。時期不明。北調査Ⅱ区1層出土。

遺構外出土土製品（図68－39・40、図版43－39・40）

　39は土製の弾碁玉である。碁石状を呈する。幅2.0cm、厚さ0.5cm、重量2.0g である。近世の製品である。北調査Ⅱ区1層出土。

　40は土製の人形である。右半分が欠損している。長さ2.9cm、残存幅1.4cm、厚さ1.3cm、重量3.9g。近世の製品である。北調査Ⅱ区1層出土。

遺構外出土石製品（図68－41・42、図版43－41・42）

　41は粘板岩製の砥石である。2面に加工痕が認められる。残存長1.6cm、幅2.9cm、厚さ0.5cm、重量3.5g。時期不明。南調査区1層出土。

　42はチャートもしくは石英質石材の火打石であろう。左右の両辺と下辺に微細剥離痕が認められ、火打石として使用された際に残されたものと考えられる。時期不明。TP5、1層出土。　　　　　　（舘）

図68 遺構外出土陶磁器・土製品・石製品

（6）動植物遺存体

　弥生時代前期後葉に属する土坑中からは動植物遺体が散漫に出土した。動物遺体はおもに肉眼で他の遺物と同様に採取され、乾燥させてからクリーニングおよび接合をおこなった。その同定結果は第5章第6節で報告する。植物遺体では第9号土坑に肉眼で判断できる炭化種実が出土し、また草本類堆積層とした層からは細い茎または枝状の炭化植物遺体が密集して出土した。これらの植物遺体が何によって構成されたかを調査する必要と、微細な種実遺体がはいっていることが想定されたため、草本類堆積層の土壌自体をブロックで採取し、その中に含まれる植物遺体についてプラント・オパール分析および樹種同定、種実同定を実施した。また種実同定のため土層中層以下にみられた焼土層を中心として土壌を土嚢袋で回収し、1kg単位にわけて篩による水洗洗浄を行った。土壌の回収は他の土坑でも部分的に実施し、その種実同定結果については第5章第3節で報告する。ここでは第9号土坑覆土中層の焼土層（3・6層）から出土した炭化種実と、土壌の水洗選別方法について報告する。

1　種実遺体同定方法

　炭化種実の検討は、第9号土坑でNo.をつけて取り上げたNo.1～No.4の合計4試料について行った（図87）。ある程度塊で出土したものはNo.を付して他の遺物と同様に取り上げ、瓶に乾燥保存されていた。これら5試料を肉眼および実体顕微鏡下で観察し、同定・計数を行った。

2　出土した炭化種実

　同定された分類群は、木本のクリまたはトチノキ、トチノキの2分類群であった。これら出土した炭化種実の一覧を表13に示した。以下に、各試料の炭化種実を記載、図示する（図69）。

表13　炭化種実出土一覧表

（　）内は半分ないし破片の数を示す

分類群・部位＼試料名		第9号土坑			
		No.1	No.2	No.3	No.4
クリまたはトチノキ	炭化子葉	（約20）			
トチノキ	炭化種子		（4）	（15）	（3）
	炭化子葉			（14）	

　No.1（3層焼土面付近）：クリまたはトチノキの炭化子葉が約20片であった。破片の大きさは、1～5mm前後の微細片が約15片、3～5mm前後が2片、5～10mm前後が4片である。なお、微細片は計数が困難なため、およその個数である。また、1mm以下の非常に微細な破片は、計数していない。

　No.2（6層上部）：トチノキ炭化種子（種皮）の破片が4片であった。大きさは、径3～4mm前後が2片、6～8mm前後が1片、10mm前後が1片である。

　No.3（6層焼土面下位）：トチノキ炭化種子の破片が15片とトチノキ炭化子葉の破片が14片であった。種子片の大きさは径3～10mm前後、子葉片の大きさは径2～12mm前後。

　No.4（6層焼土面下位）：トチノキ炭化種子の破片が3片であった。大きさは、径3～5mm前後が1片と10mm前後が2片であった。

形態記載

（1）クリまたはトチノキ　*Castanea crenata* Sied. et Zucc. and/or *Aesculus turbinata* Blume　炭化子葉

　表面には、幅の広いやや深い皺が不規則に入る。内部は光沢があり、特に断面に見られる。深い皺は、クリに見られるが、概ね縦方向に入る。トチノキは、平滑気味であるが、この程度の不規則な皺が一部に入ってもおかしくはない。細かい破片であり、原形も推定できないので、区別し得なかった。

（2）トチノキ　*Aesclus turbinata* Blume　炭化種子・炭化子葉

　トチノキの種子（種皮）は、薄くてやや堅く、炭化状態がよいと表面には光沢があり、指紋状の文様が見られる。出土種子片は、やや状態が悪いこともあるが、表面は平滑で特徴的な文様などは見られない。裏面（内側）は、平滑気味かNo.3、No.4の一部で見られるように鋭角な凸状の盛り上がりを持つものもある。断面は、0.5mm前後と薄くやや堅い。一見して、オニグルミ核片、ブナ科（コナラ属かクリ）果皮片、トチノキ種子片のいずれかと推定されたが、表面からは、文様・皺・筋などが確認できないため、同定できない。裏面が平滑気味となるのは、ブナ科かトチノキであるが、トチノキは裏面の一部が凸状に盛り上がることもある。断面が薄いのは、ブナ科かトチノキであり、オニグルミも表面付近が薄く割れる場合もあり得ようが、出土種子片はいずれも断面は薄い。また、ブナ科は非常に薄くてやや脆いが、トチノキはもう少し厚くて緻密で堅い。以上を総合すると、出土種子片はトチノキであり、表面の文様は状態が悪くて残っていないと考えられる。子葉は厚みがあり、大型の子葉の破片と推定できる。表面の輪郭の曲率から、元は球形に近いと思われるものが含まれる。表面には皺や筋などは見られない。以上のことと種子の出土から、トチノキとした。しかし、細かい破片であり、稀に表面の輪郭の曲率が大きく、クリのようなものも含まれるので、トチノキ以外を含む可能性も否定はできない。

3　小括

　同定した結果、クリまたはトチノキ、トチノキであった。クリまたはトチノキとトチノキは、食用とされる代表的な利用植物である。トチノキは、種子（種皮）のみでなく、食用部分の子葉も揃って出土しているので、種皮は人が剥いた残滓ではない可能性が考えられる。

　またこれらは同定時には多数破片となっていたものの、出土時には取り上げ番号ごとに一個体であった。そのため、第9号土坑では少量のトチノキ炭化種子とクリまたはトチノキ子葉が確認された。

4　土壌洗浄方法

　土壌の洗浄および選別は中屋敷遺跡調査団がおこなった。土壌洗浄方法を図70・71に示す。

（新山・佐々木）

図69　第9号土坑から出土した炭化種実（スケールは1 mm）

1・2：クリまたはトチノキ炭化子葉（No.1）、3・4：トチノキ炭化種子（No.3）、5：トチノキ炭化種子（No.4）、6・7：トチノキ炭化子葉（No.3）

①あらかじめ秤で10kg計量し、作業開始 　②土壌を少しずつプラスチックビーカーに入れる
③水を入れ撹拌し、浮遊物を茶こしで回収する 　④②と③の作業を繰り返し、沈殿物のみにする 
⑤茶こしの浮遊物を布を張ったトレーにあける 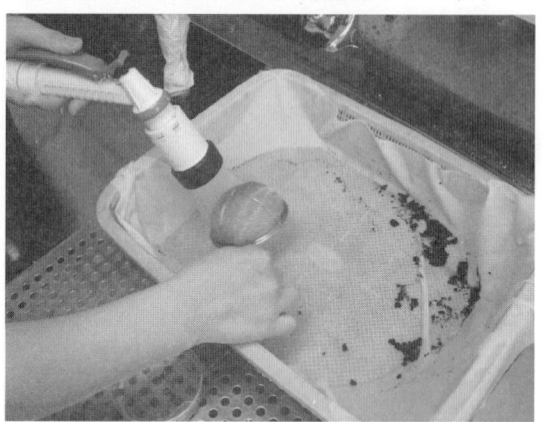　⑥とれにくいものはシャワーの水流を利用する 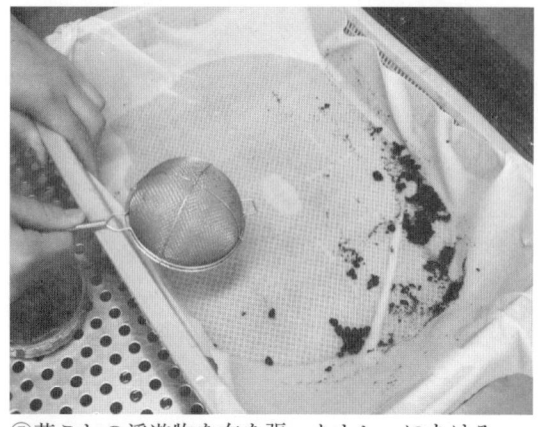
⑦沈殿物を0.25と0.5mmの篩を重ねた上に入れる 　⑧シャワーの水流を利用して水洗選別を行う 

図70　土壌洗浄の方法（1）

⑨土壌を洗浄し、下に流れなくなったら止める 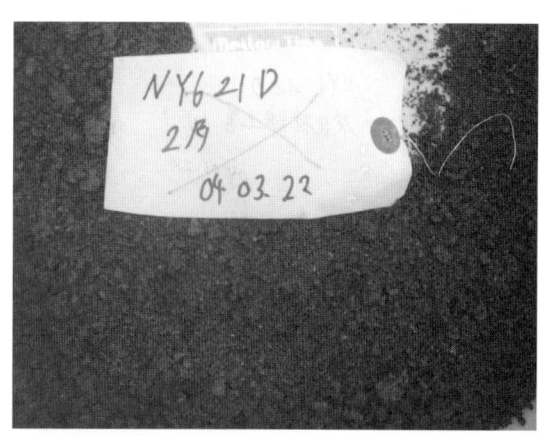　　0.5mmの篩に残った残渣

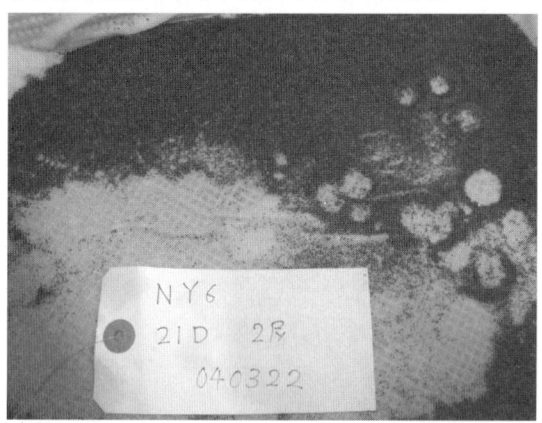

0.25mmの篩に残った残渣 　　⑩それぞれの篩の残渣を布を張ったトレーに移す

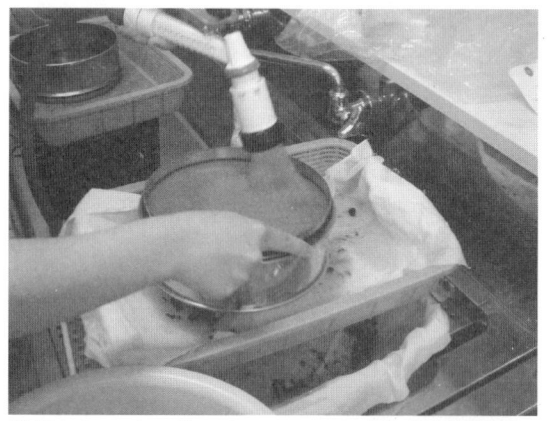

⑪落としにくいものはシャワーの水流を利用する 　　⑫乾燥させる

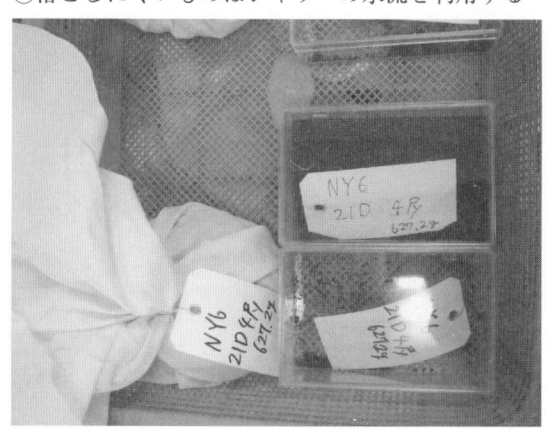

⑬乾燥後、ラベルをつけて保管する 　　⑭水洗した0.5mm目の残渣から炭化種実を抽出

図71　土壌洗浄の方法（2）

第5節　周辺踏査表面採集遺物

　数次の調査にわたり、中屋敷遺跡を中心にして半径約300mの地点を踏査したところ、中屋敷遺跡の立地とは異なる2地点から遺物が採集できた。この遺跡範囲外の2地点で表面採集した遺物を地点別・時期別に報告する。遺物は土器5点、陶器5点、磁器3点、土製品1点の計14点が採集できた（表14）。採集地点は図17、遺物の図は図72、写真は図版43-43～51、観察表は表15・16に示す。

1　中屋敷相和小学校前地点（図72・表15・図版43）

　中屋敷遺跡の北側約100mに位置する。大磯丘陵と中屋敷遺跡が立地する微高地の間に挟まれる現菊川が流れる河川沿いは、現在水田もしくは畑として利用されている。畑の区画ごとにFi1から3の地点を設定した。この標高約93.8mの菊川東側で土器1点と、陶器2点、磁器3点が採集できた。

　1は外湾する深鉢胴部破片である。V字形の工具による鋭い沈線が格子目状に引かれる。胎土はやや粗く、石英と、凝灰岩、角閃石、白色粒子を含む。縄文時代後期中葉、加曽利B式。Fi3地点採集（図72-4）。

　2は陶器皿の口縁部破片である。長石釉が内外面に施釉されることから志野焼の小皿と考えられる。近世前期の製品である。Fi2地点採集（図版43-46）。

　3は肥前系の磁器丸腰碗の口縁部破片である。梅花文の染付がみられる。近世後期の製品である。Fi1地点採集（図版43-48）。

　4は肥前系？の磁器碗の底部である。染付の有無は不明。近世後期から近代の製品と思われる。Fi1地点採集（図版43-49）。

2　金子台東側斜面地点（図72・表16・図版43）

　中屋敷遺跡の南西側約200mに位置する。標高86～98mの金子台と呼ばれる段丘の東側斜面中で土器と陶磁器が採集できた。地点はFi4とした。

　1は深鉢の擬口縁である。内外面は無文。胎土に繊維を顕著に含み、白色粒子、石英、角閃石を含む。縄文時代早期後半（図72-1、図版43-43）。

　2は深鉢の胴部破片である。内外面は無文。胎土に繊維、白色粒子、石英を含む。縄文時代早期後半（図版43-44）。

　3は甕形土器の口縁部破片である。外面に横位のやや細かい不揃いな条痕が雑に施された後に、口縁端部に細かい刻みが連続して加えられる。内面は横方向のナデ。胎土には白色および不透明の砂粒（石英・長石）のほか、細砂粒を多く含む。色調は橙褐色。弥生時代前期（図72-2、図版43-55）。

　4は泥人形等の破片か。胎土は緻密で淡橙色。中屋敷遺跡出土の近世以降の土製品と胎土が類似する。極小の黒色粒子を少量含む。近世後期。

　5は信楽系の陶器油受皿の体部破片である。外面無釉で内面灰釉。胎土は淡橙色。近世後期（図版43-47）。

　6は瀬戸美濃系の陶器灯明皿の体部破片である。全面に鉄釉を施した後、体部外面を拭き取っている。口径9.2cm、底径4.0cm、器高1.9cm。19世紀前半から中頃（図72-3、図版43-50）。

　7は明石・堺系の擂鉢の胴部破片である。18世紀後半から19世紀前半（図版43-51）。

3 小括

　周辺踏査の結果、2地点で遺物が採集できた。中屋敷相和小学校前地点では、縄文時代後期中葉の土器と、近世前期の陶器、近世後期と明治以降の磁器、金子台東側斜面地点では、縄文時代早期後半と、弥生時代前期の土器、近世後期の陶器、土製品、炻器が確認できた。　　　　　　　　　　　　（佐々木）

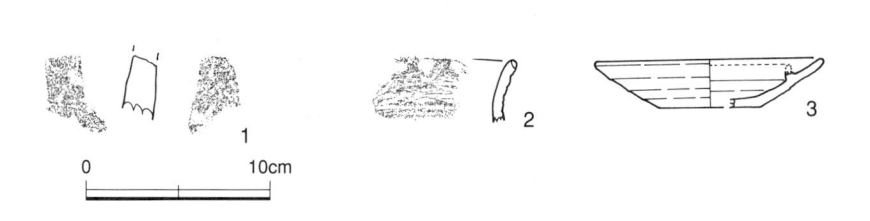

1～3　金子台東側斜面表採遺物
4　中屋敷相和小学校前地点表採遺物

図72　周辺踏査表面採集遺物

表14　周辺遺跡出土土器

	土器 縄文早期	土器 縄文後期	土器 弥生前期	陶器	磁器	土製品	合計
Fi 1					2		2
Fi 2				1	1		2
Fi 3		1		1			2
Fi 4	2		2	3		1	8
	2	1	2	5	3	1	14

表15　中屋敷相和小学校前地点表採遺物

図番号	遺物番号	出土地点	種別	器種	部位	時期	器形	外面	産地	胎土／色調
72-4	1	Fi 3	土器	深鉢	胴部	縄文後期	外反	格子目文		石英、凝灰岩、角閃石、白色粒子
—	2	Fi 2	陶器	皿	口縁部	近世前期	小皿	長石釉	志野	黄褐色
—	3	Fi 1	磁器	碗	口縁部	近世後期	丸腰碗	梅花文	肥前	
—	4	Fi 1	磁器	碗	底部	明治以降			肥前？	黒色細粒を若干含む
—	—	Fi 2	磁器	碗？	口縁部	近代			不明	

表16　金子台東側斜面地点表採遺物

図番号	遺物番号	出土地点	種別	器種	部位	時期	器形	外面	内面	産地	胎土／色調
72-1	1	Fi4	土器	深鉢	擬口縁	縄文早期	内湾	無文	無文		白色粒子、石英、角閃石、繊維
−	2	Fi4	土器	深鉢	胴部	縄文早期		無文	無文		白色粒子、石英、繊維
72-2	3	Fi4	土器	甕	口縁部	弥生前期	外反	刻み目、横方向の条痕	横方向のナデ		石英、凝灰岩
−	4	Fi4	土製品	泥人形？	不明	近世後期	不明	無文	無文		極小の黒色粒子、胎土で密で淡橙色
−	5	Fi4	陶器	油受皿	体部	近世後期		無釉	灰釉	信楽	
−	6	Fi4	陶器	灯明皿	体部	近世後期		鉄釉	外面鉄釉を拭き取り	瀬戸美濃	
72-3	7	Fi4	炻器	摺鉢	体部	近世後期		横方向のナデ	縦方向に粗い摺り面		粗い白色粒子

第5章　自然科学分析

第1節-1　放射性炭素年代測定

パレオ・ラボAMS年代測定グループ
佐々木由香・小林紘一・丹生越子・伊藤　茂・山形秀樹・
Zauri Lomtatidze・Ineza Jorjoliani・藤根　久・植田弥生・新山雅広

1．はじめに

　神奈川県大井町中屋敷遺跡より検出された土坑内出土試料12点について、加速器質量分析法（AMS法）による放射性炭素年代測定を行った。土器付着炭化物の試料採取は、藤根と佐々木、試料調製は、山形と、瀬谷、Lomtatidze、Jorjolianiが、測定は小林と、丹生、伊藤が行い、本文は佐々木と伊藤が作成した。なお、炭化材の樹種同定は植田、炭化種実の同定は新山が行った。

2．試料と方法

　測定試料の情報、調製データは表17のとおりである。

　試料はすべて土坑内から出土した炭化した試料である。第5号土坑3点（土器付着炭化物1点、炭化材2点）、第6号土坑1点（炭化材1点）、第7号土坑1点（炭化材1点）、第8号土坑1点（炭化材1点）、第9号土坑4点（土器付着炭化物1点、炭化種実3点）、第11号土坑1点（炭化材1点）の合計12点である。土器は2点とも大型の個体で、確実に土坑内に含まれるものを対象とし、外面の煤？と考えられる付着物を採取した。種実は2点がイネ炭化胚乳で、1点がトチノキ？炭化種皮であった（図73）（種実同定の詳細は本章第3節参照）。それぞれ1個体を試料とした。炭化材はほとんどが最外年輪の不明な材であったが、このうち第5号土坑から出土したNo.531の炭化材（PLD-2481）は、直径1.2cmのイヌシデ節の芯持ち丸木の破片で、最外年輪から試料を採取した。

　試料は調製後、PLD-3242～3247、3920、3990、3991については加速器質量分析計（パレオ・ラボ、コンパクトAMS：NEC製 1.5SDH）、PLD-2480～2482については加速器質量分析計（名古屋大学年代測定総合センターHVEE製タンデトロン）を用いて測定した。得られた^{14}C濃度について同位体分別効果の補正を行った後、^{14}C年代、暦年代を算出した。

3．結果

　表18に、同位体分別効果の補正に用いる炭素同位体比（$δ^{13}$C）、同位体分別効果の補正を行った^{14}C年代、^{14}C年代を暦年代に較正した年代を、図75～77に暦年代較正結果をそれぞれ示す。

　^{14}C年代はAD1950年を基点にして何年前かを示した年代である。^{14}C年代（yrBP）の算出には、^{14}Cの半減期としてLibbyの半減期5568年を使用した。また、付記した^{14}C年代誤差（±1$σ$）は、測定の統計誤差、標準偏差等に基づいて算出され、試料の^{14}C年代がその^{14}C年代誤差内に入る確率が68.2％であることを示すものである。

　なお、暦年代較正の詳細は以下の通りである。

暦年代較正

　暦年代較正とは、大気中の^{14}C濃度が一定で半減期が5568年として算出された^{14}C年代に対し、過去の宇宙線強度や地球磁場の変動による大気中の^{14}C濃度の変動、及び半減期の違い（^{14}Cの半減期5730±40年）を較正することである。

　^{14}C年代の暦年代較正にはOxCal3.10（較正曲線データ：INTCAL04）を使用した。なお、1σ暦年代範囲は、OxCalの確率法を使用して算出された^{14}C年代誤差に相当する68.2％信頼限界の暦年代範囲であり、同様に2σ暦年代範囲は95.4％信頼限界の暦年代範囲である。カッコ内の百分率の値は、その範囲内に暦年代が入る確率を意味する。グラフ中の縦軸上の曲線は^{14}C年代の確率分布を示し、二重曲線は暦年代較正曲線を示す。それぞれの暦年代範囲のうち、その確率が最も高い年代範囲については、表中に下線で示してある。

4．考察

　試料について、同位体分別効果の補正及び暦年代較正を行った。得られた暦年代範囲のうち、その確率の最も高い年代範囲に着目すると、それぞれより確かな年代値の範囲が示された。

　2σ暦年代範囲に注目して遺構別に年代を整理する。2σ暦年代範囲は、95.4％の確率で年代がこの範囲に収まることを意味する。なお、前提として、放射性炭素年代で2400年前後にあたる年代を暦年較正すると、暦年較正曲線が平坦なために暦年代は数百年の幅のある年代範囲となる（2400年問題）（図74）。

　また測定試料に炭化材が多いことも、年代の解釈に注意が必要である。木材の放射性炭素年代が示すのは、その部分の年輪が形成された年代である。最外年輪を試料とした場合、その年代が示すのは枯死あるいは伐採の年代であり、木材が利用された年代に近いと考えることができる。一方、最外年輪より内側の部位を試料とした場合、その年代が示すのは枯死あるいは伐採の年代よりも古い年代である。これは古木効果と呼ばれる。測定した炭化材は、1点（PLD-248）を除き最外年輪以外の部位不明であったため、測定した年輪部分と最外年輪の間にどのくらいの年輪数があるかによって古い年代が示されている可能性を考慮する必要がある。

　第5号土坑出土遺物は3点を測定した。壺形土器付着炭化物とイヌシデ節の炭化材、アカガシ亜属の炭化材（PLD-2480～2482）は、2σ暦年代範囲で高い確率に注目すると、550-380calBCの年代範囲内に含まれた。土器付着炭化物は外面の煤？であるため、燃料材の年代に由来すると考えられる。型式学的には弥生時代前期後葉と考えられている（第4章第4節（2））。イヌシデ節は枝状の材で、最外年輪を測定試料としたため、得られた年代は伐採年代あるいは枯死年代を示している。

　第6号土坑出土遺物では1点を測定した。クリの炭化材（PLD-3242）は、2σ暦年代範囲の高い確率で770-480calBC（86.9％）であった。他の土坑の年代範囲より、古い年代範囲が示された。

　第7号土坑出土遺物では1点を測定した。イヌシデ節の炭化材（PLD-3243）は、2σ暦年代範囲で540-370calBC（95.4％）であった。

　第8号土坑出土遺物では1点を測定した。イヌシデ節の炭化材（PLD-3244）は、2σ暦年代範囲の高い確率で420-350calBC（81.3％）であった。

　第9号土坑出土遺物は4点を測定した。イヌシデ節の炭化材とトチノキ？炭化種皮、イネ炭化胚乳2点、（PLD-3245・3990・3920・3991）は、2σ暦年代範囲で高い確率に注目すると、600-350calBCの年代範囲内に含まれた。このうち、最外年輪以外の部位を測定試料としたイヌシデ節の年代範囲のみ古いため、古木効果を考慮して除くと、それ以外の種実3点の年代範囲は550-350calBCに含まれた。

第11号土坑出土遺物は2点を測定した。甕形土器付着炭化物とアオキの炭化材（PLD-3246・3247）は、2σ暦年代範囲で高い確率に注目すると、670-380calBCの年代範囲内に含まれた。土器付着炭化物は外面の煤？であるため、燃料材の年代に由来すると考えられる。土器は型式学的には弥生時代前期後葉と考えられている（第4章第4節（2））。

　各土坑の年代範囲を比較すると、第6号と第11号土坑の年代範囲がやや古かったが、古い年代範囲を示した試料は炭化材であるため、古木効果を考慮して検討する必要がある。測定した試料の多くの年代範囲は前4世紀半～6世紀半前後であり、出土土器型式および土器付着炭化物の年代から弥生時代前期後葉に相当することが考えられる。

表17　測定試料および処理

測定番号	出土遺構	分析試料	試料データ	前処理
PLD-2480	第5号土坑	遺物No.：図56-5 試料：壺付着炭化物 層位：8層	試料の種類：土器付着物・外側（煤？） 状態：dry カビ：無	超音波煮沸洗浄 酸・アルカリ・酸洗浄 （塩酸1.2N, 水酸化ナトリウム1N, 塩酸1.2N）
PLD-2481	第5号土坑	遺物No.：531 試料：炭化材 層位：5層	試料の種類：炭化材（イヌシデ節） 試料の性状：最外年輪 状態：dry カビ：無	超音波煮沸洗浄 酸・アルカリ・酸洗浄 （塩酸1.2N, 水酸化ナトリウム1N, 塩酸1.2N）
PLD-2482	第5号土坑	遺物No.：533 試料：炭化材 層位：5層上部	試料の種類：炭化材（アカガシ亜属） 試料の性状：最外以外部位不明 状態：dry カビ：無	超音波煮沸洗浄 酸・アルカリ・酸洗浄 （塩酸1.2N, 水酸化ナトリウム1N, 塩酸1.2N）
PLD-3242	第6号土坑	遺物No.：土坑一括 試料：炭化材 層位：不明	試料の種類：炭化材（クリ） 試料の性状：最外以外部位不明 状態：dry カビ：無	超音波煮沸洗浄 酸・アルカリ・酸洗浄 （塩酸1.2N, 水酸化ナトリウム1N, 塩酸1.2N）
PLD-3243	第7号土坑	遺物No.：土坑一括 試料：炭化材 層位：不明	試料の種類：炭化材（イヌシデ節） 試料の性状：最外以外部位不明 状態：dry カビ：無	超音波煮沸洗浄 酸・アルカリ・酸洗浄 （塩酸1.2N, 水酸化ナトリウム1N, 塩酸1.2N）
PLD-3244	第8号土坑	遺物No.：土坑一括 試料：炭化材 層位：草本類堆積層	試料の種類：炭化材（イヌシデ節） 試料の性状：最外以外部位不明 状態：dry カビ：無	超音波煮沸洗浄 酸・アルカリ・酸洗浄 （塩酸1.2N, 水酸化ナトリウム1N, 塩酸1.2N）
PLD-3245	第9号土坑	遺物No.：土坑一括 試料：炭化材 層位：炭化材集中部	試料の種類：炭化材（イヌシデ節） 試料の性状：最外以外部位不明 状態：dry カビ：無	超音波煮沸洗浄 酸・アルカリ・酸洗浄 （塩酸1.2N, 水酸化ナトリウム1N, 塩酸1.2N）
PLD-3990	第9号土坑	遺物No.：土坑一括 試料：トチノキ?炭化種皮 層位：草本類堆積物の下	試料の種類：炭化種実 試料の性状：トチノキ?炭化種皮 状態：dry カビ：無	超音波煮沸洗浄 酸・アルカリ・酸洗浄 （塩酸1.2N, 水酸化ナトリウム1N, 塩酸1.2N）
PLD-3920	第9号土坑	遺物No.：一括 試料：イネ炭化胚乳 層位：草本類堆積物の土壌サンプル中	試料の種類：炭化種実 試料の性状：イネ炭化胚乳 状態：dry カビ：無	超音波煮沸洗浄 酸・アルカリ・酸洗浄 （塩酸1.2N, 水酸化ナトリウム1N, 塩酸1.2N）
PLD-3991	第9号土坑	遺物No.：3層一括 試料：イネ炭化胚乳 層位：3層	試料の種類：炭化種実 試料の性状：イネ炭化胚乳 状態：dry カビ：無	超音波煮沸洗浄 酸・アルカリ・酸洗浄 （塩酸1.2N, 水酸化ナトリウム1N, 塩酸1.2N）
PLD-3246	第11号土坑	遺物No.：図52-2 試料：甕付着炭化物 層位：2層	試料の種類：土器付着物・外側（煤？） 状態：dry カビ：無	超音波煮沸洗浄 酸・アルカリ・酸洗浄 （塩酸1.2N, 水酸化ナトリウム1N, 塩酸1.2N）
PLD-3247	第11号土坑	遺物No.：2層一括 試料：炭化材 層位：2層	試料の種類：炭化材（アオキ） 試料の性状：最外以外部位不明 状態：dry カビ：無	超音波煮沸洗浄 酸・アルカリ・酸洗浄 （塩酸1.2N, 水酸化ナトリウム1N, 塩酸1.2N）

表18 放射性炭素年代測定および暦年較正の結果

測定番号	出土遺構	δ¹³C (‰)	¹⁴C 年代 (yrBP±1σ)	暦年較正用年代 (yrBP±1σ)	¹⁴C年代を暦年代に較正した年代範囲 1σ暦年代範囲	¹⁴C年代を暦年代に較正した年代範囲 2σ暦年代範囲
PLD-2480	第5号土坑 壺付着炭化物	-25.40±0.10	2405±30	2403±28	510BC (68.2%) 400BC	740BC (8.0%) 690BC 660BC (1.2%) 650BC 550BC (86.2%) 390BC
PLD-2481	第5号土坑 イヌシデ節炭化材	-25.20±0.10	2410±30	2411±28	520BC (68.2%) 400BC	740BC (10.6%) 680BC 670BC (2.0%) 640BC 550BC (82.8%) 390BC
PLD-2482	第5号土坑 アカガシ亜属炭化材	-28.30±0.10	2365±30	2364±28	510BC (19.9%) 460BC 450BC (5.6%) 430BC 420BC (42.8%) 390BC	520BC (95.4%) 380BC
PLD-3242	第6号土坑 クリ炭化材	-22.81±0.15	2475±35	2473±34	760BC (24.2%) 680BC 670BC (19.4%) 610BC 600BC (24.6%) 520BC	770BC (86.9%) 480BC 470BC (8.5%) 410BC
PLD-3243	第7号土坑 イヌシデ節炭化材	-23.87±0.15	2350±35	2352±33	490BC (13.6%) 460BC 450BC (4.5%) 430BC 420BC (50.1%) 380BC	540BC (95.4%) 370BC
PLD-3244	第8号土坑 イヌシデ節炭化材	-24.31±0.17	2320±35	2322±33	410BC (68.2%) 375BC	510BC (5.2%) 430BC 420BC (81.3%) 350BC 290BC (8.9%) 230BC
PLD-3245	第9号土坑 イヌシデ節炭化材	-24.49±0.40	2435±35	2437±33	730BC (13.6%) 690BC 660BC (1.1%) 650BC 550BC (53.4%) 410BC	760BC (21.3%) 680BC 670BC (8.6%) 610BC 600BC (65.5%) 400BC
PLD-3990	第9号土坑 トチノキ?炭化種皮	-25.94±0.16	2375±30	2373±32	510BC (40.4%) 430BC 420BC (27.8%) 390BC	720BC (2.5%) 690BC 540BC (92.9%) 380BC
PLD-3920	第9号土坑 イネ炭化胚乳	-24.05±0.15	2395±30	2394±30	510BC (68.2%) 400BC	730BC (6.4%) 690BC 550BC (89.0%) 390BC
PLD-3991	第9号土坑 イネ炭化胚乳	-24.59±0.15	2320±30	2319±32	405BC (68.2%) 370BC	490BC (1.9%) 460BC 420BC (83.7%) 350BC 290BC (9.9%) 230BC
PLD-3246	第11号土坑 甕付着炭化物	-21.41±0.37	2380±35	2378±33	510BC (45.9%) 430BC 420BC (22.3%) 390BC	730BC (4.6%) 690BC 540BC (90.8%) 380BC
PLD-3247	第11号土坑 アオキ炭化材	-24.76±0.30	2460±35	2461±33	750BC (24.1%) 680BC 670BC (12.2%) 610BC 600BC (27.9%) 500BC 440BC (4.0%) 420BC	760BC (26.1%) 680BC 670BC (69.3%) 410BC

第 9 号出土イネ炭化胚乳（PLD-3920）

図73　種実遺体の測定試料
（スケールは 1 mm）

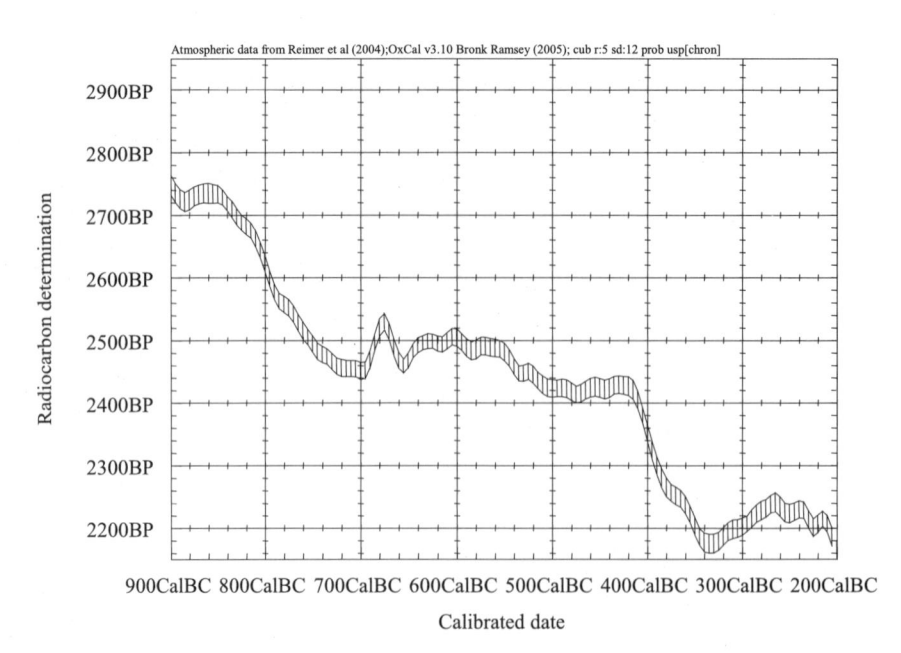

図74　暦年較正曲線

PLD-2480　2403±28BP	第 5 号土坑　壺付着炭化物
PLD-2481　2411±28BP	第 5 号土坑　イヌシデ節炭化材
PLD-2482　2364±28BP	第 5 号土坑　アカガシ亜属炭化材
PLD-3242　2473±34BP	第 5 号土坑　クリ炭化材
PLD-3243　2352±33BP	第 7 号土坑　イヌシデ節炭化材
PLD-3244　2322±33BP	第 8 号土坑　イヌシデ節炭化材
PLD-3245　2437±33BP	第 9 号土坑　イヌシデ節炭化材
PLD-3990　2373±32BP	第 9 号土坑　トチノキ？炭化種皮
PLD-3920　2394±30BP	第 9 号土坑　イネ炭化胚乳
PLD-3991　2319±32BP	第 9 号土坑　イネ炭化胚乳
PLD-3246　2378±33BP	第11号土坑　甕付着炭化物
PLD-3247　2461±33BP	第11号土坑　アオキ炭化材

図75　暦年較正年代の一覧

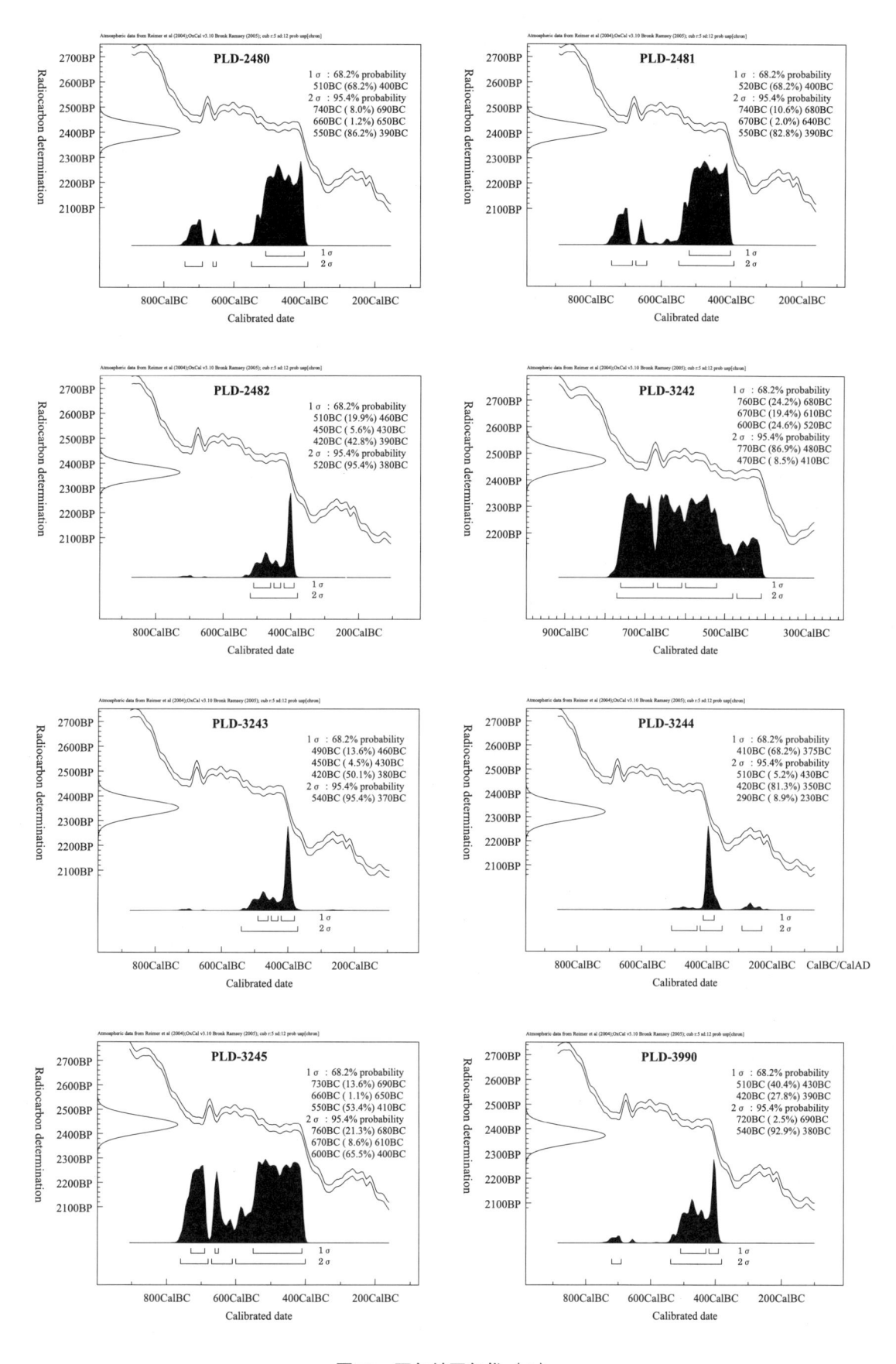

図76 暦年較正年代（1）

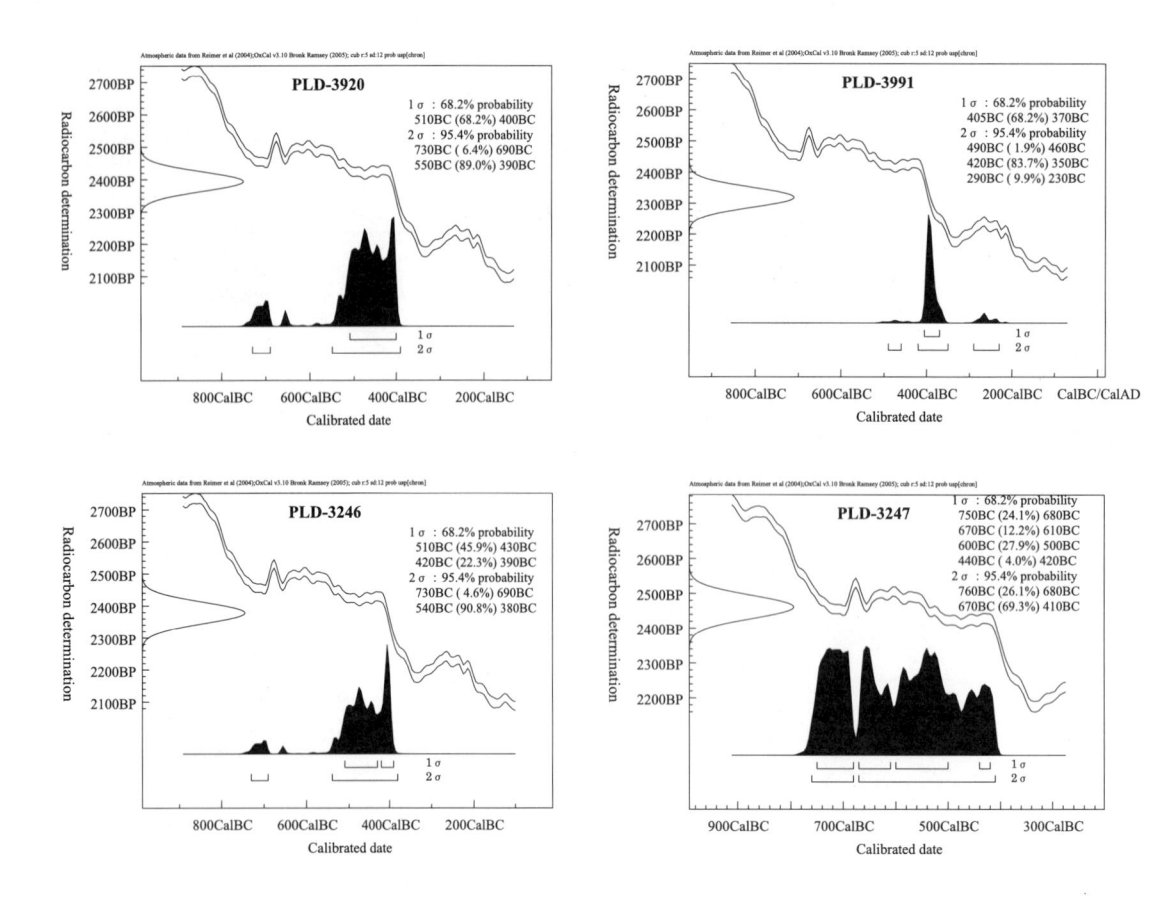

図77　暦年較正年代（2）

参考文献

Bronk Ramsey C. 1995 Radiocarbon Calibration and Analysis of Stratigraphy: The OxCal Program・*Radiocarbon*, 37（2）, pp.425-430

Bronk Ramsey C. 2001 Development of the Radiocarbon Program OxCal, *Radiocarbon*, 43（2 A）, pp.355-363.

中村俊夫 2000 「放射性炭素年代測定法の基礎」『日本先史時代の^{14}C年代』pp.3-20

Reimer PJ, MGL Baillie, E Bard, A Bayliss, JW Beck, C Bertrand, PG Blackwell, CE Buck, G Burr, KB Cutler, PE Damon, RL Edwards, RG Fairbanks, M Friedrich, TP Guilderson, KA Hughen, B Kromer, FG McCormac, S Manning, C Bronk Ramsey, RW Reimer, S Remmele, JR Southon, M Stuiver, S Talamo, FW Taylor, J van der Plicht, and CE Weyhenmeyer. 2004 *Radiocarbon*, 46, pp.1029-1058.

第1節-2 土器付着物およびアワ胚乳の^{14}C年代測定

学術創成研究グループ小林謙一（国立歴史民俗博物館）・坂本　稔（国立歴史民俗博物館）
松崎浩之（東京大学大学）・設楽博己（駒澤大学）

1. 測定試料

神奈川県中屋敷遺跡出土土器付着物およびアワ胚乳の^{14}C年代測定を試みた。試料は、土器付着物は昭和女子大学において山本暉久・小泉玲子氏の提供を受け、小林・設楽が、土器2個体から採取した。種子については、（株）パレオ・ラボ新山雅弘氏が同定した試料から、提供を受けた。

いずれも甕形土器の底部である。底部は大きく、どっしりした甕形土器である。KNSZ-2は底部付近まで縦に条痕文が施されているが、わずかに左傾している。二本一対のようにみられるので、原体は半截竹管と思われる。KNSZ-1には外面に条痕文が施されている。いずれもこれだけでは年代を決定する決め手にかけるが、周辺の土坑から出土した土器はいずれも弥生時代前期後葉であり、前期終末にまでは下がらないように思われる。堅緻な焼成からすれば、少なくとも中期にまで下がるものではない。

2. 炭化物の処理

試料については、註1に示す手順で試料処理を行った。（1）処理の作業は、国立歴史民俗博物館の年代測定資料実験室において新免歳靖、（2）燃焼と（3）グラファイト化の作業は、土器付着物については尾嵜大真、アワについては宮田佳樹が行った。

3. 測定結果と暦年較正

AMSによる^{14}C測定は、同時に調製した標準試料とともに、東京大学原子力研究総合センターのタンデム加速器施設（MALT、機関番号MTC）で行った。KNSZ-C1は、炭素量が少ないため、地球科学研究所を通してベータアナリティック社（機関番号Beta）へ委託した。

測定結果は、註2に示す方法で、同位体効果を補正し、暦年較正年代を算出した。

4. 測定結果について

暦年較正年代についてみていくと、土器付着物では、KNSZ-1は紀元前540-360年に含まれる可能性が91％、KNSZ-2は紀元前570-395年に含まれる可能性が75％である。土坑出土のアワであるKNSZ-C1・C3も、KNSZ-2とほぼ同様の年代を示す。筆者らのこれまでの測定（今村ほか 2004）からみると、これは弥生時代前期後半の時期ととらえられる。

土器付着物のδ^{13}C値についてみると、加速器の測定であるが、KNSZ-1は-24.2‰、KNSZ-2は-23.3‰、でやや重く、C4植物の可能性も含め、今後検討する必要がある。

この分析は、平成17年度科学研究費補助金（学術創成研究）「弥生農耕の起源と東アジア炭素年代測定による高精度編年体系の構築―」（研究代表　西本豊弘）の成果を用いている。

本稿を草するにあたり、暦年較正については今村峯雄氏のご教示を得た。感謝します。本稿は、補注について坂本稔、1を設楽博己、その他を小林謙一が執筆した。

註

(1)

1．前処理：酸・アルカリ・酸による化学洗浄（AAA処理）。

　AAA処理に先立ち、土器付着物については、アセトンに浸け振とうし、油分など汚染の可能性のある不純物を溶解させ除去した（2回）。AAA処理として、80℃、各1時間で、希塩酸溶液（1N−HCl）で岩石などに含まれる炭酸カルシウム等を除去（2回）し、さらにアルカリ溶液（NaOH、1回目0.01N、3回目以降0.1N）でフミン酸等を除去した。アルカリ溶液による処理は5回行い、ほとんど着色がなくなったことを確認した。さらに酸処理（1N−HCl，12時間）を行ってアルカリ分を除いた後、純水により洗浄した（4回）。

　胚乳のAAA処理は、自動処理装置（Sakamoto et al. 2002）を用いた。80℃、各1時間で、希塩酸溶液（1N−HCl）で岩石などに含まれる炭酸カルシウム等を除去（2回）し、さらにアルカリ溶液（1N−NaOH）でフミン酸等を除去する工程を5回、さらに2回酸処理（1N−HCl　240分以上）を行いアルカリ分を除いた後、純水を使って洗浄した（5回）。

　試料の重量について、AAA処理を行った量（処理量）、処理後回収した量（回収量）、二酸化炭素を得るために燃焼した量（燃焼量）、精製して得られた二酸化炭素の量に相当する炭素量（ガス）をmg単位で、処理した量に対する回収量の比（含有率1）、燃焼量に対する炭素相当量の比（含有率2）、処理量に対する炭素相当量の比、すなわち含有率1と2の積（含有率3）を％で、表2に記す。今回測定できた試料は、KNSZ−C1を除き、炭素含有率2が50〜60％と高い炭素含有率であり、良好な年代測定用試料ということができる。KNSZ−C1は、アワ胚乳であるが、例えば同じアワであるKNSZ−C3と比べてやや炭素回収率がやや低かった。原因は不明であるが、植物遺体であり、年代測定試料としては、問題は少ないと考える。

2．二酸化炭素化と精製：酸化銅により試料を燃焼（二酸化炭素化）、真空ラインを用いて不純物を除去。

　AAA処理の済んだ乾燥試料を、500mgの酸化銅とともに石英ガラス管に投じ、真空に引いてガスバーナーで封じ切った。このガラス管を電気炉で850℃で3時間加熱して試料を完全に燃焼させた。得られた二酸化炭素には水などの不純物が混在しているので、ガラス製真空ラインを用いてこれを分離・精製した。

3．グラファイト化：鉄触媒のもとで水素還元し、二酸化炭素をグラファイト炭素に転換。アルミ製カソードに充填。

　1.5mgの炭素量を目標にグラファイトに相当する二酸化炭素を分取し、水素ガスとともに石英ガラス管に封じた。これを電気炉でおよそ600℃で12時間加熱してグラファイトを得た。ガラス管にはあらかじめ触媒となる鉄粉が投じてあり、グラファイトはこの鉄粉の周囲に析出する。グラファイトは鉄粉とよく混合した後、穴径1mmのアルミニウム製カソードに600Nの圧力で充填した。

(2)

　年代データの^{14}CBPという表示は、西暦1950年を基点にして計算した^{14}C年代（モデル年代）であることを示す（BPまたはyrBPと記すことも多いが、本稿では^{14}CBPとする）。^{14}C年代を算出する際の半減期は、5,568年を用いて計算することになっている。誤差は測定における統計誤差（1標準偏差、68％信頼限界）である。

　AMSでは、グラファイト炭素試料の^{14}C/^{12}C比を加速器により測定する。正確な年代を得るには、試料の同位体効果を測定し補正する必要がある。同時に加速器で測定した^{13}C/^{12}C比により、^{14}C/^{12}C比に対する同位体効果を調べ補正する。^{13}C/^{12}C比は、標準体（古生物 belemnite 化石の炭酸カルシウムの^{13}C/^{12}C比）に対する千分率偏差 δ^{13}C（パーミル，‰）で示され、この値を−25‰に規格化して得られる^{14}C/^{12}C比によって補正する。補正した^{14}C/^{12}C比から、^{14}C年代値（モデル年代）が得られる（英語表記では Conventional Age とされることが多い）。δ^{13}C値については、加速器による測定は同位体効果補正のためであり、必ずしも^{13}C/^{12}C比を正確に反映しないこともあるため、試料に残余があるものは、前処理したサンプルを分与して、（株）昭光通商に委託し、安定同位体質量分析計により、δ^{13}C値を測定している。昭光通商に委託する残余分がない試料については、東京大学で測定した加速器によるδ^{13}C値を参考として（　）で付す。

測定値を較正曲線IntCal04（14C年代を暦年代に修正するためのデータベース、2004年版）（Reimer et al. 2004）と比較することによって暦年代（実年代）を推定できる。両者に統計誤差があるため、統計数理的に扱う方がより正確に年代を表現できる。すなわち、測定値と較正曲線データベースとの一致の度合いを確率で示すことにより、暦年代の推定値確率分布として表す。暦年較正プログラムは、国立歴史民俗博物館で作成したプログラムRHCal（OxCal Programに準じた方法）を用いている。統計誤差は2標準偏差に相当する、95％信頼限界で計算した。年代は、較正された西暦calBCで示す。（　）内は推定確率である。図は、各試料の暦年較正の確率分布である。

表19　年代測定用試料一覧

試料番号	種類	時期	種類	出土位置・層位	付着状況
KNSZ　1	土器付着	弥生前期後葉	深鉢	11号土坑№1	底部内面　焦げ
KNSZ　2	土器付着	弥生前期後葉	深鉢	8号土坑№1	口縁部外面　スス
KNSZ　C1	アワ炭化胚乳	弥生前期後葉	胚乳	9号土坑焼土層⑤	
KNSZ　C3	アワ炭化胚乳	弥生前期後葉	胚乳	9号土坑	

表20　試料の重量と炭素量

試料番号	採取量	処理量	回収量	含有率1	前処理後	燃焼量	ガス	含有率2	含有率3
KNSZ　1	65.33	60.05	27.99	46.6%	良	4.98	3.03	60.8%	28.4%
KNSZ　2	30.66	30.66	4.11	13.4%	良	3.66	1.77	48.4%	6.5%
KNSZ　C1	多量	9.00	2.64	29.3%	良	2.22	0.68	30.6%	9.0%
KNSZ　C3	多量	17.00	7.56	44.7%	良	2.99	1.83	61.2%	27.4%

採取量・処理量・回収量・燃焼量は、炭化物の重量（mg）、ガスは二酸化炭素の炭素相当量（mg）、含有率は％
含有率1は回収量／処理量（％）、含有率2はガス／燃焼（％）、含有率3は含有率1＊含有率2（％）

表21　測定結果と暦年較正年代

試料番号	測定機関番号	炭素年代 δ^{13}C‰	^{14}C BP（補正値）	暦年較正 cal BC	(%)は確率密度
KNSZ-1	MTC-05923	(-24.2)	2350±40	725-690	3.3%
				655-655	0.2%
				540-360	91.3%
				270-260	0.6%
KNSZ-2	MTC-05924	(-23.3)	2405±40	750-685	14.7%
				665-645	4.1%
				590-575	1.5%
				570-395	75.1%
KNSZ-C1	Beta-210494	-10.5	2430±40	750-685	19.8%
				665-630	7.7%
				625-610	1.8%
				595-400	66.1%
KNSZ-C3	MTC-06582	(-9.7)	2410±40	750-685	15.8%
				665-640	4.5%
				590-395	75.1%

KNSZ1 口縁部外面付着状態

KNSZ2 口縁部外面付着状態

KNSZ1 AAA処理前 35倍

KNSZ1 AAA処理後 35倍

KNSZ2 AAA処理前 35倍

KNSZ2 AAA処理後 35倍

KNSZ-C1 AAA処理前 35倍

KNSZ-C3 AAA処理前 35倍

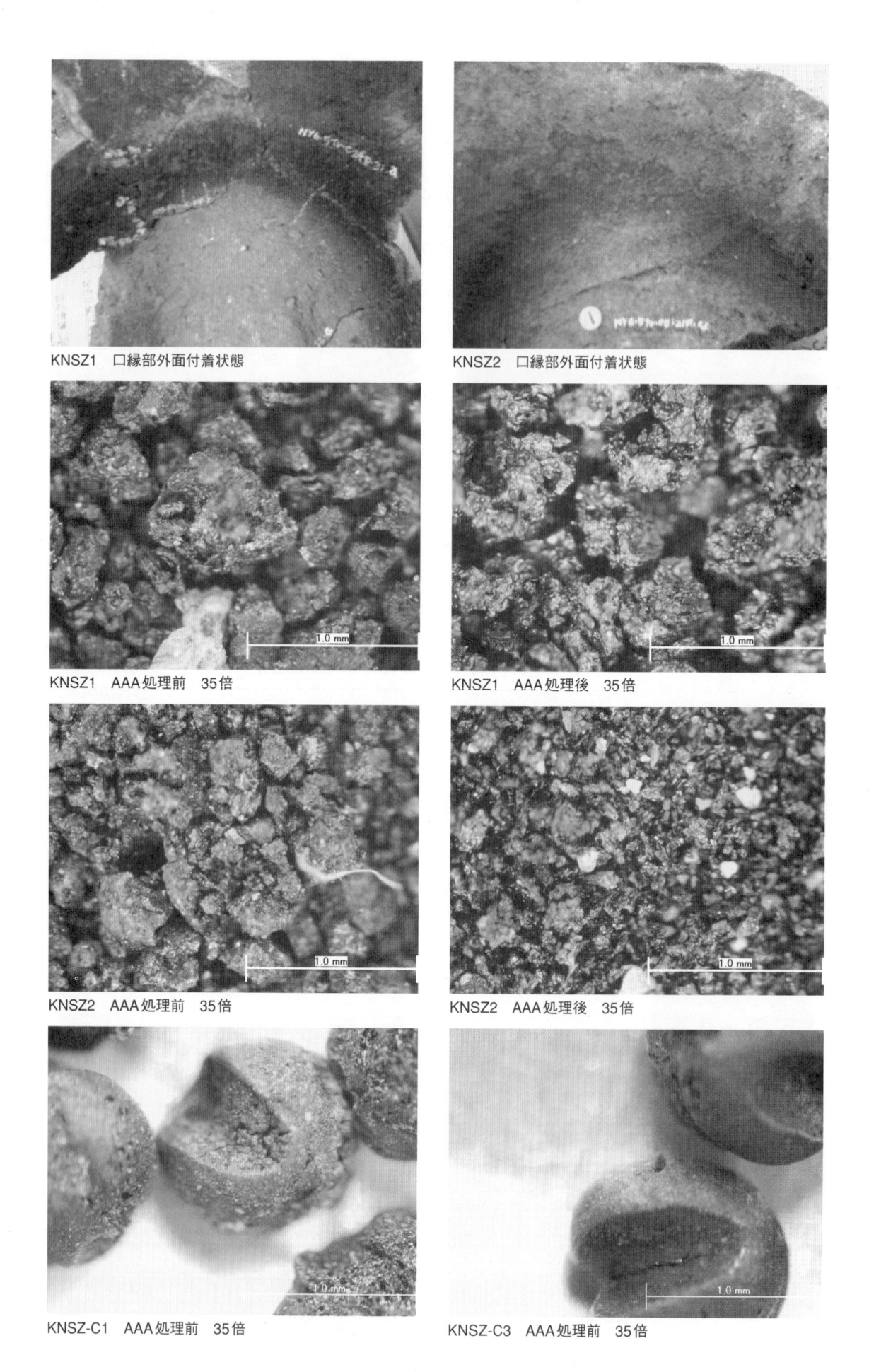

図78 中屋敷遺跡出土土器炭化物および炭化アワの状態

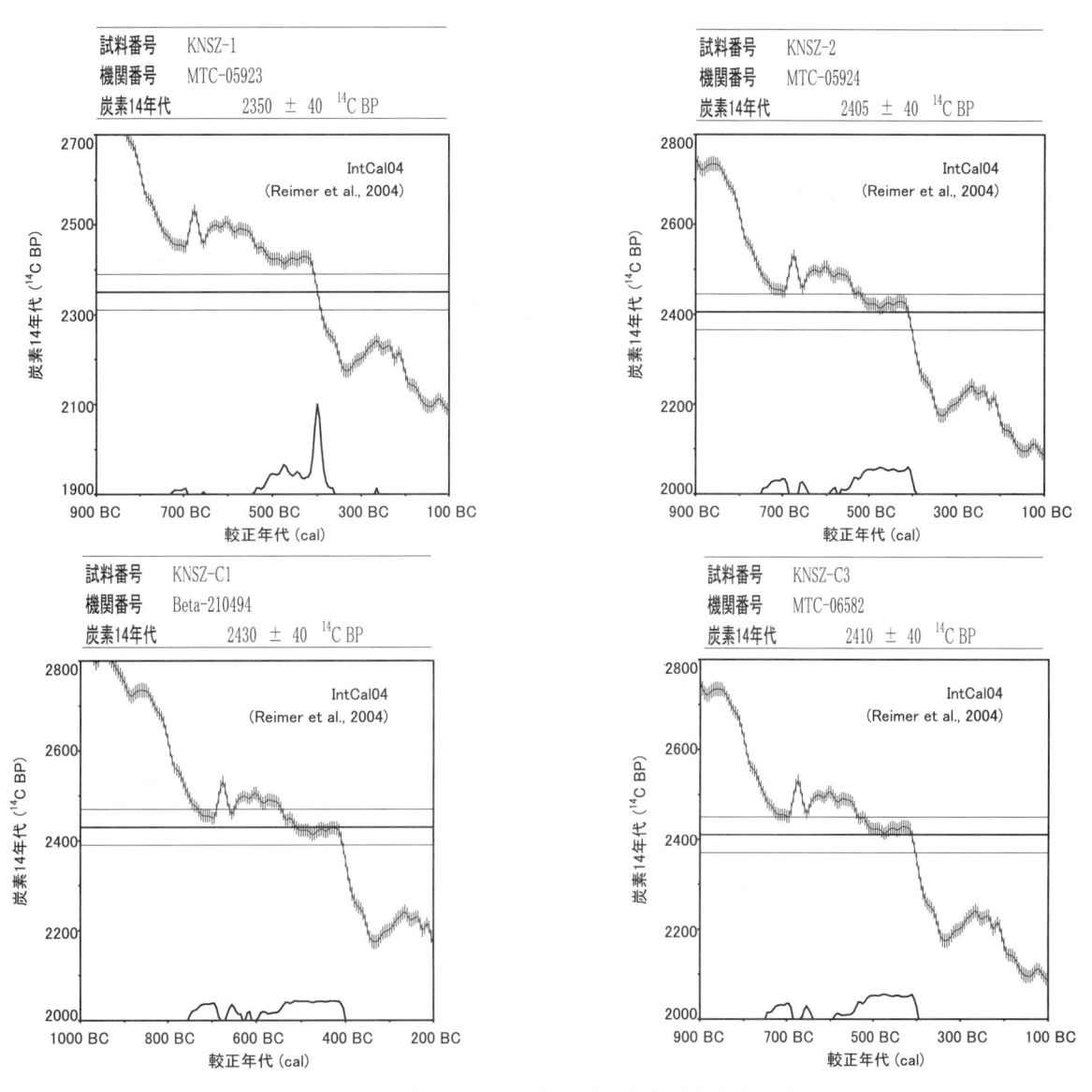

図79　中屋敷遺跡出土試料の較正年代確率密度分布

参考文献

今村峯雄　2004　『課題番号13308009基盤研究（A・1）（一般）縄文弥生時代の高精度年代体系の構築』（代表今村峯雄）

Reimer, Paula J. et al. 2004 IntCal04 Terrestrial Radiocarbon Age Calibration, 0 - 26 Cal Kyr BP. *Radiocarbon*, 46(3), pp. 1029-1058 (30).

M. Sakamoto et al. 2002 An Automated AAA preparation system for AMS radiocarbon dating. *Nuclear Instruments and Methods in Physics Research B*, 223-224, pp. 298-301.

第2節-1　第2・3土坑から出土した炭化材の樹種同定

佐々木由香（昭和女子大学大学院生活機構研究科（当時））

1．はじめに

　中屋敷遺跡から検出される弥生時代前期の土坑内の出土遺物に特徴的なのは、数cm角程度ではあるが、炭化物片が多く出土することである。これらは観察の結果、炭化材[1]の小破片であった。本稿では、北調査Ⅰ区第3トレンチで検出した2基（第2・3号土坑）の土坑内の炭化材を同定することによって樹種を明らかにし、用材の傾向について検討する[2]。

2．分析試料と方法

　分析試料は第3トレンチで検出した第2号および第3号土坑覆土内から出土した炭化材である。土坑の時期は共伴する土器からいずれも弥生時代前期後葉に比定される。炭化材は大きいもので1～2cm角程度の材片であった。特に第2号土坑では土器に混じって多くの炭化材片が覆土中より出土した。第3号土坑は第2号土坑ほど土器および炭化材は出土していないが、土坑の形状は第2号土坑に類似する。

　試料採取方法はブロック状に土壌試料として取り上げるか、調査中に目についたものを土坑覆土一括として取り上げた。前者については第2号土坑に2ヵ所あり（No.1・2）、試料採取位置を記録した。第2号土坑出土の炭化材の多くは、覆土の1・2層の分層ラインのやや下方に集中して出土した。分析を行った試料は、後世のコンタミネーションを考慮して、なるべく下層から出土した試料から抽出した。土壌試料には多数の炭化材片が含まれていたが、比較的大きなサイズの材片を試料とした。

　試料の処理方法は、土壌を丁寧に崩しながら炭化材片を選び出し、筆を使用して表面をクリーニングした。この段階で個体別に試料番号をつけた。さらに、実体顕微鏡で樹種同定可能な個体を選び出し、剃刀を用いて1個体につき横断面（木口と同義）、接線面（板目と同義）、放射面（柾目と同義）、の3断面の割断面を作製した（図82）。写真撮影および同定は、走査型電子顕微鏡（日本電子株式会社製JSN-5310LV）を用いて森林総合研究所所蔵の現生樹木の標本と比較して行った。

　同定した試料は走査型電子顕微鏡（無蒸着・反射電子検出型）で写真撮影を行った。写真撮影した試料は撮影番号と対応できるように標本番号をふり、サンプル管に入れて中屋敷遺跡調査団で保管している。

3．結果

　樹種同定結果を表22に示す。同定の結果、マツ属複維管束亜属の針葉樹1分類群、クリ・アオキ・散孔材の広葉樹3分類群が同定できた。

　第2号土坑の4点はすべてクリであった。土壌試料では、試料以外の破片もクリと同定できたが、出土状況から同一個体の可能性があるため、カウントは行わなかった。

　第3号土坑からはクリが2点、マツ属複維管束亜属と、アオキ、散孔材が各1点産出した。

　以下に同定した樹種の記載および写真を示し、同定の根拠とする。

組織記載

（1）マツ属複維管束亜属 *Pinus subgen*. Diploxylon　マツ科　第3号土坑一括　試料E　図81-1

　横断面は仮道管と樹脂道、エピセエリウム細胞のみで構成されているため、針葉樹である。横断面お

よび接線断面に垂直・水平樹脂道がみえる。分野壁孔は窓状。放射組織の上下端には有縁壁孔を持つ放射仮道管があり、鋸歯状の突起がある。このことからアカマツかクロマツである。内壁の肥厚の形状により、アカマツは鋭利な鋸歯状、クロマツは比較的ゆるやかな鋸歯状をなすことで区別できる。しかし炭化材は内壁に張り出した肥厚部分は壊れて変形をとどめていない場合が多く、肥厚からは種を区別することはできなかったため、マツ属複維管束亜属と同定した。

アカマツとクロマツは暖帯から温帯下部に生育し、遺跡の立地から推定するとアカマツの可能性が高い。アカマツは北海道南部以南に分布し、人との関係が深く二次林の主要な樹種である。樹脂が取れ、材は水湿に強く、硬くて有用材である。

（2）クリ Castanea crenata Sieb. et Zucc. ブナ科　第2号土坑1層一括　試料C-1（図81-2）、第3号土坑一括No.2　試料G-2（図81-3）、第3号土坑一括No.1　試料H（図81-4）

横断面の早材に大径の単独道管が集合し、晩材では小径の道管が火炎状に配列する環孔材。放射組織は単列で同性。穿孔は単一。

クリは全国の暖帯から温帯に分布する落葉広葉樹で、樹高20m、幹径1mに達する。木材はやや重硬で耐久性、耐湿性、保存性のいずれにもすぐれ、燃料材や、建築材、土木用材、容器などの木製品に多用される樹種である。

（3）アオキ Aucuba japonica Thunb. ミズキ科　第3号土坑一括　試料D（図81-5）

20～30μmの小型の道管がほぼ単独に放射方向に連なってまばらに散在する散孔材。放射組織は異性で背が高く、6細胞幅ほどになり、鞘細胞をもつ。
アオキは本州以南の暖帯の林床に生育する樹高2mほどの常緑広葉樹で、低木のため木製品などには利用されない樹種である。

（4）散孔材　第3号土坑一括No.2　試料G-1（図81-6）

横断面に30～70μmの小型の道管が密に散在する散孔材。髄がみえないことと道管の密度が高いことから、散孔材広葉樹の根と思われる。細胞壁が溶けて科以下の同定はできないため、散孔材とした。

4．考察

同定された材は9試料と少ないが、クリが6点、マツ属複維管束亜属と、アオキ、散孔材が1点ずつ産出した。

炭化材の産出状況は、土器と同様に土坑内覆土に散在していた。土坑内に炭化材が存在する理由として、土坑内で材が被熱したか、外部で熱を受けた材が廃棄されたか、あるいは流れ込んだ可能性が考えられる。このうち、遺構周辺では弥生時代前期に相当する包含層はほとんど残っていないが、包含層からは炭化材がほとんど出土しないことから流れ込みによる堆積の可能性は低い。また焼土が土坑内にほとんどないことから、土坑内で材が被熱した可能性も低い。そのため炭化材が廃棄行為など、何らかの人為的な関与によって土坑内に堆積したことが考えられる。

材の性格として、燃料材や、建築材を含めて木製品の燃えかすなどと考えられるが、残存状況からは明確にできなかった。共伴して出土した土器には被熱を受けた痕跡は認められない。よって土坑内から出土する土器との関係は不明である。

炭化材で同定された樹種の比率はクリが高い。炭化したクリが多産する傾向は縄文時代にみられる。

神奈川県内では津久井町長谷原遺跡（縄文時代後期？）、大地遺跡（縄文時代中期）の集石遺構（パリノ・サーヴェイ株式会社 1995）、平塚市王子ノ台遺跡（縄文時代後期）の配石遺構出土の炭化材（千野 1991b）にクリが多産している。このように縄文時代の集石や炉穴から出土した燃料材と考えられる材にクリが多用されていることは従来から指摘されており（千野 1983, 1991a）、中屋敷遺跡においてもクリが多い傾向は、人間による樹種選択の結果もしくは遺跡周辺の資源量としてクリが多いことが考えられる。ただし、クリは炭化しても残りやすいという指摘もあり、解釈には注意が必要である。

　クリ材の出土例は関東地方で縄文時代中期になると増加しており、低湿地遺跡である埼玉県大宮市（現さいたま市）寿能泥炭層遺跡では縄文時代中期と後期の自然木と加工木両方に多量に出土していることから、自然環境の変化によってもたらされたというよりはむしろ人間活動の結果、クリが増加したとされている（鈴木・能城 1987）。

　時代別に用材傾向をみると、縄文時代には住居材や燃料材にクリが多用されていたのが、弥生時代以降はコナラ亜属のクヌギ節やコナラ節（木材組織では節以下の同定はできない）の利用が増加する（千野 1991a）。中屋敷遺跡の土坑の時期は土器型式から弥生時代前期後葉に相当するが、産出する樹種の傾向は縄文時代に近い。しかし、これまで関東地方の弥生時代の炭化材の同定例は弥生時代中期以降の住居跡内のものがほとんどであった。そのため中屋敷遺跡での炭化材の産出樹種の組成は、縄文から弥生への移行期の植生や植物利用を反映している可能性がある。

　土坑内での産出数は1点であるが、アカマツは乾燥した土地に生育する針葉樹、アオキは一般的に広葉樹林の林床に生育する常緑樹である。これらの樹種は遺跡周辺で入手のしやすかったことが想定され、遺跡周辺にクリ、アオキ、アカマツが生育していたことが考えられる。

5．おわりに

　台地上の遺跡では、植物遺体は炭化しない限り、基本的には遺存しない。本遺跡のような酸性の強い土壌であると、本来の形状をとどめることは難しく、遺存しても今回分析対象とした炭化材のように小破片である。しかし、考古学の調査において土層注記で記載される程度の破片試料があれば、本稿で示したようにある程度の分類群までの同定が可能である。こうした微細な試料も分析の対象として同定していくことにより、遺構の機能や用材選択、周囲の植生を推定する試料となる。今後、同定点数を増やすことにより、周辺植生との関係を検討していきたい。

謝辞

　切片作製方法と樹種同定については森林総合研究所木材特性領域能城修一氏、安部 久氏からご教示いただいた。試料の作製と顕微鏡での観察にあたっては、昭和女子大学伊藤美香先生、小泉玲子先生、大学院生（当時）藤井 恵氏の多大な協力を得た。記して感謝したい。

註

（1）炭化材とは、木材が酸素のほとんど無い状況で熱を受け、炭素の塊となった材のことをいう。無機物となるため、酸性の強い土壌中でも遺存する。
（2）本章は昭和女子大学文化史研究第7号（2003年）に掲載された佐々木由香「神奈川県大井町中屋敷遺跡出土の炭化材の樹種同定」の原稿を一部修正の上再掲した。

引用・参考文献

鈴木三男・能城修一　1987　「関東平野の縄文時代の木材化石群集とそれが示す古植生の変遷」『Acta Phytotax Geobot』38、pp. 260-274

千野裕道　1983　「縄文時代のクリと集落周辺植生-南関東を中心に-」『東京都埋蔵文化財センター研究論集Ⅱ』pp. 27-42

千野裕道　1991a　「縄文時代に二次林はあったか-遺跡出土の植物性遺物からの検討-」『東京都埋蔵文化財センター研究論集Ⅹ』pp. 215-249

千野裕道　1991b　「炭化材の樹種について」『東海大学校地内遺跡調査報告2』p.100　東海大学

パリノ・サーヴェイ株式会社　1995　「青野原遺跡バンパス関連遺跡における縄文時代の植物利用」『青野原遺跡バイパス関連遺跡（第二分冊）』かながわ考古学財団調査報告5　pp. 27-32　財団法人かながわ考古学財団

表22　同定された樹種

遺構名	層位	試料分類	試料番号	樹種
第2号土坑	−	一括	A	クリ
	1層	一括	C-1	クリ
	1層	一括	C-2	クリ
	−	土壌No.2	F	クリ
第3号土坑	−	一括	D	アオキ
	−	一括	E	マツ属複維管束亜属
	−	一括	G-1	散孔材根
	−	一括	G-2	クリ
	−	一括	H	クリ

英数字が同じ試料は採集地点が同じもの

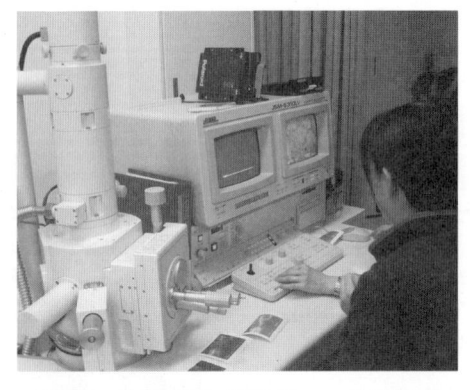

図80　走査型電子顕微鏡での作業風景

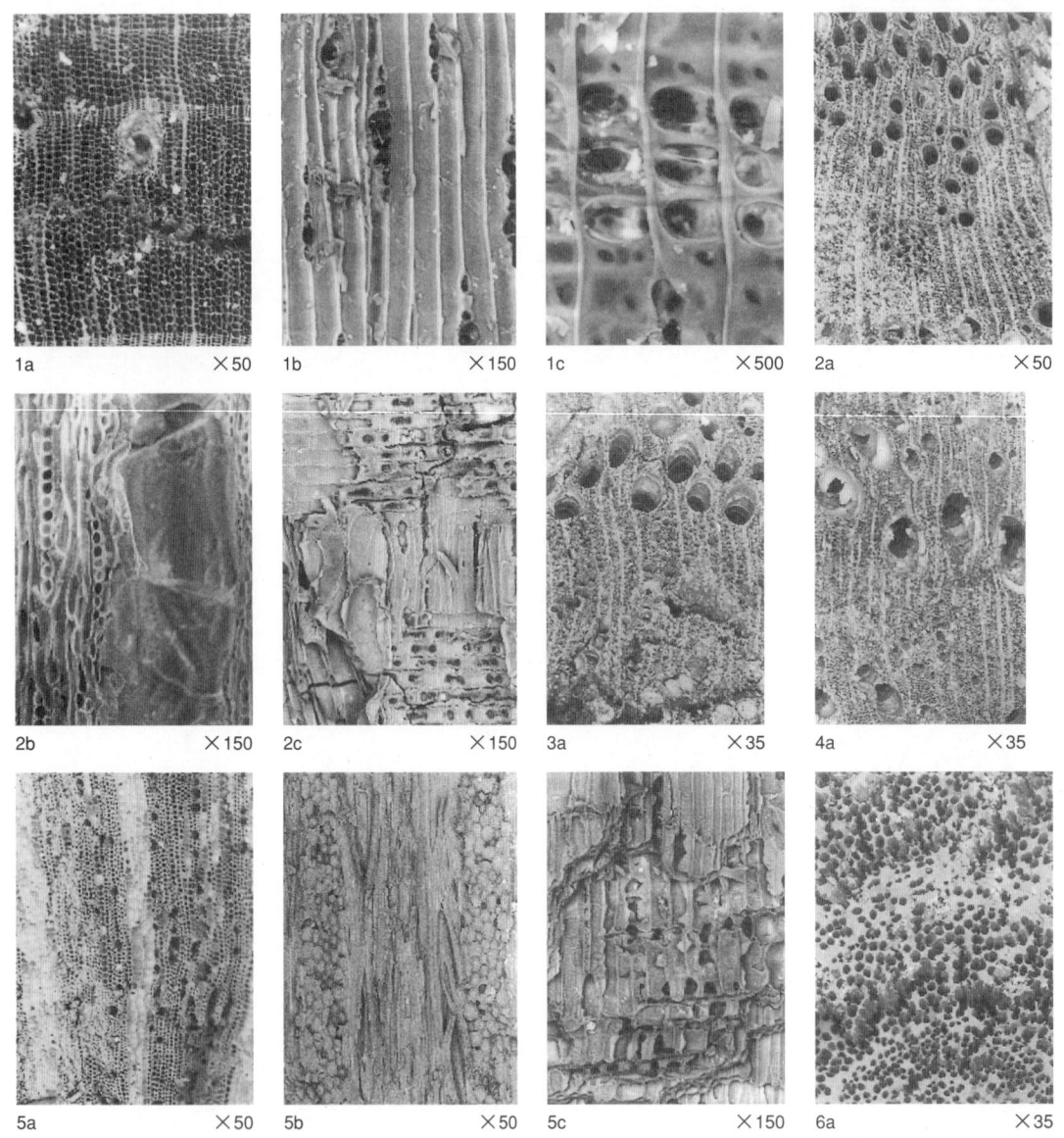

1a ×50	1b ×150	1c ×500	2a ×50
2b ×150	2c ×150	3a ×35	4a ×35
5a ×50	5b ×50	5c ×150	6a ×35

1．マツ属複維管束亜属（3号土坑）、2．クリ（2号土坑　1層）、3．クリ（3号土坑）、
4．クリ（3号土坑）、5．アオキ（3号土坑）、6．散孔材（3号土坑）
　　　　　　　　　　　　　　　　　　　a：横断面、b：接線断面、c：放射断面

図81　第2・3号土坑出土炭化材組織の走査型電子顕微鏡写真

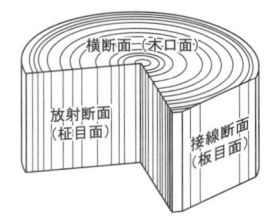

図82　木材の構造

第2節-2　第9号土坑出土炭化材の樹種同定

植田弥生（パレオ・ラボ）

1．はじめに
　ここでは、中屋敷遺跡の第9号土坑から出土した炭化材の樹種同定結果を報告する。
　なお今回同定したイヌシデ節の炭化材破片を用いて、AMS法による放射性炭素年代測定が実施されている（詳細は本章第1節-1を参照）。

2．試料と方法
　第9号土坑内覆土中層から出土した草本類堆積層として取り上げられていた試料から、形状や大きさの異なる炭化材を選び、樹種同定試料とした。
　同定は、炭化材の横断面（木口）を手で割り実体顕微鏡で予察し、次に材の3方向（横断面・接線断面・放射断面）の断面を作成し、走査型電子顕微鏡で拡大された材組織を観察した。走査型電子顕微鏡用の試料は、3断面を5mm角以下の大きさに整え、直径1cmの真鍮製試料台に両面テープで固定し、試料を充分乾燥させた後、金蒸着を施し、走査電子顕微鏡（日本電子㈱製　JSM-T100型）で観察と写真撮影を行った。

3．結果
　同定結果の一覧を、表23にまとめた。検出された分類群は、クマシデ属イヌシデ節・ヤマウルシ・アオキ・ハイノキ属の広葉樹4分類群と、ススキ属類似・タケ亜科（竹類）の単子葉類2分類群であった。このほかに、直径が0.4cmと細い枝材で分類群が特定できないものや、単子葉類の葉や稈（かん）の細かい破片なども含まれていた。

組織記載
（1）クマシデ属イヌシデ節 *Carpinus* sect. *Eucarpinus*　カバノキ科　図83-1a～1c（PLD-3245）
　放射組織が集合する部分と単独や2～数個の小型の管孔が放射方向に配列する部分とがある散孔材。道管の壁孔は小型で交互状に密在、穿孔は単穿孔である。放射組織はほぼ同性、1～3細胞幅と集合放射組織がある。
（2）ヤマウルシ *Rhus trichocarpa* Miquel　ウルシ科　図83-2a～2c
　年輪の始めに中型の管孔が配列し晩材に向かい徐々に径を減じて行き、晩材部では非常に小型の管孔が塊状・接線状・斜状に配列する環孔材。木部柔組織は周囲状、特に晩材部では集合管孔の周囲に多い。道管の壁孔は交互状、穿孔は単穿孔、小道管には明瞭ならせん肥厚がある。放射組織は異性、1～3細胞幅、輪郭はやや不斉、結晶細胞がある。
（3）アオキ *Aucuba japonoca* Thunb.　ミズキ科　図83-3a～3c
　非常に小型の管孔が幅の広い放射組織と放射組織の間に単独または放射方向に2～数個が複合して分布する散孔材。道管の壁孔は交互状、穿孔は階段数の多い階段穿孔、内腔には水平に走るらせん肥厚がある。放射組織は異性、主に5細胞幅、直立細胞が上下端や周囲にあり鞘細胞があり、放射柔細胞は大きい。

（4）ハイノキ属　*Symplocos*　ハイノキ科　図84－4a～4c
　孔口は多角形で小型の管孔が単独や2～数個が複合して分布する散孔材。道管の壁孔は交互状、穿孔は横棒数が多い階段穿孔である。放射組織は異性、1～2細胞幅、単列部は直立細胞からなり、道管との壁孔は交互状である。

（5）広葉樹　broad－leaved tree　図84－5a・5c
　直径0.4cmの細い枝材である。中心部に円形の髄があり、年輪は2年輪のはじめで止まっているようである。横断面の管孔配列は未熟で不明、道管の壁孔は交互状で穿孔は単穿孔である。

（6）タケ亜科　*Gramineae* subfam. *Bambusoideae*　イネ科　図84－6a
　維管束は不整中心柱で多数が同心円状に均質に配置し、維管束鞘が帽子状に厚く取り巻いている。

（7）ススキ属類似 *Miscanthus* cf.　イネ科　図84－7a
　稈の外周に近い部分の維管束は小さく、輪郭に沿って配列している。維管束周囲の維管束鞘は薄い。

4．考察

　第9号土坑から出土した炭化材や炭化した単子葉類の葉・稈からは、落葉広葉樹のイヌシデ節・ヤマウルシ、常緑性と落葉性の種を含み材組織からは特定はできないハイノキ属、常緑性の灌木であるアオキ、タケ類のタケ亜科、草本のススキ属類似など、複数の種類が検出された。これらは異なる分類群を探し同定した結果であるが、炭化材については試料中に特定の分類群が優占して出土する傾向は見られなかった。土坑内に炭化物が堆積した経緯は不明であるが、炭化材については特定の樹種が人為的に選択されていた様子は読み取れなかった。

表23　第9号土坑出土炭化材樹種同定結果

遺　構	分類群	備　考	年代測定番号
第9号土坑	イヌシデ節	破片	PLD-3245
	ヤマウルシ	小破片	
	アオキ	推定直径1.5～2.0cm芯持ち丸木	
	ハイノキ属	直径1.5cm芯持ち丸木	
	広葉樹	直径0.4cm芯持ち丸木	
	ススキ属類似	葉鞘に包まれた節を持つ 直径8mm前後の稈で潰れた状態が多い	
	タケ亜科	硬質で3mmほどの厚みがある破片 稈が縦に裂けた繊維状の破片 直径6～8mmの稈	
	単子葉類	細い破片が多数 組織学的に分類群は特定できない 稈や葉を含む可能性あり	

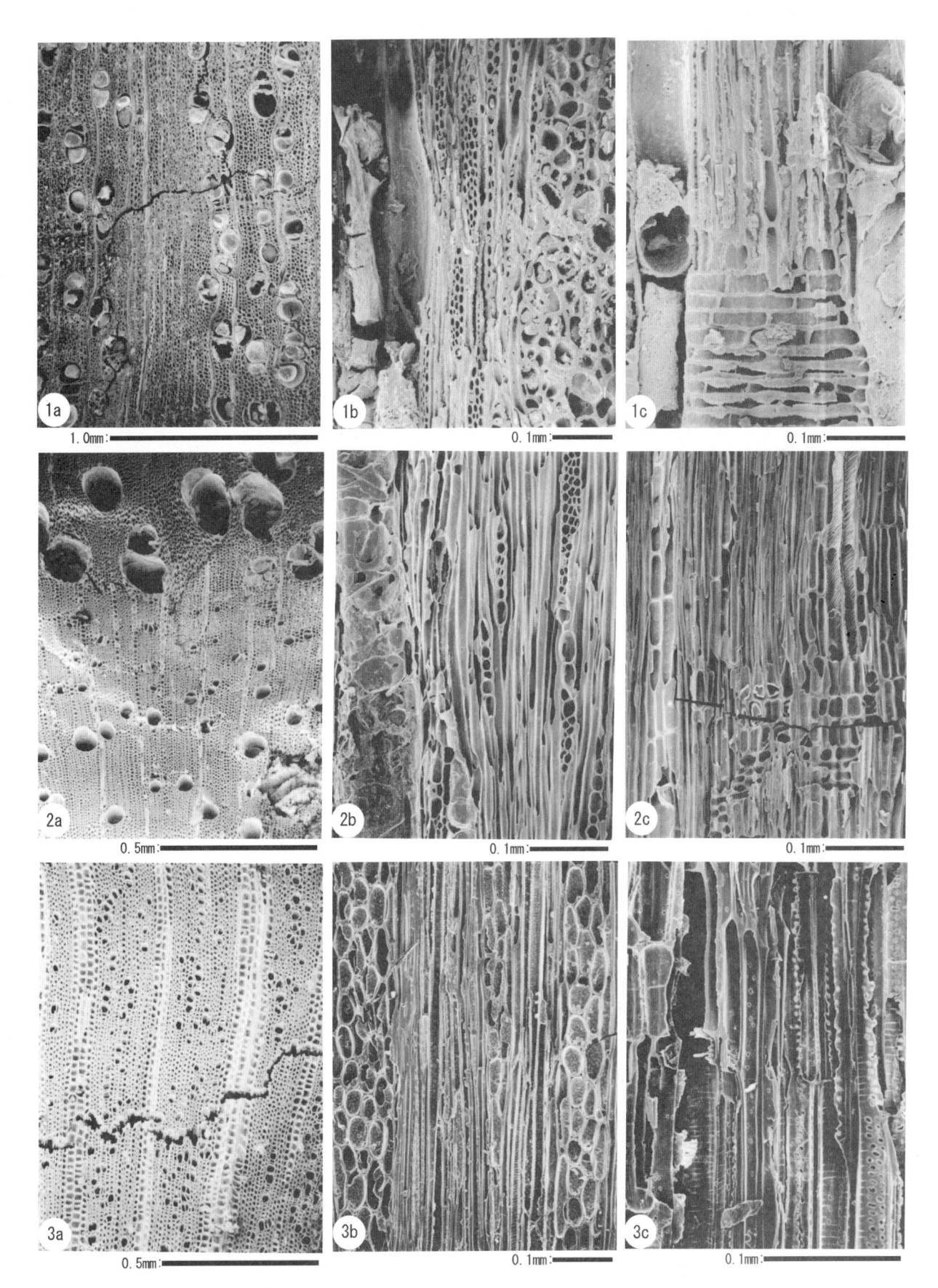

図83　第9号土坑出土炭化材組織の走査型電子顕微鏡写真（1）
1a-1c：イヌシデ節、2a-2c：ヤマウルシ、3a-3c：アオキ
a：横断面、b：接線断面、c：放射断面

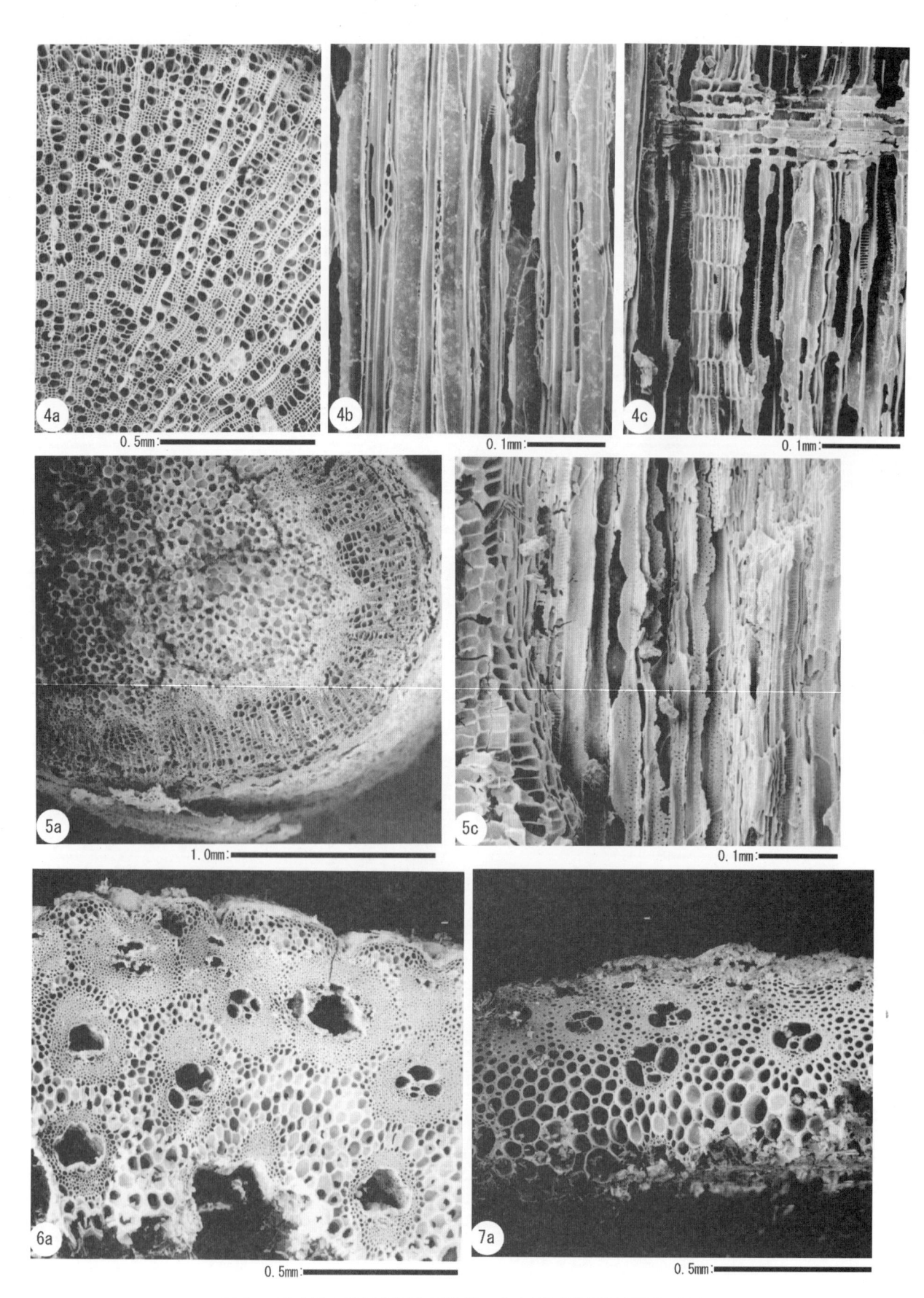

図84 第9号土坑出土炭化材組織の走査型電子顕微鏡写真（2）
4a-4c：ハイノキ属、5a・5c：広葉樹、6a：タケ亜科、7a：ススキ属類似
a：横断面、b：接線断面、c：放射断面

第3節　土坑から出土した炭化種実同定

新山雅広（パレオ・ラボ）

1．はじめに
　ここでは、第1、8、9、11号土坑覆土から出土した炭化種実を検討し、当時の利用植物の推定を試みた。なお、これらの土坑内からは、動物骨や土器破片などが出土していることから、廃棄土坑の可能性が考えられている。

2．試料と方法
　炭化種実の検討は、第9号土坑（草本類堆積層、炭化材焼土層①～⑤、3層）、第1号土坑（2層外側炭化物層）、第8号土坑（1～4層）、第11号土坑（2層・4層①）について行った。土壌の採取および水洗選別は昭和女子大学中屋敷遺跡調査団が行った（水洗選別方法の詳細は第4章第2節（6）を参照）。土壌は10kgを単位として乾燥重量を計測し、層位が同じ場合は①から⑤までの番号を任意につけて区別した。土壌は、茶漉しによる浮遊物の回収と、0.25mmと1.0mmの篩で水洗選別を行った。各試料は、中屋敷遺跡調査団によって行われた炭化種実の抽出済み試料と残渣（浮遊物および沈殿物）があり、抽出済み試料は全て検討した。残渣については、第9号土坑の草本類堆積層、炭化材焼土層③、⑤の3試料のみ検討し、実体顕微鏡下で同定・計数を行った。なお、この3試料の残渣中にはアワが多数含まれていたため、アワの個体数のみ重量から換算した。

3．出土した炭化種実
　同定された分類群は、木本がクマシデ属イヌシデ節（以下イヌシデ節）、カラスザンショウ、サルナシ、堅果類（トチノキなどを含む）であり、草本がイネ、キビ、アワである。これら出土した炭化種実の一覧を表24に示した。ただし、第1号土坑（2層外側炭化物層）、第8号土坑（1・2層）、第11号土坑（4層①）、第11号土坑（2層）は、炭化種実を含んでいなかったため割愛した。以下に、各試料の炭化種実を記載する。

第8号土坑
　3層：キビが1個と堅果類の子葉かと思われる破片が1点含まれていた。
　4層：アワが1個と堅果類の果皮片の可能性があるものが1点含まれていた。

第9号土坑
　草本類堆積層：抽出済み試料は、アワ、キビの順に多産し、カラスザンショウ、キビが僅かに含まれていた。残渣は、アワを多量に含み、サルナシ、イネ、キビを少量含んでいた。
　炭化材焼土層①：抽出済み試料には、イネのみが多数含まれていた。
　炭化材焼土層②：抽出済み試料には、イネのみが多数含まれていた。
　炭化材焼土層③：抽出済み試料には、イネのみが多数含まれていた。残渣は、アワを多量に含み、イネ、キビを少量含んでいた。
　炭化材焼土層④：抽出済み試料にはイネが多数含まれており、イヌシデ節、アワも少量含んでいた。

炭化材焼土層⑤：抽出済み試料には、イネのみが多数含まれていた。残渣は、アワを多量に含み、堅果類、イネ、キビを少量含んでいた。

3　　　層：抽出済み試料にイネが多数含まれており、イヌシデ節、アワも少量含んでいた。

4．形態記載

（1）イヌシデ節 *Carpinus* sect. *Eucarpinus*　炭化果実

　扁平な卵形。長さ3.0～3.4mm程度。

（2）カラスザンショウ *Zanthoxyllum ailanthoides* Sieb. et Zucc.　炭化種子

　表面には大きな深い網目紋があり、一方の側面には種子長と同程度の細長い臍がある。

（3）サルナシ *Actinidia arguta*（Sieb. et Zucc.）Planch. et Miq.　炭化種子

　側面観は楕円形、上面観は両凸レンズ形。表面には網目状の穴が分布する。長さ1.8～2.1mm、幅1.0～1.3mm程度。

（4）イネ *Oryza sativa* Linn.　炭化胚乳

　側面観・上面観共に楕円形。両面の表面には、縦方向の2本の筋が入り、3等分される。これの真ん中は隆起し、両端は一段下がる。穎が少し付着したものがしばしば見られる。

（5）キビ *Panicum miliaceum* Linn.　炭化胚乳

　側面観は円形ないし卵形で先端が窄まってやや尖り気味となるものもある。断面は片凸レンズ形で厚みがある。胚の長さは胚乳の長さの1/2程度と短い。臍は幅が広いうちわ型。

（6）アワ *Setaria italica* Beauv.　炭化胚乳

　側面観は円形に近く、先端が窪むことが多い。小さい割に厚みがあり、丸っこい傾向がある。胚の長さは胚乳の長さの2/3程度。腹面下端中央の窪んだ位置に細長い楕円形の小さな臍がある。穎が付着したものがかなり目立つ。

5．考察

　検討した結果、第9号土坑の試料には多量の種実が含まれていた。その組成は、アワ、イネが圧倒的に多く、キビ、イヌシデ節、カラスザンショウ、サルナシ、堅果類（トチノキなど）が少量混じるものであった。アワ、イネは、穎の一部が付着したものが目立ち、元は穎果であったと推定される。両者の比率は、草本類、炭化材焼土層⑤の2試料はアワ9に対してイネ1、炭化材焼土層③がアワ7に対してイネ3であり、アワの占める割合が非常に高い。第9号土坑は出土土器型式と放射性炭素年代測定の結果から、弥生時代前期後葉に相当すると考えられ、アワ、イネをはじめ、キビといった栽培植物の出土は、弥生時代前期の生業を考える上で非常に重要な結果だと言える。なお、第9号土坑以外の遺構は、第8号土坑にキビ、アワ、堅果類？が僅かに含まれていたが、その他は炭化種実が全く含まれておらず、遺構の性格の違いを反映している可能性が考えられる。

6．おわりに

　弥生時代前期後葉に相当する第9号土坑は、栽培植物のアワ、イネを多量に含み、キビも少量含んでいたことから、生業を考える上で非常に重要な結果となった。その他の遺構は、炭化種実を全く含んでいないか、含んでいても非常に少量であり（第8号土坑）、第9号土坑とは明瞭な差異があった。

図85 出土した炭化種実（スケールは1 mm）

1．イヌシデ節、炭化果実、第9号土坑炭化材焼土層④、2．カラスザンショウ、炭化種子、第9号土坑草本類堆積層、
3．サルナシ、炭化種子、第9号土坑草本類堆積層、4～7．イネ、炭化胚乳（4・5は穎付着）、第9号土坑草本類堆積層、
8・9．キビ、炭化胚乳、第9号土坑草本類堆積層、10～13．アワ、炭化胚乳（10・11は穎付着）、第9号土坑草本類堆積層

表24 炭化種実出土一覧表
数字は個数、（ ）内は半分ないし破片の数、＃は重量から換算した個体数を示す

分類群・部位	試料種別	第8号土坑 3層 抽出済み	第8号土坑 4層 抽出済み	第9号土坑 草本類堆積層 抽出済み	草本類堆積層 残渣	炭化材焼土層① 抽出済み	炭化材焼土層② 抽出済み	炭化材焼土層③ 抽出済み	炭化材焼土層③ 残渣	炭化材焼土層④ 抽出済み	炭化材焼土層⑤ 抽出済み	炭化材焼土層⑤ 残渣	3層 抽出済み
イヌシデ節	炭化果実									2			2
カラスザンショウ	炭化種子			1									
サルナシ	炭化種子				3								
堅果類(トチノキ)	炭化種皮・子葉	(1)	(1)									少量	
イネ	炭化胚乳			49(4)	6(15)	45(5)	37(8)	43(15)	(8)	57(12)	35(10)	1(3)	65(7)
キビ	炭化胚乳	1		3	8					1		3	
アワ	炭化胚乳		1	99	496＃			129＃		1		548＃	3

第4節　植物珪酸体分析

鈴木　茂（パレオ・ラボ）

1．はじめに

　プラント・オパールとは、根より吸収された珪酸分が葉や茎の細胞内に沈積・形成されたもの（機動細胞珪酸体や単細胞珪酸体などの植物珪酸体）が、植物が枯れるなどして土壌中に混入して土粒子となったものを言い、機動細胞珪酸体については藤原（1976）や藤原・佐々木（1978）など、イネを中心としたイネ科植物の形態分類の研究が進められている。

　中屋敷遺跡では弥生時代前期後葉の土坑群が検出され、その内第8・9・11号土坑より土壌試料が採取された。以下にはこれらの土坑より採取された土壌試料について行った植物珪酸体分析結果を示し、イネの存在や植物珪酸体の産出状況について検討した。また第9号土坑において焼土を伴って検出された炭化物集中部から単子葉類とみられる炭化した植物遺体が採取され、この植物遺体について植物珪酸体分析を行い、観察される植物珪酸体の形態から採取した植物遺体試料の母植物について検討した。

2．試料と分析方法

　土壌試料：試料は、第8号土抗の2～4層より採取された3試料（2層：試料番号8－2，3層：8－3，4層：8－4）、第9号土坑の1～4層の5試料（1層：9－1，2層：9－2，3層2点：9－3（17）と9－3（18），4層：9－4）および第11号土坑の2試料（2層：11－2と5層：11－5）の総計10試料である。これら各層の土相はおおむね黒色土壌で、小レキや火山噴出物のスコリアが混入している。また第9号土坑の3層や4層には炭化物片が認められる。これら10試料について以下のような手順にしたがって植物珪酸体分析を行った。

　秤量した試料を乾燥後再び秤量する（絶対乾燥重量測定）。別に試料約1ｇ（秤量）をトールビーカーにとり、約0.02ｇのガラスビーズ（直径約40μm）を加える。これに30％の過酸化水素水を約20～30cc加え、脱有機物処理を行う。処理後、水を加え、超音波ホモジナイザーによる試料の分散後、沈降法により10μm以下の粒子を除去する。この残渣よりグリセリンを用いて適宜プレパラートを作成し、検鏡した。同定および計数はガラスビーズが300個に達するまで行った。

　炭化草本遺体：試料は第9号土坑の3層より採取された炭化草本遺体である（図87の斜線部）。

　この1試料について以下の手順に従って植物珪酸体の検出を図った。なお図87の●は第4章2節（6）

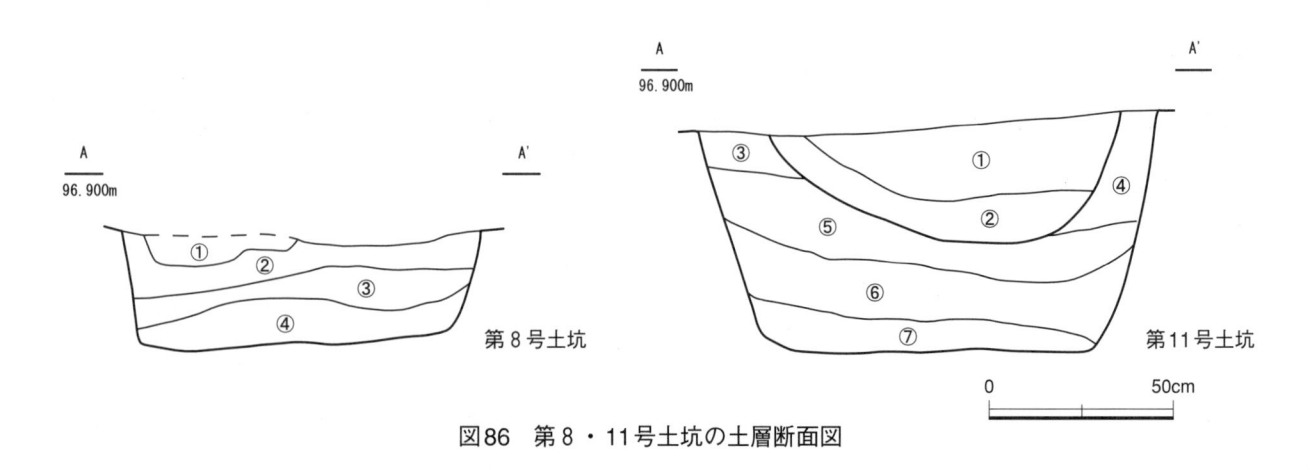

図86　第8・11号土坑の土層断面図

— 148 —

図87　第9号土坑の土層断面図

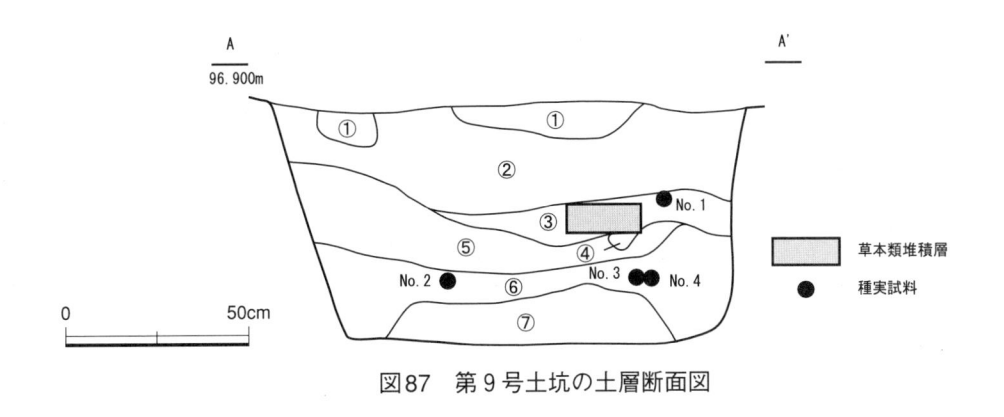

で報告した種実試料の採取層準および試料番号である。
　採取された炭化草本試料について、現生植物の標本作製と同様の方法を用いて植物珪酸体の検出を図った。すなわち、乾燥させた試料を管瓶にとり、電気炉を用いて完全に灰化するのであるが、灰化する行程は藤原（1976）にほぼしたがって行った。その行程は、はじめ毎分5℃の割合で温度を上げ、100℃において15分ほどその温度を保ち、その後毎分2℃の割合で550℃まで温度を上げ、5時間その温度を保持して、試料の灰化を行う。灰化した試料についてその一部を取り出し、グリセリンを浸液としてプレパラートを作製し、検鏡した。

3．分析結果

　結果を述べる前に参考として植物の分類階級について科から示すと、科（family）の下は亜科（subfamily）、族（tribe）、亜属（subtribe）、属（genus）、亜属（subgenus）、節（section）、系（series）、種（species）、亜種（subspecies）、変種（variety）、品種（form）となっている。すなわちイネですと、イネ科イチゴツナギ亜科イネ族イネ属イネとなり、下記のイネは種を示している。またネザサ節はイネ科タケ亜科メダケ属メダケ亜属ネザサ節となり、さらに下位（種）にはケネザサやアズマネザサなどがあるが、イネと異なり種までの形態分類が出来ないため節の段階で示している。さらにネザサ節以外にもネザサ節と同様の形態を有するイネ科が存在する可能性があることから型をつけて表示している。

1）土壌試料

　同定・計数された各植物の機動細胞珪酸体個数とガラスビーズ個数の比率から試料1g当りの各機動細胞珪酸体個数を求め（表25）、それらの分布を図88に示した。以下に示す各分類群の機動細胞珪酸体個数は試料1g当りの検出個数である。
　第8号土坑：検鏡の結果、イネの機動細胞珪酸体やイネの穎部に形成される珪酸体は1個体も認められなかった。イネ以外について、ネザサ節型が最も多く検出されており、3試料とも100,000個を越え、試料8－2や8－4では300,000個前後を示している。クマザサ属型やウシクサ族も同様の産出傾向を示しており、そのうちウシクサ族は全試料で10,000個以上を示している。またキビ族が最上部で非常に多く検出され、最上部試料8－1では約180,000個と珪酸体の生産量が小さいキビ族としては非常に高い数値を示している。
　第9号土坑：上部2試料よりイネの機動細胞珪酸体が1,000個をやっと越えた程度検出された。またイネの穎部に形成される珪酸体の破片が2層や3層から得られており、試料9－3（17）では約17,000個と他の試料と比べ非常に高い数値を示している。しかしながらこの数値はあくまでも破片の数であり、穎の個数そのままを示しているものではないことを記しておく。

イネ以外ではやはりネザサ節型が最も多く、大きな傾向として下部ほど多産しており、最下部試料9－4では約720,000個と非常に多く検出されている。ウシクサ族もネザサ節型と同様の産出傾向を示しており、最も多い最下部試料では約84,000個を示している。キビ族はきれいな正規分布様の産出傾向を示しており、イネの穎部破片が多産している試料9－3（17）において10,000個を越える個数を示している。クマザサ属型は最下部試料でやや突出した産出が認められ、ヨシ属も若干検出されている。またオオムギの穎部破片とみられる珪酸体が試料9－2より1点のみ観察された。現生標本を観察してはいるものの現時点では同定根拠がはっきりしていないためオオムギ穎部破片？図には示した。

表25　試料1g当たりの機動細胞珪酸体個数

試料番号	イネ (個/g)	イネ穎破片 (個/g)	ネザサ節型 (個/g)	クマザサ属型 (個/g)	他のタケ亜科 (個/g)	ヨシ属 (個/g)	シバ属 (個/g)	キビ族 (個/g)	ウシクサ族 (個/g)	不明 (個/g)
8-2	0	0	289,000	9,500	6,800	0	10,400	17,700	31,400	30,000
8-3	0	0	149,900	7,300	4,800	0	13,200	3,600	18,100	19,300
8-4	0	0	330,300	21,800	14,500	0	1,800	3,600	31,500	44,800
9-1	1,300	0	166,900	7,600	8,900	0	0	1,300	16,600	17,800
9-2	1,200	1,200	130,400	3,500	3,500	0	0	3,500	26,800	17,500
9-3 (17)	0	17,300	190,100	3,700	0	2,500	0	11,100	35,800	32,100
9-3 (18)	0	2,300	200,300	3,400	1,100	0	0	4,500	52,100	27,200
9-4	0	0	718,100	15,600	3,900	1,000	0	1,000	83,700	46,700
11-2	0	0	121,600	7,200	0	1,200	0	3,600	35,800	15,500
11-5	0	0	248,300	18,000	6,900	0	0	2,800	55,500	38,800

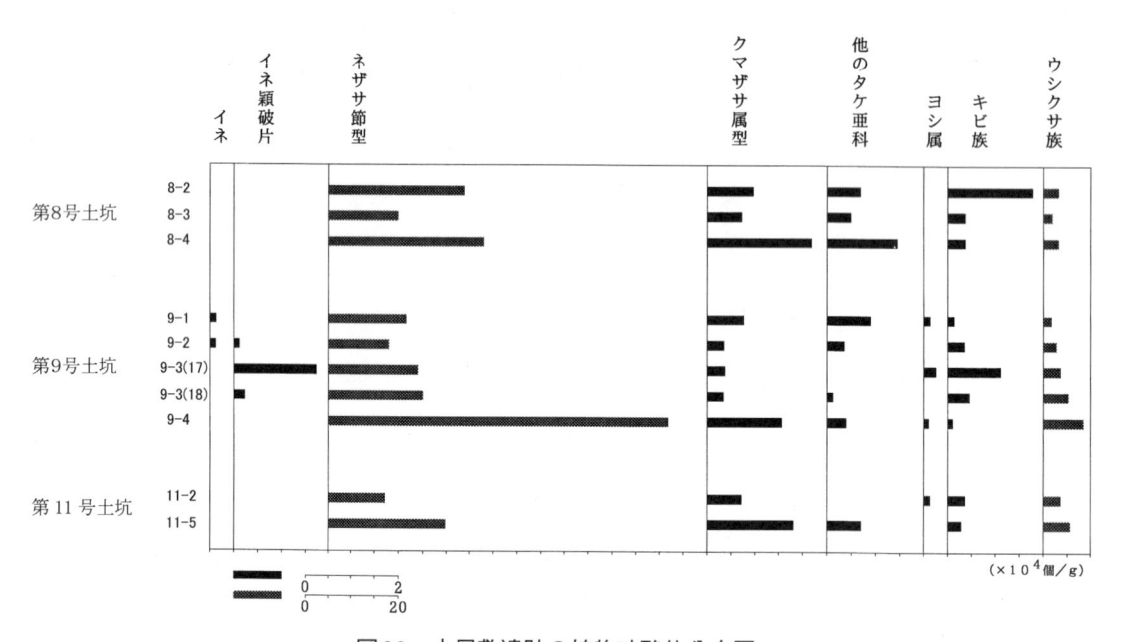

図88　中屋敷遺跡の植物珪酸体分布図

第11号土坑：イネの機動細胞珪酸体やイネの穎部に形成される珪酸体は1個体も認められなかった。イネ以外ではやはりネザサ節型が最も多く検出されており、2試料とも100,000個を越え、試料11－5では約250,000個に達している。同試料においてクマザサ属型は18,000個を、ウシクサ族は約56,000個を示している。その他キビ族やヨシ属が若干検出されている。

2）炭化草本遺体試料

　観察の結果、鳥のくちばし状の突起を持った珪酸体（図89の11）が若干認められ、その特徴からこれはイネの穎（籾殻）に形成される珪酸体の破片と判断される。また断面形態がイチョウの葉型をした機

動細胞珪酸体が観察され、この珪酸体には表面部分に窪みが、また裏面部分には浅い亀甲状の紋様のようなものも一部認められ、こうした形状からするとイネの機動細胞珪酸体である可能性が考えられる。しかしながらイネであるとすると側面部分に突起が存在するのであるが異物が付着していることから不明瞭であり、亀甲状文様も風化の痕の可能性もあることからイネと同定することができず、ここではイネ？機動細胞珪酸体とした。また他に6枚プレパラートを作成し観察したが、イネあるいはイネ？と考えられる機動細胞珪酸体は1個体も認められなかった。なお上記したが第9号土坑の土壌試料からはイネと判断される機動細胞珪酸体（図89-1，2）がわずかながら観察されている。

　泡状の珪酸体（図89-13）が若干認められた。この珪酸体は現生コムギを灰化し観察すると葉の部分に認められる泡状の珪酸体と同様と思われるが、これがコムギのみで観察されるものであるかどうかは不明であることから現時点では同定根拠には至っていない。

　また算用数字の8の字のように胴の中央部分が大きく凹んだ珪酸体が観察される。こうした形状および配列からキビ型の単細胞珪酸体と判断され、キビ族やウシクサ族などに認められる。そのうち縁の部分が厚みをおびた単細胞珪酸体が認められ、こうした形状はススキによく現れる特徴である（大越1982）。よって灰試料の中にはススキも混入している可能性が考えられる。

　そのほか、数種類の機動細胞珪酸体も観察されている。そのうち側面形態が長方形で、裏面にイネより粗く深い亀甲状文様が一部観察される（図89-12）。また断面形態は食パン状をしており、こうした形態からこの機動細胞珪酸体はキビ族と判断される。

　機動細胞珪酸体で最も多く観察されるのは、断面形態がイネと同様にイチョウの葉型（図89-6）をしているが、イネで観察される表面部分の窪みは認められない。側面形態は長方形をしており、裏面部に稜線が数本存在している。こうした形態からこの機動細胞珪酸体はネザサ節型と判断される。

　また個数的には少ないが断面が楔形をした珪酸体で、裏面部にこぶ状の凸部と浅い溝状の凹部が観察される機動細胞珪酸体が認められる。側面形態は縦長の長方形で、以上のような観察結果から得られた機動細胞珪酸体はウシクサ族と判断される。このウシクサ族には上記したススキも含まれる。

　なお最も多く観察されるのは珪酸分が沈積していない植物組織で、それらの母植物については不明である。

4．炭化草本遺体の母植物

　上記したようにイネの穎の部分に形成される珪酸体の破片が観察されており、同試料から炭化米（炭化胚乳）も得られている（第3節参照）。こうしたことから炭化草本遺体試料にはイネの籾殻が焼かれたものが混入していると考えられる。一方葉に形成される機動細胞珪酸体についてはイネ？が僅かに認められたのみであることから遺体試料にイネの葉が含まれている可能性は低いように思われる。

　コムギについては同定根拠が不十分であることから今後の課題とし、「含まれている可能性があるように思われる」程度に今回は留めたい。

　イネと同様に栽培種を含むキビ族について、観察されたキビ族機動細胞珪酸体の形態からアワ、ヒエ、キビといった栽培種によるものか、エノコログサ、スズメノヒエ、イヌビエなどの雑草類によるものかについて現時点においては分類できず不明である。

　その他ウシクサ族、ネザサ節型の機動細胞珪酸体が観察され、キビ型の単細胞珪酸体も認められている。そのうちキビ型の単細胞珪酸体はススキの可能性が高く、ススキを含むウシクサ族機動細胞珪酸体も観察されており、炭化草本遺体試料にススキが含まれていることが考えられる。またネザサ節型ササ類の機動細胞珪酸体としては現在の遺跡周辺に普通にみられるアズマネザサが推測され、炭化草本遺体

試料にアズマネザサも含まれていることが考えられる。

　以上のように採取された炭化草本遺体試料にはイネの籾殻や、キビ族・ウシクサ族（ススキ？）・ネザサ節型のササ類（アズマネザサ？）の葉や茎の部分が焼かれたものが含まれていると判断されよう。なおコムギについては「その可能性を指摘する」に留めたい。

5．イネについて

　上記したように第9号土抗の土壌試料よりイネの機動細胞珪酸体が若干検出されているが、イネ型の単細胞珪酸体は一個体も認められていない。この機動細胞珪酸体は葉の部分に、単細胞珪酸体は葉や茎に形成される珪酸体であることから、1層や2層の土壌中に葉の灰やあるいは稲作土壌そのものがわずかながら混入していた可能性が推測される。同土抗の3層試料からはイネの穎部に形成される珪酸体の破片が多く検出されており、炭化草本遺体試料においても同珪酸体が観察されている。本土抗からはイネの炭化胚乳が多く検出されていることから、これにともなって穎部の珪酸体が多く観察されたものと思われる。以上のように第9号土抗のイネについては大半が籾の部分であり、葉や茎についてはなかった可能性が高いと推測されよう。

　時期について、イネ胚乳について放射性炭素年代測定が行われており、その結果から遺体試料の時期は弥生時代前期後葉と考えられる。こうしたことから中屋敷遺跡において弥生時代前期後葉の時期にイネが存在していたと判断される。

6．遺跡周辺のイネ科植物

　各試料ともネザサ節型が非常に多く認められており、アズマネザサが推測されるネザサ節型のササ類が多く生育していたと推測される。次いでススキやチガヤといったウシクサ族が多く検出され、日のあたる開けたところに先のネザサ節型のササ類とともに生育していたとみられる。すなわち遺跡周辺に成立していたであろう森林の林縁部や空き地などにススキ－アズマネザサ群集といった草地が多く形成されていたことが推測される。一方クマザサ属型のササ類（ミヤコザサやスズダケなど）は主に森林の下草的存在での生育が考えられ、遺跡周辺に成立していた森林に分布を広げていたとみられる。

　全試料より検出されているキビ族について、その形態からアワ、ヒエ、キビといった栽培植物であるのか、エノコログサやイヌビエなどの雑草類であるのか区別するのは難しいのが現状である。土層は粘性の非常に高い粘土であり、畑作土とは考え難い様相を示している。こうしたことからこのキビ族については湿地などに生育するイヌビエやチゴザサといった雑草類ではないかと思われる。

引用文献

藤原宏志　1976　「プラント・オパール分析法の基礎的研究（1）－数種イネ科植物の珪酸体標本と定量分析法－」『考古学と自然科学』9　pp.15－29

藤原宏志　1984　「プラント・オパール分析法とその応用－先史時代の水田址探査－」『考古学ジャーナル』227　pp.2－7

藤原宏志・佐々木彰　1978　「プラント・オパール分析法の基礎的研究（2）－イネ（Oryza）属植物における機動細胞珪酸体の形状－」『考古学と自然科学』11　pp.9－20

大越昌子　1982　「プラント・オパール」『寿能泥炭層遺跡発掘調査報告書－自然編－』pp.239－265　埼玉県教育委員会

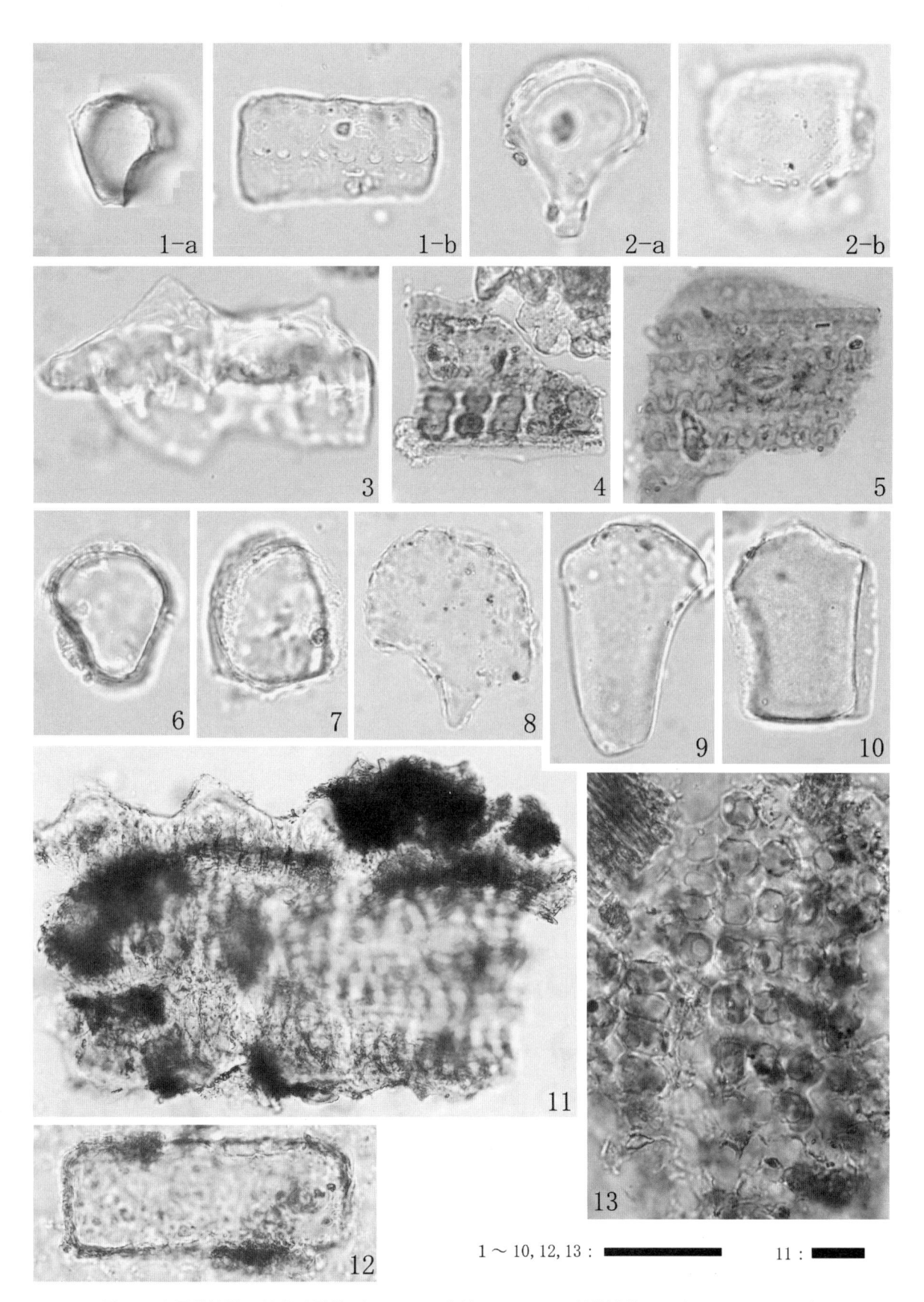

図89　中屋敷遺跡の植物珪酸体（1～10は土壌、11～13は植物遺体、スケール：0.03mm）
　1、2：イネ（a：断面、b：側面）1：9-1、2：9-2　　8：ヨシ属（断面）　9-1
　3：イネ穎部破片　9-3（18）　　　　　　　　　　　9：ウシクサ族（断面）　9-2
　4：イネ型単細胞珪酸体列　8-2　　　　　　　　　10：キビ族（断面）　9-2
　5：オオムギ穎部破片？　9-2　　　　　　　　　　11：イネ穎部破片　第9号土抗
　6：ネザサ節型（断面）　9-2　　　　　　　　　　12：キビ族（断面）　第9号土抗
　7：クマザサ属型（断面）　9-2　　　　　　　　　13：泡状植物珪酸体　第9号土抗

第5節　黒曜石の産地推定

竹原弘展（パレオ・ラボ）

1．はじめに

中屋敷遺跡出土黒曜石製石器について、エネルギー分散型蛍光X線分析装置による元素分析を行い、原産地を推定した。

2．試料と方法

対象試料は中屋敷遺跡出土黒曜石計171点である。試料は、測定前にメラミンフォーム製のスポンジを用いて、測定面表面の洗浄を行った。

分析装置は、（株）セイコーインスツルメンツ社製のエネルギー分散型蛍光X線分析計SEL－2001Lを使用した。装置の仕様は、X線管ターゲットはロジウムRh、X線検出器はSi（Li）半導体検出器である。測定条件は、測定時間300sce、照射径10mm、電流自動設定（1－63μA、デッドタイムが20％未満になるよう設定）、電圧50kV、試料室内雰囲気真空に設定した。

黒曜石の産地推定には、蛍光X線分析によるX線強度を用いた黒曜石産地推定法である判別図法を用いた（例えば望月 2004）。本方法は、まず各試料を蛍光X線分析装置で測定

表26　黒曜石原産地（東日本）の判別群名称（望月 2004 参考）

都道府県	エリア	判別群	記号	原石採取地
北海道	白滝	八号沢群	STHG	赤石山山頂・八号沢露頭・八号沢・黒曜の沢・幌加林道(94)、7の沢川支流(2)
		黒曜の沢群	STKY	
	赤井川	曲川群	AIMK	曲川・土木川(12)
青森	木造	出来島群	KDDK	出来島海岸(10)
	深浦	八森山群	HUHM	岡崎浜(7)、八森山公園(8)
秋田	男鹿	金ヶ崎群	OGKS	金ヶ崎温泉(10)
		脇本群	OGWM	脇本海岸(4)
岩手	北上川	北上折居2群	KKO2	北上川(9)
山形	羽黒	月山群	HGGS	月山荘前(10)
新潟	新津	金津群	NTKT	金津(7)
	新発田	板山群	SBIY	板山牧場(10)
宮城	宮崎	湯ノ倉群	MZYK	湯ノ倉(40)
	色麻	根岸群	SMNG	根岸(40)
	仙台	秋保1群	SDA1	土蔵(11)
		秋保2群	SDA2	土蔵(7)
	塩釜	塩釜群	SGSG	塩釜(10)
栃木	高原山	甘湯沢群	THAY	甘湯沢(22)
		七尋沢群	THNH	七尋沢(3)、宮川(3)、枝持沢(3)
長野	和田(WD)	鷹山群	WDTY	鷹山(20)、東餅屋(20)
		小深沢群	WDKB	小深沢(18)
		土屋橋西群	WDTN	土屋橋西(11)
	和田(WO)	ブドウ沢群	WOBD	ブドウ沢(20)
		牧ヶ沢群	WOMS	牧ヶ沢下(20)
		高松沢群	WOTM	高松沢(19)
	諏訪	星ヶ台群	SWHD	星ヶ台(35)、星ヶ塔(20)
	蓼科	冷山群	TSTY	冷山(20)、麦草峠(20)、麦草峠東(20)
神奈川	箱根	芦ノ湯群	HNAY	芦ノ湯(20)
		畑宿群	HNHJ	畑宿(51)
		鍛冶屋群	HNKJ	鍛冶屋(20)
静岡		上多賀群	HNKT	上多賀(20)
	天城	柏峠群	AGKT	柏峠(20)
東京	神津島	恩馳島群	KZOB	恩馳島(27)
		砂糠崎群	KZSN	砂糠崎(20)

し、その測定結果のうち、カリウム（K）、マンガン（Mn）、鉄（Fe）とルビジウム（Rb）、ストロンチウム（Sr）、イットリウム（Y）、ジルコニウム（Zr）の合計7元素のX線強度（cps；count per second）について、以下に示す指標値を計算する。

1）Rb分率=Rb強度×100/（Rb強度+Sr強度+Y強度+Zr強度）
2）Sr分率=Sr強度×100/（Rb強度+Sr強度+Y強度+Zr強度）
3）Mn強度×100/Fe強度
4）log（Fe強度/K強度）

そしてこれらの指標値を用いた2つの判別図（横軸Rb分率－縦軸Mn強度×100/Fe強度の判別図と横軸Sr分率－縦軸log（Fe強度/K強度）の判別図）を作成し、各地の原石データと遺跡出土遺物のデータを照合して、原産地を推定するものである。この方法は、指標値に蛍光X線のエネルギー差ができる限り小さい元素同士を組み合わせて算出しているため、形状、厚みなどの影響を比較的受けにくく、原則として非破壊である出土遺物の測定に対して非常に有効な方法であるといえる。

　原石試料も、採取原石を割って新鮮な面を表出させた上で産地推定対象試料と同様の条件で測定した。表26に各原石産地とそれぞれの試料点数、ならびにこれらのエリア、判別群名を示す。

3．分析結果および考察

　図90および図91に、黒曜石原石の判別図に中屋敷遺跡出土の遺物171点をプロットした図を示す。なお、№.165〜171の7試料は、他の試料より2年程前に測定を行い、装置の検出感度が変化していたため、それぞれ同時に測定した原石試料の指標値を基に補正を加えて、図示している。補正は、指標値ごとに最小二乗法による回帰直線を求め、それを補正式とした。検出感度の変化は軽元素であるK強度において特に大きい。両図は視覚的にわかりやすくするため、各判別群を楕円で取り囲んである（図上の各判別群の記号は表26を参照）。図90では171点の遺物がそれぞれ SWHD に128点、KZSN に38点、KZOB に5点と、すべていずれかの判別群周辺にプロットされた。図91では、図90においてそれぞれがプロットされた判別群に対応する形で、SWHD、KZSN、KZOB の判別群周辺にほとんどの遺物がプロットされたが、一部の遺物（分析№.2・19・48・106・135・139の計6点）は、ちょうど合致する判別群はなかった。これらは、いずれも図90でプロットされた判別群に対応する判別群の範囲から下方向に大きく外れた箇所にプロットされている。これは遺物の風化などによる影響と考えられ（望月 1999）、図90でプロットされた判別群に属する可能性が高い。

　各遺物の分析結果と、そこより算出された指標値、判別図法により推定された判別群名、エリア名を表27に示す。

4．おわりに

　中屋敷遺跡出土黒曜石に蛍光X線分析による産地推定を行った結果、171点の遺物の内、128点が諏訪エリア、43点が神津島エリア原産の可能性が高いと推定された。

引用・参考文献

望月明彦　（1999）「上和田城山遺跡出土の黒曜石産地推定」『埋蔵文化財の保管と活用のための基礎的整理報告書2 ―上和田城山遺跡篇―』pp.172-179　大和市教育委員会

望月明彦　（2004）「用田大河内遺跡出土黒曜石の産地推定」『用田大河内遺跡』pp.511-517　かながわ考古学財団調査報告167　財団法人かながわ考古学財団

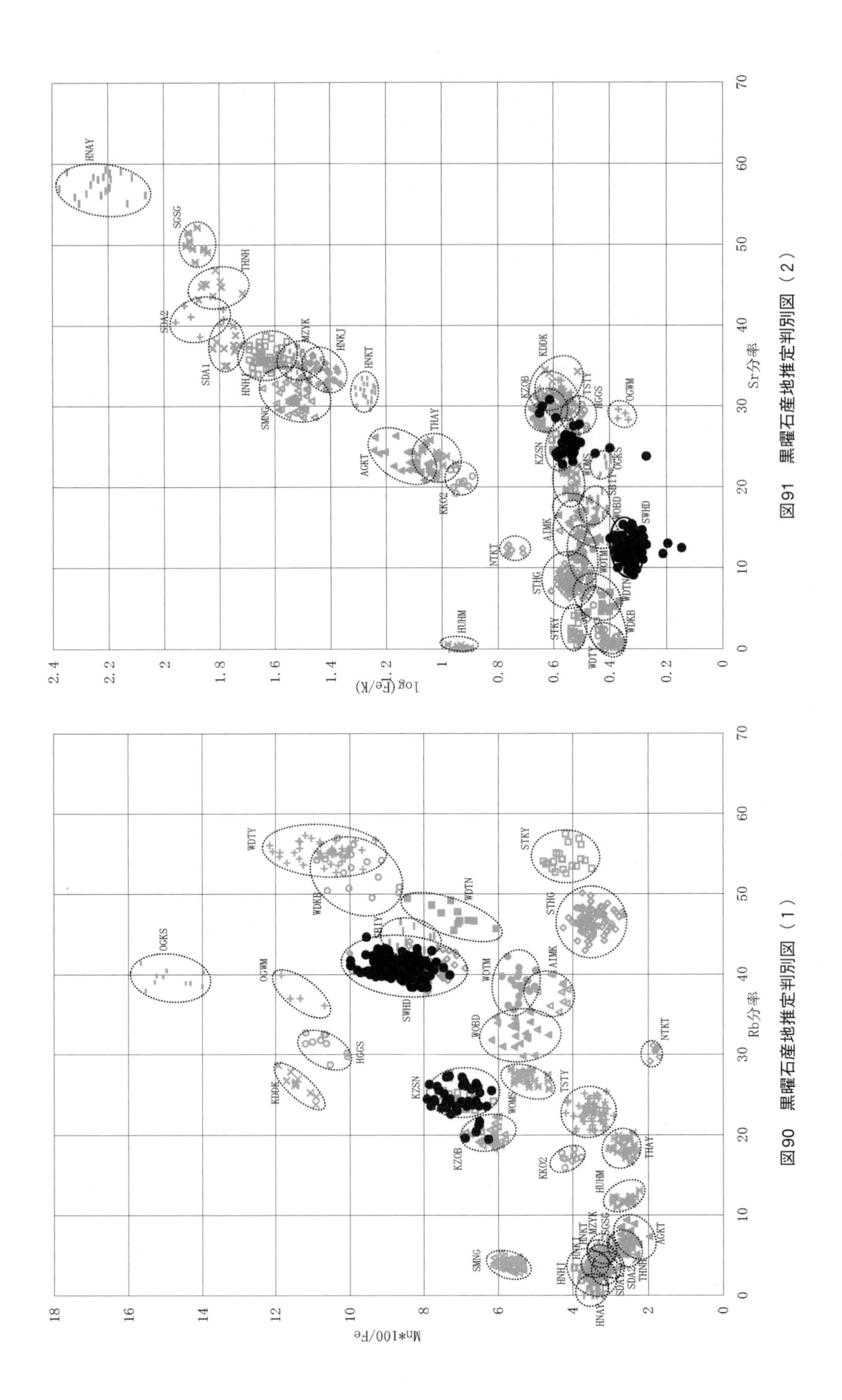

図91 黒曜石産地推定判別図（2）

図90 黒曜石産地推定判別図（1）

表27 測定遺物および測定結果

分析No.	出土位置	器種	K強度	Mn強度	Fe強度	Rb強度	Sr強度	Y強度	Zr強度	Rb分率	Mn×100/Fe	Sr分率	log(Fe/K)	判別群	エリア	分析No.
1	4号土坑	剥片	13.56	3.52	48.28	4.10	4.08	2.82	5.71	24.53	7.29	24.43	0.55	KZSN	神津島	1
2		チップ	34.52	4.97	64.52	5.42	5.34	3.87	7.76	24.21	7.70	23.84	0.27	KZSN?	神津島	2
3		チップ	28.82	4.98	60.90	9.48	3.30	3.29	6.17	42.63	8.18	14.85	0.33	SWHD	諏訪	3
4		剥片	23.80	4.45	48.48	8.90	2.60	3.66	6.78	40.58	9.18	11.84	0.31	SWHD	諏訪	4
5		剥片	27.17	4.82	56.36	11.62	2.84	5.08	9.15	40.50	8.56	9.89	0.32	SWHD	諏訪	5
6		剥片	31.05	5.41	60.28	10.80	3.61	4.15	8.59	39.77	8.98	13.30	0.29	SWHD	諏訪	6
7		剥片	16.26	3.42	51.83	4.31	4.53	2.44	6.49	24.27	6.60	25.49	0.50	KZSN	神津島	7
8		剥片	27.35	4.75	50.26	3.17	3.17	3.70	8.48	40.07	8.64	12.36	0.30	SWHD	諏訪	8
9		チップ	41.00	8.56	92.29	11.80	4.25	4.00	7.63	42.62	9.28	15.35	0.35	SWHD	諏訪	9
10		チップ	13.99	3.17	45.53	4.28	4.18	1.87	6.01	26.20	6.96	25.57	0.51	KZSN	神津島	10
11		チップ	35.01	6.56	69.09	11.75	3.87	4.74	8.70	40.43	9.49	13.31	0.30	SWHD	諏訪	11
12		チップ	37.89	6.60	77.39	10.85	3.04	3.92	8.42	41.37	8.53	11.58	0.31	SWHD	諏訪	12
13		チップ	25.09	4.70	52.11	5.83	1.87	2.29	3.58	42.96	9.03	13.76	0.32	SWHD	諏訪	13
14		チップ	30.42	5.21	62.99	7.19	2.49	2.66	4.90	41.72	8.27	14.42	0.32	SWHD	諏訪	14
15		チップ	36.20	6.89	76.26	10.84	3.92	4.13	7.94	40.41	9.04	14.61	0.32	SWHD	諏訪	15
16		チップ	17.69	4.63	56.83	4.36	3.29	2.11	4.32	27.22	7.39	24.64	0.55	KZSN	神津島	16
17		チップ	26.48	6.67	87.88	5.62	5.49	3.75	7.07	25.61	7.59	25.04	0.52	KZSN	神津島	17
18		チップ	18.56	5.15	68.51	5.10	5.29	3.79	7.64	23.39	7.52	24.23	0.57	KZSN	神津島	18
19		チップ	39.09	4.49	54.72	11.16	3.33	3.77	8.38	41.91	8.21	12.48	0.15	SWHD?	諏訪	19
20		チップ	12.41	2.25	30.11	2.88	0.99	1.13	2.06	40.83	7.46	14.02	0.39	SWHD	諏訪	20
21		チップ	13.52	3.38	52.01	4.06	3.81	2.43	5.74	25.30	6.50	23.77	0.59	KZSN	神津島	21
22		剥片	25.47	4.12	50.65	9.42	3.06	3.35	7.68	40.08	8.13	13.01	0.30	SWHD	諏訪	22
23		チップ	13.26	3.84	59.09	4.70	6.31	3.07	7.57	21.72	6.50	29.14	0.65	KZOB	神津島	23
24		チップ	12.73	3.59	52.19	3.27	5.12	2.26	5.98	19.64	6.88	30.79	0.61	KZOB	神津島	24
25		チップ	16.26	4.07	62.07	5.00	4.68	2.30	7.18	26.09	6.56	24.43	0.58	KZSN	神津島	25
26	5号土坑	チップ	19.55	4.84	69.98	5.79	5.43	3.16	7.36	26.63	6.91	24.99	0.55	KZSN	神津島	26
27		チップ	11.41	2.62	38.98	2.65	2.64	1.62	3.38	25.73	6.72	25.70	0.53	KZSN	神津島	27
28		剥片	17.27	4.70	63.54	4.77	4.97	3.03	7.05	24.08	7.40	25.09	0.57	KZSN	神津島	28
29		剥片	31.70	5.42	61.49	11.38	3.24	4.25	8.24	41.98	8.82	11.95	0.29	SWHD	諏訪	29
30		チップ	22.23	5.91	79.58	5.40	5.92	3.27	8.44	23.44	7.43	25.70	0.55	KZSN	神津島	30
31		チップ	22.50	5.30	76.10	4.09	4.15	2.81	4.01	27.19	6.97	27.54	0.53	KZSN	神津島	31
32		ピエス・エスキーユ	15.21	3.42	51.23	4.13	4.23	2.44	6.58	23.77	6.68	24.31	0.53	KZSN	神津島	32
33		石核	13.50	3.38	46.39	3.91	4.26	2.81	5.22	24.16	7.29	26.27	0.54	KZSN	神津島	33
34		チップ	28.37	5.41	58.74	11.18	3.29	4.51	8.74	40.33	9.22	11.88	0.32	SWHD	諏訪	34
35		剥片	20.82	3.68	44.01	8.02	2.81	3.23	6.61	38.81	8.36	13.58	0.33	SWHD	諏訪	35
36		剥片	26.26	4.25	55.48	10.00	2.74	3.51	7.85	41.51	7.66	11.35	0.32	SWHD	諏訪	36
37		剥片	31.96	5.91	65.28	11.53	3.73	4.04	8.26	41.83	9.06	13.54	0.31	SWHD	諏訪	37
38		剥片	27.64	5.06	58.00	10.19	3.13	4.12	7.63	40.65	8.72	12.47	0.32	SWHD	諏訪	38
39		石核	15.84	3.41	50.04	4.13	4.42	2.99	5.99	23.59	6.31	25.20	0.53	KZSN	神津島	39
40		剥片	18.62	4.67	65.73	4.66	4.98	3.48	7.13	23.01	7.10	24.59	0.55	KZSN	神津島	40
41		石核	15.27	3.83	54.85	4.48	4.68	2.49	7.05	23.97	6.97	25.02	0.56	KZSN	神津島	41
42		剥片	33.67	6.46	64.82	10.84	2.93	4.12	8.50	41.08	9.96	11.09	0.28	SWHD	諏訪	42
43		剥片	24.41	4.43	50.78	10.02	3.31	3.66	7.81	40.42	8.73	13.34	0.32	SWHD	諏訪	43
44		ピエス・エスキーユ	18.11	4.31	58.35	4.91	5.79	3.19	6.97	23.54	7.39	27.76	0.51	KZSN	神津島	44
45		剥片	37.30	7.03	73.90	12.90	4.49	5.56	8.97	40.42	9.52	14.05	0.30	SWHD	諏訪	45
46		チップ	29.35	6.17	68.25	9.20	2.95	2.97	6.15	43.25	9.04	13.87	0.37	SWHD	諏訪	46
47		チップ	17.54	4.33	63.33	4.77	5.25	3.20	7.01	23.58	6.84	25.96	0.56	KZSN	神津島	47
48		チップ	8.64	1.78	24.39	1.58	1.39	1.14	1.65	27.35	7.31	24.18	0.45	KZSN?	神津島	48
49		チップ	17.05	4.83	66.47	4.82	5.15	3.60	7.73	22.62	7.26	24.17	0.59	KZSN	神津島	49
50		石核	23.92	4.11	48.45	10.68	2.52	4.10	8.51	41.38	8.48	9.77	0.31	SWHD	諏訪	50
51		チップ	18.71	4.48	65.41	5.40	5.39	3.15	6.73	26.13	6.86	26.07	0.54	KZSN	神津島	51
52		チップ	28.10	5.72	64.65	10.39	3.11	4.11	7.79	40.91	8.84	12.25	0.36	SWHD	諏訪	52
53		剥片	30.02	5.61	62.07	11.73	3.21	4.47	8.71	41.70	9.04	11.41	0.32	SWHD	諏訪	53
54		RF	26.60	4.55	55.43	10.18	3.31	3.89	7.77	40.49	8.21	13.15	0.32	SWHD	諏訪	54
55		石鏃	29.00	4.99	59.80	10.22	3.14	4.61	8.62	38.44	8.34	11.81	0.31	SWHD	諏訪	55
56		石核	11.97	2.94	44.44	4.08	4.35	2.59	6.03	23.93	6.62	25.50	0.57	KZSN	神津島	56
57		チップ	37.42	6.81	75.19	11.84	3.59	5.05	8.50	40.86	9.06	12.38	0.30	SWHD	諏訪	57
58		剥片	22.76	3.98	50.64	9.53	3.06	3.40	7.23	41.05	7.86	13.19	0.35	SWHD	諏訪	58
59	7号土坑	石鏃未成品	28.56	5.62	60.62	11.55	3.17	4.57	8.08	42.20	9.27	11.58	0.33	SWHD	諏訪	59
60		剥片	23.16	4.19	46.65	8.67	2.64	3.12	6.90	40.64	8.98	12.39	0.30	SWHD	諏訪	60
61		チップ	25.71	4.55	54.86	11.46	3.13	4.24	8.54	41.86	8.29	11.43	0.33	SWHD	諏訪	61
62		チップ	17.91	4.12	60.52	5.13	3.10	2.73	7.83	24.21	6.80	24.21	0.53	KZSN	神津島	62
63		チップ	29.26	5.54	64.16	10.75	2.80	4.53	7.56	41.93	8.64	10.93	0.34	SWHD	諏訪	63
64		剥片	21.44	3.56	44.21	8.15	2.36	3.09	6.20	41.16	8.06	11.93	0.31	SWHD	諏訪	64
65		チップ	27.40	7.31	93.15	6.39	5.62	4.01	8.25	26.32	7.85	23.16	0.53	KZSN	神津島	65
66		剥片	27.00	5.28	66.70	10.73	3.19	4.21	8.24	40.94	8.67	12.21	0.35	SWHD	諏訪	66
67		剥片	24.60	4.53	52.92	10.13	3.15	4.19	8.37	39.20	8.56	12.18	0.33	SWHD	諏訪	67
68		剥片	25.52	4.20	52.87	9.30	3.30	3.68	7.57	39.00	7.95	13.83	0.32	SWHD	諏訪	68
69		剥片	15.22	4.03	54.89	4.36	4.46	2.54	6.43	24.53	7.35	25.08	0.56	KZSN	神津島	69
70		剥片	30.74	5.61	61.44	11.08	3.27	5.01	8.49	39.79	9.13	11.74	0.30	SWHD	諏訪	70
71		剥片	23.95	4.08	50.45	10.16	2.98	4.15	7.86	40.40	8.09	11.86	0.32	SWHD	諏訪	71
72		チップ	26.41	5.28	60.58	9.77	3.23	3.68	6.70	41.80	8.72	13.81	0.36	SWHD	諏訪	72
73		チップ	37.86	7.17	79.48	11.77	4.26	4.16	7.44	42.61	9.03	15.42	0.32	SWHD	諏訪	73
74		剥片	32.55	6.43	66.20	11.56	3.45	4.52	9.20	40.24	9.71	12.02	0.31	SWHD	諏訪	74
75		剥片	36.88	7.00	77.53	13.01	4.08	4.67	8.46	43.05	9.03	13.50	0.32	SWHD	諏訪	75
76		剥片	22.87	4.57	51.35	10.42	3.07	3.84	7.81	41.46	8.89	12.20	0.35	SWHD	諏訪	76
77		剥片	26.28	4.63	55.97	10.28	2.79	4.20	8.36	41.26	8.27	10.67	0.33	SWHD	諏訪	77
78		UF	23.77	4.16	52.36	10.23	2.98	3.46	7.90	41.65	7.95	12.14	0.34	SWHD	諏訪	78
79	8号土坑	剥片	30.72	6.01	67.30	10.45	3.20	4.30	7.86	40.49	8.92	12.41	0.34	SWHD	諏訪	79
80		チップ	32.57	7.06	74.78	11.43	3.95	5.17	8.03	39.98	9.44	13.83	0.36	SWHD	諏訪	80
81		石鏃	28.31	4.99	57.74	11.05	3.24	4.43	7.88	41.54	8.64	12.18	0.31	SWHD	諏訪	81
82		石鏃未成品	24.81	4.49	51.47	10.72	2.35	3.76	8.89	41.69	8.72	9.12	0.32	SWHD	諏訪	82
83		剥片	25.47	4.42	54.05	10.76	3.34	3.86	6.93	43.24	8.18	13.40	0.33	SWHD	諏訪	83
84		チップ	25.99	5.36	61.50	11.63	3.67	4.39	8.42	41.39	8.72	13.04	0.37	SWHD	諏訪	84
85		チップ	16.74	3.41	39.38	5.12	1.23	1.88	4.03	41.76	8.66	10.02	0.37	SWHD	諏訪	85
86		チップ	24.33	4.68	52.50	5.57	1.96	1.89	3.73	42.34	8.92	14.91	0.33	SWHD	諏訪	86
87		チップ	33.46	6.76	74.74	11.41	3.71	4.62	8.07	41.02	9.05	13.35	0.35	SWHD	諏訪	87
88		チップ	21.03	6.07	77.76	5.55	5.36	3.72	8.86	23.64	7.80	22.81	0.57	KZSN	神津島	88

— 157 —

分析No.	出土位置	器種	K強度	Mn強度	Fe強度	Rb強度	Sr強度	Y強度	Zr強度	Rb分率	Mn×100/Fe	Sr分率	log(Fe/K)	判別群	エリア	分析No.
89		剥片	26.67	5.19	56.02	11.10	3.07	4.05	8.66	41.30	9.27	11.41	0.32	SWHD	諏訪	89
90		剥片	27.82	4.94	60.57	10.73	3.01	4.74	8.68	39.51	8.16	11.08	0.34	SWHD	諏訪	90
91		UF	26.90	4.80	56.75	11.30	3.46	4.21	8.33	41.39	8.47	12.66	0.32	SWHD	諏訪	91
92		石鏃	31.09	5.53	62.21	11.01	3.64	4.55	8.66	39.53	8.88	13.06	0.30	SWHD	諏訪	92
93		RF	29.26	5.97	59.84	11.08	3.03	4.10	8.35	41.72	9.98	11.41	0.31	SWHD	諏訪	93
94		剥片	25.56	4.85	52.40	10.27	2.55	4.58	8.10	40.27	9.26	10.01	0.31	SWHD	諏訪	94
95	8号土坑	チップ	35.48	7.25	75.93	7.98	1.97	2.86	5.06	44.67	9.55	11.04	0.33	SWHD	諏訪	95
96		チップ	39.46	6.96	81.07	12.07	3.62	4.52	8.41	42.18	8.59	12.64	0.31	SWHD	諏訪	96
97		チップ	23.44	4.13	45.57	5.82	1.95	2.40	3.96	41.23	9.09	13.78	0.29	SWHD	諏訪	97
98		剥片	25.28	4.13	51.42	9.31	2.97	3.75	7.87	38.97	8.02	12.42	0.31	SWHD	諏訪	98
99		剥片	19.46	3.45	42.26	8.45	2.01	3.20	6.96	40.98	8.16	9.77	0.34	SWHD	諏訪	99
100		剥片	24.48	4.65	53.19	10.23	2.75	4.38	8.01	40.33	8.74	10.85	0.34	SWHD	諏訪	100
101		剥片	28.97	5.84	64.54	11.44	3.27	4.68	7.99	41.77	9.04	11.95	0.35	SWHD	諏訪	101
102		剥片	23.65	3.99	47.98	9.37	3.33	3.96	7.34	39.03	8.32	13.88	0.31	SWHD	諏訪	102
103		剥片	20.22	5.66	73.34	5.30	5.30	3.66	7.46	24.41	7.71	24.40	0.56	KZSN	神津島	103
104		チップ	34.10	6.56	70.64	11.50	4.16	4.69	8.42	39.97	9.29	14.45	0.32	SWHD	諏訪	104
105		剥片	16.36	4.43	54.44	5.08	5.32	2.65	7.15	25.16	7.44	26.34	0.56	KZSN	神津島	105
106		チップ	35.71	5.83	89.47	5.78	6.06	3.71	8.88	23.65	6.52	24.82	0.40	KZSN?	神津島	106
107		チップ	37.16	7.07	75.67	11.60	4.07	4.73	8.23	40.53	9.35	14.20	0.31	SWHD	諏訪	107
108		剥片	33.04	6.23	66.40	12.44	3.37	4.70	8.88	42.33	9.39	11.46	0.30	SWHD	諏訪	108
109		チップ	33.81	6.19	72.08	11.63	2.57	4.45	8.48	42.86	8.58	9.49	0.33	SWHD	諏訪	109
110		石核	13.24	3.13	50.72	4.13	3.85	2.17	6.01	25.55	6.18	23.84	0.58	KZSN	神津島	110
111		剥片	28.65	5.11	62.37	11.34	3.27	4.62	8.96	40.22	8.20	11.60	0.34	SWHD	諏訪	111
112		石鏃未成品	22.92	3.99	48.62	9.31	3.04	4.16	7.56	38.67	8.21	12.63	0.33	SWHD	諏訪	112
113		チップ	23.59	6.16	80.70	5.76	5.27	3.52	7.54	26.07	7.64	23.86	0.53	KZSN	神津島	113
114		チップ	33.10	6.69	74.01	10.79	3.34	4.47	8.23	40.22	9.03	12.46	0.35	SWHD	諏訪	114
115		剥片	26.97	4.54	56.10	10.58	3.35	4.13	7.42	41.53	8.09	13.16	0.32	SWHD	諏訪	115
116		剥片	24.99	4.43	52.96	9.87	2.63	3.99	7.65	40.90	8.37	10.88	0.33	SWHD	諏訪	116
117		剥片	26.18	4.99	54.57	10.97	2.75	4.25	8.01	42.23	9.15	10.58	0.32	SWHD	諏訪	117
118	9号土坑	剥片	36.40	7.17	74.97	13.29	4.41	5.12	8.49	42.46	9.56	14.09	0.31	SWHD	諏訪	118
119		剥片	18.26	4.16	63.07	5.27	5.08	3.05	6.53	26.43	6.59	25.51	0.54	KZSN	神津島	119
120		剥片	23.63	4.15	49.52	9.42	3.02	3.53	7.68	39.84	8.39	12.75	0.32	SWHD	諏訪	120
121		チップ	38.10	7.42	77.46	12.32	4.09	5.68	8.47	40.30	9.58	13.38	0.31	SWHD	諏訪	121
122		剥片	21.34	3.81	49.37	9.05	2.50	3.10	7.65	40.58	7.72	11.22	0.36	SWHD	諏訪	122
123		剥片	27.12	5.38	59.51	10.79	3.56	3.98	8.40	40.37	9.04	13.30	0.34	SWHD	諏訪	123
124		チップ	31.64	6.05	66.71	11.51	3.12	4.54	9.17	40.63	9.06	11.00	0.32	SWHD	諏訪	124
125		剥片	20.93	4.08	47.30	9.21	2.86	3.51	7.79	39.41	8.62	12.25	0.35	SWHD	諏訪	125
126		剥片	29.87	6.09	62.20	10.75	3.16	4.22	8.40	40.53	9.79	11.92	0.32	SWHD	諏訪	126
127		チップ	34.13	6.88	75.73	12.52	3.50	5.21	9.08	41.30	9.08	11.56	0.35	SWHD	諏訪	127
128		剥片	17.81	4.57	64.06	5.20	5.84	2.94	8.07	23.57	7.13	26.47	0.56	KZSN	神津島	128
129		チップ	17.02	3.27	40.37	6.13	1.66	2.66	4.22	41.77	8.09	11.31	0.38	SWHD	諏訪	129
130		剥片	20.15	3.43	43.37	7.88	2.49	3.53	6.62	38.41	7.90	12.13	0.33	SWHD	諏訪	130
131		剥片	24.97	4.51	53.64	10.23	2.92	3.95	8.41	40.11	8.40	11.46	0.33	SWHD	諏訪	131
132		剥片	25.15	3.95	50.45	8.99	2.87	3.70	7.00	39.84	7.82	12.74	0.30	SWHD	諏訪	132
133	10号土坑	剥片	21.85	4.06	47.53	9.92	2.74	3.86	7.34	41.59	8.53	11.48	0.34	SWHD	諏訪	133
134		チップ	29.18	5.18	59.03	11.46	3.51	4.78	8.84	40.37	8.78	12.38	0.31	SWHD	諏訪	134
135		石鏃未成品	22.68	2.70	37.02	7.58	2.23	3.12	6.04	39.94	7.30	11.77	0.21	SWHD?	諏訪	135
136		剥片	25.77	5.26	61.86	11.80	3.39	3.94	8.74	42.36	8.50	12.16	0.38	SWHD	諏訪	136
137		チップ	31.58	6.45	69.75	10.54	3.30	4.27	7.35	41.41	9.24	12.96	0.34	SWHD	諏訪	137
138		石鏃未成品	28.75	4.92	59.42	9.50	3.31	4.01	7.89	38.44	8.29	13.40	0.32	SWHD	諏訪	138
139		剥片	39.13	5.59	61.40	11.50	3.64	4.64	8.13	41.22	9.10	13.04	0.20	SWHD?	諏訪	139
140		チップ	40.64	7.32	78.82	11.51	4.26	4.81	8.39	39.74	9.29	14.69	0.29	SWHD	諏訪	140
141		チップ	23.29	4.25	52.83	10.68	3.57	4.65	8.90	38.41	8.05	12.85	0.36	SWHD	諏訪	141
142		チップ	31.14	6.48	69.25	12.06	3.59	4.33	9.02	41.61	9.35	12.37	0.35	SWHD	諏訪	142
143		チップ	30.32	5.05	56.76	11.40	3.50	4.69	7.54	42.03	8.89	12.89	0.27	SWHD	諏訪	143
144		チップ	17.57	4.79	76.50	4.38	6.73	2.94	8.38	19.51	6.26	30.01	0.64	KZOB	神津島	144
145		チップ	31.93	4.94	61.19	9.99	3.47	4.79	6.83	39.85	8.07	13.83	0.28	SWHD	諏訪	145
146		チップ	21.76	5.61	85.03	4.85	6.79	2.84	9.28	20.40	6.60	28.58	0.59	KZOB	神津島	146
147		石鏃未成品	25.78	4.66	54.13	9.76	2.38	3.59	7.69	41.70	8.60	10.16	0.32	SWHD	諏訪	147
148		剥片	29.87	5.92	67.67	10.60	3.72	4.68	8.14	39.95	8.74	14.00	0.36	SWHD	諏訪	148
149	11号土坑	剥片	26.59	4.54	54.29	10.08	2.91	4.48	8.55	38.76	8.37	11.17	0.31	SWHD	諏訪	149
150		チップ	23.40	4.61	55.41	6.62	2.15	2.67	4.25	42.22	8.32	13.68	0.37	SWHD	諏訪	150
151		チップ	42.22	8.01	88.84	12.84	3.68	4.69	8.69	42.93	9.02	12.30	0.32	SWHD	諏訪	151
152		石鏃	27.66	5.13	56.57	10.47	2.86	3.96	8.04	41.33	9.06	11.29	0.31	SWHD	諏訪	152
153		剥片	25.58	4.73	54.14	10.86	2.89	4.47	8.61	40.48	8.74	10.78	0.33	SWHD	諏訪	153
154		ピエス・エスキーユ	23.53	3.97	49.76	9.17	2.65	3.56	7.64	39.85	7.98	11.49	0.33	SWHD	諏訪	154
155		ピエス・エスキーユ	20.58	3.74	48.01	9.48	2.69	2.97	6.92	42.98	7.78	12.19	0.37	SWHD	諏訪	155
156		チップ	27.35	5.59	60.39	11.19	3.08	4.54	8.12	41.55	9.26	11.43	0.34	SWHD	諏訪	156
157		剥片	23.12	4.18	51.21	9.81	2.71	3.58	7.13	42.22	8.16	11.66	0.35	SWHD	諏訪	157
158		チップ	18.18	4.22	60.45	5.01	5.31	2.80	7.61	24.19	6.99	25.60	0.52	KZSN	神津島	158
159		チップ	31.21	6.41	71.79	11.79	3.03	4.97	8.87	41.13	9.98	10.56	0.31	SWHD	諏訪	159
160		剥片	24.91	5.22	56.56	10.86	3.22	3.77	7.29	43.19	9.24	12.81	0.36	SWHD	諏訪	160
161		剥片	29.80	5.85	64.37	11.23	3.18	4.42	7.87	42.05	9.08	11.92	0.33	SWHD	諏訪	161
162		チップ	22.42	5.88	74.47	5.22	5.47	3.16	7.46	24.49	7.90	25.67	0.52	KZSN	神津島	162
163		剥片	38.00	7.06	78.92	12.01	3.62	4.62	7.68	43.00	8.94	12.95	0.32	SWHD	諏訪	163
164		剥片	35.46	6.70	76.09	11.71	3.18	5.60	8.80	39.99	8.81	10.84	0.33	SWHD	諏訪	164
165	2トレc区	石鏃	33.70	4.53	50.84	9.26	3.16	3.53	7.36	39.74 / 39.49	8.92 / 8.43	13.54 / 13.68	0.18 / 0.36	SWHD	諏訪	165
166	12号土坑	RF	37.37	4.86	54.58	9.33	2.45	3.79	6.86	41.59 / 41.33	8.91 / 8.42	10.92 / 11.08	0.16 / 0.35	SWHD	諏訪	166
167	1トレa区	ピエス・エスキーユ	25.39	4.74	70.90	4.42	6.18	2.39	7.66	21.39 / 21.25	6.68 / 6.52	29.94 / 29.92	0.45 / 0.64	KZSN	神津島	167
168	2トレc区	ピエス・エスキーユ	35.77	5.15	58.76	9.52	3.24	3.69	7.55	39.66 / 39.42	8.76 / 8.29	13.52 / 13.65	0.22 / 0.40	SWHD	諏訪	168
169	2トレc区	ピエス・エスキーユ	31.28	4.08	47.16	8.00	2.47	3.45	6.38	39.41 / 39.16	8.66 / 8.20	12.15 / 12.30	0.18 / 0.36	SWHD	諏訪	169
170	2トレb区	UF	40.48	5.18	61.92	10.30	3.63	4.22	8.04	39.34 / 39.09	8.36 / 7.96	13.84 / 13.97	0.18 / 0.37	SWHD	諏訪	170
171	3トレb区	石鏃	44.18	5.83	65.17	11.53	2.85	4.19	8.43	42.71 / 42.44	8.95 / 8.45	10.56 / 10.72	0.17 / 0.35	SWHD	諏訪	171

※No.165～171の指標値の上段は測定値からの算出値、下段は算出値を原石の測定値から導いた補正式で補正した補正値

第6節　中屋敷遺跡から採集された動物遺体の概要

樋泉岳二

1．資料と分析方法

　動物遺体は第1・5・7・8・9・11号土坑の各土坑から検出されている。採集方法はすべて発掘現場において手で拾い上げられたものである。同定方法は現生標本との比較を基本とした。使用した現生標本は筆者の所蔵標本のほか、国立歴史民俗博物館西本豊弘氏の所蔵標本も参照させていただいた。

2．分析結果

　検出された遺体の一覧を表28に、また同定結果の詳細を付表、写真を図版44に示した。
　出土した遺体の大半は哺乳類の骨と歯であり、ほかにカエル類の骨が2点、貝殻と魚骨が各1点同定された。爬虫類・鳥類は確認されなかった（ただし「哺乳類？」および「不明」とした破片の中にこれらが含まれる可能性はある）。
　骨の大半は焼骨であり、著しい亀裂や変形を示す資料がしばしばみられ、多くは細片化している。こうした状態から見て、生の骨が急激に被熱したものと推測される。これに対し、哺乳類の歯は明確に焼けているものはなく、大半は象牙質がほぼ溶解消失してエナメル質のみが残存している状態である。これは一般的な乾陸域の酸性土壌中から出土する資料にはしばしばみられる傾向であった。

貝類
　第8号土坑から二枚貝類の貝殻破片が1点確認された。種の同定は困難だが、海生種の可能性が高い。

魚類
　第9号土坑からカツオの尾椎が1点検出された。尾柄部の椎骨で、ソウダガツオ属、スマ、マグロ属などの近似種との判別は確実でないが、扁平化した神経・血管両棘や椎体側面の翼状突起の形態などからみてカツオの可能性が高い。

両生類
　カエル類の上腕骨遠位端および四肢骨の骨端が検出された。比較的小型の種である。

哺乳類
　分類群を特定できた資料はイノシシ16点（歯12点、骨4点）、シカ9点（歯5点、角3点、骨1点）であった。また比較的小型の哺乳類だが分類群・部位を特定できていない資料が5点ある。No.143は後頭顆で、小破片のため正確な同定は難しいが、ムササビに最も近い。以上の他に、哺乳類またはその可能性が高い骨片が多数あるが、その大半はイノシシまたはシカのものである可能性が高い。

表28 中屋敷遺跡から採集された動物遺体
( ) は破片数ではなく検出された試料の数（複数の小破片を一括して同一の試料番号が付されている場合は1とカウントした）

種　類	部　位	位　置	土坑番号 1号	5号	7号	8号	9号	11号	合　計
二枚貝類	貝殻	破片				1			1
カツオ	尾椎（尾柄部）						1		1
カエル類	上腕骨	遠位端				／1			／1
カエル類	四肢骨	骨端				1			1
小型哺乳類	後頭骨	右後頭顆					1		1
小型哺乳類	尾椎					3			3
小型哺乳類	中手／中足骨	遠位端					1		1
イノシシ	下顎第2切歯							1／	1／
イノシシ	下顎切歯	破片					1		1
イノシシ	下顎犬歯？							1	1
イノシシ	前臼歯	破片						1	1
イノシシ	下顎第2後臼歯					1／		1／1	2／1
イノシシ	下顎第3後臼歯					1／		1／1	2／1
イノシシ	臼歯	破片				2			2
イノシシ	中心足根骨			1／					1／
イノシシ	第2中手骨	近位端					／1		／1
イノシシ	第4中足骨	近位端		1／					1／
イノシシ	中節骨	完存					1		1
シカ	角	破片					1	2	3
シカ	上顎第1後臼歯？							1	1
シカ	上顎第2後臼歯？							1	1
シカ	臼歯	破片		(2)	(1)				(3)
シカ	中手／中足骨	遠位端		1					1
イノシシ／シカ	歯	破片					1	1	2
イノシシ／シカ	指骨	破片		4			1		5
イノシシ／シカ	種子骨	完存		1					1
イノシシ／シカ？	肋骨	破片				1			1
哺乳類	歯	破片		(6)	(1)				7
哺乳類	不明	破片	(4)	(39)	(14)	(12)	(18)	(29)	(116)
哺乳類？	不明	破片	(1)	(8)			(3)	(2)	(14)
不明	不明	破片		(29)		(1)			(30)
検出されたサンプル数			(5)	(92)	(16)	(22)	(30)	(42)	(207)

付表　中屋敷遺跡から採集された動物遺体の同定結果の詳細

No.	土坑No.	出土地点	遺物種別	遺物番号	層位	種類	部位	位置	左右	数	焼	亀裂	同定備考
1	1号土坑	2トレ	No.遺物	1		哺乳類	不明	破片		+	+		
2	1号土坑	2トレ	No.遺物	2		哺乳類	不明	破片		+	+		
3	1号土坑	2トレ	No.遺物	3		哺乳類	不明	破片		+	+		
4	1号土坑	2トレ	No.遺物	4		哺乳類	不明	破片		+	+		
5	1号土坑	2トレ	No.遺物	5		哺乳類?	不明	破片		+	+		
6	5号土坑	4トレ	No.遺物	501		哺乳類	不明	破片		+	+		
7	5号土坑	4トレ	No.遺物	502		哺乳類	不明	破片		+	+		
8	5号土坑	4トレ	No.遺物	503		哺乳類	不明	破片		+	+		
9	5号土坑	4トレ	No.遺物	504		哺乳類	不明	破片		+	+		
10	5号土坑	4トレ	No.遺物	505		哺乳類	不明	破片		+	+		
11	5号土坑	4トレ	No.遺物	507		哺乳類?	不明	破片		+	+		
12	5号土坑	4トレ	No.遺物	509		不明	不明	破片		+	+		
13	5号土坑	4トレ	No.遺物	510		不明	不明	破片		+	+		
14	5号土坑	4トレ	No.遺物	511		哺乳類	不明	破片		+	+		
15	5号土坑	4トレ	No.遺物	512		哺乳類	不明	破片		+	+		
16	5号土坑	4トレ	No.遺物	513		不明	不明	破片		+	+		
17	5号土坑	4トレ	No.遺物	514		不明	不明	破片		+	+		
18	5号土坑	4トレ	No.遺物	515		不明	不明	破片		+	+		
19	5号土坑	4トレ	No.遺物	516		不明	不明	破片		+	+		
20	5号土坑	4トレ	No.遺物	517		哺乳類	不明	破片		+	+	顕著	
21	5号土坑	4トレ	No.遺物	518		哺乳類?	不明	破片		+	+		
22	5号土坑	4トレ	No.遺物	519		不明	不明	破片		+	+		
23	5号土坑	4トレ	No.遺物	520		不明	不明	破片		+	+		
24	5号土坑	4トレ	No.遺物	521		不明	不明	破片		+	+		
25	5号土坑	4トレ	No.遺物	522		不明	不明	破片		+	+		
26	5号土坑	4トレ	No.遺物	524		不明	不明	破片		+	+		
27	5号土坑	4トレ	No.遺物	525		哺乳類?	不明	破片		+	+		
28	5号土坑	4トレ	No.遺物	526		不明	不明	破片		+	+		
29	5号土坑	4トレ	No.遺物	528		不明	不明	破片		+	+		
30	5号土坑	4トレ	No.遺物	529		不明	不明	破片		+	+		
31	5号土坑	4トレ	No.遺物	530		不明	不明	破片		+	+		
32	5号土坑	4トレ	No.遺物	531		不明	不明	破片		+	+		
33	5号土坑	4トレ	No.遺物	532		不明	不明	破片		+	+		
34	5号土坑	4トレ	No.遺物	533		不明	不明	破片		+	+		
35	5号土坑	4トレ	No.遺物	534		哺乳類?	不明	破片		+	+		
36	5号土坑	4トレ	No.遺物	535		哺乳類	不明	破片		+	+		
37	5号土坑	4トレ	No.遺物	536		哺乳類	不明	破片		+	+		
38	5号土坑	4トレ	No.遺物	537		哺乳類	歯	破片	?	+	-		エナメルのみ
39	5号土坑	4トレ	No.遺物	538		不明	不明	破片		+	+		
40	5号土坑	4トレ	No.遺物	539		哺乳類	歯	破片	?	+	-		エナメルのみ
41	5号土坑	4トレ	No.遺物	540		哺乳類	歯	破片	?	+	-		エナメルのみ
42	5号土坑	4トレ	No.遺物	542		哺乳類	不明	破片		+	+	顕著	
43	5号土坑	4トレ	No.遺物	544		哺乳類	歯	破片	?	+	-		エナメルのみ
44	5号土坑	4トレ	No.遺物	545		哺乳類	不明	破片		+	+		
45	5号土坑	4トレ	No.遺物	548		哺乳類?	不明	破片		+	+		
46	5号土坑	4トレ	No.遺物	549		哺乳類?	不明	破片		+	+		
47	5号土坑	4トレ	No.遺物	550		哺乳類?	不明	破片		+	+		
48	5号土坑	4トレ	No.遺物	551		不明	不明	破片		+	+		
49	5号土坑	4トレ	No.遺物	552		不明	不明	破片		+	+		
50	5号土坑	4トレ	No.遺物	553		不明	不明	破片		+	+		
51	5号土坑	4トレ	No.遺物	556		哺乳類	不明	破片		+	+	顕著	
52	5号土坑	4トレ	No.遺物	557		不明	不明	破片		+	+		
53	5号土坑	4トレ	No.遺物	558		哺乳類	不明	破片		+	+		
54	5号土坑	4トレ	No.遺物	559		不明	不明	破片		+	+		
55	5号土坑	4トレ	No.遺物	560		不明	不明	破片		+	+		
56	5号土坑	4トレ	No.遺物	562		哺乳類	不明	破片		+	+		
57	5号土坑	4トレ	No.遺物	564		哺乳類	不明	破片		+	+		
58	5号土坑	4トレ	No.遺物	565		不明	不明	破片		+	+		
59	5号土坑	4トレ	No.遺物	568		哺乳類	不明	破片		+	+		
60	5号土坑	4トレ	No.遺物	570		哺乳類	不明	破片		+	+		
61	5号土坑	4トレ	No.遺物	571		哺乳類	不明	破片		+	+		
62	5号土坑	4トレ	No.遺物	572		シカ	臼歯	破片	?	+	-		エナメルのみ
63	5号土坑	4トレ	No.遺物	573		哺乳類	歯	破片	?	+	-		エナメルのみ
64	5号土坑	4トレ	No.遺物	584		哺乳類	不明	破片		+	+		
65	5号土坑	4トレ	一括			不明	不明	破片		+	+		
66	5号土坑	4トレ	一括			哺乳類?	歯?	破片		+	-		エナメルのみ
67	5号土坑	4トレ	一括			哺乳類?	不明	破片		+	+		
68	5号土坑	4トレ	一括			不明	不明	破片		+	+		土器付着
69	5号土坑	4トレ	一括			不明	不明	破片		+	+		

No.	土坑No.	出土地点	遺物種別	遺物番号	層位	種類	部位	位置	左右	数	焼	亀裂	同定備考
70	5号土坑	4トレ	一括			哺乳類	不明	破片		+	+		
71	5号土坑	4トレ	一括			哺乳類	不明	破片		+	+		
72	5号土坑	4トレ	No.遺物	527		哺乳類	不明	破片		+	+		
73	5号土坑	4トレ	No.遺物	541		哺乳類	不明	破片		+	+		
74	5号土坑	4トレ	No.遺物	543		哺乳類	不明	破片		+	+		
74	5号土坑	4トレ	No.遺物	543		イノシシ／シカ	指骨	破片		1	+		
75	5号土坑	4トレ	No.遺物	546		哺乳類	不明	破片		+	+	顕著	
76	5号土坑	4トレ	No.遺物	547		哺乳類	不明	破片		+	+		
77	5号土坑	4トレ	No.遺物	554		哺乳類	不明	破片		+	+	顕著	
78	5号土坑	4トレ	No.遺物	555		哺乳類	不明	破片		+	+	顕著	
79	5号土坑	4トレ	No.遺物	561		シカ	臼歯	破片	?	+	-		エナメルのみ
80	5号土坑	4トレ	No.遺物	563		哺乳類	不明	破片		+	+		
81	5号土坑	4トレ	No.遺物	566		哺乳類	不明	破片		+	+		
82	5号土坑	4トレ	No.遺物	567		イノシシ／シカ	指骨	破片		1	+	顕著	
83	5号土坑	4トレ	No.遺物	569		シカ	中手／中足骨	遠位端	?	1	+	顕著	
84	5号土坑	4トレ	No.遺物	574		イノシシ／シカ	指骨	破片		1	+	顕著	
85	5号土坑	4トレ	No.遺物	575		哺乳類	不明	破片		+	+		
86	5号土坑	4トレ	No.遺物	576		哺乳類	不明	破片		+	+	顕著	
87	5号土坑	4トレ	No.遺物	577		イノシシ	第4中足骨	近位端	L	1	+		
88	5号土坑	4トレ	No.遺物	578		哺乳類	不明	破片		+	-		
89	5号土坑	4トレ	No.遺物	579		哺乳類	不明	破片		+	+	顕著	
90	5号土坑	4トレ	No.遺物	580		哺乳類	不明	破片		+	+		
91	5号土坑	4トレ	No.遺物	582		イノシシ／シカ	指骨	破片		1	+	顕著	
92	5号土坑	4トレ	No.遺物	583		イノシシ	中心足根骨		L	1	+	顕著	
92	5号土坑	4トレ	No.遺物	583		哺乳類	不明	破片		+	+	顕著	
92	5号土坑	4トレ	No.遺物	583		イノシシ／シカ	種子骨	完存	?	1	+		
93	5号土坑	4トレ	No.遺物	585		哺乳類	不明	破片		+	+		
94	5号土坑	4トレ	一括			哺乳類	不明	破片		+	+		
95	7号土坑	5トレ	No.遺物	3		哺乳類	不明	破片		+	+		
96	7号土坑	5トレ	No.遺物	4		哺乳類	不明	破片		+	+		
97	7号土坑	5トレ	一括			哺乳類	歯	破片	?	+	-		エナメルのみ
98	7号土坑	5トレ	一括			哺乳類	不明	破片		+	+		
99	7号土坑	5トレ	一括			哺乳類	不明	破片		+	+	顕著	
100	7号土坑	5トレ	一括			哺乳類	不明	破片		+	+		
101	7号土坑	5トレ	一括			哺乳類	不明	破片		+	+	顕著	
102	7号土坑	5トレ	一括			哺乳類	不明	破片		+	+		
103	7号土坑	5トレ	一括			哺乳類	不明	破片		+	+		
104	7号土坑	5トレ	一括			哺乳類	不明	破片		+	+		
105	7号土坑	5トレ	一括			哺乳類	不明	破片		+	+		
106	7号土坑	5トレ	一括			哺乳類	不明	破片		+	-		ラベルには7D？と有り
107	7号土坑	5トレ	No.遺物	1		哺乳類	不明	破片		+	+	顕著	
108	7号土坑	5トレ	No.遺物	2		哺乳類	不明	破片		+	+		
109	7号土坑	5トレ	No.遺物	5		哺乳類	不明	破片		+	+		
110	7号土坑	5トレ	No.遺物	6		シカ	臼歯	破片	?	+	-		エナメル+象牙質一部残存
111	8号土坑	5トレ	No.遺物	3		哺乳類	不明	破片		+	+		
112	8号土坑	5トレ	No.遺物	4		哺乳類	不明	破片		+	+		
113	8号土坑	5トレ	No.遺物	5		哺乳類	不明	破片		+	+		
114	8号土坑	5トレ	No.遺物	6		骨ではない							
115	8号土坑	5トレ	No.遺物	6		哺乳類	不明	破片		+	+		
116	8号土坑	5トレ	No.遺物	7		不明	不明	破片		+	+		
117	8号土坑	5トレ	No.遺物	9		哺乳類	不明	破片		+	+	顕著	
118	8号土坑	5トレ	一括			哺乳類	不明	破片		+	+		
119	8号土坑	5トレ	No.遺物	1		イノシシ	下顎第2・第3後臼歯		L	1	-		エナメルのみ
120	8号土坑	5トレ	No.遺物	2		イノシシ	臼歯	破片	?	1	-		エナメルのみ
121	8号土坑	5トレ	No.遺物	8		哺乳類	不明	破片		+	+		
122	8号土坑	5トレ	No.遺物	10		哺乳類	不明	破片		+	+		
123	8号土坑	5トレ	No.遺物	11		イノシシ	臼歯	破片	?	1	-		エナメルのみ
124	8号土坑	5トレ	一括			カエル類	四肢骨	骨端	?	1	+		
124	8号土坑	5トレ	一括			小型哺乳類	尾椎			2	+		
124	8号土坑	5トレ	一括			哺乳類	不明	破片		+	+		
124	8号土坑	5トレ	一括			イノシシ／シカ？	肋骨	破片	?	1	+		
125	8号土坑	5トレ	一括			二枚貝類	貝殻	破片	?	1	-		おそらく海産種
125	8号土坑	5トレ	一括			哺乳類	不明	破片		+	+		
126	8号土坑	5トレ	一括			カエル類	上腕骨	遠位端	R	1	+		
127	8号土坑	5トレ	一括			哺乳類	不明	破片		+	+		
128	8号土坑	5トレ	一括			小型哺乳類	尾椎			1	+		
128	8号土坑	5トレ	一括			哺乳類	不明	破片		+	+		
129	9号土坑	5トレ	No.遺物	1		哺乳類？	不明	破片		+	+		
130	9号土坑	5トレ	No.遺物	2		哺乳類	不明	破片		+	+	顕著	
131	9号土坑	5トレ	No.遺物	6		哺乳類？	不明	破片		+	+		
132	9号土坑	5トレ	No.遺物	8		哺乳類	不明	破片		+	+	顕著	

No.	土坑No.	出土地点	遺物種別	遺物番号	層位	種類	部位	位置	左右	数	焼	亀裂	同定備考
133	9号土坑	5トレ	No.遺物	9		哺乳類	不明	破片		+	+		
134	9号土坑	5トレ	No.遺物	10		哺乳類	不明	破片		+	+	顕著	
135	9号土坑	5トレ	No.遺物	11		哺乳類	不明	破片		+	+		
136	9号土坑	5トレ	一括			哺乳類	不明	破片		+	+		
137	9号土坑	5トレ	一括			哺乳類	不明	破片		+	+		
138	9号土坑	5トレ	一括			哺乳類	不明	破片		+	+		
139	9号土坑	5トレ	No.遺物	3		哺乳類	不明	破片		+	+		
139	9号土坑	5トレ	No.遺物	3		イノシシ／シカ	指骨	破片		1	+		
140	9号土坑	5トレ	No.遺物	4		哺乳類？	不明	破片		+	+		
141	9号土坑	5トレ	No.遺物	5		哺乳類	不明	破片		+	(+)		
142	9号土坑	5トレ	No.遺物	7		哺乳類	不明	破片		+	+	顕著	
143	9号土坑	5トレ	No.遺物	10		イノシシ	第2中手骨	近位端	R	1	+	顕著	
143	9号土坑	5トレ	No.遺物	10		イノシシ	中節骨	完存	?	1	+	顕著	
143	9号土坑	5トレ	No.遺物	10		哺乳類	後頭骨	破片		+	+	顕著	
143	9号土坑	5トレ	No.遺物	10		小型哺乳類	後頭骨	右後頭顆		1	+		ムササビ？
143	9号土坑	5トレ	No.遺物	10		小型哺乳類	中手／中足骨	遠位端	?	1	+		
144	9号土坑	5トレ	No.遺物	12		哺乳類	不明	破片		+	+	顕著	
145	9号土坑	5トレ	No.遺物	13		哺乳類	不明	破片		+	(+)		
146	9号土坑	5トレ	No.遺物	15		イノシシ	下顎切歯	破片	?	1	-		エナメルのみ
147	9号土坑	5トレ	一括			カツオ	尾椎（尾柄部）			1		顕著	
147	9号土坑	5トレ	一括			哺乳類	不明	破片		+	+	顕著	
148	9号土坑	5トレ	一括			イノシシ／シカ	歯	破片	?	1	-		エナメルのみ。炭化物集中下
148	9号土坑	5トレ	一括			哺乳類	不明	破片		+	+		
148	9号土坑	5トレ	一括			哺乳類	不明	破片		+	-		
149	9号土坑	5トレ	一括			哺乳類	不明	破片		+	+		
150	9号土坑	5トレ	一括			シカ	角	角幹破片	?	1	(+)		
151	11号土坑	5トレ	No.遺物	1		哺乳類	不明	破片		+	+	顕著	
152	11号土坑	5トレ	No.遺物	2		哺乳類	不明	破片		+	+		
153	11号土坑	5トレ	No.遺物	3		哺乳類	不明	破片		+	+		
154	11号土坑	5トレ	No.遺物	4		哺乳類	不明	破片		+	+		
155	11号土坑	5トレ	No.遺物	5		哺乳類	不明	破片		+	+	顕著	
156	11号土坑	5トレ	No.遺物	6		哺乳類	不明	破片		+	+		
157	11号土坑	5トレ	No.遺物	7		哺乳類？	不明	破片		+	-		
158	11号土坑	5トレ	No.遺物	8		哺乳類	不明	破片		+	(+)		
159	11号土坑	5トレ	No.遺物	8		哺乳類	不明	破片		+	+		
160	11号土坑	5トレ	No.遺物	9		哺乳類	不明	破片		+	+		
161	11号土坑	5トレ	No.遺物	10		哺乳類	不明	破片		+	+		
162	11号土坑	5トレ	No.遺物	12		シカ	角	破片	?	1	+		
163	11号土坑	5トレ	No.遺物	13		シカ	角	破片	?	1	+		
164	11号土坑	5トレ	No.遺物	15		イノシシ	下顎第2後臼歯		R	1	-		エナメルのみ
165	11号土坑	5トレ	No.遺物	16		イノシシ	下顎第2切歯		L	1	-		エナメルのみ
166	11号土坑	5トレ	No.遺物	1		哺乳類	不明	破片		+	+		
167	11号土坑	5トレ	一括		1層	哺乳類	不明	破片		+	+		
168	11号土坑	5トレ	一括		1層	哺乳類	不明	破片		+	+		
169	11号土坑	5トレ	一括		2層	イノシシ	下顎第3後臼歯		L	1	-		エナメルのみ
169	11号土坑	5トレ	一括		2層	イノシシ	下顎第3後臼歯		R	1	-		エナメルのみ。Lと同一個体
170	11号土坑	5トレ	一括		2層	イノシシ	下顎犬歯？		?	1	-		エナメルのみ。♀？
171	11号土坑	5トレ	一括		2層	哺乳類	不明	破片		+	+		
172	11号土坑	5トレ	一括		3層	イノシシ	前臼歯	破片	?	1	-		エナメルのみ
173	11号土坑	5トレ	一括			哺乳類	不明	破片		+	+		
174	11号土坑	5トレ	一括			哺乳類	不明	破片		+	+	顕著	
175	11号土坑	5トレ	一括			哺乳類	不明	破片		+	+		
176	11号土坑	5トレ	一括			哺乳類	不明	破片		+	+	顕著	
177	11号土坑	5トレ	一括			イノシシ／シカ	歯	破片	?	1	-		エナメルのみ
178	11号土坑	5トレ	一括			哺乳類	不明	破片		+	+		
179	11号土坑	5トレ	一括			哺乳類？	不明	破片		+	-		
180	11号土坑	5トレ	一括			哺乳類	不明	破片		+	+		
181	11号土坑	5トレ	一括			哺乳類	不明	破片		+	+		
182	11号土坑	5トレ	一括			哺乳類	不明	破片		+	+		
183	11号土坑	5トレ	一括		2層	哺乳類	不明	破片		+	+		
184	11号土坑	5トレ	No.遺物	11		哺乳類	不明	破片		+	+		
185	11号土坑	5トレ	No.遺物	14		哺乳類	不明	破片		+	+		
186	11号土坑	5トレ	No.遺物	18		イノシシ	下顎第2後臼歯		L	1	-		エナメルのみ
186	11号土坑	5トレ	No.遺物	18		シカ	上顎第1・第2後臼歯？		R?	1	-		エナメル+象牙質・歯根一部残存
187	11号土坑	5トレ	一括		2層	哺乳類	不明	破片		+	+		
188	11号土坑	5トレ	一括		1層	哺乳類	不明	破片		+	+	顕著	
189	11号土坑	5トレ	一括		2層	哺乳類	不明	破片		+	+		
190	11号土坑	5トレ	一括			哺乳類	不明	破片		+	+		

第6章　調査の成果

第1節　中屋敷遺跡の弥生土器について

谷口　肇（神奈川県教育委員会）

　ここでは昭和女子大学による発掘調査で出土した弥生時代前期の土器について、主にその編年的位置付けを中心に考察を試みる。これらの資料は多くが破片であり、全形を窺えるものはごく一部であるとはいえ、土坑内覆土中より出土したものがほとんどであり、共伴関係が比較的明瞭である点で、当該期の土器編年研究において極めて貴重な事例であると評価できる。なお、以下の文中では土器の表記を「1土坑3」（第1号土坑出土の3）、「遺構外2」（遺構外出土の2）、「土坑間1」（土坑間接合資料の1）などと略記する。また、「～形土器」は省略し、単に「甕」「壺」などと表記する。番号については図40～57を参照されたい。

（1）器種の分類
　出土土器の器種については、事実記載や観察表には浅鉢・鉢・深鉢・甕・壺などと便宜的に記してきたが、ここでは精製・半精製器種・粗製および文様の有無といった特徴にも着目しつつ、それぞれの内容についてまとめることとする（図92）。
①浅鉢／鉢／碗
　a）小型精製有文
　浅鉢・鉢・碗類は、小片では判別が困難なため、一括して取り扱う。まず文様を有し、磨かれたり赤彩されるといった比較的精製された小型の製品であるが、本資料中では、1土坑3、5土坑6、9土坑1～5・15、11土坑6、土坑間1・2、遺構外42が挙げられ、かなりの小片まで資料化したものの、量的にはごく少ない。大きさとしては口径が復元・推定可能なものでは、10～15cmと小さいものがほとんどで、特異な器形の土坑間1のみ19cmとなる。
　器形としては、口縁部が内湾気味に開くタイプが多く（1土坑3、9土坑2、11土坑2、9土坑15、遺構外42）、ほかに口縁部が直立気味に開くタイプ（9土坑1）、低い体部に大きく開く口縁部が付くというやや特異なタイプ（9土坑4、土坑間1、ほか1土坑8も可能性あり）という別が認められ、いわゆる「氷Ⅰ式」的な口縁部が外反するようなタイプは、9土坑5がその可能性がある程度（ほか5土坑11がその可能性あり）で、明確なものはない。なお、9土坑3はこちらに含めたが、実際ミニチュアに近いサイズである。以上の中で土坑間2のみに1個単位の山形突起が口縁端上の四方に付く。同資料は小型ながら台付きになる可能性もある。なお、突起については甕等も含めて後述する。
　施文の様相としては、工字文または変形工字文等の沈線文を口縁部～体部に幅広く施すタイプ（1土坑3、5土坑6？、9土坑1、9土坑2）、口縁部と体部にそれぞれ施すタイプ（土坑間1、ほか9土坑4も可能性高い）がある。9土坑2は、平行沈線下に抉りのみで小振りの下向き半円形文を連続させる。これは後述5土坑7の壺と同じく、末期浮線文の連弧文モチーフが形骸化したものと見なせられる。土坑間2は外面に6条以上の平行沈線のみがめぐる。そのほか9土坑15は口縁端上面にも外面沈線文とは違う細い沈線で工字文風の文様が描かれるらしく、9土坑1は狭い口縁端上面に不連続箇所を有す沈

— 164 —

線がめぐる。口縁端内面に沈線がめぐるものは認められない。なお、縄文・沈線文等の文様、さらに赤彩等の詳細については、壺・甕等のそれも含めて後述する。

　b）大型精製有文

　これには直径25cm以上の10土坑1が該当し、口縁部〜体部がほぼ全周する資料だが、体部下端の若干屈折する点から台付きになる可能性もある。口縁端には1個単位の低い山形突起が等間隔に付き、外面全面縄文で口縁直下に横線1条のみめぐるという簡単な施文であるが、内面は比較的丁寧に磨かれている。破片資料の遺構外4もこちらに含まれる可能性がある。これは10土坑1同様に1個単位山形突起で外面縄文の資料だが、突起内面に縦線が加えられる点が異なる。

　c）小型精製無文

　無文だが内外を磨いている小型の鉢として、全体を復元できた土坑間4があり、ほかに8土坑6が挙げられる。土坑間4は薄手で内外を底面含め丁寧に磨き、口縁直下に焼成前穿孔が見られる。11土坑8・9などの内外磨きの体部破片はこちらに含まれるか、前述小型精製有文資料の体部との異同の判断は困難である。

　d）小型粗製無文

　8土坑2の1点のみが該当し、手捏ね時の指押さえ痕が顕著に残る外面に細密条痕を短く雑に施し、底部も上げ底の高台状を呈すという独特な小型鉢である。

②壺・広口壺

　a）精製細頸（有文－赤彩文、沈線文）

　胴部径に対して頸部径がおおむね1/2以下になるものを細頸とするが、弥生中期以後に顕著となるこの器形も本資料中における精製品は明確には土坑間3のみとごく少ない。ほかに5土坑7などもその可能性がある。なお、以下の精製壺類はいずれも器高20cm程度かそれ以下の中型から小型の資料ばかりであるらしい。

　土坑間3は、胴部外面に大振りの連続山形文を赤彩の塗り残し（焼成前）によってネガ表現するという特異な資料で、沈線も縄文も伴わないという点では、後述「特殊精製広口壺」1土坑1と共通の施文技法を有す。口縁端四方の突起も1個単位だが、突起間は弧状に面取りされ、突起端も面取りされる点で、前述小型精製有文碗の土坑間2や大型精製有文鉢の10土坑1や後述半精製甕などの1個単位突起のあり方とは若干様相が異なる。

　5土坑7は、小片だが本遺跡に近い大井町矢頭遺跡出土の細頸壺（西川・天野・谷口 1997, p.291）に見られる下向き連弧文と類似した文様と判断されることで、同様に細頸壺になる可能性が強い。

　b）精製短口縁広口（有文－沈線文、縄文）

　当該期の広口壺と称される器形は実質的には頸部径が太い「太頸」の器形になるが、とりあえず慣例的に「広口壺」の用語を採用する。体部に沈線文・縄文などが施された文様帯を有し、文様以外は丁寧に磨かれるものが多いが、小型精製有文浅鉢等との小片での異同については、基本的に体部内面の磨きが顕著でないものを広口壺と判断した。

　それら精製広口壺の中で口縁部が短く開く「短口縁広口壺」については、1土坑2、5土坑8？・12、6土坑1・2？・5？、7土坑1？、9土坑16？・21？・27？、10土坑2？・3？・5？などが挙げられ、可能性があるものを含めると、小型精製浅鉢類より量的には多いと言えるが、体部小破片資料では後述長口縁のものとの判別は難しい。

　実際、個別にはそれぞれ違いが認められ、まず1土坑2は後述する半精製甕に見られるような口縁部外面に帯状に縄文帯を施すものだが、薄手で頸部に磨きおよび赤彩が施され、胎土も1土坑1などと共

通する点で広口壺とみなした。5土坑8は後述する半精製甕に見られるものと同様の太く雑な平行沈線文、9土坑16は細めだがやや雑な沈線で一部抉りを伴う工字文風の沈線文（レンズ状？）が胴部上半にめぐるもので、下胴部縄文も見られないらしく、これらはやや粗製寄りの資料と言えるかもしれない。6土坑2は体部上半に細めで鋭い沈線により2段の変形工字文が描かれる資料で、特徴的な口縁部突起を有し、特に薄手であることからも搬入品である可能性が極めて強い（変形工字文については後述）。6土坑5もおそらく同様の資料である。9土坑21は小片だが、肩部に1条の縄文帯がめぐるが上下は極めて丁寧に磨かれる。9土坑27は胴部全面縄文に平行沈線文を加えた大型破片で、甕形になる可能性もあるが、薄手で赤彩されている点で壺と判断した。10土坑3は唯一レンズ状浮線文的なモチーフを残す資料だが、浮線というより隆線化しており、下胴部に横線を伴う縄文帯もいわゆる浮線紋段階には一般的でない手法である。5土坑12、6土坑2、10土坑2・5は縄文を数段幅広く施す下胴部資料で、6土坑3のような胴部縄文甕や本遺跡では明確でない胴部縄文壺などが数的に極めて乏しいため、こちらに含めた。

c）精製長口縁広口

これは球形などの体部に屈折して大きく開く長い無文の口縁部が付く器形で、多くの場合体部に文様帯を有すが、本遺跡では1土坑4、5土坑11、9土坑5？など破片資料ばかりで明確な例はない。

d）（小型）精製無文

本遺跡では、同一個体の可能性が強い5土坑1、9土坑7の2例の破片資料がある。小型で特に薄手であり、外面を特に入念に磨く。口縁部の形状は不明。

e）特殊精製広口

これは以上のどれにも当てはまらない、特殊な器形または文様を有する精製壺で、1土坑1、2土坑1・2、8土坑5、11土坑7が挙げられる。サイズ的には1土坑1は事実記載の項でも記したように特異な器形で、頸部と体部にそれぞれ赤彩による文様が描かれる。同一個体と思われる2土坑1・2は、曲線的に施された縄文帯の周囲を削りおよび磨き込むことによって浮立たせるレリーフ的な技法を有する。この技法は例の著名な土偶形容器にも見られる特異な技法である。8土坑5および11土坑7も同一個体と思われ、これらにも周囲を抉り込んでレリーフ状の舌状文を表現しているが、こちらには舌状部にさらに沈線を加えている。

f）条痕文

外面に条痕文が施された壺で明確な資料は、5土坑3・4、12土坑1、土坑間5、9土坑8・47、11土坑4、遺構外31が挙げられる。胴部破片や底部の資料では後述甕・深鉢類との判別は困難である。全形を窺える資料はないが、器形的には5土坑3のような口縁部が大きく外反するようなタイプと9土坑8のような直立気味でそれほど外反しないタイプがあり、また胴部で言えば、長胴型になるものと丸胴型とがあるらしいが、5土坑4にしても土坑間5にしても長胴か球胴かの判断は微妙である。サイズ的には比較的大型（推定50cm以上）のものが多いようであり、前記精製壺類と異なる。

口縁部の資料は、5土坑3、9土坑8、12土坑1および遺構外31といった、連続押捺を加えた突帯をめぐらせるものがほとんどで、9土坑8を除いて口縁端部より一段下がった位置にめぐらせている点および口縁端がナデのみで無文である点などからも、古い段階の東海系条痕紋土器の影響下にあることが窺える。ただし、突帯のあり方は、2条めぐらせ、押捺が押し潰すような強く大きなものとなる5土坑3、口縁直下にめぐらせレンズ状の押捺となる9土坑8、小振りの押捺となる12土坑1、低い突帯にベタっとした押捺の遺構外31というように様相が異なる。これらの内、12土坑1のみ外面に羽状条痕、内面に沈線文が施されるといった新出的要素を有する。また、遺構外45は、以上とは異なり、単純口縁で

口縁端面に横位の条痕が施されるもので、駿河湾沿岸部の弥生中期初頭「丸子式」に類似し、時期的に下る資料である。

口縁部以外では、5土坑4に肩部突帯が見られ、これも古い段階の東海系条痕紋土器の影響を思わせるが、上面の連続押捺は横長の楕円形になり、一見メガネ状浮線文に類似する。

条痕の方向および原体については、甕・深鉢のそれも含めて後述するが、先述12土坑1を除いて、破片レベルでも縦位羽状のモチーフとなる資料は認められない。なお、条痕を地にして沈線文を描く技法も資料中には見られない。

g）「遠賀川式」

胎土の点からもおそらく東海地方西部（伊勢？尾張？）からの搬入品の可能性が強い資料であり、9土坑14、11土坑48の口縁部小片のほか、6土坑18の「ハケ目」が施される胴部破片も「遠賀川式」と思われる。口縁部の2点はともに内外ハケ調整後横ナデという、在地の土器とは明確に異なる調整技法が見られるが、9土坑14は内外赤彩、11土坑48は無彩で内外を丁寧に磨かれ、口縁端面にハケ工具による連続刺突が加えられるというように異なる特徴を有する。なお甕など壺以外の「遠賀川式」資料は確認できなかった。

③甕

a）半精製（胴部のみ条痕文）

胴部のみ条痕文が施される甕を「半精製」と分類した。半精製甕は口縁部が無文となるもの、平行沈線文がめぐるもの、縄文帯を有するものとおよそ3種の別が認められる。平行沈線文と縄文帯が同時に見られる資料はない。

「無文口縁半精製甕」は、明確なものは11土坑2の1点のみと少ない。口縁端部には1個単位で間隔の空いた低い山形突起が付される。口縁内外は弱く磨かれる。

「平行沈線口縁半精製甕」は8土坑7・18、11土坑1・3の4個体と多くはない。11土坑3は大型の広口壺になる可能性もある。沈線は8土坑7が4条、同18が3条以上、11土坑1・3とも3条だが、4条の8土坑7のみ比較的深くしっかりと施され、沈線間も狭いが、ほか3例はやや雑に施され、沈線間も間隔が空く。8土坑7には口縁端部に突起が付くらしいが、11土坑1はレンズ状の連続押捺、同3は狭い間隔で1個単位の山形突起が付く。

「縄文帯口縁半精製甕」は1土坑5、2土坑3、5土坑14・16、7土坑3、8土坑1・17・23、11土坑5、13土坑1、遺構外29・43と12例を数え、量的には最も多い。先述1土坑2の壺も同様の技法だが、口縁部外面に帯状に幅広く縄文を施す点が特徴である。口縁端部は8土坑1や11土坑5のように1個単位山形突起を間隔空けて付すものが多く、完全に平縁となる例は明確でない。

なお、口縁部と胴部の境は、段を持たず明確でないものが多く、土坑間7のみが段を有する。ちなみに口縁部でも胴部でも平行沈線文以外の紋様帯を有するものは、9土坑19・22の小片（甕ではない可能性あり）のみで確実な資料はない。

b）粗製（条痕文のみ）

4土坑2、5土坑5・17・18・19？、7土坑8・9、8土坑10、9土坑9・33～35、11土坑10、遺構外6・32と14例を数えるが、全て破片資料である。口縁端はレンズ状押捺が4土坑2、5土坑17・18、9土坑9、9土坑34、11土坑10、細かい刻みが7土坑8、8土坑10、9土坑33、遺構外6と2タイプにほぼ分かれる。9土坑9のみ押捺が横長になっている。ほか特殊な例として、おそらく同一個体の5土坑5、9土坑35に見られる凸状突起、7土坑9の強い面取りによる低い波状の1個単位突起があるが、前者は胴部が張り口縁部直立気味の「半精製甕」的な器形である。なお、遺構外32は口縁端部に条痕原

体による押し引きが施されており、時期的に新しい資料と思われる。
　c）縄文・撚糸文が施されるもの
　破片資料では先述壺・鉢等と区別が困難だが、半精製タイプにしても粗製タイプにしても明確な資料はない。胴部に撚糸文を施す破片資料としておそらく同一個体の8土坑8、9土坑25があるが、内面まで磨かれる点から精製鉢類とみなした方がよいかもしれない。ただし、口縁無文で胴部全体に縄文が施される6土坑3は、「く」字状に屈折する口頸部である点でも本資料中で明らかに異質な資料であり、今のところ東北地方中部周辺に類例が見出せる点で搬入品の可能性が強い。
④深鉢
　a）粗製（条痕文のみ）
　口縁が外反しない砲弾型になる深鉢とみなした資料は甕に比べて量的には乏しく、7土坑2、8土坑4?・9、9土坑36・37の5点の小破片資料のみである。口縁端は無文のもの（7土坑2、9土坑37）、と横長レンズ状の面取り（8土坑9）、レンズ状押捺（9土坑36）という別が見られる。なお、外面全面縄文のみの深鉢は明確ではない。
⑤その他
　a）ミニチュア
　9土坑3は非常に小型であり、実用には適さないミニチュア的な資料と思われる。外面に細い平行沈線文が見られる。あるいは土坑間1のような器形になる可能性もある。

（2）土器の諸属性について
①沈線および沈線文について
　本資料に見られる沈線文の沈線の様相を細かく見ると、多少感覚的だが、幅の太さや施文の深さで下記のように分類できる。
　極細沈線－幅1mm以下と極細で深い。9土坑3・4、9土坑15（口縁端面）。
　細沈線a－幅2mm程度と細く深い。1土坑4、5土坑6、6土坑1・5、9土坑15（外面）、11土坑6・7、土坑間2、遺構外1・52。
　細沈線b－幅2mm程度と細く浅い。5土坑7、8土坑5、9土坑1、遺構外4、遺構外42。
　中太沈線a－幅3～4mm程度と中太で深い。1土坑3、9土坑2・19・22・27、10土坑1、11土坑3、土坑間1。
　中太沈線b－幅3～4mm程度と中太で浅い。9土坑16。
　太沈線a－幅5mm以上と太く深い。8土坑7、12土坑1。
　太沈線b－幅5mm以上と太く浅い。5土坑8、9土坑18、11土坑1、遺構外50。
　以上を見ると、6土坑1や土坑間1のように東北地方より搬入品の可能性あるものを含む小型精製品等に施される工字文・変形工字文には、もっぱら細沈線aもしくは中太沈線aという深い沈線が使用され、比較的丁寧にしっかりと施される一方で、5土坑7や9土坑1・16のような浮線文の沈線化といった明らかに在地的なものには細沈線bや中太沈線bといった浅い沈線が用いられ、しかも雑に施されるといった傾向が看取できる。また、それらとは別に太沈線は、もっぱら前記「平行沈線口縁半精製甕」に使用され、5土坑8の壺を含めて雑に施される傾向が強いが、12土坑1のような時期的に新しい在地化が進んだ東海系条痕文壺には文様モチーフの描線として採用されている。
　なお、10土坑3のみレンズ状浮線文と言えなくもないが、抉り込みは雑であり、凸部も幅広となっている。9土坑1や同16などはさらにそれを雑に沈線化したものとも見なせられ、前者のイボ状浮文は浮

線文結節部の刻みをデフォルメしたかのようにも考えられる。また5土坑7のみ連弧状のモチーフを残す壺肩部資料であり、半円形の抉りと沈線を組み合わせた雑なものとなっている。

　変形工字文は6土坑1や土坑間1のように複段構成となるものが目立ち、少なくとも東北地方で言う最古段階の変形工字文（大洞A'式）より新しく、「砂沢式」並行期のそれであることは確実である。なお、6土坑1の文様の結節部を上下貫くという抉り技法と土坑間1の凸状の抉り技法は、これまでの西相模の在地資料には顕著でない。西相模在地変形工字文の抉りは1土坑3のような「△」状の上向き三角形になったり、上下より摘む形状となるものが主体である（後者は本遺跡では未確認）。

②縄文について

　本資料中における縄文を見ると、これも多少感覚的だが、粒の大きさで、細粒（1㎜以下）、中粒（1～2㎜）、大粒（2㎜以上）の3タイプに分類できる。これと撚りを組み合わせて資料を見ると以下のとおりとなる。

　単節LR細粒－1土坑3、6土坑1?・7、遺構外30
　単節RL細粒－土坑間1
　単節LR中粒－1土坑2、5土坑12・13・14、6土坑3・4・8・9、7土坑4・5、9土坑6・19・
　　　　　　　22・24・26・27、10土坑1、遺構外4・51
　単節RL中粒－2土坑1・2・3、10土坑5
　単節LR大粒－1土坑5、5土坑16、6土坑2・5・6・10、7土坑3・6、8土坑1、9土坑20・
　　　　　　　23。10土坑2・3、11土坑5、13土坑1、遺構外22・29・43
　単節RL大粒－9土坑17
　無　　節　L－遺構外5

以上を見ると、LRの中～太粒の資料が主体であり、特に前記「縄文帯口縁半精製甕」にはほとんどLR大粒の縄文が施されている。この大粒の縄文は在地資料に比較的多く見られ、また半精製甕の口縁部を含めて幅広く施されることも特徴と言える。なお、数少ないRL縄文は2土坑1・2のような「特殊壺」や土坑間1のような搬入品的な資料に見られることが注意される。

　なお、撚糸文の施された例は7土坑7、8土坑8、9土坑25の3例（同一個体の可能性あり）のみとわずかであり、在地製品の可能性は薄く、東方からの搬入品と思われる。

③赤彩について

　赤彩はもっぱら精製器種に施され、痕跡も含めると1土坑1～4、2土坑1・2、5土坑1、6土坑5、8土坑5、9土坑2・4・14（遠賀川式）・15・19・27・30、11土坑6・8・9、土坑間1・2・3、遺構外52と精製された壺や小型精製器種にはことごとく施されるらしい。そのほとんどは焼成後らしく、沈線内などにごく薄く残る程度だが、2土坑1・2の「特殊壺」は赤彩後に磨いているらしく、焼成前の赤彩の可能性が強く、またレリーフ状に浮き立たせた縄文部分を赤彩しないという塗り分けがなされている。これは舌状モチーフを同様にレリーフ状とした8土坑5および11土坑7も凹部を赤彩している。さらに1土坑1や土坑間3は、レリーフ状とはしていないが、赤彩の塗り分けによって文様モチーフを描くという技法を用いており、これも焼成前塗彩の可能性が強い点からも「特殊壺」の範疇で把握した方がよいかもしれない。また、1土坑2は、2土坑1・2と同じく縄文部分が赤彩されない。土坑間1のように搬入品的な製品の赤彩は縄文部分・沈線文部分問わず外面全面らしいことを考慮すると、焼成前赤彩また赤彩塗り分け技法は在地的と見なせられる可能性もある。

　条痕が施された資料には、赤彩は乏しく、土坑間5の条痕壺の上半部にそれらしき痕跡が見られるのと、11土坑28の甕もしくは深鉢の内面に認められる程度である。後者はあるいは破片となってから赤彩

塗布時のパレットとして使用されたとも考えられる珍しい資料である。

なお、遠賀川式の赤彩については、焼成前らしい。

④条痕について（原体、方向）

条痕の施された資料は、出土土器の8割がたを占める。分類については事実記載の冒頭に記したとおり、およそ8種としたが、全体としては、先述のとおり半裁竹管で施したような2本単位の条痕が見られず、ほとんどが何らかの茎状のものを数本束ねたような原体による条痕（「茎束条痕」とする）であり、一部に貝殻条痕を含むことが特徴である。

一々実例は示さないが、先の分類の実数は、細密条痕Aが2点、細密条痕Bが7点、細茎条痕Aが48点、細茎条痕Bが67点、太茎条痕Aが70点、太茎条痕Bが71点、貝殻条痕Aが4点、貝殻条痕Bが5点となり、いわゆる「細密条痕」および「貝殻条痕」はごく少数であり、また条が細いものより太いもの、また揃っているものより不揃いのものの割合の方がやや高い。なお、貝殻条痕Aは全て遺構外出土であり、土坑内出土例はほとんどが大振りの貝殻条痕Bである。

器形との相関はほとんどが破片資料であるため、不明確だが、少なくとも半精製甕類には貝殻条痕は見られない以外に特定の器種への特別な偏りは認められない。

条痕の方向について、横位および斜位に施すものがほとんどで、半精製甕類など胴部下半が縦位もしくは縦位に近い斜位で、上半が横位もしくは横位に近い斜位となるパターンがほとんどである。なお、全面縦位のものは明確でない。部位で明確に施文の方向を変える資料は、条痕壺の5土坑4と9土坑47程度で顕著ではなく、例えば口縁部縦位・胴部横位となる条痕甕などの存在は明確でない。縦位羽状になるものは、南側の土坑出土資料である12土坑1および13土坑3？と遺構外33の3点のみで、北調査区の土坑群では出土していない。

⑤突起について

突起については、壺、鉢、甕と器形または精粗を問わず、間隔の空いた1個単位の低い山形突起（A形突起）が特徴で、推定で6～8単位となる場合が多い。ほかは5土坑5（同一個体と思われる9土坑35含む）のみ凸形突起を四方に付す。この甕は外面条痕がほかと同様の太茎条痕Bだが、内面が強く削られたままになっており、技法的に特異な資料でもある。また、搬入品と推定される変形工字文有す小型広口壺の6土坑1は、1個単位山形突起と2個単位突起（B形突起）を交互に配置するらしく、この点でも在地の資料とは異っている。

（3）編年について

これらの資料、特に北調査区土坑群内より出土した資料の編年的位置については、以上にまとめた諸特徴より、縄文時代晩期末の浮線文土器と関わりを有しながらも沈線による変形工字文（最古段階のそれより新しい）土器等を伴うことで、明らかに「浮線文後」に比定される一方、東海系条痕土器の古手の部分や「遠賀川式」にも関わりを有する点で、「弥生前期」の時間幅に納まるものであり、かつ前期でも新しい東海系条痕文土器の要素が認められないことから、「前期最末」よりある程度古く位置付けられる資料であると言える。それ以後は、南側の土坑群より出土した12土坑1のような新しい東海系の条痕文と沈線文が融合した資料や細かな綾杉文が施される遺構外1、さらに遺構外32・33・45といった駿河湾沿岸部中期初頭「丸子式」などが弥生前期末から中期初頭に比定される新しい資料だが、ごくごく少数であり、やはり北調査区土坑群出土資料（以下「中屋敷資料」とする）をもって、本遺跡を代表することができる。

それでは中屋敷資料の位置付けについて、周辺の西相模周辺の当該期資料と比較しながら検討してみ

る。まず、清川村の北原遺跡出土資料（谷口 1994）は、半精製甕や深鉢など煮沸形態の資料主体だが、「氷Ⅰ式」的な様相を色濃く残した「浮線文直後」に比定され、「氷Ⅰ式」の特徴の一つである「細密条痕」もそのままの形で一定の割合を占めている。また、特に沈線が太く多条になる「平行沈線口縁半精製甕」が目立つ一方で、「縄文帯口縁半精製甕」は1点しか見られない。半精製甕の口縁端の突起には低い1個単位山形突起のほか、イボ状突起なども見られる。

次に至近距離に存在する大井町矢頭遺跡出土資料（谷口 1997）は量的には少ないが、浮線文最末期の連弧状モチーフが直接沈線化した文様やレンズ状浮線文が退化した文様が見られ、また本論で言う細密条痕Bが施された条痕甕が見られる。

また、北原遺跡の至近距離に存在する清川村上村遺跡（谷口 1990b）では、これも資料数は多くはないが、甕・深鉢に縦位羽状モチーフが出現し、口縁部縦位・胴部横位と方向を変えて施文する貝殻条痕甕が存在する。

さらに、山北町堂山遺跡の豊富な出土資料においては、精製土器における特に太描の多様な沈線文の展開と縦位羽状のモチーフを含む多様な条痕甕のあり方が特徴と言える。その中で「平行沈線口縁半精製甕」がほぼ姿を消しながらも「縄文帯口縁半精製甕」は一定の量を占め（しかも突起がないものが多くなる）、条痕甕ではあたかも半精製甕の無文口縁部に条痕を加えたような口縁部と胴部で施文方向を変えるものの存在が目立ち、口縁部に「口外帯」に類似した横長楕円形面取りなど混交・融合した様相が強まる。深鉢形は見られない。また文様が施される半精製甕（「有文甕」）の存在も顕著となっている。条痕原体では、茎束条痕が揃ったものが減少し、本論で言う細茎条痕Bや太茎条痕Bといった雑で強く粗く施文されるものが主体となる一方で、貝殻条痕の割合も多くなり、2本単位の条痕も出現する（安藤 1988、谷口 1990a）。

以上を中屋敷資料と比較すると、中屋敷資料では北原資料に見られる「氷Ⅰ式」後続要素がさらに薄れてきており、「平行沈線口縁半精製甕」は沈線の数が減り、施文が雑になる一方で、「縄文帯口縁半精製甕」の割合が増加する。また「細密条痕」は本資料ではそのものの形では極めて乏しくなり、それをやや太くした「細茎条痕」、さらに粗くした「太茎条痕」が主体になる。また矢頭資料に見られる連弧状モチーフは形骸化した断片資料のみとなる。

また、上村資料や堂山資料に見られる縦位羽状の条痕甕は本資料には存在せず、施文方向を変える条痕甕も顕著でない。また堂山資料のような太描沈線を描画に用いるものは本資料には例外的な存在である。条痕も「細茎」より「太茎」が主体となる。

まだ細かな点では検討の余地は残るが、以上の比較検討から、浮線紋直後段階以降における中屋敷資料の編年的位置としては下記のようにまとめることができる（図93）。

　　　（浮線文最末期→）北原・矢頭→中屋敷（の主体）→（上村→）堂山（の古い部分）

ここまでが弥生時代前期並行段階であり、本論では詳細は省略するが堂山資料の新しい部分から中期に比定される。なお、小田原市の前川山王前遺跡出土資料（山田 2000）は浮線紋最末期段階（「田原1式」類似）の資料を含んでいる。なお、著名な秦野市平沢同明遺跡出土資料（大倉 2006）には以上の各段階の資料が見られるが、包含層出土ということで、各個体同志の伴出関係は必ずしも明確でなく、未公表の資料も多数存在するとのことなので、ここでは触れないこととする。

（4）「中屋敷式土器」について

筆者は以前、西相模の浮線紋直後段階の土器型式として「矢頭式」を試みに提示したことがあるが、中屋敷資料における、さらなる「脱浮線文化」の進行、また東北系変形工字文土器、東海系貝殻条痕文

土器とも明確に交渉を有してはいるものの、混交現象がいまだ顕著でない点を重視し、搬入品を除いた資料について、ここに西相模在地の弥生前期の土器型式として、**「中屋敷式土器」**を提唱したい。これは北原・矢頭資料と堂山資料の間という永らく西相模のミッシングリンクであった間隙を埋める土器型式でもある。

　「中屋敷式土器」の主要な要素・特徴を改めて箇条書きすると以下のとおりとなる。
・精製壺・広口壺（「特殊壺」含む）・小型（浅）鉢・小型碗、（非貝殻）条痕壺、半精製甕、粗製甕より構成。条痕壺は大型品主体。深鉢少。
・鉢等に見られる文様は、レンズ状や連弧状など末期浮線文モチーフがかなり崩れたもので、本稿でいう細沈線bや中太沈線bといった浅く雑な沈線で描かれる。
・太描沈線は「平行沈線口縁半精製甕」のみで、描画沈線には不使用。
・（特殊）壺における赤彩の（焼成前）塗り分け技法。
・半精製甕における「平行沈線口縁半精製甕」の減少と退化、「縄文帯口縁半精製甕」の主体化。
・半精製甕・粗製甕には文様帯なし。
・各器種における1個単位の低い山形突起の盛行。
・大粒のLR縄文を幅広に施文。
・条痕における「細密条痕」の激減、「細茎条痕」「太茎条痕」の主体化（貝殻条痕の客体性）。
・甕・深鉢における条痕の横位・斜位施文優位。縦位羽状なし。
・甕・深鉢口縁部における密なレンズ状押捺と細かな刻み。

　なお、北調査区土坑群の個々の土坑には、明確な切り合いなど構築時期の時間差は明瞭で無く、土器様相の検討結果や土坑間で相互に接合する資料の存在からもほぼ単一の時期と見なせられるが、縄文や沈線文を施した精製土器類が多く出土する第1・6・9・10号土坑や半精製甕類が多く出土した第11号土坑など、土坑ごとの「個性」も多少窺える（ただし上面の削平を考慮する必要がある）。この第11号土坑は出土資料が多い割に土坑間接合資料が見あたらず、同様の第6号土坑とともに、全体の中でわずかに先行する可能性もある。

　考察は以上であるが、筆者の力量不足と紙数の関係で、出土状況との関連また他地域との並行関係そのほかの本格的な考察まで筆を進めることができなかった。それについては別の機会としたい。

引用・参考文献

安藤文一　1988　『カラス山・堂山遺跡』山北町カラス山・堂山遺跡調査会・同調査団

大倉　潤　2006　「神奈川県秦野市平沢遺跡9301地点出土資料の検討Ⅱ―縄紋時代晩期後葉から弥生時代初頭を中心に―」『秦野市立桜土手古墳展示館研究紀要』第7号

谷口　肇　1990a　「「堂山式土器」の再検討」『神奈川考古』第26号

谷口　肇　1990b　「弥生時代初頭の土器」『宮ヶ瀬遺跡群Ⅰ』神奈川県立埋蔵文化財センター調査報告21

谷口　肇　1994　「縄文時代晩期終末～弥生時代初頭の遺構・遺物」『宮ヶ瀬遺跡群Ⅳ』神奈川県立埋蔵文化財センター調査報告21

谷口　肇　1997　「縄文時代末期～弥生時代初期」『宮畑遺跡・矢頭遺跡・大久保遺跡』かながわ考古学財団調査報告25

山田仁和　2000　「前川山王前遺跡」『平成12年 小田原市遺跡調査発表会 発表要旨』小田原市教育委員会

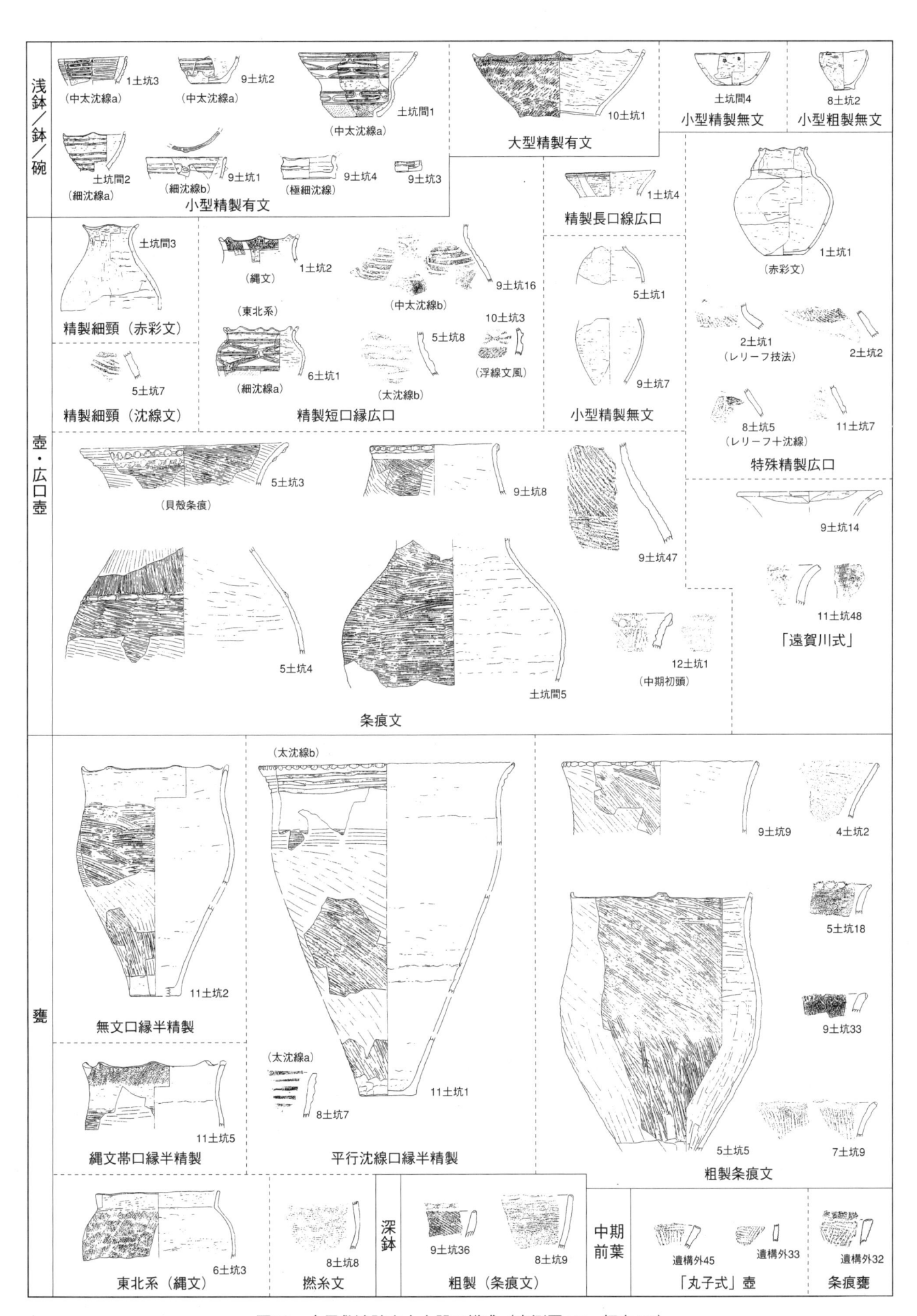

図92 中屋敷遺跡出土土器の構成（実測図1/8、拓本1/6）

図93 中屋敷遺跡出土土器（20〜32）を中心とした西相模初期弥生土器編年図（1〜8 前川山王前、9・11〜14 矢頭、10・15〜19 北原、33・34 上村、35〜44 堂山）

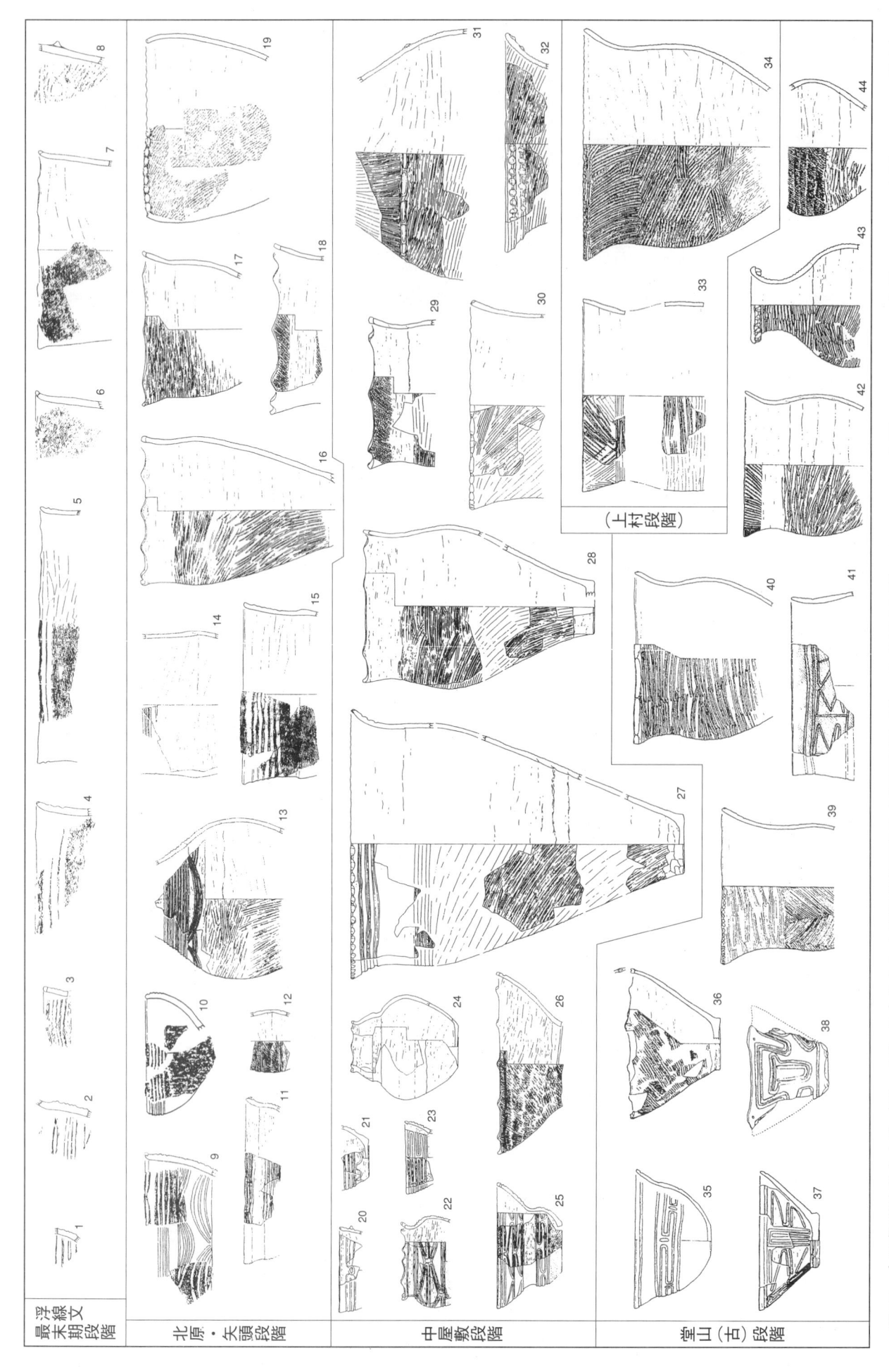

第2節　中屋敷遺跡出土土偶形容器について

石井寛子（昭和女子大学）

（1）はじめに

　縄文時代から弥生時代への移り変わりをどのように捉えるかは、縄文時代研究および弥生時代研究において重要な課題であり、水稲耕作の開始という観点や土器の編年研究を中心として様々な研究がなされてきた。この縄文時代から弥生時代への移行期に出現するものの一つに土偶形容器があるが、研究視点の相違により「容器形土偶」、「土偶型容器」、「台式土偶」などとも呼称されてきた。今日では、一般的な土偶との関連性を視野に入れながらも、容器としての特徴を重視する立場から「土偶形容器」と称することが普遍化されつつある。土偶形容器の形態上の特徴は、中空で頭頂に開口部を持ち、器高20～30cmを超える大型なもので、比較的腕部が短小であり、胴部が細く、脚の代わりとして安定のよい楕円形の大きな底部を有するところにある。主に中部地方の中央高地や東海地方を中心に、関東地方から東北地方南部にかけて出土しており（図94）、2007（平成19）年には西日本でも出土したことで、赤野井浜遺跡（滋賀県守山市赤井野町、杉江町所在）が話題となった。

（2）土偶形容器に関する研究史

　土偶形容器に初めて注目したのは大野延太郎（雲外）で（大野 1904，1905）、その後も甲野勇（甲野 1939，1940）や永峯光一（永峯 1957，1977）、宮下健司（宮下 1983）、石川日出志（石川 1982，1987）、設楽博己（設楽 1998，2005ほか）らにより研究が進められてきた。研究の中心は、年代や系譜関係、用途などであったが、出土例の少なさから共通見解には至らなかった。しかし、近年の事例増加や土器編年の整備などにより、おおよその年代観をまとめることが可能となった。今日では、土偶形容器は縄文時代晩期の黥面土偶からの系譜を引き、縄文時代晩期終末ないし弥生時代初頭に東海地方で出現したものが、弥生時代前～中期の東海地方、中部地方の中央高地で盛行し、弥生時代中期に至って須和田式土器が盛行していた関東地方や東北地方南部にまで波及したものと考えられ、ヒト形土器や人面付土器への変遷も類推されている。また、その用途については、土偶形容器と骨や歯などが共伴する例もあり、土偶形容器の出現期に東日本で再葬墓が盛行することや、弥生時代前～中期の壺を蔵骨器とした甕棺再葬墓の存在などをふまえて、蔵骨器であるとの見解が主流となっている。

（3）中屋敷遺跡出土例について

　中屋敷遺跡は、1934（昭和9）年、遺跡所在地である小宮柳太郎氏[1]宅入口通路の拡幅工事に際して土偶形容器が出土したことにより世に知られた。この土偶形容器（図95-3）はほぼ完形で、1938（昭和13）年6月22日、国の重要文化財に指定されている。また、骨片や歯が共伴したため、その土偶形容器の出土状態に注目されることも多く、中屋敷遺跡は土偶形容器を研究する上で重要な遺跡として認識されている。しかしながら、土偶形容器出土当初における石野瑛の調査（石野 1935，1961）、1958（昭和33）年の吉田格による調査（吉田 1958）など小規模調査を除けば、大規模な発掘調査は行われてこなかったといえる。そのため、遺跡の年代は縄文時代晩期ないし弥生時代初頭と考えられていたものの、遺跡全体の性格をはじめとする詳細は不明のままであった。そこで、昭和女子大学日本文化史学科（現歴史文化学科）では、教員が関わる大井町史編纂作業をきっかけに、中屋敷遺跡の性格および年代

を明らかにすることを目的として、1999（平成11）年より毎夏に発掘調査を行うこととなった。本学の調査では、国指定重要文化財である土偶形容器（以下重文例）が出土した地点の西側隣接地を南調査区、土坑群を検出した遺跡地中央部を北調査区と称している。

　重文例（図95－3）は、小宮氏によれば出土時には欠損もなく完形であったが、取り上げる際に頸部を破損し、現在は接合した状態である。胸部から腹部にかけてくびれ、また底部に向かって膨らみ、その横断面は楕円形を呈する。高さ26.7cm、横幅13.7cm、厚さ8.7cm、器壁厚約0.7cm。顔面部は縦7.1cm、横6.8cmで、頭頂部には左右径6.5cm、前後径2.5cmの開口部がある。器面はおおむね黒褐色を呈し、胎土は緻密で焼成は良好、調整も丁寧である。底部付近を除き、所々に赤色顔料の痕跡がみとめられ、製作時は全面的に赤彩されていたものと考えられる。円盤状の顔面が貼り付けられており、眉毛が沈線による斜線で表現され、目は楕円形で、口の周りから頬にかけては二重の沈線で弧線を施すなど、これら顔面の文様表現は山梨県東八代郡八代町岡屋敷遺跡例や山梨県韮崎市坂井遺跡例等と共通する点である。

　1934（昭和9）年の調査当初に重文例が出土した地点、すなわち当時の村道から宅地へ2.72m入り、向かって右側畑地より0.51m～1.21m離れた地点は、入口通路拡幅のためすでに掘り下げられていた。この場所は遺跡の南緩斜面にあたる。本例は現在の地表[2]より約0.5m下、「腐蝕土」と「ローム土」との境近くから出土し、包含層の厚さは約30cmであったといわれている（石野 1935, 1961）。しかし、実測図等が残されていないために現在は正確な出土地点を確認することができない。昭和女子大学の調査の結果、南調査区は整地による削平や耕作および樹木による撹乱を受けており、遺構等の検出が困難であった。記録によれば、土偶形容器はうつ伏せ状態で埋設されており、出土地点径約1m範囲の土壌には灰状になった人骨が混じっていた。また、土偶形容器の中にも粉状の人骨および歯の細片が入れられており、この中にはほとんど土が混じっていなかったという。体内に納められていた骨片は現在でもそのまま保存されていて、その総量は約54gあり、頭骨、長骨等の細片を含む。これらは原形をとどめているものが稀なほどの細片だが、発見当時には骨片が土偶形容器の底部に密着していたらしい。時期について、かつては縄文時代終末期と位置付けられてきたが、設楽は昭和女子大学の調査で得られた土器や、石野、吉田が報告した土器の年代観を検討し、弥生時代前期後葉とするのが妥当とした（設楽2005）。

　一方、遺跡の緩斜面頂部にあたる北調査区においても、第4・5号土坑覆土から土偶形容器と思われる中空土偶の小破片が昭和女子大学第5次調査で数点出土した（図95－1・2）。これらの破片群は胎土や文様などからみて全て同一個体とみなせる。ほぼ完形で出土した重文例（図95－3）と異なり、小片のみの出土であったため全体の構成は分からないが、縄文と沈線による区画とで文様が表現されている点は共通する。また、北調査区で発見された土偶片で唯一部位を類推できる腕部（図95－1）は、太い沈線のみで表されており、重文例の碗部表現とは異なっているが、頸部で無文となる点で共通している。

　第5号土坑からは調査された土坑のうちでは比較的多くの土器が出土し、それらはおおむね弥生時代前期後葉の土器であり、型式的にもほとんど時間幅がないと考えられる。周囲に検出された土坑をみてもほぼ同時期の土器が出土しているため一括性が高い。そのため、土偶形容器もこの時期に該当すると考えられる。骨片や炭化材片も少量伴出しており、明確な共伴関係は不明ながら、土偶形容器との何らかの関連性も考え得る。他にはホルンフェルス製の打製石斧や黒曜石片が同土坑より数点出土している。

　これまで述べてきた通り、中屋敷遺跡出土の土偶形容器である重文例、北調査区例とも、時期はほぼ弥生時代前期後葉と比定されるが、2例の出土状況を比較すると、前者が安置とでもいうべき状態で出

土しているにもかかわらず、後者は覆土中から廃棄というべき状態で検出されており、異なる出土状況にある。北調査区では土坑群が検出されているが、南調査区では土坑の痕跡がわずかに確認できたものの、明確に遺構が検出されなかったことも注目すべきところであろう。この相違点が多少の年代差であるのか、利用空間の差異によるものなのかについては検討の余地があり、今後の課題としたい。

註
（1）後に小宮操と改名。
（2）もとの地表は現在より約0.7m高かったといわれている。

引用参考文献

赤星直忠　1979　「中屋敷遺跡」『神奈川県史』資料編20（考古資料）神奈川県

石川日出志　1982　「村尻遺跡出土のヒト形土器」『村尻遺跡Ⅰ』（新発田市埋蔵文化財調査報告書4）新発田市教育委員会

　　　　　　1987　「土偶形容器と顔面付土器」『弥生文化の研究』第8巻（祭と墓と装い）雄山閣出版

石野　瑛　1935　「足柄上郡山田村遺蹟と出土の土偶」『考古集録』第二（相模中郡遺蹟及史蹟調査記）武相考古会

　　　　　1961　「古酒匂文化に就いて　先史時代遺蹟に観る（大井町山田遺蹟と出土の土偶）」『神奈川県大観』5（湘西・湘北）

大野延太郎　1904　「顆面土偶に就て」『東京人類学会雑誌』第20巻（223号）東京人類学会

　（雲外）　1905　「口絵説明　信濃国諏訪郡平野村小字小尾口発見土偶」『東京人類学会雑誌』第20巻（226号）東京人類学会

甲野　勇　1939　「容器的特徴を有する特殊土偶」『人類学雑誌』第54巻12号

　　　　　1940　「土偶型容器に関する一二の考察」『人類学雑誌』第55巻1号

櫻井清彦・杉山博久　1997　「原始　古代　考古資料」『大井町史』資料編（原始・古代・中世・近世（1））大井町

設楽博己　1990　「線刻人面土器とその周辺」『国立歴史民俗博物館研究報告』第25集　国立歴史民俗博物館

　　　　　1998　「顆面の系譜」『氷遺跡発掘調査資料図譜』第3冊－縄文時代晩期終末期の土器群の研究－　氷遺跡発掘調査資料図譜刊行会

　　　　　　　　「下境沢遺跡出土の顆面付土器」『下境沢遺跡』（片岡住宅団地造成工事に伴う埋蔵文化財発掘調査報告書）塩尻市教育委員会

　　　　　1999　「土偶形容器と顆面付土器の製作技術に関する覚書」『国立歴史民俗博物館研究報告』第77集　国立歴史民俗博物館

　　　　　2003　「続縄文文化と弥生文化の相互交流」『国立歴史民俗博物館研究報告』第77集　国立歴史民俗博物館

　　　　　2005　「神奈川県中屋敷遺跡出土土偶形容器の年代」『駒澤考古』第30号　駒澤大学考古学研究室

永峯光一　1957　「長野県小諸市氷発見の土製品について」『考古学雑誌』第42巻2号　日本考古学会

　　　　　1977　「呪的形象としての土偶」『日本原始美術大系』第3巻（土偶　埴輪）講談社

野沢昌康　1984　「甲斐・岡遺跡出土の容器形土偶」『山梨考古』第14号　山梨県考古学協会

宮下健司　1983　「縄文土偶の終焉－容器形土偶の周辺－」『信濃』第35巻8号　信濃史学会

吉田　格　1958　「神奈川県中屋敷遺跡－所謂土偶型容器発掘遺跡の考察－」『銅鐸』第14号　立正大学考古学会

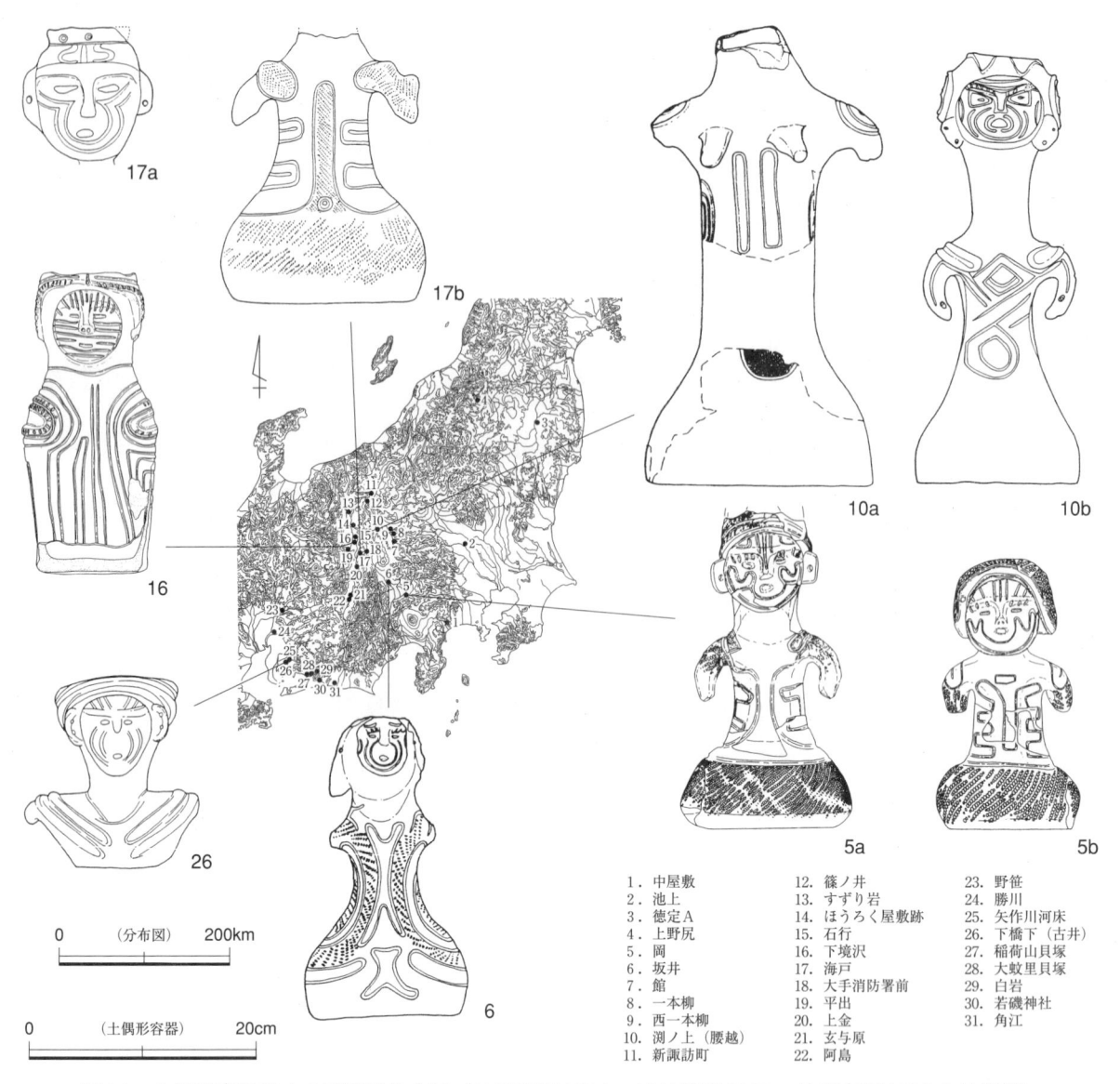

1.	中屋敷	12.	篠ノ井	23.	野笹
2.	池上	13.	すずり岩	24.	勝川
3.	徳定A	14.	ほうろく屋敷跡	25.	矢作川河床
4.	上野尻	15.	石行	26.	下橋下（古井）
5.	岡	16.	下境沢	27.	稲荷山貝塚
6.	坂井	17.	海戸	28.	大蚊里貝塚
7.	館	18.	大手消防署前	29.	白岩
8.	一本柳	19.	平出	30.	若磯神社
9.	西一本柳	20.	上金	31.	角江
10.	潤ノ上（腰越）	21.	玄与原		
11.	新諏訪町	22.	阿島		

図94　土偶形容器出土主要遺跡分布図（5は野沢1984、16は設楽1998、他は宮下1983より転載）

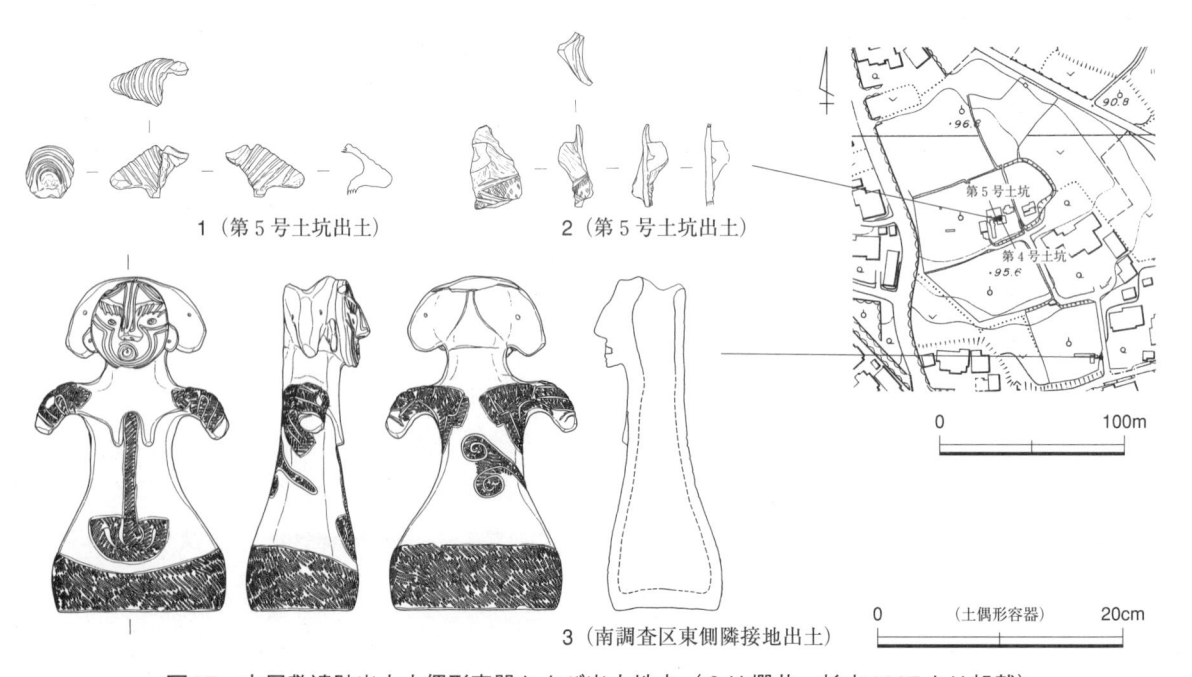

図95　中屋敷遺跡出土土偶形容器および出土地点（3は櫻井・杉山1997より転載）

第3節　中屋敷遺跡の植物利用

佐々木由香（パレオ・ラボ）

1　はじめに

　中屋敷遺跡では、土坑中から土器片や石器、獣骨・貝類に混じって炭化材が出土した。また数基の土坑中の覆土を回収し、土壌を水洗選別したところ炭化種実が見いだされた。これらの年代は土器型式（設楽 2005）および土器付着炭化物、また種実や炭化材自体の放射性炭素年代測定によって（第5章第1節）、弥生時代前期後葉という年代が得られた。中屋敷遺跡調査団では、土壌を定量的に水洗選別して炭化種実を抽出し、その一部については種実同定を行い、同定結果については第5章第3節で報告した。そのほか、植物珪酸体分析や組織構造を観察するために樹種同定を実施し、それぞれ第5章第2節と第4節で報告した。ここでは得られた分析結果と、遺構内での炭化材や炭化種実の産出状況をあわせて、植物遺体からみた土坑の機能、および弥生時代前期後葉の植物利用について若干の検討を行いたい。

2　試料の産出状況

　中屋敷遺跡から検出された弥生時代の土坑には量の多少はあるが、必ずといってよいほど、覆土中に炭化物が含まれていた。特に微高地上の土坑群として検出された北調査区では、炭化物が目立って含まれる土坑が多かった。ほとんどの炭化物は炭化材片で、元の材の形状が判断できるものはほとんどなく、大きくて一辺が5cmほどの材であった。また炭化物の産出状況は、他の遺物と同じく土坑内覆土中に散漫に出土することが多かったが、第9号土坑では草本類堆積層として扱った炭化物層が、第11号土坑では明瞭な炭化物層が観察された。特に第9号土坑の草本類堆積層からは、肉眼で単子葉植物と考えられる茎や葉状の細い植物遺体が炭化して密集して出土した。その下位には、焼土層が層状に堆積していた。

　草本類堆積層に含まれる植物の同定を行うために、土坑の半截ライン近くから堆積物のサンプルを塊で切り出して、植物珪酸体分析と組織構造観察用とした。また半截後の覆土は層別に可能な限り土壌サンプルとして回収した。この第9号土坑の調査を契機として、他の土坑の覆土と対比をおこなうため、第9号土坑以降に検出された土坑の覆土を適宜回収した。

　分析の作業段階で草本類堆積層中に炭化材に混じって炭化イネ胚乳が確認できたため、他の種実遺体についての検索をおこなうことになった。それ以外の覆土についても1kgずつ計量して、0.25mmと1.0mmの篩を用いて水洗して種実の検出を行い、その種類と組成を検討した（土壌洗浄方法は第4章第4節（6）参照）。

3　得られた植物遺体

　第9号土坑内の種実組成：分析は現在一部のものが済んだ状態であるが、種実同定の結果、第9号土坑内にはアワ炭化胚乳（一部穎付着）が2000点弱と多産し、次いでイネ炭化胚乳（一部穎付着）が393（破片104）点、そのほかキビ炭化胚乳が26点、トチノキ炭化種皮または子葉、イヌシデ炭化果実、サルナシ炭化種子、カラスザンショウ炭化種子など数点が産出した（表29）。最も多いアワとイネの産出比率は、1サンプル（1kg）あたり9:1から7:3であり、数の上でアワがイネより多産した。ただし、この結果は土壌で取り上げた一部のみを検討した結果であり、全体の組成については今後の課題である。また草本類堆積層とした部分に最もアワとイネの種実が含まれる傾向があるが、その下の焼土炭化物層と

した部分にも多く含まれている。また、草本類堆積層の周辺にはトチノキ炭化種子と、トチノキもしくはクリの炭化子葉が肉眼で回収された。

「草本類」の組成：草本類堆積層に含まれる草本類の組織構造の観察の結果、細い破片の大部分は単子葉植物と思われ、一部のススキ属類似（ススキやオギなど）やタケ亜科（タケ・ササ類）をのぞき、組織学的には分類群を特定できない。そのほか草本類堆積層からは木本植物（樹木）のイヌシデ節、ヤマウルシ、アオキ、ハイノキ属の細い枝や破片が少量同定された。単子葉植物自体で植物珪酸体分析を行った結果、イネの葉（イネ？機動細胞珪酸体）や籾（穎部珪酸体）に蓄積される珪酸体が検出された。また種は特定できないが、アワ・キビ・ヒエなどの栽培種やエノコログサ・スズメノヒエなどの雑草の茎や葉に蓄積するキビ族機動細胞珪酸体が検出されたことから、アワ・キビの茎や葉が含まれていた可能性がある。アワやキビは組織構造からは単子葉植物としか同定できないが、種実同定の結果やイネの穎部珪酸体に増減に比例して産出するキビ族機動細胞珪酸体のあり方をあわせて考えると、アワやキビの茎や葉が含まれていた可能性がある。そのほか、ウシクサ族（ススキを含む）やネザサ節型の機動細胞珪酸体が検出された。

4　植物からみた土坑の機能

イネやアワの多くは胚乳（種子）の状態で炭化していたが、胚乳の一部に穎が付着しているものが散見されることから、元は食用以前の穎が付いた状態で炭化したと思われる。また胚乳には炊いたオコゲなどによく見られる発泡したものはなかった。そのため外観の観察から、これらは直接被熱したというよりも、周辺からの熱の影響で蒸し焼きのようになって炭化したことが考えられる。

土坑は土器片や石器、獣骨などの出土から廃棄土坑と考えられているが、少なくともこれら種実類に関しては食用後に廃棄されたのではなく、偶発的に食用以前に炭化したか、意図的に祭祀などの目的で炭化したものが埋没したことが考えられる。植物珪酸体分析と組織構造による同定結果もあわせて考えると、土坑内で葉や茎を含む穂付きの状態でこれらが堆積した可能性も否定できない。

トチノキも食用部分である子葉が炭化したものではなく、子葉が包まれる種子の状態で炭化しているものが多いことから、利用前の状態で炭化し、土坑内から出土したことになる。またイヌザンショウ種子やイヌシデ果実など食用とならない種実もわずかながら混在している。こうした種実の部位や分析結果からは、利用後の種実が廃棄されたとは考えられにくく、これら種実は利用前に何らかの要因で炭化したものが土坑内に廃棄されたか、土坑内で被熱して炭化したことが推定される。炭化すると、トチノキ種子などは脆いことから、2次的に移動する段階で壊れてしまうことが想定される。土坑内では種実の状態が良好であることや、焼土が廃棄に伴うブロック状の産状ではなく、その場で被熱したような層状に堆積していたことをあわせると、土坑内で被熱した可能性が高いと考えられる。

5　植物検出の意義

今回得られた種実遺体を中心とする植物から、得られた情報について簡単にまとめる。

遺構に伴い一括性が高いイネと畑作植物（アワ・キビ）が出土し、その年代が数点の年代測定の結果から、弥生時代前期後葉（前4世紀後半〜前5世紀前半）であったことは、関東地方における最古の出土例となった。これら土坑の確認面は地表面から近く、ある段階でもともとの確認面が削られている可能性が高いが、種実の中には現生と考えられる生の種実は一切みられないこと、またその産出状況や産出数からこれらはすべて同時期に属するものと判断される。

草本類堆積層からは単子葉植物を含む多種の植物が確認され、イネとキビ族の珪酸体が検出されたことから、これらの茎や葉が堆積していた可能性が示された。どのようなプロセスを経て土坑内に堆積したかは他の遺物の出土状況からさらに検討する必要があるが、イネと、アワ、キビは遺跡周辺で栽培されていたことが示唆される。

　関東地方では縄文前期以降利用が開始され、後・晩期に顕著に利用されるトチノキと弥生時代以降に本格的に栽培されるイネ、アワ、キビが共伴して出土したことから、当時の生業形態は縄文から弥生時代への移行期のあり方を示しており、それらを植物遺体自体から検討することができた。また第2・3号土坑からは縄文時代の木材利用の特徴であるクリ材が最も多く確認されている（能城・佐々木 2007）。クリの果実は食用に利用されることから、同定でははっきりしなかったがクリの食用利用も想定される。植物利用だけをみても堅果類利用と栽培植物利用の複合型の生業であることが推測された。

　今後、第9号土坑の試料に未同定分が多く残されているため、全体量を把握するとともに、これらの栽培植物の栽培地や遺跡周辺の森林資源利用について検討していきたい。

引用文献

設楽博己　2005　「神奈川県中屋敷遺跡出土土偶形容器の年代」『駒澤考古』第30号　駒澤大学考古学研究室

能城修一・佐々木由香　2007　「東京都東村山市下宅部遺跡の出土木材からみた関東地方の縄文時代後・晩期の木材資源利用」『植生史研究』第15巻第1号

〔追補〕脱稿後第9号土坑から、マメ科炭化種子が1点同定された。完形で臍が残存していないため、科以下の同定はできなかったが、長さ約7mm幅約4mmあり、大きさと形態からはササゲ属またはダイズ属の可能性がある。

表29　種実遺体出土一覧表

分類群・部位	遺構・層位など	第8号土坑 3層	第8号土坑 4層	第9号土坑 3層（草本類堆積層）	第9号土坑 3層	第9号土坑 炭化材焼土層	6層
イヌシデ節	炭化果実				2	2	
クリまたはトチノキ	炭化子葉				1		
カラスザンショウ	炭化種子			1			
サルナシ	炭化種子			3			
トチノキ	炭化種皮・子葉						3
堅果類（トチノキ）	炭化種皮・子葉	(1)	(1)			少量	
イネ	炭化胚乳			55(19)	65(7)	273(78)	
キビ	炭化胚乳	1		11		15	
アワ	炭化胚乳		1	595#	3	1273	

数は肉眼で取り上げられたものと、土壌洗浄によって得られたものの合計
数字は個数、（ ）内は半分ないし破片の数、#は重量から換算した個体数を示す
炭化材焼土層は5kgを洗浄後、肉眼で抽出した試料と、2kg分についてその残渣を検討した試料の合計数

第4節　中屋敷遺跡の位置づけ

山本暉久（昭和女子大学）

　1999（平成11）年から開始された中屋敷遺跡の調査は、2004（平成16）年まで、6次にわたって毎年実施されてきた。その調査結果の詳細は、本報告書に記載されたとおりである。
　ここでは、これまでの調査結果にもとづいて、中屋敷遺跡の特徴についてまとめ、遺跡の位置づけについてまとめてみたい。
　いうまでもなく、中屋敷遺跡は戦前の1934（昭和9）年、道路の拡張工事中に内部に乳児骨が収納された土偶形容器が出土したことで知られるようになった（石野 1935）。また、戦後、1958（昭和33）年には、吉田格によって、この土偶形容器が発見された地点の隣接地が調査され、弥生時代初頭の遺物の出土が報告されている（吉田 1958）。また、最近では、この土偶形容器の特徴とその年代的位置づけについて、設楽博己によって考察が試みられている（設楽 2005）。
　発掘は、当初、この土偶形容器が出土した地点を再調査して、当該期の遺跡の状態明らかにさせることと、その地点からやや離れた北側に位置する台地上に調査区を設定し、当該期を含めた遺跡の存在の有無を確認することから始められた。その結果は本報告書に記載されたとおりであるが、結果的には、土偶形容器が出土した地点での調査（報告では「南調査区」としている）は、良好な包含層は確認できず、土坑状の遺構やその周辺から、わずかながら、土偶形容器の年代にほぼ併行する土器片が出土したにとどまった。
　一方、北側の標高96～97m前後の台地上の調査（報告では「北調査区」としている）では、当初、当該期の遺構・遺物の出土はあまり期待されていなかったが、2000（平成12）年の調査において、トレンチ内から第1号土坑が検出され、弥生時代前期後葉に相当する壺形土器ほかを検出するに至った。このことから、北調査区においても、当該期の遺構・遺物の存在が確実視されるにいたり、俄然、その後の調査への期待が高まることとなったのである。こうして、北調査区の調査が継続され、土坑の集中箇所が検出されるようになった。とくに、2004（平成16）年、3月に実施した第6次調査では、これまでの調査のなかでもっとも多い土坑が検出され、内部から当該期の遺物も多数出土するに至ったのである。
　南西関東における縄文時代終末から弥生時代初頭への変化のありかたは、いまだ十分に解明されたとはいいがたい。とくに縄文時代終末期には、遺跡数がきわめて少なくなり、しかも遺跡の規模も小規模化し、とくに竪穴住居に代表される居住痕跡の発見がきわめて稀となる傾向が指摘される（山本 1989）。それがどのような理由から生じたものなのかについても、不明な点が多い。
　中屋敷遺跡の調査結果からみても、これまでの調査では、竪穴住居址などの検出は認められず、土坑の集中のみが認められるのである。こうした傾向は近接する大井町矢頭遺跡（西川・天野 1997）、山北町堂山遺跡（安藤ほか 1988）においても同様であり、この時期の特徴ともいえよう。この土坑群の性格であるが、縄文時代終末から弥生時代初頭には、東日本に再葬墓の存在が良く知られている。しかし、本遺跡の土坑群は、再葬墓に特徴的な再葬壺棺に類する出土状態は認められず、墓坑としての性格を認めることは困難と思われる。とくに、2004（平成16）年の第6次調査において検出した、第9号土坑の覆土中に検出された焼土と炭化物層の存在は、この種の土坑が、おそらくは貯蔵穴的な利用がなされた後に、土器・獣骨などを含む生活残滓を廃棄したものと理解されよう。しかし、このように多数の土坑が集中して存在し、生活の痕跡が認められるにもかかわらず、竪穴住居址が検出されていないことも、

いぜんとして謎といえる。この時期の居住様式のありかたを再検討する必要もあるかもしれない。いずれにせよ、今後、調査が再開されることとなれば、このような問題も解明すべき課題といえる。

ところで、第6次調査での最大の成果は、いうまでもなく、第9号土坑の覆土中の焼土・炭化物層から、トチノキの種子と共に、イネ・アワ・キビなどの炭化した栽培植物が検出されたことである。この点については、別に詳しく報告がなされているので参照願いたいが、南西関東において、弥生時代前期の遺跡から確実に炭化米が検出されたことは貴重な成果といえる。しかも、トチノキの種子やアワ・キビ胚孔といった雑穀類も同時に出土したことの意味は重要である。

いうまでもなく、トチの食用化は、アク抜き技術の開発とともに縄文時代になされたことは、これまでの各遺跡からの出土や、アク抜き施設と思われる水場遺構の検出事例が多数認められることから確実である。第9号土坑中にトチノキの種皮が確認されたことは、この時期においても、縄文時代的な食料獲得が継続していたことを示しているものといえる。しかも、それに加えて、アワ・キビなどの雑穀類の栽培がなされていたということも重要な調査成果といえる。

問題は、炭化米の存在である。従来、南西関東における稲作の受容は水稲耕作技術の伝播と関連づけて論じられてきた傾向がある。しかし、中屋敷遺跡での調査成果からすると、このイネの存在は、アワ・キビなどとともに畑作として行われていた可能性も考えられるのである。近接する、小田原市中里遺跡での調査成果からすると、続く須和田式段階においては、水稲耕作が確実に行われ、大規模な集落が形成されていたことは間違いない。しかし、それに先行する中屋敷遺跡での調査成果によると、小規模にせよ、谷水田的な水稲耕作が行われていた可能性は低いのではないだろうか。

陸稲作か水稲耕作かといった問題も、本遺跡のさらなる調査の進展によって明らかにすることができるものと期待されよう。

ところで、縄文時代から弥生時代へと変化する過程の研究は、近年、新たな発見が相次ぎ、これまでの研究が大きく見直されてきている。とくに、AMS法による高精度な放射性炭素年代測定により、従来考えられていたよりも弥生時代の開始が約500年も遡って、水稲耕作が西北九州を中心に開始された可能性が考えられるようになり、これまで以上に東アジア全体を視野にいれて、日本列島における水稲耕作・コメ作りの開始の問題を考えることが必要となってきた。しかし、列島に限ってみれば、水稲耕作の開始をもって弥生時代文化の開始とみなしていいかどうかは問題であろう。水稲耕作の開始・受容という視点だけではなく、複眼的な視野で縄文時代から弥生時代への変化の過程をとらえなければならない。とくに、弓なり状に南北に広がる日本列島における地域性を考慮に入れてこの問題を明らかにしていく必要がある。

いうまでもなく、縄文時代文化は、東日本地域に栄えた文化であり、この地域での弥生時代への変化のありかたは複雑な事情によったものと考えられる。南西関東域では、近年、小田原市中里遺跡において、初期弥生に相当する大規模な集落跡が発見され、瀬戸内方面からの弥生人集団の移住も考えられている（戸田 2000）。この南西関東における縄文時代から弥生時代へと変化する過程を明らかにすることは、縄文時代の文化とはなにか、弥生時代の文化とはなにか、その違い、変化のありかたを知る上で重要な研究と位置づけられよう。とくに、弥生時代前期とされる遺跡に、縄文文化的要素がどのような形で残存しているのか、その具体相を遺跡の発掘という具体的作業を通じて明らかにさせることは重要であろう。

そうした意味において、今後とも、中屋敷遺跡の調査は、南西関東における弥生時代文化成立までの道程を明らかにする重要な調査として位置づけられるのであり、その調査成果の公表によって、この分野における研究を新たな地平へと高めることができると考えている。

今回の報告書の刊行を踏まえて、さらなる継続的な調査を再開したいと考えている。ご支援をお願いする次第である。

引用・参考文献

安藤文一他　1988　『カラス山・堂山遺跡－東海自動車道改築山北町内埋蔵文化財発掘調査報告書－』山北町カラス山・堂山遺跡調査会・カラス山・堂山遺跡調査団

石野　瑛　1935　「足柄上郡山田村遺跡と出土の土器」『武相叢書　考古集録』第二　武相考古学会

設楽博己　2005　「神奈川県中屋敷遺跡出土土偶形容器の年代」『駒澤考古』第30号　駒澤大学考古学研究室

戸田哲也　2000　「中里遺跡の調査」『平成12年小田原市遺跡調査発表会中里遺跡講演会発表要旨』小田原市教育委員会

西川修一・天野賢一　1997　『宮畑遺跡（No.34）・矢頭遺跡（No.35）・大久保遺跡（No.36）第一東海自動車道厚木・大井松田間改築事業に伴う調査報告3－大井松田－』『かながわ考古学財団調査報告』25　財団法人かながわ考古学財団

山本暉久　1989　「縄文時代終末期の集落」『神奈川考古』第25号　神奈川考古同人会

吉田　格　1958　「神奈川県中屋敷遺跡－所謂土偶形容器発見遺跡の考察－」『銅鐸』14　立正大学考古学会

総　括

—中屋敷遺跡の調査成果—

　中屋敷遺跡の調査は、6次にわたる延べ72日間の発掘と、その後の資料整理作業を経て今日に至った。小規模な調査の積み重ねではあったが、そこから得られた情報は我々の予想をはるかに超えたものとなった。そこで、調査報告、考察、自然科学分析の各章に示された個別研究を総合して、中屋敷遺跡の調査成果と今後の課題について以下にまとめておきたい。

1　発掘の成果

　中屋敷遺跡は神奈川県足柄上郡大井町に所在し、昭和9（1934）年に道路の拡幅工事の際、偶然土偶形容器が発見されて世に知られた遺跡である。土偶形容器はほぼ完形である上、造形的に見ても優品であり重要文化財に指定されていることからもその価値は周知の通りである。その性格については人骨が納入されていたことから埋葬に関わる遺物であることは早くから指摘されていた。一方、年代は縄文時代後晩期から弥生時代中期まで諸説あったが、近年弥生時代前期の位置づけがなされた（設楽 2005）。しかし、土偶形容器発見時には遺構の報告はなく、その後も調査がおこなわれたものの土偶形容器につながる遺構は発見されておらず、遺跡の詳細は依然不明のままであった（第2章）。

　以上の学史を踏まえて調査に取り組んだ結果、土偶形容器発見地点から80m北側で同時期と考えられる遺構を検出するに至った。遺構は複数で構成され、多くの遺物を伴うことから、背後に複数の人間によって営まれた継続的な生活が存在したことを伺わせる。つまり、土偶形容器が単独で埋納されたのではなく、人々の生活の中で存在した可能性を示すものとして、また、遺跡の性格を考える上で重要な発見であると言える。さらに、本調査で発見された資料の中心は弥生時代前期後葉に位置づけているが、関東では当該期の資料が少なく、まとまった量の資料が検出されたことにより、初期弥生時代研究の新たな資料を提供することになった。

2　特筆すべきこと
（1）土坑群の検出

　発見された遺構は、弥生時代の土坑と近世の畝・道である（第4章第1節）。中でも特筆されるのが弥生時代の土坑の検出である。第1～6次で検出された土坑は全部で17基であった。この内の3基は土偶形容器発見地点周辺の南調査区、残り14基が南調査区から約80m北に設定した北調査区に存在する。さらに17基の中で遺物を伴い時期が確定できるものは、南調査区で1基（第12号土坑）、北調査区で11基（第1～11号土坑）の計12基である。土坑の時期は、出土した土器から南調査区の第12号土坑が弥生時代中期初頭、北調査区の土坑はいずれも弥生時代前期後葉と解釈した。

　北調査区の土坑は第1号土坑を西限、第2号土坑を東限として群を形成している。北調査区土坑群として概要をまとめておきたい（表30）。I区西側に未調査部分が多く、全体としてどのような配置になっているかは明らかではないが、第9号土坑周辺の密度が高いこと、等高線に沿って展開している状況が見られることから、北側に中心をもつ弧状配列の可能性が考えられる。土坑の平面形は不整円・楕円・円形が見られるがおおむね円形を志向しているように見受けられる。大きさは径が100cm～130cmのものと径が90cm前後のものが存在する。この違いは底面の形状・規模とも対応している。深さは、いずれも

上面が削平を受けていると考えられるため掘削当時の正確な深さは知る由もないが、確認面からの深さが60cmを超えるもの（第5・9・11号土坑）、40cm前後のもの（第2・3・7・10号土坑）、30cm未満のもの（第1・4・6・8号土坑）がある。土坑の断面形態は、底部は皿状で壁面がほぼ直立、もしくはわずかに広がるものがほとんどで、第7号土坑のみオーバーハングする壁面を持つ（図31）。覆土は、いずれも水平堆積を示す。土器の接合状況を見ると同一個体の破片が複数の層に紛れていることから、短時間に土坑が埋まり土器片が紛れ込んだと想定される。このことは自然堆積ではなく人為的に埋められた可能性を伺わせる。なお、第9号土坑のみ覆土に焼土層が確認され、炭化物も層をなしていた。しかし、土坑の底面・壁面に明確な被熱の痕跡が確認されておらず、ある程度土が堆積した状態で火が焚かれたか、土坑外で生じた焼土が投げ入れられたと想定される。

　土坑内からは、土器・石器・土製品・動物遺存体・植物遺存体などが出土したが、土器・土製品・動物遺存体はいずれも破片で完全な形のものはなく、他の遺物と混在する状態であった。

　土坑の大きさは標高の低い位置で検出された第1～3・15号土坑が径90cm前後と小規模であることから、土坑群が弧状配列をとるとすれば外周に径の小さな土坑が作られた可能性が高い。また、第5号と第6号土坑は土器の接合関係が確認されている上、隣接して検出されたているにもかかわらず、深さに著しい違いがみられる。削平前の掘り込み面が大きく異なっていたとは考えにくい。このような土坑の深さの差は何故生じたのであろうか。土坑の立地・規模等との関係は今のところ見出せないが、掘削された時点で深さの異なる土坑が作り分けられたことは明らかである。

表30　土坑の概要

土坑 No.	区	形状	大きさ	深さ	時期	搬入土器 遠賀川+α	土坑間接合 土坑No.	土製品	動物遺存体 シカ・イノシシ+α	植物遺存体 アワ・キビ+α	黒曜石産地 諏訪：神津島	年代測定資料	備考
1	北	不整円	85×75	20	前期				○		?		
2	北	不整円	95×80	40	前期		8				?		
3	北	不整円	92×91	40	前期								
4	北	楕円	135×115	20	前期		5	○			1：2		
5	北	円	150×150	60	前期		4・7・8・9・11	○	○		22：22	付着物、材	
6	北	円	140×125	20	前期	○+東北						材	
7	北	円	110×100	40	前期		5・8		○		14：6	材	フラスコ状
8	北	円	105×95	30	前期		2・5・7・9		○+貝・カエル	○+堅果	32：1	付着物、材	
9	北	楕円	140×110	65	前期	○	5・8		○+カツオ	○+イネ・トチノキ他	24：4	付着物、種実	
10	北	円形？	100×90？	40	前期						1：0		
11	北	円形	135×120	60	前期	○			○		27：4	付着物	
12	南	不整円	120？×80	70	中期						1：0		
13	南	不明	?	?	不明								
14	南	楕円	60×40	20	不明								
15	北	不整円	90×80	60	不明								
16	北	円？	100×100？	—	不明	—	—	—	—	—	—	—	未調査
17	北	不明	?	—	不明	—	—	—	—	—	—	—	未調査

（2）遺物の検出

　個々の資料の詳細は第4章第4節「遺物」を参照していただくこととし、ここでは自然科学分析結果を踏まえて、検出された遺物の意義、今後の問題点を整理しておきたい。

①**土器**　縄文土器・弥生土器が出土した。縄文土器はいずれも包含層出土で、早期～後期に比定される（第4章第4節（1））。北調査区で早期の野島式期の資料が確認されたことが注目される。第3次調査までは、縄文時代の遺構検出も視野に入れて調査を実施していたが第4次調査以後は縄文時代の包含層以下は未調査であり、遺構の存在については未確認となっている。可能性は捨てきれないため確認することが望まれる。

　弥生土器は包含層および土坑内から出土した。ほとんどが小破片で他の遺物と混在していた。土器は沈線による変形工字文、条痕文、縄文、赤彩によって施文されるものがあり、出土土器の8割が条痕文

土器であった。また、在地製の土器の中に遠賀川式土器や、東海地方および東北地方からの搬入品が含まれる（第4章第4節（1））。弥生土器を整理検討した谷口は北調査区土坑群出土資料を「中屋敷資料」とし、本遺跡を代表する資料と位置づけている。さらに土器の編年的位置づけについても触れ、縄文時代晩期末の浮線文土器と関わりを有するが、沈線による変形工字文を伴うことから浮線文後、遠賀川式に関わりを有するため弥生時代前期の範疇に収まり、東海系条痕文土器の要素が認められないことから前期最終末より古いとして中屋敷資料を弥生時代前期後葉の土器とした。西相模の弥生土器編年の中では、中屋敷資料をもって「中屋敷式」を提唱し、北原・矢頭資料と堂山資料の間を埋める時期の土器であるとした。中屋敷式の定義は11項目にわたって示されている（第6章第1節）。当該期の資料は未報告の資料や遺構に伴わない例があることから、今後も詳細な検討が必要とは思われるが、谷口の分析によって本遺跡の資料が当地域のミッシングリングを埋める資料として時間軸の中に位置づけられたことの意味は大きい。

②**土製品**　北調査区第4・5号土坑から土偶もしくは土偶形容器の可能性がある土製品が出土した（第4章第4節（4））。いずれも小破片のため全体像を復元するまでには至っていない。近年の研究によれば、土偶形容器は弥生時代初頭期の集団のシンボルとして、農耕社会の男女の共同作業を反映した遺物であり、男女一対で製作されたものが大半であることも明らかにされている。昭和9（1934）年に出土した中屋敷遺跡の土偶形容器（以後、重文例）は、乳房の表現と髪型から女性を表現しようとした意図がうかがえる。とすると、男性の土偶形容器が存在していた可能性が高く、第4・5号土坑資料はその一部の可能性もある。土製品を整理した石井は、重文例がほぼ完形であるのに対し、第4・5号土坑の土製品は小破片ばかりで状況が大きく異なること、また、重文例が発見された地点は南調査区の隣接地とされており、土坑群が検出された地点と80mほど離れていることや標高も異なることから、両者は時期や空間利用の差を持つ資料である可能性も視野に入れる必要があるとしている（第6章第2節）。

昭和9（1934））年に重文例が発見された地点はコンクリート舗装されている上、その隣接地の南調査区も撹乱がひどく、南側に通る道路によって旧地形が大きく削平されているため（第3次調査第1トレンチ調査の成果より）、今後も遺構の検出は困難と思われる。従って、北調査区でさらなる資料を検出し、第4・5号で出土した土製品の詳細を明らかにしてゆくことが求められる。

③**石器**　検出された石器の中で黒曜石を素材とする資料は214点であった。その中から165点について黒曜石の産地同定を実施した。分析によれば諏訪エリアが123点と約75％を占め、神津島エリアが42点で約25％を占める（第5章第5節）。第5号土坑のみ比率が異なるものの、いずれの土坑も両地域の黒曜石が混在している。弥生時代前期の神奈川県下では信州系が卓越する一方で神津島産黒曜石の割合が減少する傾向があり、中期は逆に神津島産の黒曜石に転換して行く傾向があるという（杉山・池谷 2007）。中屋敷遺跡の結果は、当地域の前期の様相を示すものと言える。なお、地理的に近い天城・箱根産の黒曜石は確認されていない。石器の整理を担当した早勢は、諏訪エリアの資料はツールおよび剥片・チップが多く、神津島エリアのものはツール素材が多く見られることから、産地エリアごとに搬入される際の形状が違っていたか、もしくは遺跡内での使われ方、用途に違いがあった可能性を想定している（第4章第4節（3））。神津島産の原石は信州産の原石にくらべて大形であった可能性も指摘されており、当該期の石材の流通と消費のあり方を反映していると言えそうである。今後も周辺遺跡の状況とあわせて検討を重ねることが求められる。

④**動物遺存体**　動物遺存体はすべて北調査区土坑群より検出した資料で、哺乳類の骨と歯、両生類の骨、魚骨、貝が確認された。哺乳類はシカ・イノシシが大半を占める。両生類はカエル、魚骨はカツオの尾椎骨、貝は海洋性の可能性が高い二枚貝の破片である。さらに骨は、激しい亀裂・変形が見られる資料

が多いことから、生の骨が急激に被熱した可能性があること、一方、哺乳類の歯は象牙質が溶解しエナメル質のみ残存している状況であり、被熱の痕跡が見られないため生の骨であった可能性が高いとされた（第5章第6節）。第9号土坑から検出されたシカの歯はきれいに整列しており顎骨とともに廃棄もしくは埋納された状況を呈していた。祭祀的な意図もうかがえる事例である。また土坑内に焼土が確認されたのは第9号土坑のみであることから、ほとんどの焼骨は土坑外で被熱したものと考えられる。土坑の性格を考える上でも動物利用を考える点でも興味深い。

さらに、カツオと二枚貝の検出が特筆される。神奈川県下の弥生時代中期の遺跡からは外洋性の魚骨が多く出土する（山本・谷口 1999）。遠洋漁業と稲作との両立は難しいと考えられるので漁労活動を専業とした集団の存在が想定される。本遺跡で漁労活動を伺わせる道具は出土していないことを含めて、中期に本格的になる専門集団の魁の存在を彷彿とさせる。ただ、遺跡と現在の海岸線の直線距離は7.5kmと近く、単発的に自ら遠洋に漕ぎ出した可能性も捨てきれない。台地を生活基盤とする人々の生業活動、弥生時代の漁労活動の一端を知る資料である。

⑤**植物遺存体**　北調査区の土坑群からは炭化した植物遺存体が多く検出された。炭化種実・炭化材については同定を（第5章第2・3節）、さらに土壌のプラント・オパール分析（第5章第4節）を実施した。その結果、第9号土坑から炭化イネ・アワ・キビ・トチノキの種実が検出され、第8号土坑からも炭化アワ・キビ・トチノキの種実が確認された。このことは、中屋敷遺跡の意義を考える上で大きな転機となった。関東では弥生時代前期のイネの実物資料は他に確認されておらず、関東での稲作導入期を知る遺跡となったのである。この時期に、栽培植物であるイネ・アワ・キビと、縄文時代の代表的な食材の一つであるトチノキが供伴したことは、縄文時代から弥生時代の過渡期の生業活動を知る上でも興味深い結果となった。第8号土坑のアワ・キビはごく微量ではあるが、現在のところ他の土坑から穀類は検出されておらず、第8・9号土坑の特殊性がより明らかにされる結果となった。イネは頴を持ち、トチノキは子葉部分を含むことから可食部分が含まれること、トチノキの種皮も人が剝いた残渣ではない状況を呈している（第6章第3節）ことから、これらの種実がなぜ土坑内に紛れ込んだかが問題となる。

炭化材は第2・3号土坑の資料である。小破片の分析ではあったが、クリをはじめとして複数の樹種が確認されており、縄文時代から弥生時代への移行期の植生・植物利用を知る手がかりとなることを示した（第5章第2節）。佐々木は、これらの炭化材が土坑から検出されることについて、包含層には炭化材が確認されないことから周囲からの流れ込みとも考えにくく、土器が被熱していないことや焼土が無いことから、外部で被熱した後、土坑内に廃棄された可能性が高いとしている。

プラント・オパール分析は第8・9・11号土坑覆土について実施したが、第9号土坑でイネの葉や茎の存在を示す証拠が検出されたもののわずかであった。また、イネ頴部に形成される珪酸体も確認され、種実同定と同様の結果を示した。他にキビ・ススキの葉や茎部、オオムギ・コムギの存在も示唆されている。第11号土坑では一切確認されず、第8号土坑でも顕著ではなかった。

（3）年代測定

北調査区土坑群出土資料について、加速器質量分析法（AMS法）による放射性炭素年代測定を実施した。土器付着物、炭化イネ、炭化アワ、炭化トチノキ種皮、炭化材など12点が（株）パレオラボの年代測定チームによって（第5章第1節-1）、土器付着物や炭化アワの4点が国立歴史民俗博物館の研究チームによって（第5章第1節-2）測定された。ここでは16点の試料から得られた結果をまとめておきたい。年代測定の試料を抽出することができたのは第5〜9・11号土坑の6基であった。

炭化材7点の結果は、歴年代で紀元前（以後、前）600年〜前375年の年代範囲となった。土器付着物

4点は、前570年〜前360年の範囲となり、ほぼ炭化材と同様の結果となった。炭化種実5点は、イネが前510年〜前400年、前405年〜前370年。アワが2点とも前595年〜前400年。トチノキ種皮が前510年〜前430年となった。従って、最も古い年代範囲はアワの前595年〜前400年となり最も新しい年代範囲はイネの前405年〜前370年となった。複数のチームによる測定結果がほぼ同様の値を示したことは、これらのデータの信憑性をより高くしている。いずれの値もこの時代の歴年較正曲線が平坦であるため年代の幅は200年ほどとなる。そこで、イネ・アワなどの一年生の植物の測定結果をもとに絞り込み、AMS法によって導き出された年代は、紀元前5世紀後半から紀元前4世紀前半と位置づけたい。

3　中屋敷遺跡の評価と史的意義

　中屋敷遺跡は縄文時代早期後半から後期の包含層、弥生時代前期後葉から中期初頭の遺構、近世・近代の遺物が出土した遺跡であり、中でも弥生時代前期後葉の土坑群を中心とした遺跡である。遺跡の主要な年代は、北調査区土坑群出土弥生時代前期資料の年代測定により紀元前5世紀後半から紀元前4世紀前半とする。さらに、土坑内より炭化したイネ・アワ・キビといった穀物、トチノキなどの堅果類が確認された。年代測定によって炭化イネは現在関東最古の出土例であることが明らかとなった。陸稲か水稲か現資料では判断できないものの、中期に低地で本格的な水田農耕を開始する前段階の生業活動を明らかにした遺跡といえる。イネの実物資料で関東最古であることが明らかになったことにより、人々の生活痕跡が確認され、昭和9 (1934) 年の土偶形容器発見以来の再葬に関わる遺跡としての解釈にとどまらず、関東における稲作導入期を知る遺跡として、さらに縄文時代から弥生時代移行期の生業活動を知る遺跡として位置づけられることとなった。

　土坑群の性格は、土坑の検出状況、土坑内の遺物の状況から想定すると、人為的に、短期間に埋められていること、炭化材や焼骨が出土しているにもかかわらず、土器に被熱の痕跡が見られないことを総合して廃棄を目的とした施設と考える。貯蔵施設であったか否かの判断は難しい。なお、第9号土坑は唯一覆土に焼土が確認されたが、底面・壁面に被熱の痕跡が明瞭ではなく、外部で生じた焼土が土坑内に投じられたか土坑覆土上で火が焚かれた結果生じた焼土が先に存在し、焼土がまだ熱を持っている状態でイネ・アワ・キビやトチノキなどが一部茎部を伴ったまま土坑内に入れられた結果被熱し、炭化したと想定している。また、多くは可食部分を伴うことから祭祀的な行為が行われた状況を示すのではないかと考えられる。なお、第7号土坑はフラスコ状を呈することから当初貯蔵目的で掘削された可能性が高い。しかし、遺物の出土状況はその他の土坑と同様の状況を示すことから、第9号土坑を除くその他の土坑と同様に、やがて廃棄を目的とした施設として利用されたものと考える。

　土器の型式学的研究において弥生時代前期後葉に位置づけられ、当遺跡が地域史の中で周辺遺跡と関連づけて理解することが可能になったことで、南西関東の弥生時代研究に足跡を残す遺跡となったことに意義があるものと考えている。

（小泉）

引用参考文献

設楽博己　2005　「神奈川県中屋敷遺跡出土土偶形容器の年代」『駒澤考古』第30　駒澤大学考古学研究室
杉山浩平・池谷信之　2007　『縄文/弥生文化移行期の黒曜石研究Ⅱ』
山本暉久・谷口　肇　1999　『池子遺跡群　No.1－A地点』財団法人かながわ考古学財団調査報告46

【追補】2008年3月に第7次調査を実施した。第17号土坑は風倒木による撹乱であること、さらに、第10号土坑は第9号土坑と切り合っており、平面形・深さにおいてほぼ同規模であること、第10号が第9号土坑にわずかに先行することを確認した。また、新たに2基の土坑を検出した。第7次調査については後日あらためて報告を予定している。

おわりに

　中屋敷遺跡の第1次調査から9年の歳月が流れました。ここにようやく中屋敷遺跡の発掘調査報告書を刊行することが出来ました。応援して下さった方々および報告書作成作業に従事してくれた学生・OGに感謝すると共にここまで時間が掛かってしまったことをこの場をお借りしてお詫びいたします。

　中屋敷遺跡の発掘は本学独自で手がけた国内ではじめての調査でした。有志で始めた考古学研究会のメンバーが中心となって発掘調査の開始に漕ぎ着けました。ままごとのような小規模な調査であっても、その一歩が踏み出せた気概を感じていました。しかし、舵取りが不慣れなまま日本考古学の大海に彷徨い出た小船は、調査の成果や方針・方法を巡り波間を漂いました。それでも何とか方向を見失わず航海を続けることができたのは、さまざまな方面からの励ましや指導があればこそのことでした。その時々の調査の中心となった学生達の責任感と努力、それを支えた考古学研究会のメンバーに敬意を表すると共に、サポートして下さったすべての方に心から感謝の気持ちを伝えたいと思います。また、何よりも地権者の小宮操氏とご家族の方々のご理解とご協力に感謝を申し上げます。

　調査に関わった学生達は社会に巣立ち、本報告書の製作は休日を返上しての作業となりました。そうした関係者の心意気を感じていただきたいと思います。その一方で、今後のためにも厳しい目でのご指摘・批判を賜れれば幸いです。

　巻末のペーパークラフト「やしきちゃん」は、昭和9年に発見された土偶形容器をモデルにしてまりこさんが製作したものです。調査は考古学研究会のメンバーにとっては逃れられない（？）試練でもありました。しかし、土偶形容器が弥生時代の中屋敷の人々の心の拠り所であったとすれば、調査団にとっても土偶形容器および「やしきちゃん」は団結のシンボルであり、癒し系アイドルでした。また、土偶形容器が男女一対で製作された可能性が高いと知ってからは、「なかくん」を探してあげたいと思ったのですが・・・。今だ別れ別れのままです。さまざまな思いを込めて挿入しました。是非、お試しください。

　調査によって得られた成果が、弥生時代研究に寄与することを願うと共に、地域の方々が郷土の歴史に興味を持ってくださるきっかけとなることを望みます。

　　（小泉）

付　編

ペーパークラフト「やしきちゃん」(巻末付録) 完成見本

第1節　昭和女子大学文化史学会　第15回大会記録

神奈川県大井町中屋敷遺跡発掘調査成果の意義
－南西関東における弥生文化成立期の様相を探る－

　平成17（2005）年7月9日、昭和女子大学の80年館オーロラホールにおいて、昭和女子大学文化史学会第15回大会として、「神奈川県大井町中屋敷遺跡発掘調査成果の意義－南西関東における弥生文化成立期の様相を探る－」が開催された。
　当日、基調講演として行われた設楽博己氏の「南西関東における弥生文化成立期の様相」と、大会最後に行われたパネルディスカッション「中屋敷遺跡発掘調査の意義をめぐって」の記録を記す。

1．会次第

開会挨拶
開会趣旨の説明

　1．基調講演　　「南西関東における弥生文化成立期の様相」
　　　　　　　　　設楽博己（駒沢大学文学部歴史学科考古学専攻　助教授（当時））

　2．報　　告　　「神奈川県大井町中屋敷遺跡発掘調査の成果について
　　　　　　　　　小泉玲子（昭和女子大学人間文化学部歴史文化学科　助教授（当時））

　3．研究発表　　「南西関東における縄文時代晩期終末期～弥生時代初頭期の土器変遷をめぐって」
　　　　　　　　　谷口　肇（神奈川県教育庁生涯学習文化財課　主査（当時））

　4．パネルディスカッション　「中屋敷遺跡発掘調査の意義をめぐって」
　　　　　　　　　司　会　　山本暉久
　　　　　　　　　パネラー　　設楽博己・谷口　肇・小泉玲子
　　　　　　　　　話題提供　　戸田哲也（玉川文化財研究所）
　　　　　　　　　　　　　　　佐々木由香（(株)パレオ・ラボ）

閉会挨拶

2．設楽博己氏講演記録

司会 はじめに、駒澤大學の設楽博己先生に「関東地方における弥生文化形成期の様相」と題する基調講演をお願いしたいと思います。

設楽先生は筑波大学大学院博士課程を修了後、長らく佐倉にある国立歴史民俗博物館にお勤めでございましたが、2004年の4月に駒澤大學の文学部の助教授として赴任され、現在に至っております。先生は、これまで弥生時代の再葬墓や、顔面土偶、中屋敷遺跡でも出土した土偶形容器の研究などで、初期弥生文化などを中心とした多数の論文を執筆されておられます。最近では、2005年3月に岩波書店から刊行されました『先史日本を復元する』の第4巻に「東日本農耕文化の形成と北方文化」という論文をまとめられておられます。また、中屋敷遺跡に関連しましては、本年（2005年）5月に駒澤大学の『駒澤考古』の第30号において「神奈川県中屋敷遺跡出土土偶形容器の年代」と題する論文をご執筆されておられます。それでは、こうした最新の研究成果についてお話をいただきたいと思います。

こんにちは。ご紹介していただきました設楽です。今日のお話は3点ほどを考えて参りました。まずは、お墓の問題ですね。中屋敷遺跡といったら、なんといっても土偶形容器ですので、墓に絡めて土偶形容器の話を少しさせていただきたいと思います。それから農業の問題、それと集落の問題です。

まず墓のお話です。群馬県の北部に岩櫃山という遺跡がありますが、岩山の頂付近の岩陰から戦前に土器が見つかっていたわけです（図96－1）。これが明治大学の杉原荘介さんの目にとまり、どうしてこんなところに土器があるのか、それも壺形土器ですけれども、不思議に思われていたのですね。それが当時知られていた関東地方で一番古い弥生土器でした。茨城県女方遺跡からもたくさん壺形土器を中心に見つかっていた。ここでは、ひとつの穴の中に複数の壺が埋められていました。岩櫃山遺跡などで、人骨が伴っていましたので、お墓に関係がありそうだというのがわかっていたのですけれども、なぜ、穴の中にたくさん壺が入っているのかは謎だったのです。40年程前、千葉県岩名天神前遺跡から首の細い壺の中に人骨が入って出てきました（図96－2）。それが成人の骨だったものですから、これは沖縄などのいわゆる洗骨葬と類似したものだということを杉原さんがつきとめまして、再葬墓と名づけたわけです。

壺がたくさん出てくるとともに再葬墓がはじまるということで、杉原さんは農業とともに壺形土器が作られるようになり、そして、再葬が普及したのだと考えました。ただし、福島県成田藤堂塚遺跡で大洞A′式、つまり縄文時代の最後ですね、その時期の再葬墓を見つけ、そして新潟県六野瀬遺跡で同じ時期の再葬墓を発掘し、弥生時代の再葬墓に縄文時代からの系統を重視しました。ところが、星田享二さんはそうではなく、再葬の起源は三河にあるということを言ったわけですね。星田さんは三河に縄文晩期の再葬がかなり普及していること、そして水神平式土器という三河の弥生土器が東日本の再葬墓の中にちらほら見られるということから、農業とともに再葬が西の方から伝わったのだと考えました。

私もそのあたりのことを、いくつか論文に書かせていただいたのですが、どちらも間違ってはいないのだけど、半分半分くらいかなという感じで起源論はまとめました。再葬墓はさまざまな要素から成り立っています。たとえば、

設楽博己先生

―194―

岩名天神前遺跡の人骨ですが、大腿骨ですとか脛骨ですとか、ごくごくわずかな骨が壺の中に入っています。一部分の骨しか入れてない。じゃあ、残りの骨はどうしたものかと言いますと、群馬県八束脛岩陰などでは焼けた骨が大量に出てまいります。火を放って骨を焼いています。それから歯や指の骨を遺体から取り出して、それに孔をあけてペンダントにする儀礼も再葬、壺を用いた再葬に伴ってはじまっているらしい。つまり、再葬は、単に遺骨を掘り出して、骨にして、それを再び埋葬するだけではなくて、さまざまな儀式が伴っているのです。

図96-3は再葬のシステムを簡単な図にしたものです。人が死ぬと埋葬して遺体が腐るのを待つ。そして、遺骨を掘り出す。一部分を解体して、一部分の骨を取り出す。取り出した骨は骨壺に納めたり、土坑に埋めたり、あるいは、ペンダントにして、近親者が一定期間着装する。残りの骨を焼いて岩陰に遺棄し、安置する。やがてペンダントも同じように岩陰や土坑に捨てる。そうこうして、骨を壺に納める。そして、それがいくつか集まったところで埋納し、あるいは骨壺を追葬する。そういう行為の結果として、一つの穴の中に複数の蔵骨器を納めた再葬墓が成立するのだと。一つの穴の中に入れられた壺の全部が蔵骨器ではないにしても、複数体の遺骨が出てきた例もあるので、再葬墓には合葬の機能があったことが伺われます。

蔵骨器のひとつとして土偶形容器があります。山梨県岡遺跡の例をあげておきました（図96-4）。2体並んでいますが、中屋敷遺跡の土偶形容器（図96-5）は右側に近いですね。どこが近いかというと、頭の形が三角形をしている点です。土偶形容器は、頭が開口していてがらんどうとなっているわけですね。中屋敷遺跡の例は中に赤ん坊の骨が入っていました。赤ん坊といっても、遺体をそのまま入れることはできない大きさですね。ですから、解体して骨にして入れるのです。焼けていましたので、一種の再葬の蔵骨器です。

一つの遺跡で土偶形容器が見つかるというのは本当に限られています。せいぜい2個体、3個体、それも多くの遺跡からも出てくるということではなくて、比較的、当時の中心をなすような集落とあるいは墓地から出てくるわけです。土偶形容器はおそらく一対の男女像であると私は考えております。中屋敷遺跡の土偶形容器には乳房が付いています。頭の形が岡遺跡の右側と同じですから、右側が女性像で左側が男性像でしょう。心なしか左の方が厳しい顔をしています。右側が柔和な顔をしているのです。

『魏志倭人伝』には、「男子は皆露紒（ろかい）し、木緜（もくめん）を以て頭を招（ほだ）す」と。そして、「婦人は被髪屈紒（くつけい）し、」というふうに出てきます。男性は木の繊維で作った布で頭を巻いていると。ターバン、バンダナのようなものをつけている。女性は、髪を折り曲げている。土偶形容器の頭の形を思い起こさせます。弥生時代には男女をあらわした絵画がごくごくわずかですが、あります。兵庫県桜ヶ丘神岡遺跡というところから出た銅鐸ですね。ここに人物が何人も描かれていまして、どうもそれが男女を描き分けているらしい（図96-6）。弓矢を持っているのは丸頭で、脱穀しているのは三角頭です。男を丸頭で表現し、女を三角頭で表現しているのだ、ということを都出比呂志さん、佐原真さん、近藤喬一さんが明らかにしました。わたしは、男と女で髪形をそのまま表現したからこうなったのではないかと考えております。

再葬墓はどのような墓域の構造をとっているのでしょうか。図96-7は縄文時代の集落と墓域を比較したものです。右側が福島県根古屋遺跡の再葬墓の墓域です。北は川に規制されて環状にはならないのですが、弧状に展開しているのが一目瞭然です。それから、墓域がいくつかの群に区分されていることもわかります。弧状ないし、環状ということで、すぐに思い浮かぶのが縄文時代の典型的な環状墓域です。秋田県大湯のストーンサークルを出しておきましたが、典型的な環状列石です。やはりいくつかの単位に分かれています。このまわりが調査されていますけれども、竪穴住居などはほとんど見つかって

—195—

いません。左は千葉県草刈遺跡ですが、典型的な環状集落です。いくつかの竪穴小群から成り立っているのが、ここでもわかります。根古屋遺跡の再葬墓に見られた墓の小群は、竪穴住居群に住んでいた人々が葬られている可能性があります。竪穴住居が切り合いながら建てられているのは、血縁関係の近さを示すものであれば、再葬墓に合葬された人々は、親子兄弟など血縁関係が近い人々であったと考えられます。

それでは、次に農業の話に移っていきます。再葬墓は弥生時代前期終わりから中期前半ですが、この時期に本当に農業をやっていたのかどうか、よくわかりませんでした。中期中葉になると埼玉県池上遺跡で炭化米がかなりの量見つかっているので、水田を作って米作りをやっているとみて間違いない。ところが、それ以前の関東地方では、たとえば炭化米などは見つかっていないはずです。それどころか、土器を作るときに偶然付いた籾痕、そういったものもほとんど見つかっていなかったのです。

今のところ一番古いイネなどの関東地方、あるいは、中部高地の資料は長野県石行遺跡です。ここで縄文晩期の終わりの土器に籾の圧痕が付いていました。山梨県中道遺跡の氷１式土器にオオムギの圧痕があります。群馬県押出遺跡の遠賀川系土器という西日本系の土器に籾痕がついているとされています。千葉県荒海貝塚は関東地方最後の縄文貝塚ですが、だいたい中屋敷遺跡と同じくらいの時期、あるいはもうちょっと新しい。ここから籾痕のある土器が出土していましたが、顕微鏡分析では確実とはいえません。水田は、山梨県宮ノ前遺跡で氷Ⅰ式の一番終わりの段階ないしその次の段階のものが見つかっています。水田土壌中に石や土器の破片が相当まじっていて、本当にそんなところで田んぼがつくれるのかと疑問を持っている方もいらっしゃいます。

そのような状態です。だから、他のものを手がかりにして、たぶん農耕をやっていたという推測をしているわけですね。その大きな手がかりが石器です。縄文時代の土掘具にはいくつかの形態があります。ここには撥形と短冊形を出していますが、もうひとつ、分銅形です。この３種類が基本的ですが、弥生時代になると分銅形は圧倒的に少なくなります。ほとんどないと言ってもいいくらいです。主に撥形と短冊形です。群馬県安中市域の台地縁辺に中野谷原遺跡があります。この遺跡から、撥形の打製土堀具がたくさん出土しています。近所の藤岡市谷地遺跡は縄文後・晩期、沖Ⅱ遺跡は弥生時代前・中期の遺跡、吾妻町諏訪前遺跡は後期の遺跡ですが、そこから出てきた土堀具と比較してみました（図97－8）。幅を比較しています。黒丸は短冊形で、白丸は撥形です。谷地遺跡の段階には撥形に３つくらい山があるのですね。沖Ⅱ遺跡で弥生前期終末、中屋敷遺跡よりもちょっと新しい段階になると一番大きなグループに収斂してきています。さらに、弥生中期前半になると、それを含めて山が右側にも出てくる。大きくなっていますね。超大型もあります。弥生後期にも石鍬がずっと使われていて、超大型も含めて大型のものに集中していく傾向がよくわかります。

逆に短冊形は大きさ変わらないですね。短冊形の用途として、縄文時代はこれを自然薯といったヤマイモ類ですね、それの採集が考えられています。ですから、弥生時代になっても大きさがあまり変わらないのは、同じ目的で引き続き使われているのでしょう。ところが撥形は大きくなります。単に大きくなっただけじゃなくて、短冊形が頁岩という縄文的な石材をそのまま使っているのに対して、撥形は安山岩が主体になっていくのですね。安山岩は、大きな剥片、薄い大きな剥片とるのに適しています。つまり、大型化に適する石材が選択されていった結果だと思うのです。

そして、もうひとつの石器である横刃形石器ですが、首都大学東京（当時）の高瀬克範さんと中野谷原遺跡のそれの使用痕分析をしたのですが、50点観察したうち７点くらいからＢ型ポリッシュという、イネ科の植物を刈り取ったときにつく特有の使用痕が観察されました（図97－9）。それから、この石器には抉りが入ったものもあります。柄をつけて、鎌のように使ったとみられます。安中台地は今でも

キビを作っています。コメも含めて弥生時代中期前半では台地で穀物栽培が行われていたことが類推できるわけです。

　日常に用いられる土器では壺形土器が多くなっていくというのが、再葬での壺の頻度の高さとともに、注目しておかなくてはいけないことだと思います。東海地方の壺形土器が東日本に影響を与えることによって、いわゆる、突帯文がある条痕の壺ですね、これが形成されるようになります（図97－10）。我々は今のところ関東地方、あるいは、中部高地の弥生時代の始まりを、編年表11の⑪に求めています。中屋敷遺跡にもありますように、東海地方のあるいは東北地方の影響を受けて、色々な壺形土器が様々に展開していくというのが、この時期の関東地方の特徴です。

　最後に集落の問題ですけれども、再葬墓の遺跡が盛んに出てくるのに、集落はほとんど見つからないことが、昔からの大きな謎でした。ようやく最近、関東地方で弥生前期あるいは中期前半の集落遺跡が見つかるようになってきました。そこではほとんどが土坑ですね。丸い土坑で成り立っている。わずかに住居跡が伴うというのが一般的です。長野県でもそうなのですが、住居群や土坑は環状をなしているのですね。環状構成で、縄文時代の環状集落の様相を強く引き継いでいくわけです。

　安中市域の台地では、縄文時代の集落が台地の真ん中に多くあるのに対して、弥生時代の遺跡は台地の縁辺に立地する傾向があります。その脇には再葬墓も営まれています。注連引原Ⅱ遺跡や大上遺跡など、竪穴住居は数棟で、集落の継続時期も短く、それぞれ違う時期に営まれています（図97－12）。中野谷原遺跡など十数棟も竪穴住居跡があるのは、大きい方です。どうも、この時期の遺跡は小集落で成り立っていて、移動しているのではないかということがわかるわけですね。小林青樹さんなどもそのように考えておられまして、小集落と移動性が特徴です。中野谷原遺跡の石器総数は、縄文時代の石器の数と比べて明らかに少ない。そして縄文集落で通有の大きな石皿はほとんどないですね。その代わり、超大型の石皿を据え置いて使っている。ですから、食料加工作業は共同で行っているのです。家財道具を少なくしているのは、移動が頻繁なことと関係があるのでしょう。

　農耕の形態を考えれば、畠作ですね。で、これが焼畑かどうかはわかりません。わからないのですが、畠にしても焼畑にしても、輪作障害を嫌って、畠を移動させるために集落自体を動かす必要があったのではないか、ということです。縄文時代にも植物栽培は行っていました。農耕の道具も縄文時代以来の打製土掘具を用いています。しかし、縄文文化の道具を改変して農耕に適するものに仕立て上げたり、壺形土器を多用したりと、縄文時代とは圧倒的に違うレベルの農耕文化要素の複合化が生じているのが重要です。これはおそらく西日本の本格的な農耕なり、文化の動向の反映ですね。関東地方には水田稲作の証拠もあるし、それから、雑穀栽培を中心とする畠作もやっているわけです。朝鮮半島でやっていた複合的な農耕を西日本が受け入れて、東日本にそれが受容されたときに土地条件や文化状況に応じて農耕の形態を選択しているわけです。

　関東地方は、この直前の縄文時代晩期終末は集落も本当に見る陰もない人口ゼロの地帯がいっぱいあるわけです。そこでいきなり水田稲作をやれといっても無理なのですね。低地を開発する水田稲作は耕地の整備や灌漑用水路の取り設けなど、かなり大規模な協業を必要とします。ですから、彼らは自分たちに適した農耕形態を選択していったと思うのです。

　それが神奈川県中里遺跡の弥生時代中期中葉になると、大きく様変わりします。中里遺跡は足柄平野の小田原市にある、巨大な農耕集落です（図97－13）。図97－14は大島慎一さんがつくった足柄平野の遺跡の消長を示した図です。中屋敷遺跡は台地の上にある丸で囲んだところです。中里遺跡はもう海岸に近い、沖積微高地に立地しています。中屋敷遺跡は今まで述べてきたような小集落のひとつです。中里遺跡はそれがいくつか集まって大規模な水田稲作を展開していたのではないでしょうか。図97－15の

ようなパターンですね。いくつかの小規模集落が集合したものであることは、遺跡の消長図が示すとおりですが、それに加えて竪穴住居跡がいくつかの小群によって構成されていること、そのなかには伝統的な環状構成のものが認められることがそれを裏付けしています。中里遺跡は集落の中央に独立棟持柱をもつ掘立柱の建物が建っています。小林青樹さんもそう言っているのですが、どうも祖先祭祀の場じゃないかと。

これは再葬墓の性格とも関わりをもつことです。つまり、再葬墓の時代の集落というか居住域は見つかりづらいのに対して、再葬墓は数多く発見されたり、なかには根古屋遺跡のように大規模なものがあります。石川日出志さんは、その状況に基づいて、再葬墓というのは複数の小集落が集まって行った祖先祭祀で、同族組織の祖先祭祀を行った場だとしておられます。これは再葬墓の研究にとっては画期的なご意見ですね。これは私もなるほどと思いまして、台地上に分散して住んでいたのは、たとえば根古屋遺跡の再葬墓域のひとつひとつのグループだったのでしょう。中屋敷遺跡もその再葬墓を行うようなグループのひとつだった、そういうふうに考えています。

中屋敷遺跡と中里遺跡とのつながりを考える上で重要なのが、土偶形容器です。中里遺跡からも土偶形容器は一つ見つかっています。縄文晩期の終末あるいは、弥生時代前期の前半から土偶形容器が使われていて、それが中期の中葉までずっと使われているのですね。縄文的な祭祀が根強く維持されている。すでに申しあげましたように、土偶形容器というのはそんじょそこらで出るものではない。中屋敷遺跡や中里遺跡では土偶形容器1個しか出ていません。ですから、多分、中屋敷遺跡というのはこの近隣の三角形でマークがしてある集団の中でも盟主的な、ボス的なですね、存在だったのではないのかなと。そういう風に考えているわけです。したがって、祖先祭祀の中核的存在であった中屋敷遺跡の末裔が中心となって、近隣の同族集団とともに中里遺跡を建設した。その中核になる統合のシンボルが、土偶形容器とともに新たにしつらえた大型建物だった、とみたいのです。

今日はこの後、中屋敷遺跡のその最新のデータですね、ご報告いただけると思います。私はこの時期の関東地方では農耕関係の肝心の穀物ですとか、そういう資料はなかなか見つからないよといったのですが、これが出てきたのですね。その意味で、私は中屋敷遺跡の調査は戦後といいましょうか、関東の考古学のなかでは画期的な調査になったと考えているわけです。それにつきましては、また、討論のときに触れることがあるかもしれませんが、とりあえずはこれで私のお話を終わりにしたいと思います。

どうもご静聴ありがとうございました。

編註

本報告掲載の講演内容はテープおこしの後、一部を編集して掲載した。テープおこしは吉田・石川・岩井・大野が行い、佐々木・小泉が編集を行った。

図96出典

1　設楽博己　2005　先史日本を復元する4『稲作伝来』岩波書店　p.115　図89
2　設楽博己　2005　先史日本を復元する4『稲作伝来』岩波書店　p.115　図90
3　設楽博己　2005　先史日本を復元する4『稲作伝来』岩波書店　p.123　図97
4　設楽博己　2005　先史日本を復元する4『稲作伝来』岩波書店　p.141　図111
5　設楽博己　2005　「神奈川県中屋敷遺跡出土土偶形容器の年代」『駒澤考古』30号　p.18　図1
6　国立歴史民俗博物館　1995　『銅鐸の美』Ⅱ多くの方向からみた絵12-4角を持つ鹿、14-4原作から模作へ

7　設楽博己　2006　「関東地方における弥生時代農耕集落の形成過程」『国立歴史民俗博物館研究報告』第133集　p.124　図13

図97出典

8　設楽博己　2005　先史日本を復元する4『稲作伝来』岩波書店　p.131　図102
9　設楽博己　2005　先史日本を復元する4『稲作伝来』岩波書店　p.132　図103
10　設楽博己　2005　先史日本を復元する4『稲作伝来』岩波書店　p.136　図107
11　設楽博己　2005　先史日本を復元する4『稲作伝来』岩波書店　p.116　図91
12　設楽博己　2005　先史日本を復元する4『稲作伝来』岩波書店　p.130　図101
13　設楽博己　2005　先史日本を復元する4『稲作伝来』岩波書店　p.146　図114
14　設楽博己　2005　先史日本を復元する4『稲作伝来』岩波書店　p.150　図117
15　設楽博己　2005　先史日本を復元する4『稲作伝来』岩波書店　p.152　図118

1 群馬県岩櫃山遺跡

2 千葉県天神前遺跡
（明治大学博物館蔵）

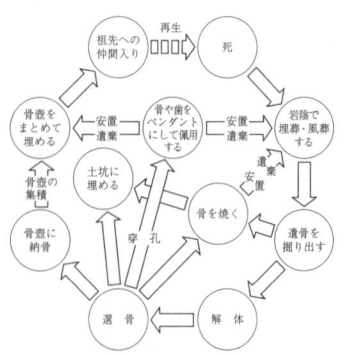

3 再葬のシステム模式図

4 山梨県岡遺跡出土土偶形容器
（国立歴史民俗博物館複製）

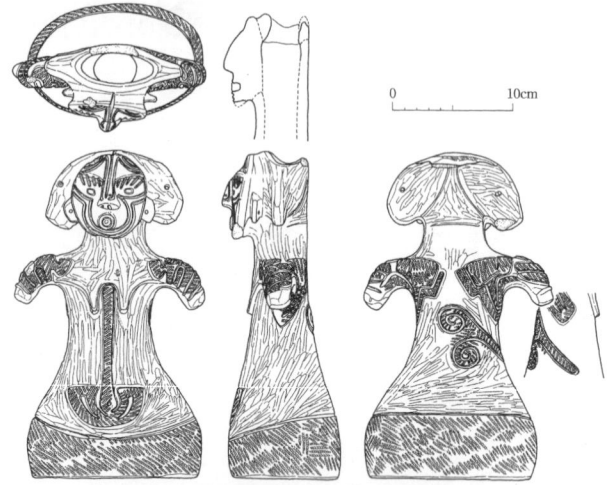

5 中屋敷遺跡出土土偶形容器

6 銅鐸に描かれた男女

7 縄文・弥生時代の集落と墓域の比較

図96 設楽博己氏講演資料（1）

― 200 ―

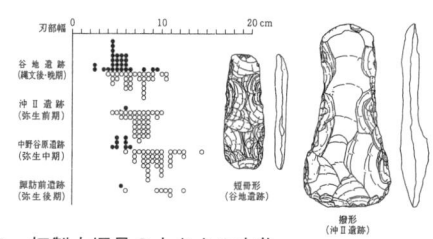

8 打製土掘具の大きさの変化

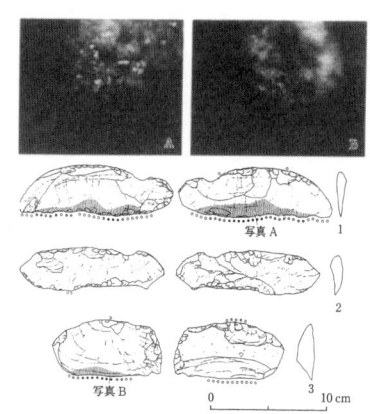

9 横刃形石器の用途
（群馬県安中市中野谷原遺跡出土）

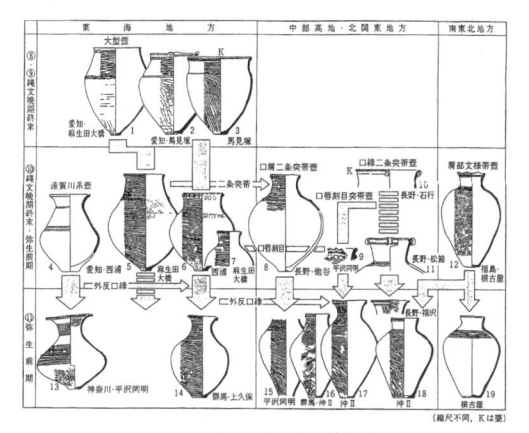

10 壺形土器の形成過程

11 近畿地方以東の縄文晩期〜弥生中期土器編年表

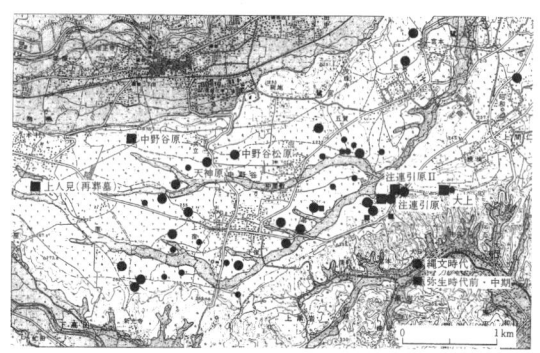

12 安中市域の集落分布（印の大小は規模の大小を表す）

13 中里遺跡の全景
（神奈川県小田原市中里遺跡の発掘調査区全景）

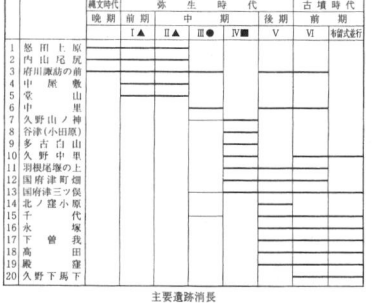

14 足柄平野の集落変遷

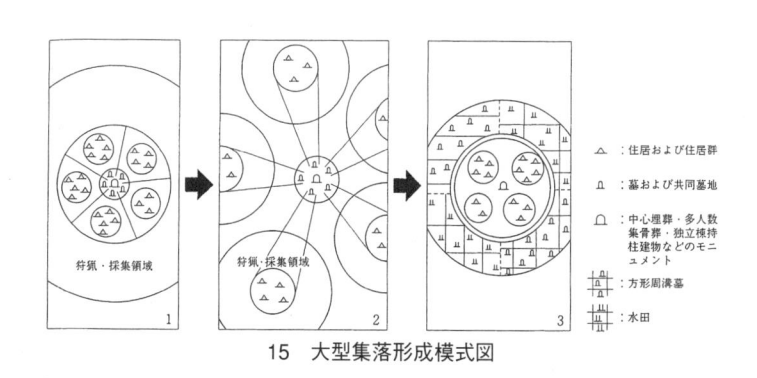

15 大型集落形成模式図

図97　設楽博己氏講演資料（２）

3．パネル・ディスカッション記録

司　　会　　山本暉久
パネリスト　　設楽博己、谷口　肇、小泉玲子、佐々木由香、戸田哲也

山　本：　パレオ・ラボの佐々木さんの発表内容が中屋敷遺跡の中でやはり、最大の調査成果ではないかなと思っています[1]。AMS法による放射性炭素年代測定の暦年較正年代については色々な意見があるかと思いますが、22号（本報告では第9号）土坑からは土器片と共に、焼土を多量に含む炭化物層から炭化米、特に炭化アワの出てくる率が非常に高く、キビも少量ながら出てくる。さらにトチノキの種子などが同定されている。この時期の生業のあり方を知る上で貴重なデータを提供してくれたと思いますが、この分析結果について設楽先生、何かご意見はありますか。

ディスカッション風景

設　楽：　AMSの結果ですけれども、表に22号（第9号）土坑の年代測定結果が表示されています[2]。最も新しい暦年較正年代が出てきているのは21号（第8号）土坑出土炭化物の数値ですね。290calBCから230calBC（8.9％）というものです。他の測定結果は、いずれも下限が350calBCくらいまでに納まっているということですね。国立歴史民俗博物館で行っているAMSの年代測定結果ですと、弥生時代前期と中期の境が今のところ380〜350calBCとされておりますので、他の土坑から出ている土器の編年的なありかた、すなわち弥生時代前期という年代とも、そのデータでいけば矛盾はしていないかなという気がしております。

山　本：　ありがとうございました。小泉先生、土壌をフローティングした結果、イネが検出されたわけですけれども、もう少し出土状況やイネの産出状況を補足していただけますか。

小　泉：　先ほどの発表でもフローティングした土壌について多少ご紹介しましたけれども、残念ながら炭化物層すべてを持ってくるわけには参りませんでしたので一部を持ち帰りました。全体の半分近くにあたると考えていますが、大学に持ち帰った土壌は約17キロでした。現時点で、その約半分を洗ったところです。始まりは、22号（第9号）土坑の草本類と呼称した炭化物とその周辺の土壌の一部をプラント・オパール分析にだしたところ、サンプル中からイネの炭化胚乳が出土しているという連絡を受けたことからです。そこで、まず分析から戻った土壌を調べました。イネがまとまって出ているとか、何か出方に傾向があるのか考えながら探しましたけれども、数十粒といった単位でまとまって入っているということはないような印象を受けました。それでも、数十粒のイネを検出したことから、持ち帰ってきた（草本類堆積層と呼んだ）残りの土壌も1キロずつ袋づめにして、それを順番に洗い始めました。途中ではありますが、それぞれから均一に炭化イネが50点前後確認されています。したがって、イネは少量ではあっても炭化物層全体から

パネリスト

— 202 —

出る、という印象を持っております。

山　本：　この炭化米が発見された22号（第9号）土坑からは土器が大量に出ています。土器については谷口さんにお話をいただきましたけれども、22号（第9号）土坑出土土器の編年的位置づけ、弥生時代前期後葉に位置づけられるのではないかということですが、補足はありませんか。

谷　口：　このカラーのリーフレットに掲載されている土器の写真でみますと、12番と13番とあと9番も[3]縄文が施文された壺の破片が接合しているということなのですが、総じて中屋敷遺跡の資料は私が今日、勝手に申し上げました編年において、2番目としました浮線文直後段階のものを一部含み、3番目の段階の沈線文の影響が多少入ってくる段階ではないかと考えています。そのあたりの段階に比定されるとなりますと、4番目の段階までが前期であるわけですから、中屋敷資料は弥生時代前期後葉でも最末ではないということになりますので、当然、このイネは現状における関東地方で最も古いイネの実例とみなしても差し支えないのではないかと思っております。

山　本：　そういうことですと、これまで発見された炭化米のなかで、南関東・関東地方を含めもっとも古いのでしょうか。非常に古い炭化米に相当するのではないかとのことですけれども、佐々木さんから、測定値のことでもう少し補足は、ありますでしょうか。

佐々木：　22号（第9号）土坑出土遺物から得られた年代測定値はいまのところ、炭化材1点と、炭化イネ胚乳2点、トチノキ？炭化種子1点の計4点の結果なのですが、今後、炭化アワ胚乳でも年代測定を行って、同時期に位置づけられるか調べていきたいと考えています。測定した暦年較正年代の確率分布を見る限りでは、これらの測定値のピークが揃っているのが一つの傾向として言えると思っています。

山　本：　この表には22号（第9号）土坑の炭化米の年代測定結果があるのですか。

佐々木：　表の下から3番目と一番下の結果が該当します[4]。

山　本：　これが510－390calBCと420－350calBC。いずれにしても土器と年代測定値との関係が色々と問題にされるかと思うのですけれども、弥生時代前期でも終末にいかないという谷口さんのご意見です。そうだとしますと、この時期の生業のあり方、特にイネ胚乳が出てきたのですけれども、それが水田耕作による水稲なのか、あるいは陸稲なのかというところも大きな問題です。アワ・キビなどの雑穀類も出ていますので、その辺りを設楽先生、先ほども生業のことでお話頂いていますけれども、何かこのデータ結果について補足はございますか。

設　楽：　むしろ佐々木さんにお伺いしたいのですが、水田で作った米と陸で作った米、DNAとかプラント・オパール分析で陸稲と水稲は区別できるものなのでしょうか。

佐々木：　DNA分析で、陸稲に適した熱帯ジャポニカ米、水田耕作に適した温帯ジャポニカ米といった品種で、陸稲もしくは水稲を推定している研究者がいらっしゃいます。けれどもDNA分析自体非常に難しい分析方法でして、分析したら、結果が出るとは一概に言えないような状況が現段階なのかなと思っております。イネの形態、サイズを調べて違いを調べている方もいらっしゃるのですが、イネの形態からはなんとも言えないというのが、現段階です。

設　楽：　そうすると、DNA分析を行って熱帯ジャポニカかどうか、分析はやってみる必要があると思うのですが、それを抜きにして今のところ、イネということだけで考えますと、判断材料は遺跡の立地くらいになってしまいます。そうしますと、中屋敷遺跡の立地からして、水田耕作というよりはむしろ陸稲、これはアワ、キビが一緒に出ていますから、それをまず考えるべきだと思います。ただ遺跡付近の、谷頭で水田が作れないかどうか、その点に関しては、

むしろ小泉さんにお伺いしたいのですが。

小　泉：　先ほど立地を紹介しましたように、中屋敷遺跡のある場所は、地溝状の低地になっていて、金子台ですとか、大磯丘陵起源の湧水が非常に豊富な土地と言われていまして、現在でも非常に水が豊富な場所です。標高が高いのですが、現在でも水田などが作られている土地でして、今の環境とかつての環境が、全く同じだと申し上げられませんが、水が豊富な場所であったということは古代においても変わらないのではないかという印象を持っております。

山　本：　よろしいでしょうか。時間もあまりないので、話題を変えたいと思います。戸田先生の方から、平沢同明遺跡のご紹介をいただきたいと思います。

戸　田：　平沢同明遺跡の位置につきましては、神奈川県下の縄文終末から弥生初頭にあたる、図の10番が中屋敷遺跡ですが、11番が平沢同明遺跡に当たります[5]。平沢同明遺跡は平塚に流れ出ます、金目川の中・上流域にあたりまして、中屋敷遺跡と比較しますとすれば、山越の背中合わせという感じですね。平沢同明遺跡は金目川流域に属し、中屋敷遺跡は酒匂川流域に属するということになります。平沢同明遺跡のほうが少し、海から遠いのですけれども、現在の海岸線から10km前後の距離でございますので、海にも近いというのが地形的・地理的に意識される必要があろうかと思います。杉山博久先生を中心に早稲田大学のグループが過去調査を行いまして、雑誌「古代」に、平沢同明遺跡の縄文時代晩期前半までの資料は概報が出ております。6次調査というのが、実は、今の遺跡の少し低いところに、マンションが建っておりますが、このマンション建設予定地の所の調査が81年に行われている。設楽先生が調査にご参加されたのはこの時の調査ではないかと思いますが、この調査は、神奈川県の遺跡調査研究発表会に調査概報が載っております。そしてその後は、秦野市を中心とし調査が行われてきまして、私どもは今年2005年の2月と3月に2ヵ所掘りました。小田急線の秦野駅が秦野盆地と呼ばれる盆地の中央にあたりまして、秦野盆地を取り囲む南側の北向き扇状地に位置します。標高は120mです。先ほどの水稲耕作も可能性かどうかという地形につきましては、むずかしいところで現在、水田が少しあるのですが、水の便があまりよくありません。伏流水を使いながら、ところどころの湧水を利用して集落が出来、その一部に水田ができたという地形なのです。けれども弥生時代前期において、現在と違う気候体の状態の中、伏水流等との関係を考えると、水田耕作については絶望的な地形ではないかと思います。その後、少し後の時代になりますが、小田原の中里遺跡が出現し、中里遺跡へ行っていただければ分かりますが、酒匂川の、それこそ海抜5〜10mのところに水田と集落が出来上がっておりまして、丘陵上の遺跡とは立地が全然違うわけですね。1993年度に調査した9301地点では、氷式土器を中心とした浮線文を中心とした土器が出ております。1967年には遠賀川式の壺型土器が出土しました。直立の状態で埋められておりまして、これが現在、神奈川県の重要文化財に昨年[6]指定されたわけでございます。

そして、0404という地点があり、標高は90m。2005年の2月から3月にかけて掘りました。そしてその北側の0405地点は、不規則な形です。なぜそのような形になったのかと言いますと、ここは道路予定部分で、その他は盛土によりまして、一帯が住宅になってしまいました。したがって平沢

戸田哲也氏

同明遺跡の雰囲気は一変してしまうのですが、幸いにも盛土で、平屋の住宅がございますので、50年そこらでまた調査できる機会があるのかもしれません。

今回掘りましたのは、つまり道路になる場所、その住宅区画予定地の外周に沿って掘りましたので、このような変な形になっています。これ全部で680㎡の調査面積になります。そのうち4区では縄文時代晩期末から弥生時代の初頭の土器群あるいは、遺構を択出検出しました。ここが非常に重大な遺物と土坑群を伴って発見されたことになります。

山　本：　戸田先生ありがとうございました。私どもが大学で行っている中屋敷遺跡の調査というのは本当に狭い範囲で毎年毎年少しずつ掘っている。はずれれば悲惨ですけれども、この平沢同明遺跡は非常に大規模な遺跡で、かつてないほどのこの時期の遺物が出土しているのは、極めて注目されるものと思います。戸田先生には中屋敷遺跡の出土遺物をご覧頂いているわけですけれども、平沢同明遺跡と比較してどのような印象をお持ちでしょうか。

戸　田：　土器は中屋敷遺跡と同じものも沢山含まれていますが、平沢同明遺跡のほうは、それより古い時代、すなわち氷１式ですね。浮線文のつく土器はずいぶん分量が出ていますので、より時間幅の長い遺跡だろうという風に思います。また平沢同朋遺跡では、遠賀川式土器の分量が多いですね。完形土器を含めて今回の調査でもおそらく個体数で７～８個体出ています。

そういう意味では遠賀川式土器のずいぶんの分量が平沢同明遺跡に入ってきたという感じがわかりました。この点は中屋敷遺跡との大きな違いと言えます。

山　本：　設楽先生、平沢同明遺跡の現地は見ていないそうですが、スライドを見た印象は何かございましたでしょうか。

設　楽：　見学会のご案内いただきましたが、たまたま運悪く用事が重なってしまい、見学できなかったのですが、今日のスライドで行った気になりました。ありがとうございました。

私、掘ったのは図面にありますけれども、その北側の背骨とあばら骨のようなトレンチなのですが、当時は田んぼでした。肋骨の上の２本だけが台地の縁にかけて掘ったトレンチです。ちょうどその辺りから田んぼにかけて浮線文土器や、変形工字文が出てきました。戸田さんも水田は無理だろうと言っておられますが、背骨のトレンチで、１番下の赤褐色粘土まで掘ったのですね。地表面から背丈以上ありましたから２ｍぐらいでしょうか、低いところで杭列が出てきたのです。これはやったなと思いましたが、杭列の掘り方に、ガラスが出たため再堆積と考えざるを得なかった、その点を思い出しました。

山　本：　戸田先生、中屋敷遺跡で今まで土坑の話をしてきました。平沢同明遺跡でも結構な数の土坑が出ていますけれども、平沢同明遺跡での土坑の性格づけというのは、どのようなお考えがありますでしょうか。

戸　田：　平沢同明遺跡の0405という地点では、35基の土坑が見つかっているのですが、大小ありまして本当に縄文時代晩期末から弥生時代に属するのは、そのうち半分強かと思うのですが、そのうち15基がフラスコ状を呈しています。それから0404地点で７基の土坑が出ていまして、そのうちフラスコ状の土坑が２基出ているのですね。ですからフラスコ状の土坑の率が比較的高いということが、平沢同朋遺跡の特徴だということと、それからフラスコ状土坑の中には完形土器はまずなくて、土器片と礫と、それから石器片が投げ込まれたような状態の出方ですので、中屋敷遺跡で想定されている廃棄坑という表現は私も賛成かなと思います。それから、この後の時代に繋げていいか検討を要しますが、中里遺跡では900基を超える廃棄土坑が出ている。900基です。半端ではない数ですね。報告書はまだ出ないのですが、その廃棄土坑の中の１つ

からは、炭化米が出てきています。
山　本：　土坑の中で中屋敷遺跡みたいに焼土と炭化物層を含むような土坑も検出されているのですか。
戸　田：　焼土はなく炭化物層は入っています。
山　本：　この土壌をサンプリングして、フロテーションすると面白いデータが出るような気がしますのでぜひお願いしたいと思います。廃棄土坑ということは、遺物を廃棄しているのですけれども、そもそも一時的な利用で廃棄されているとか、廃棄のための土坑なのか、土坑の用途についての戸田先生お考えはありますか。
戸　田：　これだけ広い範囲をトレンチ入れてある状態で、遺構らしきものが見つからないのです。特に生活遺構が。ところが出てくる土器片は、たっぷりと煤が付着していまして、石器も沢山混じっております。ですので、生活址であった気もしますし、あるいはすぐ近くにあったと考えざるを得ない状態で、再葬墓群というかたちではなくて生活址であると、そうすると生活に伴った廃棄土坑ではないかと。
山　本：　例えば、急な質問で設楽さん、一次葬的な役割を果たしたということも考えられないですか。
設　楽：　考えられないと思います。
山　本：　申し訳ございません。
設　楽：　いいえ。これらは、おそらく貯蔵穴なのです。それが二次利用されて廃棄土坑になったと思われます。というのは、弥生時代前期には群馬県注連引原遺跡などで、この手のフラスコ状を含んだ盥状の土坑が環状をなしている遺跡がある。土坑の中には、土器はほとんどなく、あったとしても破片ぐらいですね。ですから再葬墓ではない。一次葬とも考えにくい。再葬墓は、居住域にはないのではないかと思っております。
山　本：　この後、個々の発表者からコメントを頂きたいと思ったのですが、時間的に押しておりますので、誠に申し訳ありませんが今まで聞いたお話でカットさせて頂きます。本日会場にたくさんの方にお越しいただいています。時間がありましたら、質問なども受け付けたいと思っていたのですが、無理ですので、個々にご質問していただくか、懇親会の席でお願いしたいと思います。勝手ではございますが、私、司会の方からご指名でコメントをいただきたいと思います。浜松市教育委員会の佐藤由起男さんから、西から見てどうであるかお願いします。
佐　藤：　浜松の佐藤です。時期的なことにつきましては、弥生時代前期後葉ということで異論はありません。尾張地域ですと遠賀川系土器を4つに区分した時の3番目あたり。三河・遠江では典型的な水神平式。北に行けば砂沢式の範疇で良いと思います。

　　　　　三河や遠江では中屋敷遺跡と同時期の水神平式期に、食生活や生業に関する変化が確認されます。例えば、煮炊き用土器の容量が小さくなります。煮炊きの内容物や方法が変わったと考えています。水神平式よりも前では壺形土器も煮炊きに使用していますが、この時期からは煮炊きに使わなくなります。貯蔵用の壺と煮炊き用の甕と言う弥生的な土器の組合せが確立します。

　　　　　この時期の実際の生業がどうであったのかが一番問題ですが、三河・遠江では籾痕土器しか見つかっていません。それも中沢さんがやっているレプリカ法などで確定されている籾痕ではありません。ただし、同時期の青森県の砂沢遺跡では灌漑型水田が見つかっているわけです。砂沢遺跡の土器を観察しますと、内面の下胴部のみに炭化物が付着した土器があります。遠賀川系土器などの炭化物の付き方と同じです。青森県の縄文時代晩期の土器にも同様の付き方を

したものがありますが、それは10リットル以上の大形土器です。砂沢遺跡で確認されるのは10リットル未満の土器ですので、弥生的な使われ方をした土器であると考えています。煮炊き用土器の容量も小さくなってきています。ただし、砂沢式の場合には、水神平式の様な明確な変化が確認できるわけではありません。弥生的な使われ方をしている土器もごく僅かです。それでもこうした変化の背景には、灌漑型水田の導入がある訳です。そうなると、より明確な変化が確認できる水神平式の時期には、灌漑型の水稲農耕を行っていたに違いないと、私は考えています。水田そのものは見つかっていませんが。

　最近、静岡大学の篠原さんが、静岡平野の瀬名遺跡の灌漑型水田を再評価しています。水神平式に後続する時期の水田ですが、水路や堰をもった灌漑型水田です。水神平式期にも同様のものがあっても良いだろうと思っています。

　こうしたことを前提に、足柄平野の土器を見ますと、足柄平野の煮炊き用土器は容量が小さめです。今日の発表でも出てきました群馬県の安中市周辺の同時期の土器などに比べると、小さいと言うイメージを持っています。同じ神奈川県の中でも、山間部の北原遺跡や上村遺跡の煮炊き用土器の容量は大きめです。ただいずれも量が少ないものですから、統計的に違いを証明するのは難しいかもしれません。妄想かも知れませんが、足柄平野は弥生的だという印象をもっています。

佐藤由起男氏

　足柄平野の遺跡で注目しているのは山北駅南側遺跡です。平野の中にある遺跡だということで、谷口さんの分布図にも載っています。出土土器の確認はできていませんが、同地上や山の上の遺跡もあります。今回の中屋敷遺跡の成果、特に米が出土したという成果と、こういった状況を考えますと、この時期の足柄平野では、灌漑型水稲農耕を行っていた可能性が高いと考えています。中屋敷遺跡は小さな遺跡かもしれません。また、中屋敷遺跡の近辺で水稲農耕を行っていたかもしれませんが、行っていなくても構いません。この時期の社会は再葬墓の様相が示す様に、小さな集落が極めて密接な関係で繋がっていたと考えられています。集住することが可能であれば大集落を形成する様な集団が、小集落に散居していたのでしょう。したがって、堂山遺跡のように歩いて遺跡に行こうとすると大変な山の上の遺跡でも、同じ集団の平野の遺跡、例えば山北駅南側遺跡などが灌漑型水稲農耕を行っていれば、同じ集団の成員としてそれに何らかの関与をすることになります。同様に低地の遺跡も山の上の遺跡の生業に何らかの関与をすることになります。アワがあったり、イネがあったり、トチの実が出てきたりする様相は、こうした小集落の立地や集団の様相と一致していると考えています。

山　本：　貴重なお話ありがとうございました。次に長野県の中沢道彦さんから、種子とのからみについてお願いします。

中　沢：　長野県の中沢です。今日の発表の前に、佐々木さんから22号（第9号）土坑の話を聞きまして、凄い衝撃を受けたのですけれども、関東最古の米が証明されたことは言ってもいいと思います。これまでも関東の縄文時代晩期末から弥生時代前期の籾痕土器、籾状圧痕土器ということで、千葉県の荒海貝塚、新島田原遺跡出土土器に「籾状圧痕」はあったのですが、荒海貝塚は現状では鑑定不可能な状態、新島田原遺跡の例はまだ鑑定されていないので、何とも言えな

い状態です。また逆に、実際に遺構内出土の遺物として種子が出土するといった場合は、非常に時期の検証が難しいのですけれども、今回はちゃんと年代測定をやっていただいているので、その点でも安心できるデータです。

　それから、もっと凄いと思ったのはアワ・キビの証明で、これもぜひ年代測定についてこちらの方が安心できるデータを出していただきたいと思っています[7]。東日本全般でみると、問題になるのは青森県風張遺跡の縄文時代後期末の住居址出土の米ですが、これは年代測定値が縄文時代晩期後半から弥生時代前期に近い値で、住居の時期と年代的にばらつきがあります。かつ住居そのものの掘り込みが薄いということで、風張遺跡出土の米を後期末とするのは怪しいと、むしろこれは縄文時代晩期末から弥生時代前期の可能性が高いと思っております。仮に風張遺跡例が縄文時代晩期末から弥生時代前期のものとすると、今回の中屋敷遺跡の事例ともに、東日本でこの時期の確実な米の事例この2例だけですので、今後はこの2例の研究の深化に期待を寄せています。

　それからトチの実のデータも重要だと思っているのですけれども、晩期末東日本全般で岐阜県丹生川村のカクシクレ遺跡の水場遺構の下限が、おおむね東北の大洞A式前半や中部高地の女鳥羽川式併行、飛騨の阿弥堂式の直前ぐらいですし、長野県の氷I式が主体の荒神沢遺跡で、トチの実100個体が出土している事例もありますので、結構晩期末でもトチの実が使われているということになります。わずか4点ですけれども、中屋敷遺跡の生業のあり方を考える上で重要と考えます。今後も、このように木の実のデータも出していただけるとありがたいと思っています。以上です。

山　本：　小泉先生もそうですが、中屋敷遺跡の調査に関わった人間としましては、最後の最後で非常に良いデータを出したという嬉しさもあるのですが、残念ながら継続的な調査が地主さんのご都合で一時中断となりました。しかし、しばらくインターバルをおいて、またお話かけをすれば発掘が再開できると思います。しかも残るというか、開発され破壊されるケースにならないような遺跡です。我が大学の寮も至近距離にあり、またチャンスをとらえて発掘して、更なる成果をあげていきたいと思っています。

　　　　　　　　　　　　　　　（テープおこしおよび編集：吉田・石川・岩井・大野・佐々木・小泉）

中沢道彦氏

註
（1）発表内容については第6章第3節を参照
（2）第5章第1節参照
（3）第5号土坑と第9号土坑の土坑間接合の土器
（4）第5章第1節、PLD－3920・3991
（5）第1章第2節参照
（6）2004年
（7）アワの年代については本報告書　第5章第1節－1で報告している。

第2節 「古代おおい物語―中屋敷遺跡・金子台遺跡の成果」展報告

展示の様子

神奈川県足柄上郡大井町公民館において、平成18（2006）年10月31日～11月5日に中屋敷遺跡の調査成果を紹介する展示会が開催された。この催しは、大井町町制50周年事業の一環として大井町教育委員会主催、昭和女子大学共催で実施された。展示は、大井町の遺跡紹介、金子台遺跡出土品の紹介、中屋敷遺跡の発掘調査報告、体験コーナーで構成された。期間中は、勾玉作り・ガラス玉作りの体験講座や「関東で最初に米つくりを始めたのは中屋敷の人々だった？！」と題する講演会も開催した。

展示は、中学生・小学生が社会科の校外学習として見学したほか、多くの町民の方々が見学に訪れ、熱心に見学する姿が見受けられた。6日間の来場者は約800人であった。展示は小泉・石井・岩井・大野が行ない、体験講座は小泉・岩井・大野が担当した。

（小泉）

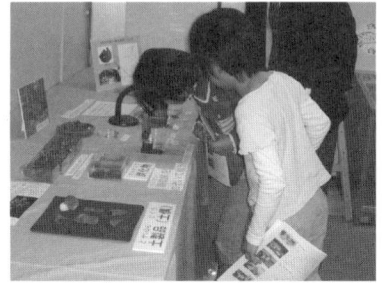

小学生の見学風景

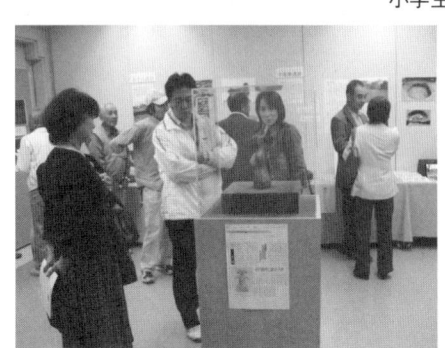

展示会場の様子 　　　　体験講座（勾玉つくり）

展示解説  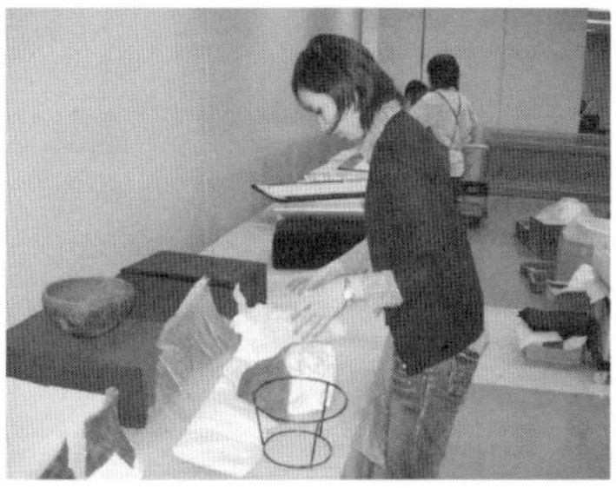　　　　展示準備風景

― 209 ―

図　版

2003年8月　第5次調査風景

図版 1

南調査区　第1トレンチ設定状況（第2次調査）（東から）

南調査区　第1トレンチ全景（第2次調査）（東から）

図版 2

北調査Ⅱ区　第2トレンチ第1号土坑遺物出土状況（第2次調査）（東から）

北調査Ⅱ区　第2トレンチ第1号土坑（第2次調査）（東から）

図 版 3

北調査Ⅱ区　第2トレンチ第1号土坑（第3次調査）（東から）

北調査Ⅱ区　第2トレンチ第15号土坑（第3次調査）（東から）

図 版 4

北調査Ⅱ区　第2トレンチ全景（第3次調査）（北から）

北調査Ⅱ区　第2トレンチa区畝状遺構検出状況（第3次調査）（北から）

図版 5

北調査Ⅱ区　第2トレンチc区掘削状況（第2次調査）（南から）

北調査Ⅱ区　第2トレンチc区北側西壁土層堆積状況（第2次調査）

図版 6

南調査区　第1トレンチ調査風景（第4次調査）

北調査Ⅰ区　第3トレンチa区全景（第4次調査）（西から）

図 版 7

北調査Ⅰ区　第3トレンチ第2号土坑遺物出土状況（第4次調査）（南から）

北調査Ⅰ区　第3トレンチ第2号土坑土器出土状況（第4次調査）

図 版 8

北調査Ⅰ区　第3トレンチ第2・3号土坑（第4次調査）（南から）

北調査Ⅰ区　第3トレンチ第2号土坑（第4次調査）（南から）

図版 9

北調査Ⅱ区　第4トレンチ全景（第5次調査）（東から）

北調査Ⅱ区　第4トレンチ第4・5号土坑検出状況（第5次調査）（東から）

図 版 10

北調査Ⅱ区　第4トレンチ第4号土坑（第5次調査）（南から）

北調査Ⅱ区　第4トレンチ第5号土坑遺物出土状況（第5次調査）（南から）

図 版 11

北調査Ⅱ区　第4トレンチ第5号土坑遺物出土状況［1］（第5次調査）

北調査Ⅱ区　第4トレンチ第5号土坑遺物出土状況［2］（第5次調査）

図版 12

北調査II区　第4トレンチ第5号土坑遺物出土状況［3］（第5次調査）

北調査II区　第4トレンチ第5号土坑土層堆積状況（第5次調査）（西から）

図版 13

北調査Ⅱ区　第4トレンチ第5号土坑底面遺物出土状況（第5次調査）（北から）

北調査Ⅱ区　第4トレンチ第4・5号土坑（第5次調査）（北から）

図版 14

北調査Ⅱ区　第4トレンチ全景（第5次調査）（西から）

北調査Ⅰ区　第3トレンチb区全景（第6次調査）（西から）

図版 15

北調査Ⅱ区　調査風景（第6次調査）（南西から）

北調査Ⅱ区　第5トレンチa区全景（第6次調査）（南から）

図版 16

北調査Ⅱ区　第5トレンチ第6号土坑遺物出土状況（第6次調査）（西から）

北調査Ⅱ区　第5トレンチ第6号土坑底面遺物出土状況（第6次調査）（西から）

図版 17

北調査Ⅱ区　第5トレンチ第7号土坑土層堆積状況（第6次調査）（西から）

北調査Ⅱ区　第5トレンチ第7号土坑遺物出土状況（第6次調査）（西から）

図 版 18

北調査Ⅱ区　第5トレンチ第7号土坑（第6次調査）（西から）

北調査Ⅱ区　第5トレンチa区全景（第6次調査）（南から）

図 版 19

北調査Ⅱ区　第5トレンチb区全景（第6次調査）（南西から）

北調査Ⅱ区　第5トレンチ調査風景（第6次調査）

図版 20

北調査Ⅱ区　第5トレンチ第8号土坑土層堆積状況（第6次調査）（南西から）

北調査Ⅱ区　第5トレンチ第8号土坑遺物出土状況（第6次調査）

図 版 21

北調査Ⅱ区　第5トレンチ第8号土坑（第6次調査）（南西から）

北調査Ⅱ区　第5トレンチ第9号土坑遺物出土状況（第6次調査）（北東から）

図版 22

北調査Ⅱ区　第5トレンチ第9号土坑遺物出土状況（第6次調査）（北から）

北調査Ⅱ区　第5トレンチ第9号土坑遺物出土状況［シカ歯］（第6次調査）

図 版 23

北調査II区　第5トレンチ第9号土坑焼土・炭化物出土状況（第6次調査）

北調査II区　第5トレンチ第9号土坑焼土・炭化物出土状況（第6次調査）

図版 24

北調査Ⅱ区　第5トレンチ第9号土坑下面焼土・炭化物堆積状況（第6次調査）

北調査Ⅱ区　第5トレンチ第9号土坑下面土層堆積状況（第6次調査）（北から）

図版 25

北調査Ⅱ区　第5トレンチ第8～10号土坑（第6次調査）（南西から）

北調査Ⅱ区　第5トレンチ第10号土坑遺物出土状況（第6次調査）

図 版 26

北調査Ⅱ区　第5トレンチ第11号土坑遺物出土状況（第6次調査）

北調査Ⅱ区　第5トレンチ第11号土坑土層堆積状況（第6次調査）（南から）

図 版 27

北調査Ⅱ区　第5トレンチ第11号土坑（第6次調査）（南から）

北調査Ⅱ区　第5トレンチb区全景（東から）

図版 28

縄文土器（1）

図版 29

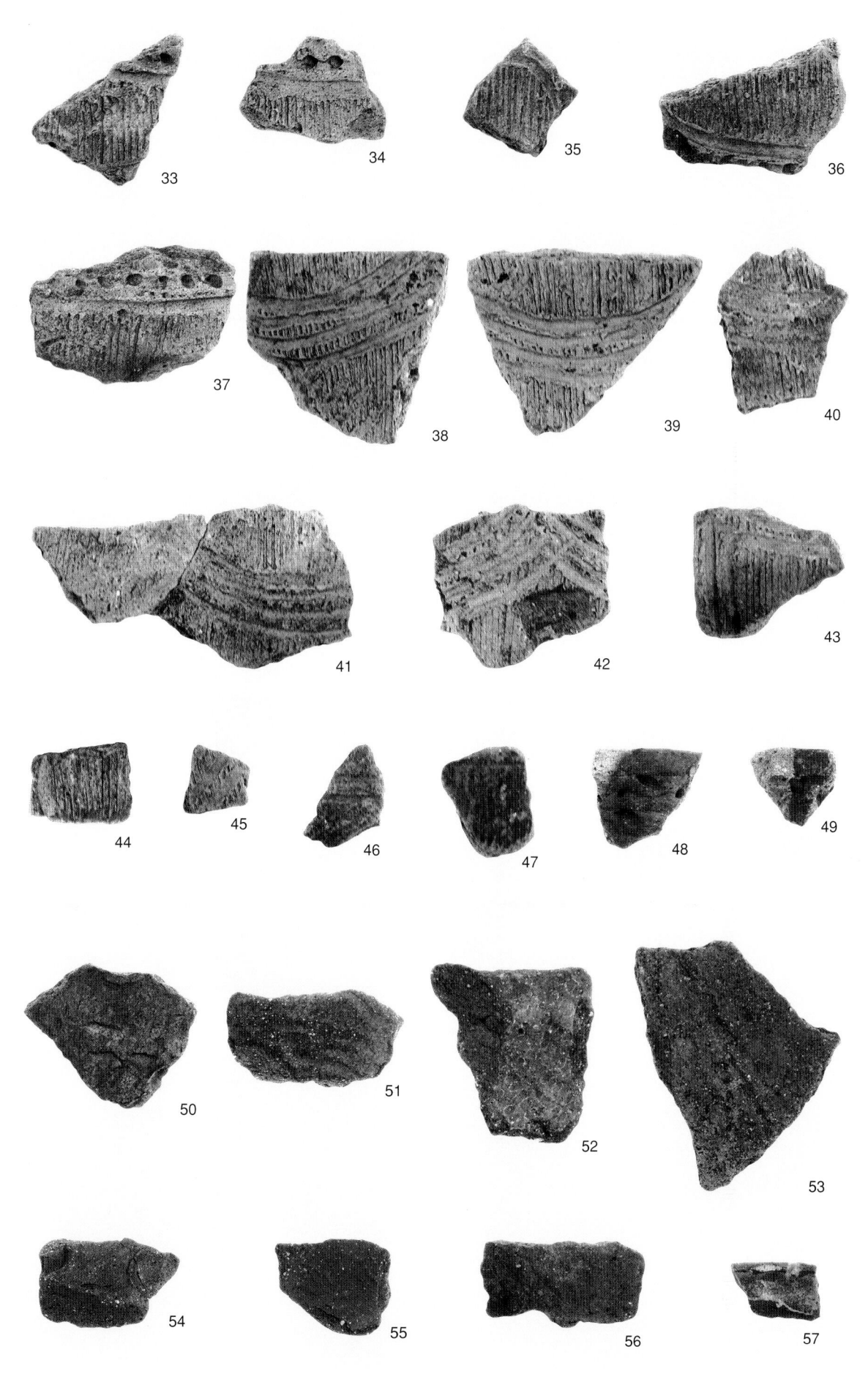

縄文土器（2）

図 版 30

第 1 号土坑

第 2 号土坑

第 3 号土坑

第 4 号土坑

第 5 号土坑

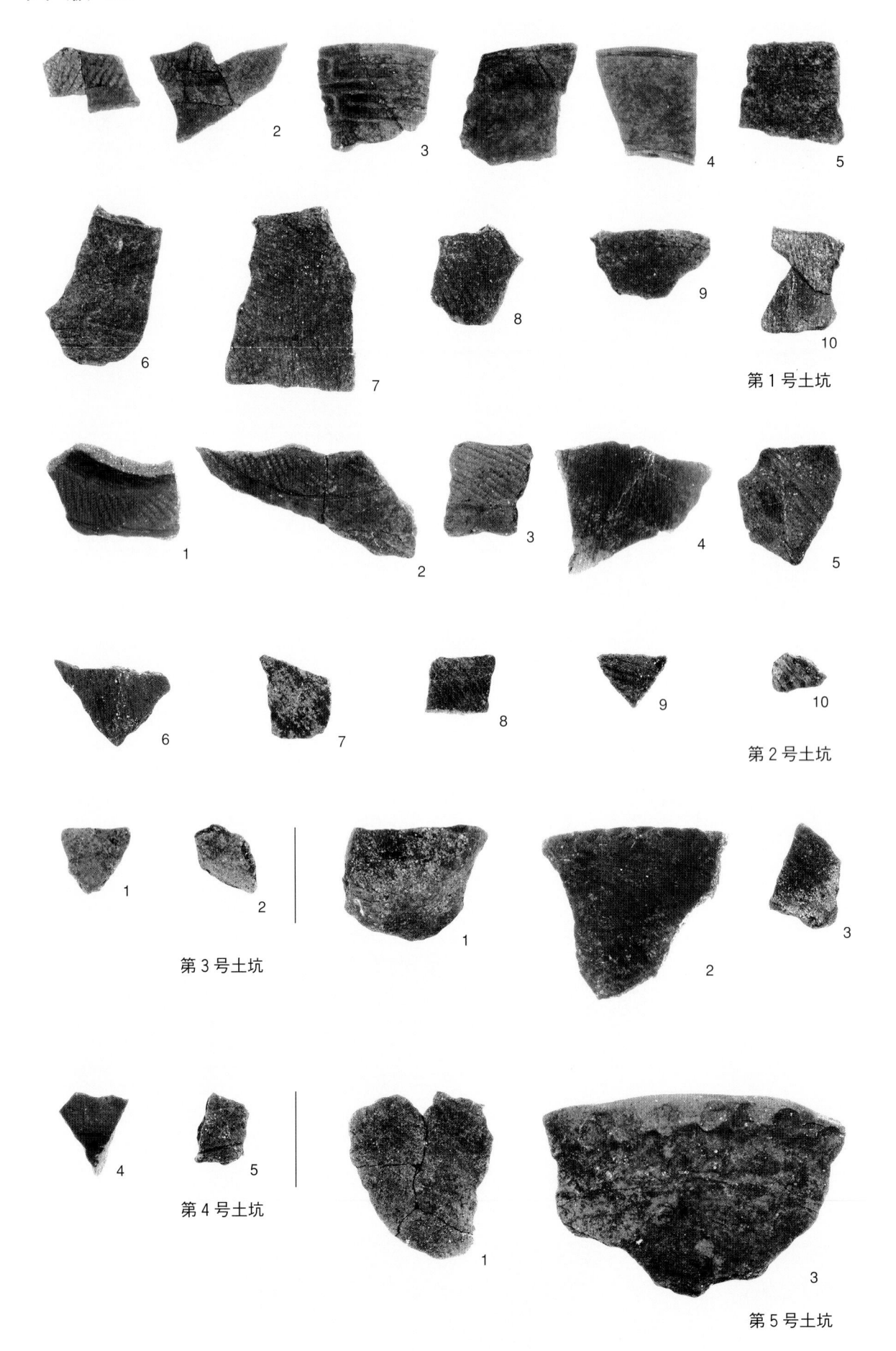

北調査区　第 1 〜 5 号土坑出土土器

図 版 31

北調査区　第5号土坑出土土器

図 版 32

第5号土坑

第6号土坑

北調査区　第5・6号土坑出土土器

図 版 33

第7号土坑

第8号土坑

北調査区　第7・8号土坑出土土器

図 版 34

北調査区　第9号土坑出土土器（1）

図版 35

北調査区　第9号土坑出土土器（2）

図版 36

第9号土坑（3）

第10号土坑

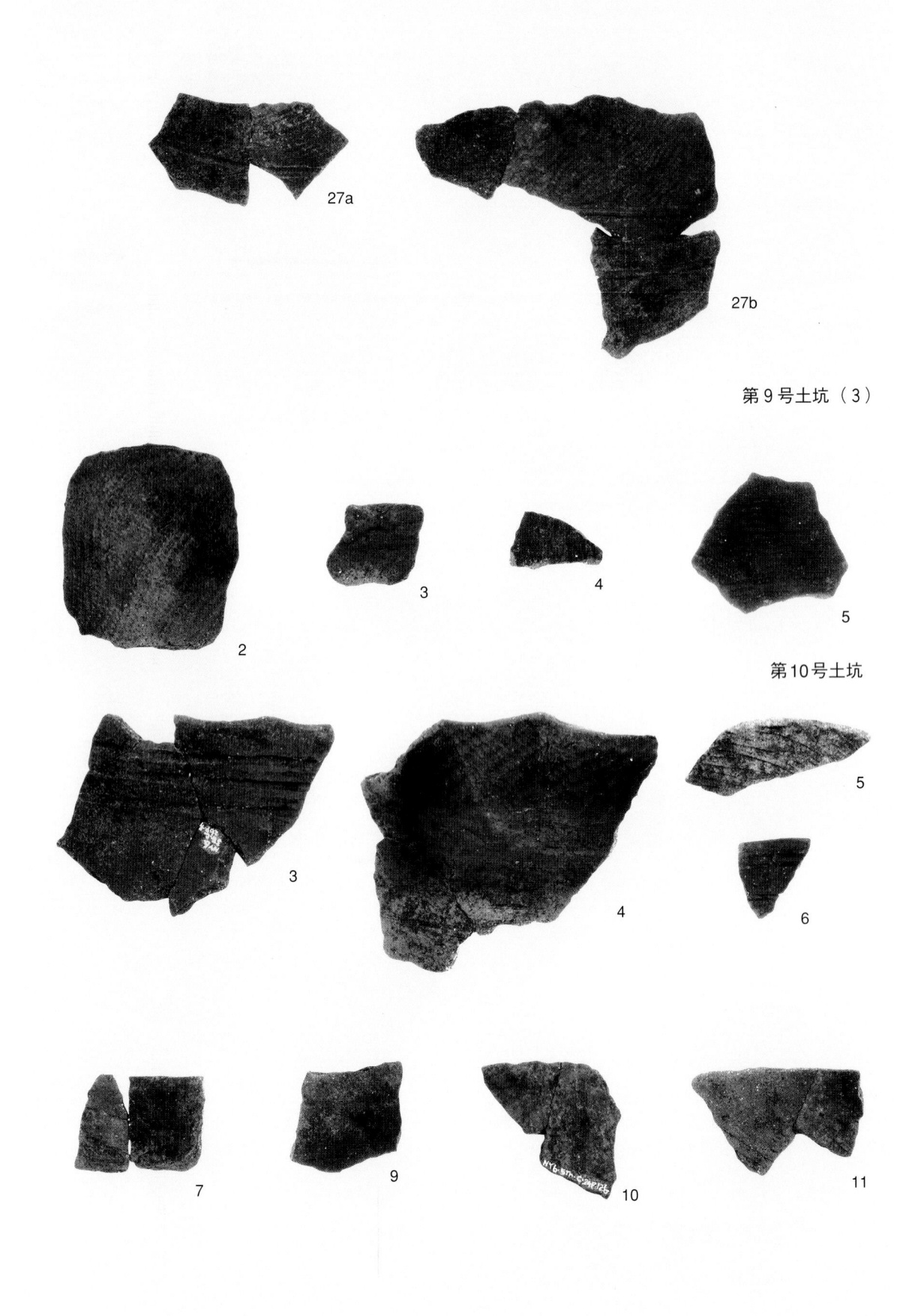

第11号土坑（1）

北調査区　第9号土坑出土土器（3）・第10号土坑出土土器・第11号土坑出土土器（1）

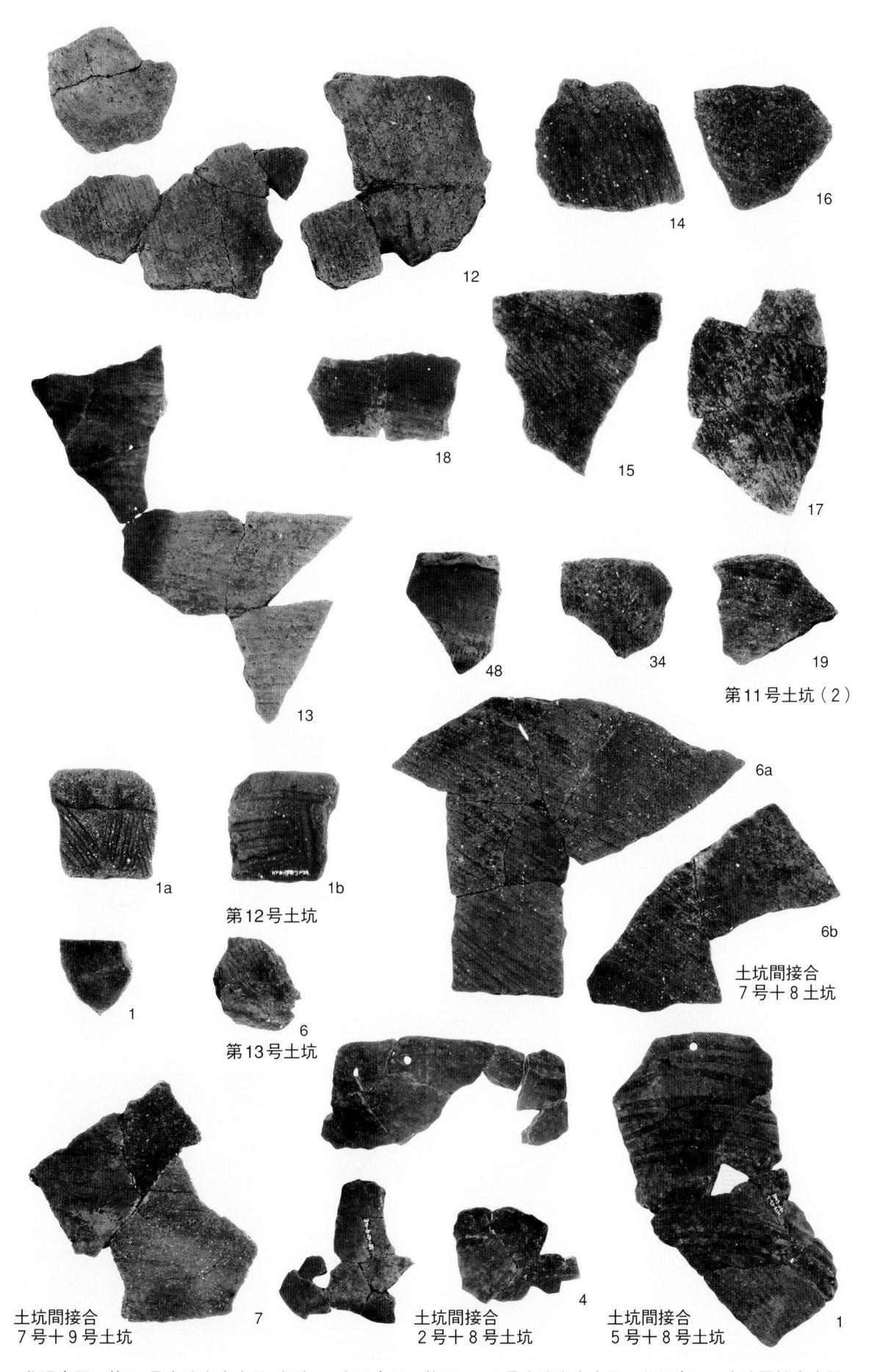

図 版 37

第11号土坑（2）

第12号土坑

第13号土坑

土坑間接合
7号＋8号土坑

土坑間接合
7号＋9号土坑

土坑間接合
2号＋8号土坑

土坑間接合
5号＋8号土坑

北調査区　第11号土坑出土土器（2）・南調査区　第12・13号土坑出土土器・北調査区　土坑間接合土器

図版 38

1
第1号土坑

4

3
第6号土坑

5
第5号土坑

2

3

3'
第8号土坑

2　　　4　　　3
第9号土坑（1）

北調査区　第1・5・6・8号土坑出土土器・第9号土坑出土土器（1）

図 版 39

第9号土坑（2）

第10号土坑

第11号土坑

北調査区　第9号土坑出土土器（2）・第10・11号土坑出土土器

図版 40

土坑間接合
5号＋9号土坑
2

土坑間接合
5号＋9号土坑
3

土坑間接合
5号＋9号土坑
5

土坑間接合土器

北調査区　第4・5号土坑出土土製品

図版 41

遺構外出土弥生土器

北調査区　第1・2・4・5・7～11号土坑出土石器

図 版 42

第5・8・12号土坑・遺構外出土石器

北調査区　第7号土坑・遺構外出土石器

図 版 43

陶磁器・土製品・石製品（中屋敷遺跡出土遺物（1～42）・中屋敷遺跡周辺採集遺物（43～51））

図版 44

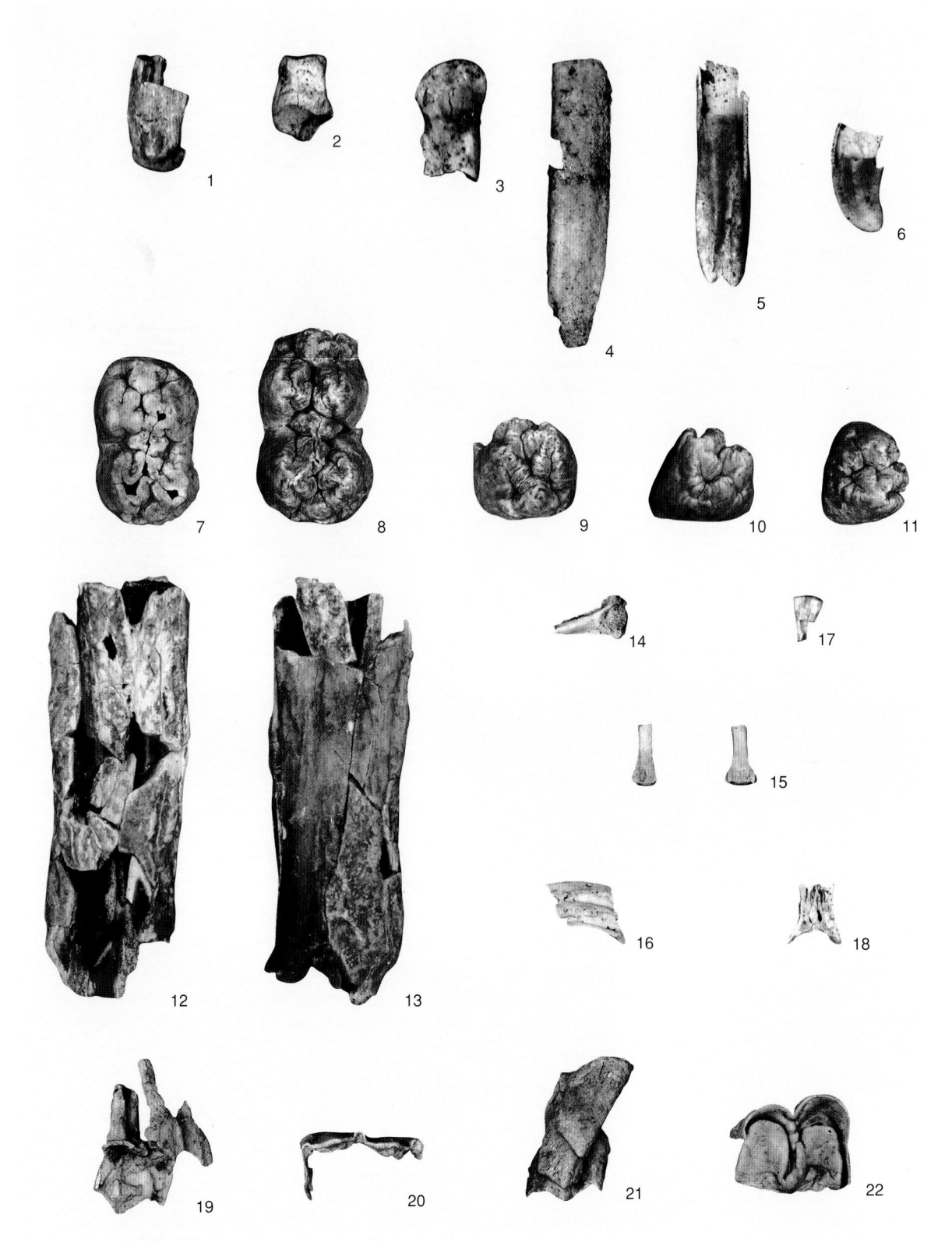

1～3 イノシシ中節骨・中手骨（第9号土坑、No.87）、4 イノシシ切歯（第9号土坑、No.146）、
5・6 イノシシ犬歯（第11号土坑、No.165・170）、7～11 イノシシ臼歯（第11号土坑、No.119・164・169）、
12・13 シカ角（第9号土坑、No.150）、14 カエル四肢骨（第8号土坑、No.124）、15 ムササビ骨？（第8号土坑、No.124）、
16 二枚貝（第8号土坑、No.125）、17 カエル四肢骨（第8号土坑、No.126）、18 カツオ尾椎骨（第9号土坑、No.147）、
19～22 シカ臼歯（第7・11号土坑、No.110）

土坑出土動物遺体

土偶形容器ーやしきちゃんーを作ろう

（中屋敷遺跡出土　弥生時代前期）

つくりかた
○太線ーを切る・切り込みを入れる・切り抜く
○胴体・首の部分を丸くして貼りあわせる
○鼻と耳をおこす
○頭の部分に顔を貼り付ける
○★と☆を重ねて貼る

＊コピーしてお使いください

昭和女子大学考古学研究会
作・まりこ

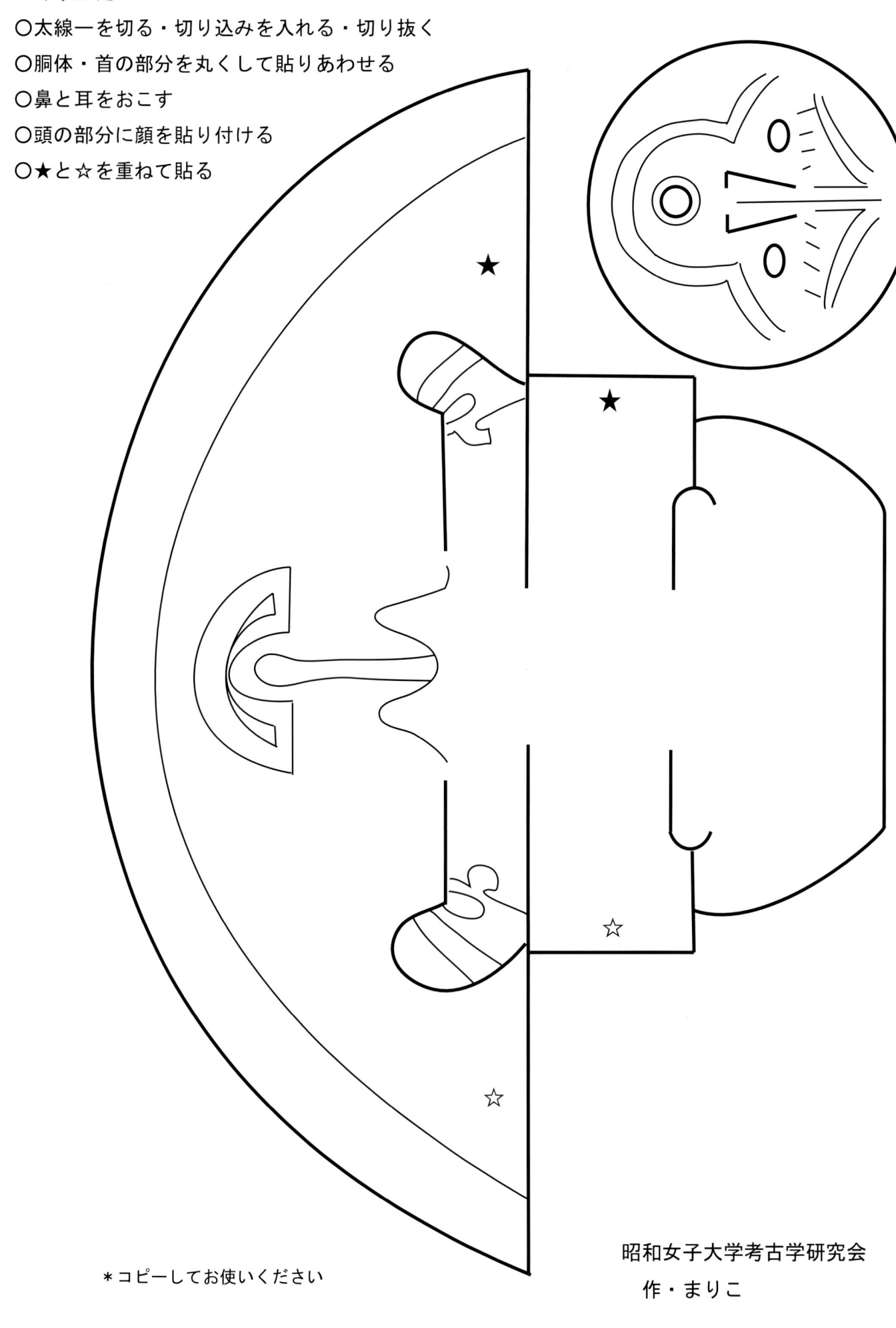

報告書抄録

ふりがな	なかやしきいせきはっくつちょうさほうこくしょ
書　　　名	中屋敷遺跡発掘調査報告書
副　書　名	南西関東における初期弥生時代遺跡の調査
編著者名	小泉玲子・山本暉久・谷口肇・佐々木由香・舘まりこ・竹田純子・今井明子・石井寛子・領家玲美・鈴木由貴子・多崎美沙・半田素子・江川真澄・早勢加菜
編集機関	昭和女子大学人間文化学部歴史文化学科中屋敷遺跡発掘調査団
所　在　地	〒154-8533　東京都世田谷区太子堂1-7-51　TEL. 03-3411-5373（歴史文化学科教授室）
発行年月日	2008年3月30日

所収遺跡名	所在地	コード 市町村	北緯　°′″	東経　°′″	調査期間 西暦	調査面積 (㎡)
中屋敷遺跡	神奈川県足柄上郡大井町山田中屋敷643	143626　大井町 No.1	世界測地系 35°20′1″	139°9′48″	1999.07.26 ～ 2004.03.24	弥生初頭期の遺構・遺物確認のための学術調査 193.43㎡

所収遺跡名	種別	主な時代	主な遺構	主な遺物	特記事項
中屋敷遺跡	包蔵地	縄文早期～後期 弥生前期 中・近世	土坑	土器、土製品、石器、陶磁器、動植物遺体	弥生時代前期後葉の土坑群の検出、土坑中より炭化イネ、アワ、キビ種実の出土

要　　約	遺跡は、足柄平野から切り離されて隆起した金子台地と大磯丘陵西側斜面に挟まれた地溝上の低地に位置し、金古台地東斜面から流れ出た菊川とその支流によって形成された標高90～97mの微高地に立地する。今回の調査地点は、昭和9年に土偶形容器が出土したとされる地点の隣接地と約80mほど北に離れた地点である。 　縄文時代の遺物、弥生時代の遺構・遺物、中世～近世の遺物を検出したが、中心となるのは弥生時代の土坑と土坑内出土遺物である。土坑は17基検出した内15基を調査し、土坑内出土遺物から弥生時代前期後葉の土坑11基、中期初頭の土坑1基を確認した。さらに土坑内から多量の炭化物を検出し、炭化イネ・アワ・キビ・トチノキの種実が含まれることが明らかとなった。土器は着物、炭化材・炭化種実の年代測定の結果、紀元前5世紀後半から紀元前4世紀前半と分析された。関東地方における稲作開始期の生業を知る上で重要な成果となった。

神奈川県足柄上郡大井町

中屋敷遺跡発掘調査報告書

南西関東における初期弥生時代遺跡の調査

2008年11月5日　初版発行

編　者　昭和女子大学人間文化学部歴史文化学科　中屋敷遺跡発掘調査団
発行者　八木　環一
発行所　株式会社　六一書房　http://www.book61.co.jp
　　　　〒101-0051　東京都千代田区神田神保町2-2-22
　　　　電話 03-5213-6161　FAX 03-5213-6160　振替 00160-7-35346
印　刷　（有）平電子印刷所

ISBN978-4-947743-66-4 C3021　　　　　　　　　　　Printed in Japan